公路工程标准规范理解与应用丛书

《公路水泥混凝土路面施工技术细则》
实施手册

付 智 罗 蓊 王大鹏 等著

人民交通出版社

内 容 提 要

本手册为《公路水泥混凝土路面施工技术细则》(JTG/T F30—2014)的配套图书,对细则条文的编制背景、规定的必要性及其施工要点等进行了说明,并解答了工程技术人员在施工中常遇的许多难题。同时,本手册还补充了许多细则中没有规定,但工程实践中急需的技术内容,如贫混凝土的配合比设计、真空脱水工艺、快通混凝土路面施工、碾压贫混凝土排水基层施工、旧水泥混凝土路面加铺改建与拓宽等。

本手册可供从事水泥混凝土路面施工的工程技术人员及相关管理、监理、质监等人员使用,相关科研、设计人员也可参考。

图书在版编目(CIP)数据

《公路水泥混凝土路面施工技术细则》实施手册/付智等著.— 北京:人民交通出版社,2014.3
ISBN 978-7-114-11246-1

Ⅰ.①公⋯ Ⅱ.①付⋯ Ⅲ.①水泥混凝土路面—道路施工—技术规范—中国 Ⅳ.①U416.216.04-65

中国版本图书馆 CIP 数据核字(2014)第 042270 号

公路工程标准规范理解与应用丛书

书　　名:	《公路水泥混凝土路面施工技术细则》实施手册
著 作 者:	付　智　罗　矗　王大鹏　等
责任编辑:	李　农　丁　遥　李　洁
出版发行:	人民交通出版社
地　　址:	(100011)北京市朝阳区安定门外外馆斜街 3 号
网　　址:	http://www.ccpress.com.cn
销售电话:	(010) 59757973
总 经 销:	人民交通出版社发行部
经　　销:	各地新华书店
印　　刷:	北京市密东印刷有限公司
开　　本:	720×960　1/16
印　　张:	20.5
字　　数:	360 千
版　　次:	2014 年 3 月　第 1 版
印　　次:	2021 年 5 月　第 4 次印刷
书　　号:	ISBN 978-7-114-11246-1
定　　价:	90.00 元

(有印刷、装订质量问题的图书,由本社负责调换)

本书编委会

主　编：付　智
副主编：刘清泉　牛开民
编　委：罗　蓍　田　波　王大鹏　刘　英
　　　　赵之杰　喻　波　梁军林　徐加绛
　　　　王大庆　易志坚　张志耕　李连生

前 言 QIANYAN

《公路水泥混凝土路面施工技术规范》(JTG F30—2003)(简称"原规范")颁布实施以来,时隔11年,新修订的《公路水泥混凝土路面施工技术细则》(JTG/T F30—2014)(简称"细则")问世。11年间,我国公路水泥混凝土路面施工技术无论在施工质量,还是施工规模和数量方面,都取得了巨大进步和迅猛发展。2002年底,我国公路水泥混凝土路面总里程达17万公里,到2012年底,我国已经建成各级公路水泥混凝土路面165.32万公里,总里程稳居世界第一。原规范为我国公路水泥混凝土路面建设做出了卓越贡献。

为帮助广大技术人员更好地掌握、理解和应用2014新版细则,了解条文编制的背景,把握修订的主要内容,正确运用细则解决工程实际问题,细则编制组编写了本书。

本书编写体例与《公路水泥混凝土路面施工技术细则》(JTG/T F30—2014)基本一致,除详细阐述了细则中水泥混凝土面层、桥面及附属构造物相关要求外,还将细则编写过程中没有涉及的滑模摊铺贫混凝土基层、碾压混凝土基层、碾压排水混凝土基层、快通混凝土面层、真空吸水工艺等内容编写在内,这部分内容仅供参考。为便于区分,**细则条文采用楷体,条文释义采用宋体,增加部分采用仿宋体**。增加部分以附件形式列于相应章、节之后及书末。

本书内容如有与《公路水泥混凝土路面施工技术细则》(JTG/T F30—2014)不一致之处,以后者规定为准。

新修订的《公路水泥混凝土路面施工技术细则》(JTG/T F30—

2014）主编为付智博士、研究员、博导，本书第1章至第7章由王大鹏博士、副研究员依据细则正文及其条文说明撰写，第8章至第14章由罗翥博士、副研究员撰写，全书由付智统稿。在编写过程中，本书得到了有关单位和个人，以及参与细则修订人员的大力支持，在此表示衷心感谢！

书中不妥之处，敬请广大读者批评指正。

作 者

2014年1月

目 录 MULU

1 总则 1
2 术语 5
 附 2.1 材料术语 6
 附 2.2 工艺术语 8
 附 2.3 结构术语 9
3 原材料技术要求 12
 3.1 水泥 12
 3.2 掺合料 18
 3.3 粗集料与再生粗集料 21
 3.4 细集料 27
 3.5 水 32
 3.6 外加剂 33
 3.7 钢筋 36
 3.8 纤维 37
 3.9 接缝材料 40
 3.10 夹层与封层材料 45
 3.11 养生材料 47
4 配合比设计 49
 4.1 一般规定 49
 4.2 水泥混凝土配合比设计 51
 4.3 纤维混凝土配合比设计 63
 4.4 碾压混凝土配合比设计 70
 4.5 配合比检验与施工控制 78

附 4.1　贫混凝土配合比设计 …………………………………… 80
　　附 4.2　排水贫混凝土配合比设计 ………………………………… 81
5　施工准备 ………………………………………………………………… 84
　　5.1　一般规定 ………………………………………………………… 84
　　5.2　施工组织 ………………………………………………………… 86
　　5.3　拌和站 …………………………………………………………… 87
　　5.4　原材料与设备检查 ……………………………………………… 89
　　5.5　路基沉降观测与基层检查修复 ………………………………… 92
　　5.6　夹层与封层施工 ………………………………………………… 94
　　5.7　试验路段铺筑 …………………………………………………… 96
6　水泥混凝土拌合物搅拌与运输 ………………………………………… 99
　　6.1　一般规定 ………………………………………………………… 99
　　6.2　搅拌设备及运输车辆 …………………………………………… 100
　　6.3　混凝土拌和 ……………………………………………………… 102
　　6.4　混凝土运输 ……………………………………………………… 110
7　滑模摊铺机施工 ………………………………………………………… 112
　　7.1　一般规定 ………………………………………………………… 112
　　7.2　设备选择 ………………………………………………………… 114
　　7.3　摊铺前准备 ……………………………………………………… 118
　　7.4　水泥混凝土面层滑模摊铺机铺筑 ……………………………… 124
　　7.5　钢筋混凝土、连续配筋混凝土面层滑模摊铺机铺筑 ………… 135
　　7.6　纤维混凝土面层滑模摊铺机铺筑 ……………………………… 142
　　7.7　桥面混凝土滑模摊铺机铺装 …………………………………… 144
　　7.8　隧道水泥混凝土面层滑模摊铺机铺筑 ………………………… 151
　　7.9　收费广场、服务区水泥混凝土路面滑模摊铺机施工 ………… 155
　　7.10　路缘石、护栏等滑模摊铺机施工 …………………………… 157
8　三辊轴机组与小型机具施工 …………………………………………… 163
　　8.1　一般规定 ………………………………………………………… 163

8.2 模板及其架设与拆除 ………………………………………… 164
   8.3 水泥混凝土面层三辊轴机组铺筑 …………………………… 169
   8.4 钢筋混凝土、纤维混凝土路面与桥面三辊轴机组铺筑 …… 176
   8.5 水泥混凝土面层小型机具铺筑 ……………………………… 177
   附8.1 真空脱水工艺 …………………………………………… 182
   附8.2 快通混凝土路面施工 …………………………………… 184
9 碾压混凝土施工 ………………………………………………… 187
   9.1 一般要求 ……………………………………………………… 187
   9.2 碾压混凝土面层施工 ………………………………………… 189
   附9.1 碾压贫混凝土排水基层施工 …………………………… 195
10 混凝土砌块路面砌筑施工 …………………………………… 197
   10.1 一般规定 …………………………………………………… 197
   10.2 砌块路面材料 ……………………………………………… 198
   10.3 路缘基座施工 ……………………………………………… 203
   10.4 砂垫层施工 ………………………………………………… 204
   10.5 砌块路面铺砌 ……………………………………………… 204
11 面层接缝、抗滑构造施工及养生 …………………………… 209
   11.1 一般规定 …………………………………………………… 209
   11.2 接缝施工 …………………………………………………… 211
   11.3 抗滑构造施工 ……………………………………………… 220
   11.4 面层养生 …………………………………………………… 224
   附11.1 特殊部位的路面板块布置 …………………………… 228
12 特殊天气条件施工 …………………………………………… 232
   12.1 一般规定 …………………………………………………… 232
   12.2 雨期施工 …………………………………………………… 233
   12.3 刮风天施工 ………………………………………………… 234
   12.4 高温期施工 ………………………………………………… 237
   12.5 低温期施工 ………………………………………………… 239

13	施工质量标准与控制	242
13.1	一般规定	242
13.2	水泥混凝土路面质量标准	243
13.3	水泥混凝土桥面铺装质量标准	252
13.4	碾压混凝土面层的质量标准	254
13.5	混凝土砌块路面质量标准	256
13.6	附属混凝土构造物的施工质量标准	257
附 13.1	贫混凝土基层质量标准	258
附 13.2	工程施工总结	260

附录 A	混凝土拌合物振动黏度系数试验方法	261
附录 B	取芯测定混凝土抗冻性及气泡间距系数方法	265
附录 C	混凝土面层抗盐冻试验方法	269
附录 D	混凝土拌合物中纤维体积率试验方法	272
附录 E	早期抗裂性试验方法	274
附录 F	混凝土砌块试验方法	278
附录 G	混凝土与钢筋握裹力试验方法	282
附录 H	施工质量管理方法	286

本细则用词用语说明 ……… 291

附件 A	旧水泥混凝土路面加铺改建与拓宽	292
附 A.1	一般规定	292
附 A.2	水泥混凝土加铺层施工	294
附 A.3	水泥混凝土路面改建施工	298
附 A.4	水泥混凝土路面拓宽施工	300

附件 B	水泥混凝土路面竣工前的缺陷修整	303
附 B.1	一般规定	303
附 B.2	水泥混凝土路面竣工验收前的缺陷修整	304
附 B.3	水泥混凝土面层竣工验收前路面平整度提升	307
附 B.4	水泥混凝土路面其他缺陷处置	308

目 录

附件 C 排水基层贫混凝土渗透系数与孔隙率试验方法 …………………… 310
   附 C.1 排水基层贫混凝土渗透系数试验方法 …………………………… 310
   附 C.2 排水基层贫混凝土孔隙率测试方法 …………………………… 312

1 总则

1.0.1 为提高公路水泥混凝土路面的施工技术水平，保证水泥混凝土路面施工质量，制定本细则。

自《公路水泥混凝土路面施工技术规范》(JTG F30—2003)实施以来，到2012年底，我国建成公路水泥混凝土路面148万余公里，总里程达165万余公里，公路水泥混凝土路面总里程已连续6年位居世界第一。不仅如此，我国公路水泥混凝土路面的施工技术和质量水平也取得了长足的进步。

随着我国公路水泥混凝土路面建设需求的多样化和公路水泥混凝土路面施工技术的进展及新材料、新技术、新工艺的广泛应用，有必要对原规范的内容进行修订，提升施工工艺技术水平，总结新材料、新工艺的创新成果和成熟工程应用经验，满足公路水泥混凝土路面工程建设的新需求。

根据交通运输部公路局的要求，将规范名称修改为《公路水泥混凝土路面施工技术细则》(JTG/T F30—2014)。

1.0.2 本细则适用于各等级公路水泥混凝土路面工程的施工。

本细则适用于各等级公路水泥混凝土路面工程的施工，包括水泥混凝土路面、缩缝全插传力杆混凝土路面、纤维混凝土路面、钢筋混凝土路面、连续配筋混凝土路面与隧道各种水泥混凝土路面，以及钢筋混凝土桥面、各种纤维钢筋混凝土桥面工程。上述各种路面与桥面统称为水泥混凝土面层。

为了适应工程建设对特种基层的施工需求，本手册还包括已被安排到基层施工细则中的贫混凝土基层、碾压贫混凝土密实基层与排水基层工程施工技术。各种贫混凝土基层的施工技术有两个来源：一是由混凝土配合比设计与施工技术而来；二是由水泥稳定基层而来。一般而言，按混凝土配合比设计与施工技术生产的贫混凝土基层，其技术要求和施工质量将高于半刚性基层。同时，本手册在细则编写过程中已删除，但工程建设中确实有使用需求的一些内容，如真空吸水工艺、快通混凝土路面、旧水泥混凝土路面加铺改建与拓宽、水泥混凝土路面竣工前的缺陷修整等亦编入，供大家在建设实践中参考或参照。需要明确指出，细则中没有的这些内容不作为执行细则时必须严格遵循的技术规定，如需遵照执行，尚需建设单位专门论证，并以本工程的执行技术文件另行规定。希望大家积累这些方面的施工经验和数据，为下一轮细则修订提供更加成熟可靠的技术支持。

1.0.3 应采用符合本细则规定的质量要求、性能稳定的原材料和混凝土施工配合比，并选用满足本路面工程交通荷载等级质量要求的施工工艺及其机械装备。

本条一般性规定阐述了三层含义：

一是原材料基本规定：原材料满足各自质量指标要求，且性能稳定、波动范围符合细则要求。原材料的选用应贯彻质量第一和就地取材相统一的原则，既要实现从原材料入手，确保水泥混凝土路面质量及其稳定性，又要就地取材，节省运费，达到优良的工程经济效益。

二是施工配合比的要求：施工配合比应满足铺筑工作性、弯拉强度和耐久性三项基本要求，同时兼顾经济性。施工配合比必须稳定，配制计量误差及变异性应符合细则的规定。为实现工程的优质高效建设目标，应启用混凝土材料科学配制技术手段，优化水泥混凝土配合比设计，弥补地产原材料的不足。在原材料合格的基础上，做到所配制的混凝土品质始终优良，能够铺筑出质量优良、经久耐用的水泥混凝土面层。

三是选用满足本路面工程交通荷载等级质量要求的施工工艺与机械装备。尽管细则对不同等级公路面层的施工工艺与机械装备未进行强制规定，但其受到下述三项主要因素的制约：

（1）交通荷载等级或公路等级；

（2）欲达到的质量指标及其稳定性范围，如弯拉强度、厚度、密实度、平整度、抗滑构造等及其变异性；

（3）机械使用成本、劳动力成本等工程经济性。

选用适宜的工艺与装备是修筑质量优良、经久耐用、经济合理的水泥混凝土面层的必备前提。例如，铺筑高速、一级公路水泥混凝土面层时，为满足上述制约因素，建议使用滑模摊铺工艺及其配套施工装备。

1.0.4 质量保证体系应贯穿于施工全过程，并明确全员质量责任，加强各工序质量控制与管理，保证工程质量。

细则包括五大施工工艺：滑模摊铺、碾压施工、三辊轴机组铺筑、小型机具铺筑和砌块路面铺砌。原规范中的轨道摊铺工艺、真空吸水工艺因无工程采用，已被删去。无论采用哪种工艺施工，均应建立健全质量保证体系，认真施工，落

1 总　　则

实质量责任，确保工程质量。

1.0.5 水泥混凝土路面施工应建立健全安全生产管理体系及应急预案，明确安全责任，严格执行安全操作规程，保障施工人员的职业健康，保证施工安全。

各级公路水泥混凝土路面施工应依法建立健全安全生产管理体系，并应有安全施工应急预案，明确各工序的安全责任人，所有操作人员均应严格执行安全操作规程，坚决杜绝在拌和楼清理、运输卸料和摊铺过程中造成人员伤害事故。安全生产的另一方面是保障现场全体施工人员的职业卫生健康，防止工地群发传染病等。

1.0.6 在施工过程中，应注重节约用地，降低能源和材料消耗，保护环境。

在施工过程中，应依法落实国家环境保护的相关法律法规，杜绝原材料和混凝土的随意抛撒浪费，节省原材料，保护土地资源。

1.0.7 水泥混凝土路面施工应积极稳妥地采用新技术、新材料、新设备和新工艺。

各施工单位应重视新材料、新设备、新工艺、新技术的应用，在不断总结实践经验和科研成果的基础上，采用符合本单位施工能力和技术水平的工程质量稳定、结构安全耐久、成熟可靠的"四新"技术。一般而言，"四新"技术的使用应有相关规范作为依据，无规范可依时，应有相应科研成果作为技术支撑。

1.0.8 水泥混凝土路面施工除应符合本细则的规定外，尚应符合国家和行业现行有关标准的规定。

当国家和行业现行相关规范标准由于发布时间不同而出现矛盾时，应以最新颁布标准规范为执行依据。

与细则密切相关的标准、规范、规程等主要有：

《公路路基设计规范》（JTG D30）；

《公路路基施工技术规范》（JTG F10）；

《公路路面基层施工技术规范》（JTJ 034）；

《公路养护技术规范》（JTG H10）；

《公路水泥混凝土路面设计规范》（JTG D40）；

《公路工程水泥及水泥混凝土试验规程》（JTG E30）；

《公路工程集料试验规程》（JTG E42）；

《公路工程路基路面现场测试规程》(JTG E60);

《公路工程质量检验评定标准 第一册 土建工程》(JTG F80/1);

《公路土工合成材料应用技术规范》(JTG/T D32);

《公路土工合成材料试验规程》(JTG E50);

《公路工程水泥混凝土外加剂与掺合料应用技术指南》等。

2 术语

2.0.1 再生粗集料 recycled aggregate
利用旧结构混凝土经机械破碎筛分制得的粗集料。

2.0.2 玄武岩短切纤维 chopped basalt fiber
用连续玄武岩纤维短切制成的一种玄武岩纤维产品。

2.0.3 合成纤维 synthetic fiber
以合成高分子化合物为原料制成的化学纤维。常用品种有聚丙烯腈、聚酰胺、聚乙烯醇、聚丙烯纤维等。

2.0.4 硅酮填缝料 silicone joint sealant material
以聚硅氧烷聚合物为主要成分，可在常温下固化的单组分或多组分填缝料。

2.0.5 封层 sealing membrane
设置在半刚性上基层表面具有隔离与防冲刷功能的柔性功能薄层，可采用沥青表处工艺，铺设式封层由不透水薄膜或沥青油毡满铺。

2.0.6 振动黏度系数 vibrating viscosity coefficient
在特定振动能量作用下，混凝土拌合物内部阻碍粗细集料、气泡等质点相对运动，表征其摩阻能力的指标，用于测定混凝土拌合物的振捣易密性。

2.0.7 填充体积率 filling volume radio
混凝土中粗集料所占的体积，以百分数表示。

2.0.8 纤维混凝土面层 fiber reinforced concrete pavement
在水泥混凝土中掺加适量钢纤维、玄武岩纤维或合成纤维的水泥混凝土路面面层。

2.0.9 滑模摊铺机铺筑 slipform paving
采用滑模摊铺机铺筑水泥混凝土面层的施工工艺。其特征是不架设边缘固定模板，布料、摊铺、振捣密实、挤压成型、抹面修饰等施工流程在摊铺机行进过程中连续完成。

2.0.10 三辊轴机组铺筑 paving with vibrator and triple-roller-tube combination

采用振捣机具和三辊轴整平机配合铺筑水泥混凝土面层的施工工艺。其特征是需要在边缘架设固定模板，模板同时兼具三辊轴整平机轨道的功能。

2.0.11 碾压混凝土路面铺筑 roller compacted concrete pavement paving

采用压路机碾压成型的水泥混凝土路面施工工艺。其特征是采用特干硬性水泥混凝土，沥青混凝土或基层摊铺机摊铺、压路机振动碾压密实。

2.0.12 前置钢筋支架法 pre-located steel guesses method

预先在基层顶面安装与固定加工精度符合要求的胀缝传力杆、缩缝传力杆与拉杆钢筋支架的施工方法。

2.0.13 混凝土砌块路面 concrete bricks pavement

采用预制水泥混凝土车行道路面砌块铺砌的路面。

2.0.14 混凝土路缘基座 concrete road curb

用于水泥混凝土砌块路面边缘约束的实心条形混凝土块体。

> 本章附件

附2.1 材料术语

附2.1.1 机制砂磨光值 polished value of crushed sand

机制砂母岩抵抗磨光能力的数值。

附2.1.2 复合土工膜 composite geomembrane

以塑料薄膜为防渗基材，在其一面或两面粘贴土工布制成的防渗膜材。粘贴一面土工布的为一布一膜；粘贴双面土工布的为二布一膜。

附2.1.3 复合塑料编织布 composite plastic geotextile

高密度聚乙烯编织布,在其一面或两面粘贴防渗膜材,制成的单面或双面复合编织布。

附 2.1.4 养生剂 curing compounds

一种喷洒和涂刷于混凝土构件表面,具备足够的保水养生功能,但不影响混凝土性能的水乳液。

附 2.1.5 节水保湿养生膜 curing film for water saving and moisture retention

一种覆盖于混凝土构件表面,具有节水、保湿、保温功能的复合双层薄膜养生材料。其芯膜由吸水和保水化合物制成,面膜是阻止水分蒸发,且具有吸收或反射热量不同色彩功能的连续不透水塑料薄膜。

附 2.1.6 水泥耐磨性 wearability of cement

硬化水泥净浆表面抵抗磨粒磨损的性能。用规定试验设备与方法,在规定荷载和标准砂作磨粒条件下,检测特定水灰比的硬化水泥净浆单位表面积的表面磨损损失质量（kg/m^2）。

附 2.1.7 填缝砂 filling joint sand

用于充填混凝土砌块路面接缝,并提供面砖之间传荷与变形能力,专门筛分得到的粒径在 0.30~2.36mm 之间,且最大粒径不大于 2.36mm 的石英砂。

附 2.1.8 垫层砂 blanket sand

一种用于混凝土砌块路面垫层的砂,应剔除粒径大于 4.75mm 的小石子。

附 2.1.9 粗集料最大粒径 maximum size of aggregate

集料 100% 通过的最小的标准筛筛孔尺寸。

附 2.1.10 粗集料公称最大粒径 nominal maximum size of aggregate

集料可全部通过或允许有少量不通过（一般容许筛余不超过 10%）的最小的标准筛筛孔尺寸。通常比集料最大粒径小一个粒级。

附 2.1.11 抗裂纤维混凝土 anti-crack fiber concrete

在混凝土中掺加少量玄武岩纤维及各种合成纤维,并在施工期间具有抗裂效果;设计弯拉强度标准值与水泥混凝土相同,使用期间能提升疲劳循环轴次的一种纤维混凝土。

附 2.1.12　补强纤维混凝土　fiber reinforced concrete

在混凝土中掺加足够大掺量的钢纤维、玄武岩纤维等，并能提高设计弯拉强度标准值 0.50MPa 以上的一种高弯拉强度、高冲击韧性及高耐疲劳极限纤维混凝土。

附 2.1.13　基准水泥混凝土　reference cement concrete

不掺掺合料或外加剂的水泥混凝土。在对比掺合料的使用效果时，为不掺掺合料但掺有外加剂的混凝土；在比较外加剂的使用效果时，为无掺合料和外加剂、用基准水泥配制的混凝土。

附 2.1.14　粉煤灰超量取代法　over substitute method of fly ash

通过超量取代水泥使粉煤灰混凝土与基准混凝土在相同龄期时获得同等强度的掺配方法。

附 2.1.15　粉煤灰超量取代系数　over substitute coefficient of fly ash

粉煤灰掺入量与其所取代水泥量的比值。

附 2.1.16　碱集料反应　alkali aggregate reaction

混凝土中的碱和环境中可能渗入的碱与集料中的碱活性矿物成分在混凝土固化后缓慢发生导致混凝土破坏的化学反应。

附 2.1.17　亚甲蓝 MB 值　MB value

用于判定机制砂中粒径小于 $75\mu m$ 的颗粒主要是泥土还是石粉的指标。

附 2.1.18　砂浆磨光值　polished mortar value（PMV）

按规定试验方法测得的砂浆抵抗磨光作用能力的数值。

附 2.1.19　轻物质　light materials

表观密度小于 $2\,000\text{kg/m}^3$ 的物质。

附 2.2　工艺术语

附 2.2.1　小型机具铺筑　simple machine paving

采用固定模板，人工布料，手持振捣棒、振动板、振捣梁振实，滚杠、修整尺、抹刀等整平的混凝土路面施工工艺。

附 2.2.2 传力杆插入装置 dowel bar inserter (DBI)
滑模摊铺机配备的一种可自动插入缩缝传力杆的装置。

附 2.2.3 工作性 workability
水泥混凝土拌合物在浇注、振捣、成形、抹平等施工过程中的可操作性。它是反映拌合物流动性、可塑性、稳定性和易密性的综合技术指标。

附 2.2.4 碾压混凝土压实度 compacting ratio of roller compacted concrete
干硬性混凝土拌合物现场压实后湿密度与配合比设计时标准压实条件（空隙率为5%）湿密度之比。

附 2.2.5 改进VC值 modified VC value
一种8 700g配重下的维勃工作度，用于表征碾压混凝土拌合物的稠度。

附 2.2.6 振捣棒的有效作用半径 vibrator effective radius
插入式振捣棒在混凝土拌合物中能振实该拌合物的作用半径。

附 2.2.7 隔离缝 isolation joint
一种设置接缝板、钢垫板与两侧钢筋笼，但不设传力杆的接缝。

附 2.2.8 构造深度 texture depth
使用塑性拉毛或刻槽等工艺制作的宏观沟槽和细观纹理的平均深度。

附 2.2.9 填缝料形状系数 shape coefficient of sealing
灌缝时填缝料的深度与宽度之比。

附 2.3 结构术语

附 2.3.1 贫混凝土排水基层 lean concrete draining base
使用开级配粗集料，同时满足强度及渗水要求的贫混凝土基层。

附 2.3.2 侧向摩擦系数 sideway frictional coefficient (SFC)
与行车方向成20°偏角的测定轮以一定速度行驶时，专用轮胎与潮湿路面之间的测试轮轴向摩擦阻力与垂直荷载的比值，简称SFC，无量纲。

附 2.3.3　夹层　interlayer
一种铺筑在贫混凝土刚性基层或旧水泥混凝土面层上能够缓冲面板垂直翘曲断角的沥青混凝土柔性功能结构层。

附 2.3.4　贫混凝土基层　lean concrete base
使用面层一半左右水泥用量制作的混凝土基层。当拌合物具有坍落度时,为振捣密实型贫混凝土基层;当使用干硬性拌合物时,为碾压式贫混凝土基层。

附 2.3.5　砂砾垫层　blanket of sands and gravels
由具有一定级配要求的级配砂砾或天然级配的砂及砾石制作的垫层。

附 2.3.6　碎石垫层　blanket of crushed stones
由具有一定级配要求的级配碎石或天然级配的碎石制作的垫层。

附 2.3.7　粗砂垫层　blanket of coarse sands
由细度模数不小于 3.0 的天然粗砂或机制粗砂制作的垫层。

附 2.3.8　抗滑表层　resistance sliding surface
为提高水泥混凝土路面高速行车时的抗滑安全性专门制作的一种表面功能层。

附 2.3.9　混凝土路面耐磨性　wearability of concrete pavement
水泥混凝土路面抵抗车轮等磨损的性能。用规定的试验设备与方法检测混凝土单位表面积的表面磨损质量（kg/m^2）。

附 2.3.10　混凝土砌块　concrete blocks
用于铺砌公路混凝土砌块路面的一种车行道预制混凝土路面块体。

附 2.3.11　混凝土路缘石　concrete curbs
紧贴路面边缘,用于保护面板或砌块边缘或引导明流排水的边界石。

附 2.3.12　混凝土路面加铺层　concrete road overlay
在旧水泥路面或旧沥青路面表面加铺的水泥混凝土面层。

附 2.3.13　水泥混凝土拓宽路面　concrete widen road
在老水泥混凝土路面侧面通过真纵缝平面相接、拉杆相连的新混凝土加宽部位的路面。

附 2.3.14 钢筋混凝土路面 reinforced concrete pavement

在水泥混凝土面板中配置单层或双层间断钢筋网，钢筋网端部切横向缩缝，并设缩缝传力杆的一种路面结构，又称间断配筋混凝土路面。

附 2.3.15 连续配筋混凝土路面 continue reinforced concrete pavement

配备连续长度的钢筋网，不设缩缝，并允许开裂的一种连续钢筋混凝土路面结构。

附 2.3.16 混凝土护栏 concrete barricade

置于公路路面和桥梁侧边或中央分隔带，符合交通工程安全防护等级规定、特定外形的钢筋混凝土预制拼装或滑模铺筑制成的密实墙体。

附 2.3.17 纤维钢筋混凝土桥面 fibers plus reinforced concrete bridge floor

配置钢筋网的同时使用纤维混凝土制作的一种桥面铺装层。当所用纤维为钢纤维时，简称双钢混凝土桥面。

附 2.3.18 复合式路面 composite pavement

面层由刚、柔两种材料的结构层复合加铺而新建或改建的路面。

3 原材料技术要求

由于水泥混凝土路面是在露天环境下承受车轮冲击、振动、疲劳的动载结构物，同时又要求达到20～30年的设计基准期，因此，原材料规定应比一般静载结构更高、更严格。原则上路面水泥混凝土所使用的原材料应是目前国内市场上能够供应的比静载结构要求更高的合格品。

细则将原规范颁布执行以来，通过研究和试验路段的使用，证明行之有效的新材料吸纳进来，对其内容进行了如下扩充：

（1）不仅对钢筋原材料的性能进行规范，而且对施工现场的钢筋加工提出了明确技术要求。

（2）对原规范3.8节钢纤维的内容进行了扩充，除钢纤维外，增补了无机玄武岩纤维和四种有机合成纤维。

（3）将原规范3.10节其他材料分为两节：3.10夹层与封层材料和3.11养生材料。

3.1 水泥

2007年，我国对硅酸盐类水泥标准进行了重大调整和修改，将原有《硅酸盐水泥、普通硅酸盐水泥》（GB 175—1999）、《矿渣硅酸盐水泥、火山灰质硅酸盐水泥、粉煤灰硅酸盐水泥》（GB 1344—1999）、《复合硅酸盐水泥》（GB 12958—1999）三项标准合并修订为《通用硅酸盐水泥》（GB 175—2007）。细则此次对水泥的修订，将遵循《通用硅酸盐水泥》（GB 175—2007）、现行《道路硅酸盐水泥》（GB 13693）两项国家标准进行。

水泥是最重要的胶凝材料，其指导思想是提升动载结构水泥路用品质，在质量标准中突出其独特的动载技术要求。因此，本节与原规范基本相同，仅作个别指标的适应性修订。

3.1.1 极重、特重、重交通荷载等级公路面层水泥混凝土应采用旋窑生产的道路硅酸盐水泥、硅酸盐水泥、普通硅酸盐水泥，中、轻交通荷载等级公路面层水泥混凝土可采用矿渣硅酸盐水泥。高温期施工宜采用普通型水泥，低温期施工宜采用早强型水泥。

本条新概念解释如下：

（1）交通荷载等级分级标准

细则使用的交通荷载等级与《公路水泥混凝土路面设计规范》（JTG D20—2011）一致，并抄录于表3-1。其中，极重交通荷载等级是新增的，其标准轴载作用次数达到10亿次以上。

表3-1 交通荷载等级

交通荷载等级	极重	特重	重	中等	轻
设计基准期内设计车道承受设计轴载（100kN）累计作用次数 N_e（10^4）	$>1\times10^6$	$1\times10^6 \sim 2\,000$	$2\,000 \sim 100$	$100 \sim 3$	<3

（2）水泥的普通型与早强型

在《通用硅酸盐水泥》（GB 175—2007）中，同一品种的水泥按强度增长速率的快慢分为普通型与早强型即R型两种。

除此以外，此条规定有三个含义：

一是凡极重、特重、重交通荷载等级公路水泥混凝土面层用水泥熟料均规定生产方式为旋窑，因立窑水泥的游离氧化钙和氧化镁含量较高，在立窑不同部位的游离钙含量不同，很不均匀，不仅水泥的动载性能与体积稳定性较差，且严重降低路面混凝土抵抗动载的耐疲劳极限和使用寿命。

二是在极重、特重、重交通荷载等级公路水泥混凝土面层中应优先采用道路硅酸盐水泥。道路硅酸盐水泥是按道路动载要求生产的专用水泥，它的铁铝酸四钙与硅酸三钙含量较高，因此抗折强度较高；且铝酸三钙与游离氧化钙含量较低，与外加剂适应性及体积稳定性、耐疲劳性能更好。我国机场跑道及运煤专线高速公路已经在使用道路硅酸盐水泥。大量路面工程实践反复证明，采用道路硅酸盐水泥铺筑的水泥混凝土路面不仅耐用年限明显长于其他硅酸盐水泥，而且在相同荷载及运营年限时，面板边角损坏与断板数量明显减少。在当地经济运距范围内无道路硅酸盐水泥生产与供应时，方可使用Ⅰ型、Ⅱ型硅酸盐水泥或普通硅酸盐水泥。

三是热天应采用普通型水泥，同时应严格控制搅拌时的水泥与拌合物温度。低温天气施工的水泥混凝土路面可使用水化热高的R型水泥，这主要是从高温降低水化热断板、低温蓄热早强方面考虑，满足水泥混凝土路面施工和易性，并尽早达到抗裂能力、抗冻临界强度与开放交通的使用需求。

3.1.2 面层水泥混凝土所用水泥的技术要求除应满足现行《道路硅酸盐水泥》(GB 13693)或《通用硅酸盐水泥》(GB 175)的规定外，各龄期的实测抗折强度、抗压强度尚应符合表3.1.2的规定。

表3.1.2 面层水泥混凝土用水泥各龄期的实测强度值

混凝土设计弯拉强度标准值（MPa）	5.5[a]		5.0		4.5		4.0		试验方法
龄期（d）	3	28	3	28	3	28	3	28	—
水泥实测抗折强度（MPa）≥	5.0	8.0	4.5	7.5	4.0	7.0	3.0	6.5	GB/T 17671
水泥实测抗压强度（MPa）≥	23.0	52.5	17.0	42.5	17.0	42.5	10.0	32.5	GB/T 17671

注：[a]本栏也适用于设计弯拉强度为6.0MPa的纤维混凝土。

水泥的3d强度是从供货与施工便利角度提出的要求，水泥混凝土路面铺筑前，必须了解所用水泥的3d强度特性。极重交通荷载要求水泥抗折强度大于或等于8.0MPa；特重、重交通要求为大于或等于7.5MPa；中交通要求为大于或等于7.0MPa；轻交通要求为大于或等于6.5MPa。这些数据是相应交通荷载等级所使用的水泥抗折强度最低值。大量的试验表明，在相同水灰比条件下，水泥胶砂的抗折强度一般高于混凝土弯拉强度2.0MPa左右；不仅如此，水泥胶砂的抗折强度是混凝土弯拉强度的极值。也就是说，欲配制弯拉强度6MPa的混凝土，水泥的抗折强度应该达到8.0MPa以上；欲配制出施工弯拉强度5.5MPa的混凝土，水泥的抗折强度应该不小于7.5MPa。这是表3.1.2中按混凝土设计弯拉强度标准值来要求水泥实测抗折强度的理由。《道路硅酸盐水泥》(GB 13693)正在修订，将来公路水泥混凝土路面用水泥将以其抗折强度6.5、7.5、8.5MPa划分强度等级，分别适用于中轻、重、极重特重交通荷载等级。目前，我们仅能购买到以抗压强度标示强度等级的水泥，其抗折强度必须实测，并达到表3.2.1的规定值。

水泥实测抗压强度与《通用硅酸盐水泥》(GB 175—2007)中的普通型水泥规定一致。在路面水泥混凝土质量检验、施工控制全过程中并未用到水泥的抗压强度，仅使用水泥的抗折强度与混凝土弯拉强度，但水泥与混凝土的抗压强度与耐磨性有密切关系，从提高路面抗磨等耐久性考虑，同时要求水泥抗压强度符合规定。

施工实践表明，表3.1.2中的水泥实测抗折强度与抗压强度要求一般均能满足，当工地所用的水泥不能同时满足两者的要求时，首先抗折强度必须符合该表的规定，抗压强度允许略有出入。

3.1.3 各交通荷载等级公路面层水泥混凝土用水泥的成分应符合表3.1.3

的规定。

表 3.1.3 各交通荷载等级公路面层水泥混凝土用水泥的成分要求

项次	水泥成分	极重、特重、重交通荷载等级	中、轻交通荷载等级	试验方法
1	熟料游离氧化钙含量（%）≤	1.0	1.8	GB/T 176
2	氧化镁含量（%）≤	5.0	6.0	
3	铁铝酸四钙含量（%）	15.0～20.0	12.0～20.0	
4	铝酸三钙含量（%）≤	7.0	9.0	
5	三氧化硫含量[a]（%）≤	3.5	4.0	
6	碱含量 $Na_2O+0.658K_2O$（%）≤	0.5	怀疑集料有碱活性时，0.6；无碱活性集料时，1.0	
7	氯离子含量[b]（%）≤	0.06	0.06	
8	混合材种类	不得掺窑灰、煤矸石、火山灰、烧黏土、煤渣，有抗盐冻要求时不得掺石灰岩粉	不得掺窑灰、煤矸石、火山灰、烧黏土、煤渣，有抗盐冻要求时不得掺石灰岩粉	水泥厂提供

注：[a]三氧化硫含量在硫酸盐腐蚀场合为必测项目，无腐蚀场合为选测项目。
　　[b]氯离子含量在配筋混凝土与钢纤维混凝土面层中为必测项目，水泥混凝土面层为选测项目。

表 3.1.3 中水泥的成分前 7 项为化学成分，第 8 项为已掺入水泥中的混合材，它们对水泥混凝土路面的路用品质影响很大，因此对用于路面的水泥提出了成分的要求。

表 3.1.3 中水泥或熟料的化学成分应由地市级以上水泥质量检验部门进行化学分析检验。

按照多年来对水泥的路用品质研究，将水泥的成分要求理由阐述如下：

（1）从保证动载疲劳寿命的要求出发，规定应严格控制水泥熟料及混合材中的游离氧化钙与氧化镁含量。

（2）铁铝酸四钙规定了上、下控制限，下限为了提升水泥抗折强度，增加对抗折强度贡献大的铁凝胶体数量；上限为了保证抹面性能与平整度。

（3）降低铝酸三钙的作用：一是防止水泥凝结硬化速度过快，发热量过大，有利于混凝土面板抵抗降温温差开裂；二是减少对外加剂的过量吸附作用，有利于改善水泥对外加剂的适应性。

（4）规定了碱含量，目的是防止碱集料反应破坏。

（5）为防止路面与桥面混凝土中的钢纤维与钢筋锈蚀，增加了选测氯离子含量的规定。

(6) 规定了选测三氧化硫的条件,其目的是限制从水泥中带进混凝土中的硫酸盐数量,防止从水泥和环境中浸入的硫酸盐共同侵蚀。

(7) 限制普通水泥中所掺混合材种类,是为了保证抗折强度,防止早期开裂及提高路面耐久性。

3.1.4 各交通荷载等级公路面层水泥混凝土用水泥的物理指标应符合表3.1.4的规定。

表3.1.4 各交通荷载等级公路面层水泥混凝土用水泥的物理指标要求

项次	水泥物理性能		极重、特重、重交通荷载等级	中、轻交通荷载等级	试验方法
1	出磨时安定性		雷氏夹和蒸煮法检验均必须合格	蒸煮法检验必须合格	
2	凝结时间(h)	初凝时间≥	1.5	0.75	JTG E30 T0505
		终凝时间≤	10	10	
3	标准稠度需水量(%)≤		28.0	30.0	
4	比表面积(m²/kg)		300~450	300~450	JTG E30 T0504
5	细度(80μm筛余)(%)≤		10.0	10.0	JTG E30 T0502
6	28d干缩率(%)≤		0.09	0.10	JTG E30 T0511
7	耐磨性(kg/m²)≤		2.5	3.0	JTG E30 T0510

表3.1.4中所列项目是工地试验室能够检测的水泥物理指标。规定理由说明如下:

(1) 规定最严格的是"出磨时安定性必须合格",是为严防游离氧化钙与氧化镁对疲劳的降低作用。雷氏夹对水泥石收缩比蒸煮法的敏感性更强、精度更高。所以,高速、一级公路规定两种方法检测均必须合格。出磨机口是检验时间最早的安定性。保证了"出磨时安定性"合格,就能确保在其他任何时间检验水泥安定性均合格。游离氧化钙含量小于或等于1.0%是第一道防线;出磨时安定性规定是水泥出厂的第二道防线;铺筑面层前的安定性必须检验合格是针对建设用户的第三道防线。可见水泥安定性对混凝土面层这类动载结构的极端重要性。按照《通用硅酸盐水泥》(GB 175—2007)规定,安定性不合格的水泥是不合格品,禁止使用。

(2) 水泥初、终凝时间规定为普通型水泥的初、终凝时间。对施工而言,重要的是初凝时间,它必须满足混凝土搅拌、运输、铺筑、抹面、饰面总时段要求。当气温较高、水泥初凝时间不足时，应采用缓凝剂保证混凝土路面铺筑顺利进行。终凝时间对于防止刚铺筑的路面开裂具有积极意义。

（3）标准稠度需水量：此项要求是为了确保混凝土水灰比、泌水率、最小单位用水量和各项强度均符合细则的规定。

（4）水泥比表面积与细度：水泥比表面积有上、下限要求，下限是为了保证水泥的强度及其增长速率；上限是为了防止路面这种薄壁结构的开裂。规定 $80\mu m$ 细度，一是确保强度；二是控制水泥的匀质性。

（5）28d 干缩率：是从控制水泥干缩出发，防止混凝土面层开裂的措施。

（6）水泥的耐磨性是提高混凝土路面耐磨性的物质基础。

混凝土面层的干缩开裂与耐磨性除了与水泥的这两项性能有关外，还与混凝土表面的水灰比及泌水率有重大关系。

3.1.5 面层水泥混凝土选用水泥时，除应满足表 3.1.2、表 3.1.3、表 3.1.4 的各项要求外，还应对拟采用厂家水泥进行混凝土配合比对比试验，根据所配制的混凝土弯拉强度、耐久性和工作性，选择适宜的水泥品种和强度等级。

规定面层使用的水泥除各项路用品质必须合格外，强调应通过混凝土配合比优选试验，路面混凝土各项质量标准满足规定方可使用。而且，水泥生产厂家、品种及强度等级一旦选定，不得随意变更。水泥变更前，须有配合比试验预案，在试验配合比通过性能检验、校核与审批的条件下，方可使用。

3.1.6 采用滑模摊铺机铺筑时，宜选用散装水泥。高温期施工时，散装水泥的入罐最高温度不宜高于 60℃；低温期施工时，水泥进入搅拌缸前的温度不宜低于 10℃。

在实际工程中经常发现，气温较高的情况下，运到搅拌场的散装水泥温度有时高达 70~110℃，混凝土拌合物温度超过 35℃，再加上使用水化热高的 R 型早强水泥，运输到现场的新拌混凝土，经常无法布料摊铺，强制摊铺表面必然产生大量的蜂窝和麻面。不仅如此，高温高热的 R 型水泥不仅收缩很大，而且水化热峰值很高，当夜间降温速率较快或摊铺中遭遇风雨、降温差较大时，极易形成严重的塑性干缩与温缩裂缝。因此，规定散装水泥的入罐温度不宜高于 60℃。

低温条件下，水泥拌和温度"不宜低于 10℃"。这是国际上对低温和负温条件下水泥混凝土路面施工公认的水泥拌和温度控制标准。一是要保证水泥尽快达到抗冻临界强度；二是低于此温度，水泥的水化反应过慢，凝结时间过长，不利于水泥混凝土路面铺筑后抗滑构造制作、养生工序进行及路面防风裂。

3.2 掺合料

3.2.1 使用道路硅酸盐水泥或硅酸盐水泥时，可在混凝土中掺入适量粉煤灰；使用其他水泥时，不应掺入粉煤灰。

《通用硅酸盐水泥》（GB 175—2007）中普通硅酸盐水泥要求的混合材最大掺量由15%提高到20%。但实测结果表明，各水泥厂生产的普通硅酸盐水泥中混合材的实际掺量一般均超过了此限值，已不具备再掺用粉煤灰全部水化硬化贡献强度（最大掺量28%）的条件，将直接降低面层混凝土早期强度、抗裂性、耐磨性等性能。因此，在面层混凝土掺粉煤灰时，规定应使用道路硅酸盐水泥、Ⅰ型与Ⅱ型硅酸盐水泥三种。普通硅酸盐水泥可直接用于面层，但不应再掺粉煤灰。

贫混凝土基层使用的水泥宜为强度等级 32.5 级矿渣硅酸盐水泥、粉煤灰硅酸盐水泥、火山灰质硅酸盐水泥、复合硅酸盐水泥。基层使用 42.5 级普通硅酸盐水泥时，混凝土中应掺入适量粉煤灰。

大量的工程实践表明，贫混凝土基层适宜的水泥强度等级为 22.5 级至 32.5 级。贫混凝土基层采用 42.5 级普通硅酸盐水泥时，由于水泥强度过高，胶材总量偏少，且极易开裂，应掺用粉煤灰降低强度到 22.5 级或 32.5 级。此时，仍应按低强度水泥使用，不是水泥粉煤灰二灰稳定类基层。

3.2.2 面层水泥混凝土可单独或复配掺用符合本细则规定的粉状低钙粉煤灰、矿渣粉或硅灰等掺合料，不得掺用结块或潮湿的粉煤灰、矿渣粉和硅灰。粉煤灰质量不应低于表3.2.2中的Ⅱ级粉煤灰的要求。不得掺用高钙粉煤灰或Ⅲ级及Ⅲ级以下低钙粉煤灰。粉煤灰进货应有等级检验报告。

表 3.2.2 低钙粉煤灰分级和质量标准

粉煤灰等级	细度（45μm气流筛，筛余量）（%）	烧失量（%）	需水量（%）	含水率（%）	游离氧化钙含量（%）	SO_3（%）	混合砂浆强度活性指数[a]	
							7d	28d
Ⅰ	≤12.0	≤5.0	≤95.0	≤1.0	<1.0	≤3.0	≥75	≥85（75）
Ⅱ	≤25.0	≤8.0	≤105.0	≤1.0	<1.0	≤3.0	≥70	≥80（62）
Ⅲ	≤45.0	≤15.0	≤115.0	≤1.0	<1.0	≤3.0	—	—
试验方法	GB/T 1596	GB/T 176	GB/T 1596	GB/T 1596	GB/T 176	GB/T 176	GB/T 1596	

注：[a] 混合砂浆强度活性指数为掺粉煤灰的砂浆与水泥砂浆的抗压强度比的百分数，不带括号的数值适用于所配制混凝土强度等级不小于C40时；当配制的混凝土强度等级小于C40时，混合砂浆强度活性指数应满足28d括号中数值的要求。

粉煤灰及各种掺合料使用时均应为干粉状态，与水泥一样泵进罐仓使用。施工经验表明，结块或潮湿粉煤灰等在新拌混凝土中会产生搅拌不开的粉煤灰或掺合料的小团块，其与泥块和高风化岩石集料一样，严重影响混凝土强度及其匀质性，并使路面出现许多坑洞，影响行驶质量和路面耐久性，因此规定不得使用结块和湿粉煤灰。

表3.2.2引自《用于水泥和混凝土中的粉煤灰》（GB/T 1596—2005），其中混合砂浆活性指数源自《高强高性能混凝土用矿物外加剂》（GB/T 18736—2002）。

粉煤灰分为低钙灰（F类）与高钙灰（C类）两类。高钙粉煤灰中游离氧化钙含量一般大于10%，将严重损害面层与基层的动载疲劳循环周次与行车使用寿命。这些动载结构中只能使用低钙粉煤灰（f-CaO<1.0%），不得使用高钙粉煤灰。

用于混凝土面层及桥面的低钙粉煤灰质量等级应为Ⅰ、Ⅱ级。Ⅲ级粉煤灰活性过低，煤粉含量过多，不仅降低面层混凝土各种强度，而且干缩过大，路面极易开裂。因此，规定不得使用。

当工地试验室没有$45\mu m$气流筛时，可先检测出$80\mu m$筛余量Z_{80}，再使用式（3-1）进行换算：

$$Z_{45} = \beta Z_{80} = 2.4 Z_{80} \qquad (3-1)$$

式中：Z_{45}——$45\mu m$气流筛筛余量（%）；

Z_{80}——$80\mu m$水泥方孔筛筛余量（%）；

β——换算系数，$\beta=2.4$。

其结果仅作为粗略估计。粉煤灰定级时，应符合表3.2.1的规定。

粉煤灰进货应有等级检验报告。应从水泥厂明确了解所用水泥中已经加入的混合材种类和数量。其目的是防止超量使用粉煤灰等造成开裂及强度不足等质量问题。路面混凝土有最大30%的粉煤灰掺量限制，这是水泥粉煤灰胶凝体系能够全部水化并贡献强度的最高掺量规定，也是路面满足抗冲、耐磨和耐疲劳性能的要求。

粉煤灰等掺合料在混凝土路面工程中的掺用有一项基本原则：所掺粉煤灰等掺合料必须能够全部水化而贡献强度。因此，使用粉煤灰水泥配制混凝土时，不得再掺粉煤灰。理由是粉煤灰水泥中已经掺了40%粉煤灰，如果再掺30%粉煤灰，粉煤灰总量达到70%，将有40%的粉煤灰由于缺乏Ca(OH)$_2$而永远不可能水化，多掺的粉煤灰贡献不了强度时，必定贡献开裂。粉煤灰硅酸盐水泥中的粉煤灰掺量已经超出可完全水化贡献强度的数量,这就是细则前后两个版本中均限制使用粉煤灰水泥的根本原因,也是细则限制在普通硅酸盐水泥再掺粉煤灰的重要原因。

3.2.3 掺加于面层水泥混凝土中的矿渣粉、硅灰,其质量应符合表3.2.3的规定。使用矿渣硅酸盐水泥时不得再掺加矿渣粉。高温期施工时,不宜掺用硅灰。

表 3.2.3 矿渣粉、硅灰的质量标准

质量标准 种类	等级	比表面积 (m^2/kg)	密度 (g/cm^3)	烧失量 (%)	流动度比 (%)	含水率 (%)	氯离子含量[b] (%)	玻璃体含量 (%)	游离氧化钙含量 (%)	SO_3 (%)	混合砂浆强度活性指数(%) 7d	28d
磨细矿渣粉[a]	S105	≥500	≥2.80	≤3.0	≥95.0	≤1.0	<0.06	≥85.0	<1.0%	≤4.0	≥95	≥105
	S95	≥400									≥75	≥95
硅灰		≥15 000	≥2.10	≤6.0	—	≤3.0	<0.06	≥90.0	<1.0%	—		≥105
试验方法		GB/T 8074	GB/T 208	GB/T 18046	GB/T 18046	GB/T 18046	GB/T 176	GB/T 18046	GB/T 176	GB/T 176	GB/T 18046	

注:[a]矿渣粉匀质性以比表面积为考核依据,单一样品的比表面积不应超过前10个样品比表面积平均值的10.0%。
[b]氯离子含量在配筋混凝土与钢纤维混凝土面层中为必测项目,水泥混凝土面层为选测项目。

(1) 为了满足配制高性能面层混凝土的需求,新增表3.2.3,其中矿渣粉引自现行《用于水泥和混凝土中的粒化高炉矿渣粉》(GB/T 18046),硅灰引自现行《高强高性能混凝土用矿物外加剂》(GB/T 18738)。矿渣粉按28d混合砂浆的活性指数有S105、S95和S75三个级别,路面应使用S105、S95级。S75活性过低,细则表3.2.3未引用,表示不得使用。

(2) 矿渣水泥中,矿渣最大掺量可达75%,加上5%石膏,熟料仅含20%,如果在矿渣水泥配制的混凝土中再掺矿渣,熟料的含量将非常少,几乎变成全矿渣水泥。大量研究表明,全矿渣水泥(凝石)的pH值过低,碱度不足以维持水化产物的长期稳定,将导致长期强度严重丧失,造成重大质量事故,因此,严格规定矿渣硅酸盐水泥中不得再掺矿渣。

(3) 因硅灰的细度极高,比水泥细一两个数量级,硅灰中最细颗粒粒径可达200nm,因此,已有学者称掺硅灰混凝土为纳米混凝土。硅灰在混凝土中的水化反应速率比水泥快得多,凝结时间很短。因此,在低温施工及有快通要求的场合，硅灰可作为面层混凝土的促凝、早强组分使用。但在高温期施工时，掺加硅灰的混凝土水化硬化速度过快，运输、布料过程中坍落度损失大而快，经常导致无法摊铺，所以规定为不宜掺加。

不得使用潮湿或已结团的矿渣粉、硅灰与不得使用潮湿结团粉煤灰的理由相同。

3.2.4 各种掺合料在使用前，应进行混凝土配合比试配检验与掺量优化试验，确认面层水泥混凝土弯拉强度、工作性、抗磨性、抗冰冻性、抗盐冻性等指标满足设计要求。

路面混凝土中使用掺合料的原则是将中等强度等级混凝土配制成高性能路用混凝土，是在首先满足所有面层施工质量和路用品质要求下掺用掺合料，如果不能符合路用质量要求，宁可不掺或少掺。

满足细则规定的三种掺合料，在路面、桥面混凝土中可单独掺用，亦允许复合掺配使用，以得到其优良的复合叠加效应。但三种掺合料的配伍关系及其总掺量应通过所掺混凝土全面性能检验优化获得。

细则规定可使用或复配使用的掺合料仅限于有产品国家标准且应用技术成熟可靠的低钙粉煤灰、矿渣粉、硅灰三种。其他种类的活性掺合料，如石灰石粉、凝灰岩粉、沸石岩粉、浮石粉、硅藻石粉、硅砂粉、硅质渣粉、磷渣粉、铝渣粉等，在掺用前，应经过全面物理力学性能检验与专家论证，否则，不得使用。在路面混凝土中不得掺用煤矸石粉、煤渣粉、窑灰、火山灰、烧黏土等降低动载性能或增加收缩开裂的活性掺合料。

3.3 粗集料与再生粗集料

3.3.1 粗集料应使用质地坚硬、耐久、干净的碎石、破碎卵石或卵石。极重、特重、重交通荷载等级公路面层混凝土用粗集料质量不应低于表3.3.1中Ⅱ级的要求；中、轻交通荷载等级公路面层混凝土可使用Ⅲ级粗集料。

表3.3.1 碎石、破碎卵石和卵石质量标准

项次	项 目	技术要求			试验方法
		Ⅰ级	Ⅱ级	Ⅲ级	
1	碎石压碎值（%）≤	18.0	25.0	30.0	JTG E42 T0316
2	卵石压碎值（%）≤	21.0	23.0	26.0	JTG E42 T0316
3	坚固性（按质量损失计）（%）≤	5.0	8.0	12.0	JTG E42 T0314

续上表

项次	项 目		技术要求			试验方法
			Ⅰ级	Ⅱ级	Ⅲ级	
4	针片状颗粒含量（按质量计）（%）≤		8.0	15.0	20.0	JTG E42 T0311
5	含泥量（按质量计）（%）≤		0.5	1.0	2.0	JTG E42 T0310
6	泥块含量（按质量计）（%）≤		0.2	0.5	0.7	JTG E42 T0310
7	吸水率ª（按质量计）（%）≤		1.0	2.0	3.0	JTG E42 T0307
8	硫化物及硫酸盐含量ᵇ（按 SO_3 质量计）（%）≤		0.5	1.0	1.0	GB/T 14685
9	洛杉矶磨耗损失ᶜ（%）≤		28.0	32.0	35.0	JTG E42 T0317
10	有机物含量（比色法）		合格	合格	合格	JTG E42 T0313
11	岩石抗压强度（MPa）ᵇ	岩浆岩	100			JTG E41 T0221
		变质岩	80			
		沉积岩	60			
12	表观密度（kg/m³）≥		2 500			JTG E42 T0308
13	松散堆积密度（kg/m³）≥		1 350			JTG E42 T0309
14	空隙率（%）≤		47			JTG E42 T0309
15	磨光值ᶜ（%）		35.0			JTG E42 T0321
16	碱活性反应ᵇ		不得有碱活性反应或疑似碱活性反应			JTG E42 T0325

注：ª 有抗冰冻、抗盐冻要求时，应检验粗集料吸水率。
ᵇ 硫化物及硫酸盐含量、碱活性反应、岩石抗压强度在粗集料使用前应至少检验一次。
ᶜ 洛杉矶磨耗损失、磨光值仅在要求制作露石水泥混凝土面层时检测。

按照现行《建筑用卵石、碎石》（GB/T 14685）的规定，根据所配制的混凝土抗压强度等级将粗集料分为三类：Ⅰ类适用于配制抗压强度等级 C60 的混凝土；Ⅱ类适用于 C30～C60 混凝土；Ⅲ类适用于强度等级小于 C30 的混凝土。实质上相当于国标按混凝土强度等级将粗细集料粗略分成了三个级别。因此，细则将国标的三个类别称为三个级别。

目前我国建造的水泥混凝土路面抗压强度等级均不低于 C30，一般在 C30～C50 之间，因此，原规范与细则均将极重、特重、重交通荷载等级公路面层水泥混凝土用粗、细集料级别规定为不低于Ⅱ级。

本次修订对表 3.3.1 做了如下必要修改：
（1）将原压碎指标统一为压碎值。

由于公路工程沥青路面与基层通用压碎值，仅有水泥混凝土路面依据混凝土粗集料现行《建筑用卵石、碎石》（GB/T 14685）规定，沿用压碎指标，不统一，给试验检测增加了不必要的麻烦。经过磋商，本次修订表3.3.1时，已经将原规范中的水泥混凝土粗集料压碎指标统一到了《公路工程集料试验规程》（JTG E42）中的T 0316粗集料压碎值。压碎指标 y 分级数据，通过计算式（3-2），已经换算为压碎值 x 分级数据。

$$y = 0.816x - 5.0 \tag{3-2}$$

式中：x——粗集料压碎值（%）；
　　　y——粗集料压碎指标（%）。

（2）吸水率。

将原规范中满足抗（盐）冻性要求的各级粗集料吸水率及其数据放入了本表，规定有抗冰冻和抗盐冻要求时，应检验粗集料吸水率。这是为了防止粗集料吸水过多、饱和或临近饱和含水时，粗集料冻碎会加速路面混凝土的冰冻和盐冻破坏。

（3）选测洛杉矶磨耗损失与磨光值。

为确保水泥混凝土路面高速行车（≥80km/h）安全性，为建造摩擦系数更佳的露石水泥混凝土路面，增加了洛杉矶磨耗损失及其磨光值两项新指标。粗集料洛杉矶磨耗损失及其磨光值不作为普遍规定，仅规定新建露石水泥混凝土路面时必检，并应符合表3.3.1中相应规定。

（4）按面层与基层分别规定压碎值及针片状颗粒含量。

由于压碎值及针片状颗粒含量在路面和基层中的影响有较大差别，对路面性能影响较大，而对基层性能影响相对较小。因此，表3.3.1中注释a、b将Ⅲ级集料的压碎指标及针片状颗粒含量按用于面层或基层来分别规定。

细则条文的内容已限定于混凝土面层，贫混凝土基层若按混凝土配合比要求进行时，所用的粗集料与再生粗集料的级别应不低于Ⅲ级。

3.3.2 中、轻交通荷载等级公路面层水泥混凝土可使用再生粗集料，其质量应符合表3.3.2的规定。再生粗集料可单独或掺配新集料后使用，但应通过配合比试验验证，确定混凝土性能满足设计要求，并符合下列规定：

1　有抗冰冻、抗盐冻要求时，再生粗集料不应低于Ⅱ级；无抗冰冻、抗盐冻要求时，可使用Ⅲ级再生粗集料。

2　再生粗集料不得用于裸露粗集料的水泥混凝土抗滑表层。

3　不得使用出现碱活性反应的混凝土为原料破碎生产的再生粗集料。

表 3.3.2 再生粗集料的质量标准

项次	项　目	技术要求			试验方法
		Ⅰ级	Ⅱ级	Ⅲ级	
1	压碎值（%）≤	21.0	30.0	43.0	JTG E42 T0316
2	坚固性（按质量损失计）（%）≤	5.0	10.0	15.0	JTG E42 T0314
3	针片状颗粒含量（按质量计）（%）≤	10.0	10.0	10.0	JTG E42 T0311
4	微粉含量（按质量计）（%）≤	1.0	2.0	3.0	JTG E42 T0310
5	泥块含量（按质量计）（%）≤	0.5	0.7	1.0	JTG E42 T0310
6	吸水率（按质量计）（%）≤	3.0	5.0	8.0	JTG E42 T0307
7	硫化物及硫酸盐含量（按 SO_3 质量计）（%）≤	2.0	2.0	2.0	GB/T 14685
8	氯化物含量（以氯离子质量计）（%）≤	0.06	0.06	0.06	GB/T 14685
9	洛杉矶磨耗损失（%）≤	35	40	45	JTG E42 T0317
10	杂物含量（按质量计）（%）≤	1.0	1.0	1.0	JTG E42 T0313
11	表观密度（kg/m³）≥	2 450	2 350	2 250	JTG E42 T0308
12	空隙率（%）≤	47	50	53	JTG E42 T0309

注：1. 当再生粗集料中碎石的岩石品种变化时，应重新检测上述指标。
　　2. 硫化物及硫酸盐含量、氯化物含量、洛杉矶磨耗损失在再生粗集料使用前应至少检验一次。

（1）必要性与技术成熟性

细则修订过程中，为了落实国家节约和循环利用旧路面材料资源的政策，总结了国内外在翻修改建中利用再生粗集料的研究成果与成功的工程实践经验。美国有成功使用 20 余年再生粗集料水泥混凝土路面依然完好的成功经验，国内交通运输部公路科学研究院在西部开发研究项目中，对再生粗集料进行了深入的研究和推广应用，不仅有建成 10 年以上再生水泥混凝土路面的经验，而且出版了专著。国内有不少学者已经对再生粗、细集料进行了大量相当深入细致的研究，已有大量用于建筑结构等的成功经验。我国已经颁布了《混凝土用再生集料》（GB/T 25177—2010）。笔者认为将再生粗集料编进细则的时机及技术已经成熟，也有必要将再生粗集料编进细则。因此，专门增补了本条再生粗集料的规定。

（2）再生粗集料的来源

用于路面与基层的再生粗集料是旧结构混凝土重新破碎加工而成的，不是混有砖瓦、泥土、砂浆等杂物的建筑垃圾。旧结构混凝土一般指旧混凝土面层、旧混凝土桥涵结构物、旧建筑混凝土结构等，翻修时拆除的混凝土碎块，再经破碎加工制得的符合表 3.3.2 质量与规格规定的再生粗集料。

（3）再生粗集料的质量标准

再生粗集料与新破碎粗集料相比，由于黏附有大量硬化砂浆而导致其吸水率较高，硬化水泥石粉较多，密度较低，压碎值较小，坚固性较低，洛杉矶磨耗较差。对于再生粗集料，不可直接使用新粗集料的质量标准，必须重新规定。表 3.3.2 的各项技术数据来源于交通运输部公路科学研究院西部开发项目、青岛建筑大学等的研究成果和美国 ACPA 的再生粗集料用于混凝土面层的技术指南，并与《混凝土用再生集料》（GB/T 25177—2010）进行了一致性核定。

（4）再生粗集料在混凝土面层中的使用规定

①不宜使用再生粗集料的公路荷载等级及路面结构。

根据国内外的大量工程经验，再生Ⅰ级粗集料的数量相当短缺，同时为确保混凝土面层质量，细则规定再生粗集料不宜用于极重、特重、重交通等级的混凝土面层，仅可用于中、轻交通荷载的公路路面。也就是说，一般而言，高速、一级公路的混凝土路面和桥面应使用新粗集料。

②Ⅱ级再生粗集料适用公路等级。

再生Ⅰ、Ⅱ级粗集料可用于有抗（盐）冻要求的中、轻交通荷载等级公路路面，无抗冻要求时，方可使用再生Ⅲ级粗集料。碾压混凝土及贫混凝土基层再生粗集料最低为Ⅲ级，也可使用Ⅰ、Ⅱ级再生粗集料。

③Ⅲ级再生粗集料的适用场合。

再生粗集料仅限于中、轻交通荷载等级公路路面的原因是我国旧混凝土路面设计强度等级偏低，加上长期使用疲劳耗损，强度一般仅有 15～25MPa，达不到新建水泥混凝土路面抗压强度 30MPa 以上的要求。在旧水泥混凝土路面破碎加工再生粗集料前，可在旧面板上钻取岩芯或切割弯拉强度试件，做出其抗压强度、劈裂强度或弯拉强度数据。一般情况下，老旧混凝土抗压强度数值为配制混凝土抗压强度等级±5.0MPa 范围内，或旧水泥混凝土路面的抗压强度等级不低于 C30 者，方可制作出 5.5～6.0MPa 以上配制平均弯拉强度路面再生混凝土。当单独使用再生粗集料配制的混凝土弯拉强度偏低时，可与适量的新鲜粗集料掺配使用，掺配数量应通过试验检测。

④再生粗集料不得用于裸露粗集料的水泥混凝土路面抗滑表层和配筋混凝土与钢纤维混凝土面层。

再生粗集料表面黏附有大量低强度砂浆，其磨光值、坚固性和洛杉矶磨耗均较差，不得用于裸露粗集料的水泥混凝土路面抗滑表层。

再生粗集料中氯离子含量较多，为防止其引发钢筋及钢纤维锈蚀，不宜用于配有钢筋的混凝土与钢纤维混凝土路面和桥面。在这些结构中应使用新鲜粗集料。其隐含在本条第一句"中、轻交通荷载等级公路面层水泥混凝土可使用再生粗集料"中，一般而言，中、轻交通荷载的路面不可能设计成钢筋或钢纤维混凝土。

⑤出现碱集料反应的再生粗集料不得用于有水泥的结构层中。

明确已经出现了碱活性反应的旧混凝土再生粗集料不得用于混凝土面层、贫混凝土基层与水泥稳定类基层，但可当作碎石，用于路基加固或垫层。

3.3.3 粗集料与再生粗集料应根据混凝土配合比的公称最大粒径分为2～4个单粒级的集料，并掺配使用。粗集料与再生粗集料的合成级配及单粒级级配范围宜符合表3.3.3的要求。不得使用不分级的统料。

表3.3.3 粗集料与再生粗集料的级配范围

方孔筛尺寸（mm）	2.36	4.75	9.50	16.0	19.0	26.5	31.5	37.5	试验方法
级配类型	累计筛余（以质量计）（%）								
合成级配 4.75～16.0	95～100	85～100	40～60	0～10	—	—	—	—	JTG E42 T0302
合成级配 4.75～19.0	95～100	85～95	60～75	30～45	0～5	0	—	—	
合成级配 4.75～26.5	95～100	90～100	70～90	50～70	25～40	0～5	0	—	
合成级配 4.75～31.5	95～100	90～100	75～90	60～75	40～60	20～35	0～5	0	
单粒级级配 4.75～9.5	95～100	80～100	0～15	0	—	—	—	—	
单粒级级配 9.5～16.0	—	95～100	80～100	0～15	0	—	—	—	
单粒级级配 9.5～19.0	—	95～100	85～100	40～60	0～15	0	—	—	
单粒级级配 16.0～26.5	—	—	95～100	55～70	25～40	0～5	0	—	
单粒级级配 16.0～31.5	—	—	95～100	85～100	55～70	25～40	0～10	0	

路面水泥混凝土粗集料的级配要求低于沥青混凝土，原因是水泥水化硬化后是水泥石，水泥石亦具备一定的抗压强度。但为了一方面使粗集料在弯拉断裂过程中，提供一定的集料嵌锁力并贡献应有的弯拉强度；另一方面，在铺筑过程中对拌合物有防离析、防泌水以及坍落度损失等的要求，其级配应有适当要求，不得过于宽松，因此规定不得使用不分级的统料。滑模摊铺水泥混凝土路面当使用的粗集料为不分级的统料时，必定发生塌边与麻面现象，面层铺筑质量一定失控。为了满足路面所要求的较高配制混凝土弯拉强度及其匀质性，在碎石生产和砾石筛分过程中，各粒级粗集料应满足表3.3.3中单粒级的级配要求，在拌和楼上掺配出的粗集料组合级配应符合表3.3.3中合成级配的要求。

3.3.4 各种面层水泥混凝土配合比的不同种类粗集料与再生粗集料公称最大粒径宜符合表 3.3.4 的规定。

表 3.3.4 各种面层水泥混凝土配合比不同种类粗集料与再生粗集料公称最大粒径（mm）

交通荷载等级		极重、特重、重		中、轻		试验方法
面层类型		水泥混凝土	纤维混凝土、配筋混凝土	水泥混凝土	碾压混凝土、砌块混凝土	
最大公称粒径	碎石	26.5	16.0	31.5	19.0	JTG E42 T0302
	破碎卵石	19.0	16.0	26.5	19.0	
	卵石	16.0	9.5	19.0	16.0	
	再生粗集料	—	—	26.5	19.0	

细则中增加了表 3.3.4 各级公路水泥混凝土面层不同种类粗集料与再生粗集料公称最大粒径。按公路等级、集料种类及混凝土路面类型规定公称最大粒径，原因是各种混凝土实际施工中配制弯拉强度均值的范围已经扩展到了最低 4.5MPa 至最高 8.0MPa。在这种条件下，粗集料公称最大粒径对弯拉强度影响很大，统一规定用一个公称最大粒径已经既不适应，也不可能。所以，必须区分公路等级、集料种类及路面混凝土的种类，详细规定适宜的粗集料公称最大粒径。除了纤维混凝土等以外，各种混凝土粗集料公称最大粒径与所用混凝土的设计弯拉强度标准值成反比。这样做的结果是在确保配制弯拉强度的前提下，使用尽可能大粒径的粗集料，使面层在更节约水泥的同时，收缩变形量最小，开裂几率最低。

3.4 细集料

3.4.1 细集料应使用质地坚硬、耐久、洁净的天然砂或机制砂，不宜使用再生细集料。

由于再生细集料的吸水率较高，拌合物的工作性欠佳；又由于再生细集料的磨光值较差，面层表面摩擦系数的长期保持性不足，在基层表层砂浆的抗冲刷性欠佳。因此，细则规定不宜在混凝土面层中使用再生细集料，再生细集料使用在路面混凝土中还需要更多的使用经验和成功数据的支持。

3.4.2 极重、特重、重交通荷载等级公路面层水泥混凝土用天然砂的质量标准不应低于表 3.4.2 规定的Ⅱ级，中、轻交通荷载等级公路面层水泥混凝土可使用Ⅲ级天然砂。

表 3.4.2 天然砂的质量标准

项次	项 目	技术要求 Ⅰ级	技术要求 Ⅱ级	技术要求 Ⅲ级	试验方法
1	坚固性（按质量损失计）（%）≤	6.0	8.0	10.0	JTG E42 T0340
2	含泥量（按质量计）（%）≤	1.0	2.0	3.0	JTG E42 T0333
3	泥块含量（按质量计）（%）≤	0	0.5	1.0	JTG E42 T0335
4	氯离子含量[a]（按质量计）（%）≤	0.02	0.03	0.06	GB/T 14684
5	云母含量（按质量计）（%）≤	1.0	1.0	2.0	JTG E42 T0337
6	硫化物及硫酸盐含量[a]（按 SO_3 质量计）（%）≤	0.5	0.5	0.5	JTG E42 T0341
7	海砂中的贝壳类物质含量（按质量计）（%）≤	3.0	5.0	8.0	JGJ 206
8	轻物质含量（按质量计）（%）≤	1.0			JTG E42 T0338
9	吸水率（%）≤	2.0			JTG E42 T0330
10	表观密度（kg/m³）≥	2 500.0			JTG E42 T0328
11	松散堆积密度（kg/m³）≥	1 400.0			JTG E42 T0331
12	空隙率（%）≤	45.0			JTG E42 T0331
13	有机物含量（比色法）	合格			JTG E42 T0336
14	碱活性反应[a]	不得有碱活性反应或疑似碱活性反应			JTG E42 T0325
15	结晶态二氧化硅含量[b]（%）≥	25.0			JTG E42 T0324

注：[a] 碱活性反应、氯离子含量、硫化物及硫酸盐含量在天然砂使用前应至少检验一次。
[b] 按现行《公路工程集料试验规程》（JTG E42）T0324 岩相法，测定除隐晶质、玻璃质二氧化硅以外的结晶态二氧化硅的含量。

砂按其产状可分为天然砂和人工砂。天然砂包括河砂、湖砂、山砂、沉积砂、风积砂和海砂等；人工砂包括机制砂、混合砂。我国优质河砂资源越来越少，且分布不均衡，为了满足水泥混凝土路面工程建设需要，此次修订扩展了细集料的种类。只要各种天然砂的质量满足表 3.4.2 各项标准，均可使用。

在细则中，设计速度大于或等于 80km/h 水泥混凝土路面与桥面中引入了抗滑表层的新概念，它包括专门制作的抗滑表层的双层混凝土、露石混凝土或复合表层沥青混凝土的路面和桥面，也包括考虑了抗滑表层加厚的整体混凝土面板。

高硬度的结晶态二氧化硅含量的规定是原规范就有的，实质是从抗滑安全和耐磨性出发提出的细集料硬度规定，水泥混凝土路面上摩擦系数是通过水泥浆磨损后的凸起的砂颗粒来提供的，现已编入表3.4.2中，其试验方法借用现行《公路工程集料试验规程》（JTG E42）T0324岩相法，测定除隐晶质、玻璃质（活性）二氧化硅以外的结晶态（非活性）二氧化硅的含量。

表3.4.2中海砂的特殊质量指标有三项：贝壳类物质含量、氯离子含量与硫化物含量。其质量标准源自现行《海砂混凝土应用技术规范》（JGJ 206），除贝壳类物质含量是海砂独有外，其氯离子含量与硫化物含量与其他天然砂一致，欲满足这两项指标的海砂，一般是淡化海砂或河口附近的海砂。

3.4.3 天然砂的级配范围宜符合表3.4.3的规定。面层水泥混凝土使用的天然砂细度模数宜在2.0~3.7之间。

表3.4.3 天然砂的推荐级配范围

砂分级	细度模数	方孔筛尺寸（mm）（试验方法 JTG E42 T0327）							
		9.5	4.75	2.36	1.18	0.60	0.30	0.15	0.075
		通过各筛孔的质量百分率（%）							
粗砂	3.1~3.7	100	90~100	65~95	35~65	15~30	5~20	0~10	0~5
中砂	2.3~3.0	100	90~100	75~100	50~90	30~60	8~30	0~10	0~5
细砂	1.6~2.2	100	90~100	85~100	75~100	60~84	15~45	0~10	0~5

本条规定了混凝土面层用砂的细度模数范围，与原规范相比，其范围有所扩大，原规范规定为2.0~3.5，细则规定为2.0~3.7。

从行车安全出发，强调细度模数小于2.0的细砂，因其摩擦系数过小，不得在各级公路水泥混凝土路面中使用。国外资料和我国的实践均表明，砂所能提供的摩擦系数与公路的设计速度密切相关。一般而言，当设计速度大于或等于50km/h后，细度模数小于2.0的细砂所提供的摩擦系数无法确保足够长的制动距离。因此，明确对细度模数下限加以限制。

粗砂能够提供更大的摩擦系数和较高的弯拉强度，主要问题是铺筑过程中拌合物较易泌水和离析，泌水和离析均可通过使用引气剂达到适宜含气量和黏聚性来解决，所以可适当放宽细度模数上限，以利于提升路面的行车安全性，并获得更高的弯拉强度。

3.4.4 机制砂宜采用碎石作为原料，并用专用设备生产。极重、特重、重交通荷载等级公路面层水泥混凝土用机制砂的质量标准不应低于表3.4.4规定的Ⅱ级，中、轻交通荷载等级公路面层水泥混凝土可使用Ⅲ级机制砂。

表 3.4.4 机制砂的质量标准

项次	项 目		技 术 要 求			试 验 方 法
			Ⅰ级	Ⅱ级	Ⅲ级	
1	机制砂母岩的抗压强度（MPa）≥		80.0	60.0	30.0	JTG E41 T0221
2	机制砂母岩的磨光值≥		38.0	35.0	30.0	JTG E42 T0321
3	机制砂单粒级最大压碎指标（%）≤		20.0	25.0	30.0	JTG E42 T0350
4	坚固性（按质量损失计）（%）≤		6.0	8.0	10.0	JTG E42 T0340
5	氯离子含量[a]（按质量计）（%）≤		0.01	0.02	0.06	GB/T 14684
6	云母含量（按质量计）（%）≤		1.0	2.0	2.0	JTG E42 T0337
7	硫化物及硫酸盐含量[a]（按 SO_3 质量计）（%）≤		0.5	0.5	0.5	JTG E42 T0341
8	泥块含量（按质量计）（%）≤		0	0.5	1.0	JTG E42 T0335
9	石粉含量（%）<	MB值<1.40 或合格	3.0	5.0	7.0	JTG E42 T0349
		MB值≥1.40 或不合格	1.0	3.0	5.0	
10	轻物质含量（按质量计）（%）≤		1.0			JTG E42 T0338
11	吸水率（%）≤		2.0			JTG E42 T0330
12	表观密度（kg/m³）≥		2 500.0			JTG E42 T0328
13	松散堆积密度（kg/m³）≥		1 400.0			JTG E42 T0331
14	空隙率（%）≤		45.0			JTG E42 T0331
15	有机物含量（比色法）		合格			JTG E42 T0336
16	碱活性反应[a]		不得有碱活性反应或疑似碱活性反应			JTG E42 T0325

注：[a] 碱活性反应、氯离子含量、硫化物及硫酸盐含量在机制砂使用前应至少检验一次。

水泥混凝土面层使用机制砂时，应注意以下问题：

（1）机制砂的磨光值

原规范按沥青路面集料中的最低要求提出砂浆磨光值（PMV）宜大于 35。根据大家反映，砂浆磨光值缺乏试验检测方法，机制砂的磨光值检测应按相同母岩粗集料来进行，名称修改为机制砂母岩的磨光值，并编写进表 3.4.4 中，以便在实际工程中切实提高抗滑安全性。

（2）机制砂中的含泥量与石粉含量控制

一般情况下，机制砂筛分后的含泥量与石粉含量是混在 75μm 细颗粒总量中的，难于区分，这一直是公路界在原材料质量控制方面很困惑的难题。

显然，石粉不能与细粒土等同对待，石粉的化学活性与表面物理特性比土强得多。在我国Ⅱ型硅酸盐水泥中，允许掺入5%以内的生石灰岩石粉。试验表明，即使将生石灰岩石粉掺入混凝土内，同样具有一定化学反应活性，且最优掺量也为5%。

现行《建筑用砂》（GB/T 14684）已经提出了用于区分石粉和土的亚甲蓝试验方法。小于75μm细颗粒总含量限制要求被适度放宽：Ⅱ级砂石粉含量5%，加上泥块含量为5.5%；Ⅲ级砂石粉含量7%，加上含泥量为8%。Ⅰ、Ⅱ级砂一般应采用湿筛法生产；Ⅲ级砂可采用干筛法生产。

3.4.5 机制砂的级配范围宜符合表3.4.5的规定。面层水泥混凝土使用的机制砂细度模数宜在2.3～3.1之间。

表3.4.5 机制砂的级配范围

机制砂分级	细度模数	方孔筛尺寸（mm）（试验方法 JTG E42 T0327）						
		9.5	4.75	2.36	1.18	0.60	0.30	0.15
		水洗法通过各筛孔的质量百分率（%）						
Ⅰ级砂	2.3～3.1	100	90～100	80～95	50～85	30～60	10～20	0～10
Ⅱ、Ⅲ级砂	2.8～3.9	100	90～100	50～95	30～65	15～29	5～20	0～10

机制砂是采用专用机械破碎生产的，其细度模数是可控的。机制砂细度模数2.3～3.1，是路面混凝土使用中满足工作性、弯拉强度、耐磨耐久性规定更为合理的范围。

3.4.6 细集料的使用尚应符合下列规定：
1 配筋混凝土路面及钢纤维混凝土路面中不得使用海砂。
2 细度模数差值超过0.3的砂应分别堆放，分别进行配合比设计。
3 采用机制砂时，外加剂宜采用引气高效减水剂或聚羧酸高性能减水剂。

此条规定说明如下：

（1）海砂的使用规定
海砂仅限于非锈蚀即无钢筋及无钢纤维的各种混凝土面层中使用。

（2）细度模数的控制
当现场用砂的细度模数变化超出0.30时，为了控制混凝土的匀质性，不得混堆在一起使用，应采取分开堆放、分别使用各自的配合比，即其他配合比指标不变，砂率必须进行调整。

（3）砂与外加剂减水率

由于机制砂棱角多，且石粉含量高，所配制的混凝土需水量较高，静态工作性较差，坍落度较小。客观上，机制砂配制混凝土需要外加剂的更高减水率以满足工作性要求，所以，应同时掺引气高效减水剂或聚羧酸高性能减水剂以压低单位用水量和水灰比，有效控制拌合物工作性、稠度，提高抗滑、耐磨性，保证强度及耐久性。其他种类的砂，需要时也可使用引气高效减水剂或聚羧酸高性能减水剂。

3.5 水

3.5.1 符合现行《生活饮用水卫生标准》（GB 5749）的饮用水可直接作为混凝土搅拌与养生用水。

在现行《生活饮用水卫生标准》（GB 5749）中，有非常严格的各种重金属、离子、总固体、pH值、细菌、微生物等的限量规定，而混凝土拌和用水的水质检验中，重点是检测影响水泥水化进程的pH值、造成钢筋锈蚀的氯离子含量以及可引起硫酸盐侵蚀膨胀破坏的硫酸根离子含量等。相比而言，细则对于拌和水质的规定比GB 5749宽泛得多，为了减少水质检测的工作量，只要符合现行《生活饮用水卫生标准》（GB 5749）的饮用水可不另行检测拌和水质。

不符合饮用水国家标准的其他各种水，应按下条要求进行水质检验，并符合规定。原因是水是参与水泥水化反应并形成力学强度及耐久性的基本原材料。

3.5.2 非饮用水应进行水质检验，并应符合表3.5.2的规定，还应与蒸馏水进行水泥凝结时间与水泥胶砂强度的对比试验；对比试验的水泥初凝与终凝时间差均不应大于30min，水泥胶砂3d和28d强度不应低于蒸馏水配制的水泥胶砂3d和28d强度的90%。

表3.5.2 非饮用水质量标准

项次	项 目	钢筋混凝土及钢纤维混凝土	素混凝土	试验方法
1	pH值 ≥	5.0	4.5	
2	Cl⁻含量（mg/L）≤	1 000	3 500	
3	SO_4^{2-}含量（mg/L）≤	2 000	2 700	
4	碱含量（mg/L）≤	1 500	1 500	JGJ 63
5	可溶物含量（mg/L）≤	5 000	10 000	
6	不溶物含量（mg/L）≤	2 000	5 000	
7	其他杂质	不应有漂浮的油脂和泡沫；不应有明显的颜色和异味		

表 3.5.2 源自中国建筑科学研究院修订颁布的《混凝土用水标准》(JGJ 63—2006)的技术要求。我国环境水,尤其是河水、湖水中的污染物越来越多,某些江河、湖泊已经变成排污沟或排污池。在这种条件下,细则提出了比原规范更为严格的具体规定,实质上强调在混凝土拌和时,禁止使用海水、严重污染的河水、湖水及地下水等。

3.5.3 养生用水可不检验不溶物含量和其他杂质,其他指标应符合表 3.5.2 的规定。

养护用水不直接参与混凝土内部水泥的水化反应,因此,其质量相对拌和用水要求略低。当工程对混凝土表面耐磨性及色泽要求较高时,宜使用拌和水养护混凝土。

3.6 外加剂

3.6.1 面层水泥混凝土外加剂质量除应符合国家和行业现行相关标准外,尚应符合表 3.6.1 的要求,各项性能的检验方法应符合现行《混凝土外加剂》(GB 8076)的规定。

细则表 3.6.1 与现行《混凝土外加剂》(GB 8076)有下列不同:

(1) 28d 收缩率比减小

细则沿用公路行业的现行《公路工程混凝土外加剂》(JT/T 523)和《公路工程聚羧酸系高性能减水剂》(JT/T 769)两项标准,按公路的特殊需求,各种外加剂的 28d 收缩率比均按实测统计结果比国标规定的减小。细则的规定针对的是公路混凝土路面结构,公路混凝土结构和构件的一个显著特点是:薄壁结构占主导地位,例如 T 梁、箱梁、薄壁桥墩、薄壁挡土墙、涵(管)洞、隧道衬砌、路面、桥面铺装层等都是。薄壁结构混凝土的抗裂问题始终是困扰公路行业的一大难题,而《混凝土外加剂》(GB 8076—2008)的规定对公路薄壁结构而言是偏大的,因此,为了提高公路混凝土薄壁结构的抗裂性,细则对所有外加剂 28d 收缩率比进行了减小的调整,实测统计表明,这是能够实现的。

(2) 相对耐久性指标修改为冻融循环次数

鉴于公路混凝土结构抗冻的重要性,细则沿用现行《公路工程混凝土外加剂》(JT/T 523)和《公路工程聚羧酸系高性能减水剂》(JT/T 769)两项标准的规定,采用冻融循环次数指标,即抗冻标号。并与《水工混凝土外加剂技术规程》(DL/T 5100—1999)规定相同,将现行《混凝土外加剂》(GB 8076)中规定的相对耐久性指标修改为冻融循环次数。此项规定比相对耐久性指标更为严格。

表3.6.1 面层水泥混凝土外加剂产品的质量标准

项 目		普通减水剂	高效减水剂	引气剂	引气减水剂	引气高效减水剂	缓凝剂	缓凝减水剂	缓凝高效减水剂	引气缓凝高效减水剂	早强剂	早强减水剂	早强高效减水剂	引气早强高效减水剂
减水率(%) ≥		8	15	8	12	18	—	8	15	18	—	8	15	15
泌水率比(%) ≤		100	90	80	80	90	100	100	100	80	100	95	90	95
含气量(%) [a]		≤4.0	≤3.0	≥3.0	≥3.0	≥3.0	—	≤5.5	≤4.5	≥3.0	—	≤4.0	≤3.0	≥3.0
凝结时间差(min)	初凝	−90~+120	−90~+120	−90~+120	−90~+120	−60~+90	>+90	>+90	>+90	>+90	−90~+90	−90~+90	−90~+90	−90~+90
	终凝													
抗压强度比(%) ≥	1d	—	140	—	—	—	—	—	—	—	135	135	140	135
	3d	115	130	95	115	120	100	115	125	120	130	130	130	130
	7d	115	125	95	110	115	110	110	125	115	110	110	125	110
	28d	110	120	90	100	105	110	105	120	110	100	100	120	100
弯拉强度比[c](%) ≥	1d	—	—	—	—	—	—	—	—	—	130	130	135	130
	3d	—	125	—	—	120	—	—	—	—	120	120	125	120
	28d	105	115	105	110	115	105	105	115	110	100	105	110	110
收缩率比(%) ≤	28d	125	125	120	120	120	125	125	125	120	130	130	130	120
磨耗量[d](kg/m²) ≤	28d	2.5	2.0	2.0	2.5	2.0	2.5	2.5	2.5	2.5	2.5	2.5	2.0	2.0

注：除含气量外，表中所列数据为掺外加剂混凝土与基准混凝土的差值或比值。

[a] 引气剂与各种引气型减水剂含气量1h最大经时损失应小于1.5%。
[b] 凝结时间之差标准中的"−"号表示提前，"+"号表示延缓。
[c] 弯拉强度比仅用于路面与桥面混凝土时检验。
[d] 磨耗量仅用于路面与桥面混凝土时检验。

3.6.2 外加剂产品出厂报告中应标明其主要化学成分和使用注意事项。面层水泥混凝土的各种外加剂应经有相应资质的检测机构检验合格，并提供检验报告后方可使用。

外加剂的质检报告中应说明其主要化学成分，如果主剂化学成分不明确，使用时，剂量可能用错 10 倍以上，必须加以杜绝。使用注意事项中应认定外加剂有无毒副作用。有毒副作用的外加剂，在使用过程中，应该有严格的劳保防护措施。这关系到施工人员的劳动保护和环境保护，关乎施工人员安全和生态安全。

3.6.3 外加剂产品应使用工程实际采用的水泥、集料和拌和用水进行试配，检验其性能，确定合理掺量。

减水剂的产品质量检验通过基准水泥和标准粗、细集料进行，工程中已经多次发现，产品质量检验与现场原材料的检验会有出入，两者经常不一致。强调减水剂通过现场实际采用原材料的质量与适应性检验后，方可在本工程中使用。

3.6.4 外加剂复配使用时，不得有絮凝现象，应使用工程实际采用的水泥、集料和拌和用水进行试配，确定其性能满足要求后方可使用。

两种及其以上外加剂复配在同一溶液中，当出现絮凝现象时，表明其中某种外加剂已经发生了离子交换反应或胶体凝聚反应，已经失效。这时可更换外加剂品种，更换不了时，应分别溶解成各自的溶液，分别掺加进混凝土中。

3.6.5 各种可溶外加剂均应充分溶解为均匀水溶液，按配合比计算的剂量加入。

3.6.6 采用非水溶的粉状外加剂时，应保证其分散均匀、搅拌充分，不得结块。

原规范曾规定，外加剂必须溶解为水溶液，方可掺加。但是确有必须以粉末状态掺入的不可溶于水的外加剂，如增折剂、膨胀剂和某些种类的早强剂等。由此，可溶性外加剂即使产品为粉状，也应以溶液掺入，不可溶于水的粉状外加剂，应采取有保证外加剂在拌合物中分散均匀、不得聚集结块的措施。

具体措施是对已经结块的粉状外加剂或以粉煤灰为载体的粉状外加剂均应进行筛分处理，筛孔孔径应小于或等于 0.30mm。破碎也通不过 0.30mm 筛孔的粉状外加剂必须废弃。某些路表面有黄色毛结块，被大家戏称为"癌症"，就是严重影响面层质量的结块的粉状外加剂或以粉煤灰为载体的粉状外加剂团块所形成，必须严加控制，杜绝出现。

3.6.7 滑模摊铺施工的水泥混凝土面层宜采用引气高效减水剂；高温施工混凝土拌合物的初凝时间短于 3h 时，宜采用缓凝引气高效减水剂；低温施工混凝土拌合物终凝时间长于 10h 时，宜采用早强引气高效减水剂。

3.6.8 有抗冰冻、抗盐冻要求时，各级公路水泥混凝土面层及暴露结构物混凝土应掺入引气剂；无抗冻要求地区的二级及二级以上公路水泥混凝土面层宜掺入引气剂。

为了提高我国三北地区各级公路混凝土表面构造物的抗冻耐久性，规定有抗冻、抗盐冻要求地区，各级公路水泥混凝土路面和各种混凝土露天结构和构件均应使用引气剂。引气混凝土可提高弯拉强度 10%～15%，增加混凝土的黏聚性和表面砂浆富裕度，提升路面平整度，降低抗弯弹性模量，减小干缩、温缩变形和接缝变形位移量，提高抗冻性和抗渗性，缓解碱集料反应和化学侵蚀膨胀，改善路面混凝土的耐候性，节省 5% 左右的混凝土，提高施工单位的经济效益。这也是在无抗冻地区二级以上公路路面混凝土中宜掺入引气剂的理由。

3.6.9 处在海水、海风、氯离子环境或冬季撒除冰盐的路面或桥面钢筋混凝土、钢纤维混凝土中可掺用或复配阻锈剂。阻锈剂产品的质量标准、检验方法及应用技术应符合现行《钢筋阻锈剂应用技术规程》（JGJ/T 192）的规定。

处在锈蚀环境中的钢筋或钢纤维混凝土路面及桥面要求单独掺用或复配使用阻锈剂，是为了提高各级公路混凝土路面与桥面的抗锈蚀耐久性。

3.7 钢筋

3.7.1 水泥混凝土、钢筋混凝土及连续配筋混凝土面层所用钢筋、钢筋网、传力杆、拉杆等应符合国家和行业现行相关标准的规定。

3.7.2 钢筋不得有裂纹、断伤、刻痕、表面油污和锈蚀。配筋混凝土路面与桥面用钢筋宜采用环氧树脂涂层或防锈漆涂层等保护措施。

桥面混凝土铺装层较薄，且在使用过程中极易开裂；连续配筋混凝土路面允许开裂，开裂后的路面与桥面不可能在短期内得到密封和修补，氯离子和水会灌入裂缝，导致钢筋锈蚀。为提高钢筋的抗锈蚀能力，要求路面与桥面钢筋网应使用环氧树脂或防锈漆涂层。此条规定与美国现行规范相同。

3.7.3 传力杆应无毛刺,两端应加工成圆锥形或半径为 2~3mm 的圆倒角。

3.7.4 胀缝传力杆应在一端设置镀锌钢管帽或塑料套帽,套帽厚度不应小于 2.0mm,并应密封不透水,套帽长度宜为 100mm,套帽内活动空隙长度宜为 30mm。

3.7.5 传力杆钢筋应采取喷塑、镀锌、电镀或涂防锈漆等防锈措施,防锈层不得局部缺失。拉杆钢筋应在中部不小于 100mm 范围内采取涂防锈漆等防锈措施。

细则提高了各等级公路传力杆与拉杆钢筋防锈蚀要求。要求拉杆中部 100mm 涂敷厚度不小于 0.20mm 防锈漆,防止其锈蚀后拉断。传力杆由半截涂敷改为全长度全表面涂敷厚度不小于 0.20mm 环氧涂层、喷塑、镀锌、电镀或防锈漆。研究表明,无防锈蚀涂层传力杆与拉杆使用不到设计基准期要求年限。此条要求与美国现行规范相同。

3.8 纤维

3.8.1 用于路面和桥面水泥混凝土的钢纤维质量除应满足现行《纤维混凝土应用技术规程》(JGJ/T 221)等标准的要求外,尚应符合下列规定:

1 钢纤维抗拉强度等级不应低于 600 级。
2 钢纤维应进行有效的防锈蚀处理。
3 钢纤维的几何参数及形状精度应满足表 3.8.1 的要求。钢丝切断型钢纤维或波形、带倒钩的钢纤维不应使用。

表 3.8.1 钢纤维几何参数及形状精度要求

钢纤维几何参数及形状精度	长度(mm)	长度合格率(%)	直径(等效直径)(mm)	形状合格率(%)	弯折合格率(%)	平均根数与标称根数偏差(%)	杂质含量(%)	试验方法
技术要求	25~50	>90	0.3~0.9	>90	>90	±10	<1.0	JGJ/T 221

4 钢纤维表面不应沾染油污及妨碍水泥黏结及凝结硬化的物质,结团、黏结连片的钢纤维不得使用。

上述各款规定的说明如下:

(1)第 1 款:面层中所规定的钢纤维抗拉强度级别与原规范相同。可使用

600级和1 000级钢纤维，不应使用380级。

（2）第2款：钢纤维应进行有效的防锈蚀处理是指钢纤维表面应具有热处理法兰等防锈蚀措施。

（3）第3款：由于面层是表面磨损结构，为了确保钢纤维混凝土路面的行车安全性，特别强调不应使用钢丝切断型钢纤维或波形、带倒钩的钢纤维，原因是这些钢纤维在面层表面磨损后，裸露钢纤维尖端将扎轮胎，从而导致行车不安全。

（4）第4款：沾染油污、污染、锈蚀，或黏结连片的钢纤维或搅拌结团的钢纤维将影响钢纤维混凝土质量，因此，要求不得使用。

3.8.2 用于面层水泥混凝土的玄武岩短切纤维的外观应为金褐色，匀质、表面无污染，二氧化硅含量应在48%~60%之间。其表面浸润剂应为亲水型。玄武岩纤维质量应满足表3.8.2-1的要求；玄武岩短切纤维的规格、尺寸及其精度应符合表3.8.2-2的规定。

表3.8.2-1 玄武岩纤维质量标准

项次	项目	技术要求[b]	试验方法
1	抗拉强度（MPa）≥	1 500	JT/T 776.1
2	弹性模量（MPa）≥	8.0×10^5	
3	密度（g/cm³）	2.60~2.80	
4	含水率（%）≤	0.2	
5	耐碱性[a]（断裂强度保留率）（%）≥	75	

注：[a] 耐碱性的测试是在饱和Ca(OH)$_2$溶液中煮沸4h的强度保留率。
[b] 除密度与含水率外，其他每项实测值的变异系数不应大于10%。

表3.8.2-2 玄武岩短切纤维的规格、尺寸及其精度

纤维类型	公称长度（mm）	长度合格率（%）	单丝公称直径（μm）	线密度（tex）	线密度合格率（%）	外观合格率（%）	试验方法
合股丝[a]（S）	20~35	≥90	9~25	50~900	≥90	≥95	JT/T 776.1
加捻合股纱[b]（T）	20~35	≥90	7~13	30~800	≥90	≥95	

注：[a] 合股丝适用于有抗裂性要求的玄武岩纤维混凝土。
[b] 加捻合股丝适用于提高弯拉强度要求的玄武岩纤维混凝土。

表3.8.2-1、表3.8.2-2引自《公路工程玄武岩纤维及其制品 第一部分：玄武岩短切纤维》(JT/T 776.1—2010)。目的是扩展路面与桥面用的纤维种类，用玄武岩纤维混凝土抵抗施工期开裂，并有效延长路面与桥面的实际疲劳寿命。玄武岩纤维掺量较大时，可用于混凝土面层增韧补强，提高弯拉强度、抗拉强度与抗冲击韧性，并适当减薄设计厚度，称作补强纤维混凝土面层；掺量较小时，可用于施工期抗裂与运营期提升疲劳寿命，用于抗裂目的时，不减薄设计板厚，称作抗裂纤维混凝土面层。实践证明，钢纤维与玄武岩纤维既可用于补强，又可用于抗裂目的。

玄武岩纤维长丝（图3-1）与短切丝的外观应为金褐色，是玄武岩纤维区别于玻璃纤维或其他无机纤维、有机纤维的最显著标志，是玄武岩纤维种类的唯一判定色彩。原因是玄武岩中含有一定的黑色三氧化二铁，在抽丝过程中，表面的三氧化二铁将氧化成为金红色四氧化三铁，含量为9%～14%，褐色是表面红色与内部黑色矿物的混合色。

图3-1 玄武岩纤维长丝（按规定尺寸切断后即为玄武岩纤维）

3.8.3 用于面层水泥混凝土的合成纤维可采用聚丙烯腈（PANF）、聚丙烯（PPF）、聚酰胺（PAF）和聚乙烯醇（PVAF）等材料制成的单丝纤维或粗纤维，其质量应符合现行《水泥混凝土和砂浆用合成纤维》（GB/T 21120）的规定，且实测单丝抗拉强度最小值不得小于450MPa。

经过混凝土面层开裂时的应力分析，混凝土中转移给纤维的最大拉应力为450MPa，由此规定合成纤维实测单丝抗拉强度最小值不得小于450MPa。低于此值时，纤维本身将被拉断而不具备拉住并控制开裂的作用。这是从面层使用角度提出的纤维强度规定，合成纤维的生产厂家向混凝土路面工程供货时，也应遵循此项规定。

3.8.4 合成纤维的规格、加工精度及分散性应满足表3.8.4的要求。

表3.8.4 合成纤维的规格、加工精度及分散性要求

外形分类	长度（mm）	当量直径（μm）	长度合格率（%）	形状合格率（%）	混凝土中分散性（%）	试验方法
单丝纤维	20～40	4～65	>90	>90	±10	GB/T 21120
粗纤维	20～80	100～500				

《水泥混凝土和砂浆用合成纤维》（GB/T 21120—2007）中，合成纤维外形还有第三种膜裂纤维。由于膜裂网状纤维拌和能耗高、时间长，很难将其打开成网状，搅拌时间越长，越易被粗集料揉搓成线团，这种线团将是纤维混凝土中的降低各项强度指标的空隙缺陷；且平行于裂缝的膜裂网状纤维及其线团无抗裂作用。因此，在合成纤维的规格中，取消了膜裂网状纤维，仅保留单丝纤维和粗纤维两种。

国内外众多试验研究表明，合成纤维无论掺量多少，由于其在拌合物中的分布状态欠佳，其提高弯拉强度、抗拉强度与冲击韧性的能力相当弱，不适宜制作补强增韧的纤维混凝土；合成纤维更适宜用于面层结构抗裂目的，即保持面层原有设计弯拉强度不变，仅提高抗裂及耐疲劳极限。

3.9 接缝材料

3.9.1 用于水泥混凝土面层的胀缝板的高度、长度和厚度应符合设计要求，并按设计间距预留传力杆孔。孔径宜大于传力杆直径2mm，高度和厚度尺寸偏差均应小于1.5mm。

3.9.2 胀缝板质量应符合表3.9.2的规定。

表3.9.2 胀缝板的质量标准

项 目	胀缝板的种类			试验方法
	塑胶板、橡胶（泡沫）板	沥青纤维板	浸油木板	
压缩应力（MPa）	0.2～0.6	2.0～10.0	5.0～20.0	JT/T 203
弹性复原率（%）≥	90	65	55	
挤出量（mm）<	5.0	3.0	5.5	
弯曲荷载（N）	0～50	5～40	100～400	

注：1. 浸油木板在加工时应风干、去除结疤并用木材填实，浸渍时间不应小于4h。
    2. 各种接缝板的厚度应为（20～25）mm±2mm。

迄今为止，我国各等级公路水泥混凝土面层通常采用的胀缝板为普通松木或杨木板材。工程实践发现，其虫蛀与腐朽速度相当快，两三年后，多数木板已经腐朽成湿粉末，完全损失应有的胀缩作用。因此，细则明确规定木板在使用前，应采用浸油木板。风干后浸渍不小于4h是保证板内浸满柴油或煤油，目的是提高木板防腐朽与虫蛀能力，有效延长接缝板的使用寿命。

接缝板的厚度为20～25mm，允许误差为2mm。厚度与路面连续长度及其预计膨胀量有关，紧接几条胀缝时，可使用较薄的胀缝板；单独一条胀缝时，宜使用较厚的胀缝板。其目的是为了防止水泥混凝土面板在夏季热天隆起或爆裂。

3.9.3 高速公路、一级公路胀缝板宜采用塑胶板、橡胶（泡沫）板或沥青纤维板；其他等级公路也可采用浸油木板。

3.9.4 聚氨酯类常温施工式填缝料质量应符合表3.9.4的规定。聚氨酯类填缝料中不得掺入碳黑等无机充填料。

表3.9.4 聚氨酯类常温施工式填缝料的质量标准

序号	项目		低模量型	高模量型	试验方法
1	表干时间（h）≤		4	4	GB/T 13477.5
2	失黏～固化时间（h）≤		12	10	JT/T 203
3	拉伸模量（MPa）	23℃	0.20～0.40	>0.40	GB/T 13477.8
		−20℃	0.30～0.60	>0.60	
4	弹性恢复率（%）≥		75	90	JT/T 203
5	定伸黏结性（23℃干态）		定伸100%无破坏	定伸60%无破坏	GB/T 13477.10
6	（−10℃）拉伸量（mm）≥		25	15	JT/T 203
7	固化后针入度（0.1mm）		40～60	20～40	JTG E20 T0604
8	耐水性，水泡4d黏结性		定伸100%无破坏	定伸60%无破坏	GB/T 13477.10
9	耐高温性		（60℃±2℃）×168h倾斜45°表面不流淌、开裂、发黏	（80℃±2℃）×168h倾斜45°表面不流淌、开裂、发黏	JTG E20 T0608
10	负温抗裂性		（−40℃±2℃）×168h弯曲90°不开裂	（−20℃±2℃）×168h弯曲90°不开裂	JTG E20 T0613

续上表

序号	项目	低模量型	高模量型	试验方法
11	耐油性	93号汽油浸泡48h后,在温度23℃±3℃、湿度50%±5%下静置72h,延伸率下降≤20%		GB/T 528
12	抗光、氧、热加速老化（采用氙弧光灯照射法）	180h照射后,外观无流淌、变色、脱落、开裂,−10℃拉伸量不小于未老化前的80%,与混凝土的定伸黏结试验无裂缝		JT/T 203 GB/T 13477.10

聚氨酯类填缝料属于高档填缝料。目前在国内市场上,聚氨酯以次充好的现象屡见不鲜,为了降低聚氨酯填缝料的成本,某些聚氨酯中掺加了碳黑,使聚氨酯由淡黄色或棕黄色变成了黑色,性能亦较差,因此规定不得掺入碳黑等有损性能的无机充填料。

3.9.5 硅酮类常温施工式填缝料质量应符合表3.9.5的规定。

表3.9.5 硅酮类常温施工式填缝料的质量标准

序号	项目		低模量型	高模量型	试验方法
1	表干时间(h)≤		3		GB 13477.5
2	针入度（0.1mm）≤		80	50	JTG E20 T0604
3	伸长100%拉伸模量（MPa）	23℃	≤0.4	>0.4	GB 13477.8
		−20℃	≤0.6	>0.6	
4	定伸黏结性	定伸60%	无破坏	无破坏	GB 13477.10
5	弹性恢复率(%)≥		75	90	GB 13477.17
6	抗拉强度（MPa）≥	无处理	0.20	0.40	GB/T 528
		热老化（80℃,168h）	0.15	0.30	
		紫外线（300W,168h）	0.15	0.30	
		浸水（4d）	0.15	0.30	
7	延伸率(%)≥	无处理	600	500	JT/T 203
		热老化（80℃,168h）	500	400	
		紫外线（300W,168h）	500	400	
		浸水（4d）	600	500	

续上表

序号	项 目	低模量型	高模量型	试验方法
8	耐高温性	（90℃±2℃）×168h 倾斜 45°表面不流淌、开裂、发黏		JTG E20 T0608
9	负温抗裂性	（-40℃±2℃）×168h 弯曲 90°不开裂		JTG E20 T0613
10	耐油性	93 号汽油浸泡 48h 前后质量损失率≤5%，且浸泡 48h 后试件表面不发黏		GB/T 528

根据交通运输部西部开发项目"黄土地区水泥混凝土路面设计施工成套技术研究"、"水泥混凝土路面工作状态评价及与预养护技术研究"等进行的填缝料耐久性能研究成果和大量野外路面填缝料的破损调查，规定了表 3.9.4 聚氨酯类常温施工式填缝料和表 3.9.5 硅酮类常温施工式填缝料的质量标准，建立了适应水泥混凝土路面使用特征的填缝材料新质量标准体系。

聚氨酯与硅酮填缝料根据所用地区的气候差异区分为高模量与低模量两种类型。该分类的基本依据是一种填缝料不可能同时满足热天极端高温不流淌、不软化、不嵌入，极端负温不脆裂、不拉断两类矛盾的技术要求，分为高模量与低模量两个型号，期望在一个型号内，其高、低温性能，即夏季与冬季能同时满足使用要求。

3.9.6 加热施工式橡胶沥青填缝料质量应符合表 3.9.6 的规定。

表 3.9.6 加热施工式橡胶沥青填缝料质量标准

项 目	高温型	普通型	低温型	严寒型	试验方法
低温拉伸	0℃/R.H25%/3 循环，15mm，一组 3 个试件全部通过	-10℃/R.H50%/3 循环，15mm，一组 3 个试件全部通过	-20℃/R.H75%/3 循环，15mm，一组 3 个试件全部通过	-30℃/R.H100%/3 循环，15mm，一组 3 个试件全部通过	JT/T 740
针入度（0.1mm）	≤70	50～90	70～110	90～150	
软化点（℃）≥	80	80	80	80	
流动值（mm）≤	3	5	5	5	
弹性恢复率（%）	30～70	30～70	30～70	30～70	

新增表 3.9.6 加热施工式橡胶沥青填缝料的质量标准。该表数据引自最新版《路面橡胶沥青灌缝胶》（JT/T 740）。橡胶沥青填缝料不仅可用于春季沥青路面

的填灌裂缝，也可用于新建或改建水泥混凝土路面接缝填缝，它的填缝性能明显优于普通沥青。

3.9.7 加热施工式道路石油沥青与改性沥青类填缝料质量应符合表3.9.7的规定。

表3.9.7 加热施工式道路石油沥青与改性沥青类填缝料质量标准

项 目	70号石油沥青	50号石油沥青	SBS类Ⅰ-C	SBS类Ⅰ-D	试 验 方 法
针入度（25℃，5s，100g）（0.1mm）	60~80	40~60	60~80	40~60	JTG E20 T0604
软化点（R&B）（℃）≥	45	49	55	60	JTG E20 T0606
10℃延度（cm）≥	15				JTG E20 T0605
5℃延度（5cm/min）（cm）≥	—		30	20	JTG E20 T0605
闪点（℃）≥	260		230		JTG E20 T0611
25℃弹性恢复率（%）≥	40	60	65	75	JTG E20 T0662
老化试验 TFOT 后					
质量变化（%）≤	±0.8		±1.0		JTG E20 T0603
残留针入度比（25℃）（%）≥	61	63	60	65	JTG E20 T0604
残留延度（25℃）（cm）≥	6	4	—	—	JTG E20 T0605
残留延度（5℃）（cm）≥			20	15	JTG E20 T0605

新增表3.9.7加热施工式道路石油沥青与SBS改性沥青填缝料的质量标准。根据交通运输部2011年完成的西部开发项目"水泥混凝土路面工作状态评价及预养护技术研究"成果，从高低温下的耐老化性、黏结强度、最大拉伸量多项技术指标来看，聚氯乙烯胶泥、沥青玛蹄脂远不及道路石油沥青、改性沥青与橡胶沥青，不应再使用。沥青类填缝料可以直接采购，加热拌匀后灌缝，既便于使用，又可保证填缝质量。

3.9.8 硅酮类、聚氨酯类常温施工式填缝料可用于各等级公路水泥混凝土面层；橡胶沥青、改性沥青类填缝料可用于二级及二级以下公路，不宜用于高速公路和一级公路；道路石油沥青类填缝料可用于三、四级公路，不宜用于二级公路，不得用于高速公路和一级公路。

本条规定了上述不同技术档次的填缝料可使用的不同公路等级，原则是高等级公路面层填缝应使用技术档次较高、成本较高的填缝料。这是确保水泥混凝土路面长期使用的关键所在。

3.9.9 严寒及寒冷地区宜采用低模量型填缝料，其他地区宜采用高模量型填缝料。橡胶沥青应根据当地所处的气候区划选用四类中适宜的一类。严寒、寒冷地区宜使用 70 号石油沥青和/或 SBS 类Ⅰ-C；炎热、温暖地区宜使用 50 号石油沥青和/或 SBS 类Ⅰ-D。

本条规定在同一种填缝料中不同气候类型的选用要求。常温施工式填缝料有低模量与高模量两类；橡胶沥青则按负温拉伸性能分为高温型、普通型、低温型和严寒型四类；石油沥青与改性沥青分为适用于高、低温的两类。选用时，应根据当地 7 月极端高温与 1 月极端低温选择适宜类型的填缝料。

3.9.10 填缝背衬垫条应具有弹性良好、柔韧性好、不吸水、耐酸碱腐蚀及高温不软化等性能。背衬垫条可采用橡胶条、发泡聚氨酯、微孔泡沫塑料等制成，其形状宜为可压缩圆柱形，直径宜比接缝宽度大 2～5mm。

填缝时，为了控制填缝料高度均一，用统一的形状系数密封接缝，并使用到相同的年限，填缝前应先嵌入背衬垫条，背衬垫条位于填缝料底部。背衬垫条首选橡胶条。橡胶条挤紧时，具有一定防水密封作用，相当于每条缩缝具有双重防水密封作用。注意热灌填缝料时，所使用的背衬垫条应满足其耐热性要求，即热灌时不得被融化。

3.10 夹层与封层材料

细则与设计规范一致，贯彻了路面结构软着陆的结构优化新理念，在原材料中增补了新结构夹层；扩充了原规范封层材料，夹层包括刚性基层上起缓冲作用的较厚沥青混凝土层，封层包括半刚性基层上起防水冲刷及隔离作用的热沥青表处封层和各种薄膜封层。夹层与封层材料由四种材料构成：沥青混凝土、热沥青表处、复合土工膜、复合塑料编织布。在原规范中，有热沥青加石屑表处、油毡、塑料薄膜封层，但缺乏原材料的技术要求。当面积较小或基层已开裂，需要防裂时，可使用两油两毡夹层，不推荐作为大面积整体夹层使用。实践证明，塑料薄膜封层过于光滑，路面上设计有 2% 的横坡，纵缝拉开风险较大。因此，此次修订未列入塑料薄膜。新增补了沥青混凝土做夹层；在半刚性基层上新增补两种薄膜材料。薄膜材料不构成结构层，只有隔离与封水等功能作用，在新修订的设计规范中未提，这些薄膜功能材料在细则中规定。

3.10.1 沥青混凝土夹层用材料应符合现行《公路沥青路面施工技术规范》(JTG F40)的规定。

3.10.2 热沥青表处与改性乳化沥青稀浆封层用材料应符合现行《公路沥青路面施工技术规范》(JTG F40)的规定。

在降雨量较多、路面冲刷较严重的地区，不宜使用普通乳化沥青石屑封层及其稀浆封层，可使用耐水性与抗冲刷能力较强的热沥青表处与改性乳化沥青稀浆封层。实际工程使用发现，即使普通乳化沥青已经破乳，再遇水时，也能再乳化，久而久之将形成板底新的冲刷脱空。

3.10.3 封层用薄膜材料的质量、规格与外观应符合表3.10.3的规定。

表3.10.3 封层用薄膜材料的质量、规格与外观标准

类别	项目		技术要求	试验方法
复合土工膜（一布一膜、两布一膜）	厚度（mm）≥	成品	0.30	GB/T 13761
		膜材	0.06	GB/T 17598
	纵、横向标称断裂强度（kN/m）≥		10	GB/T 15788
	纵、横向断裂伸长率（%）≥		30	
	CBR顶破强力（kN）≥		1.9	GB/T 14800
	剥离强度（N/cm）≥		6	FZ/T 01010
复合塑料编织布	单位面积质量（g/m²）≥		125	QB/T 3808
	经、纬向拉断力（N）≥		570	GB/T 1040.1～1040.5
	剥离力（N）≥		2.5	GB 8808
薄膜规格、外观	公称宽度（mm）≥		4 000	GB/T 6673、GB/T 4666、QB/T 3808
	宽度允许偏差（%）≥		+2.5, -1.0	
	外观质量		合格	薄膜各自的外观检测规定方法

大量工程已经证明，薄膜封层具有减少水平向高拉应力断板率的显著作用。即使高温差应力未造成面板断裂，对于面板疲劳破损及疲劳寿命而言，高拉应力也极为不利，因此，使用薄膜封层是延长面层疲劳寿命的重要手段，也是本次修订细则的新理念之一。

3.11 养生材料

3.11.1 水泥混凝土面层用养护剂应采用由石蜡、适宜高分子聚合物与适量稳定剂、增白剂经胶体磨制成水乳液,不得采用以水玻璃为主要成分的养护剂。养护剂宜为白色胶体乳液,不宜为无色透明的乳液。养护剂的质量应符合表3.11.1的规定。

表 3.11.1 养护剂的质量标准

项 目		一 级 品	合 格 品	试 验 方 法
有效保水率(%)≥		90	75	JT/T 522
抗压强度比或弯拉强度比[a] (%)≥	7d	95	90	
	28d	95	90	
磨损量[b] (kg/m^2)≤		3.0	3.5	
含固量[c] (%)≥		20.4[c]		
干燥时间(h)≥		4		
成膜后浸水溶解性		养生期内不应溶解		
成膜耐热性		合格		

注:[a] 路面应检测弯拉强度比,其他结构应检测抗压强度比。
　　[b] 磨损量对有耐磨性要求的面层为必检项目。
　　[c] 当所使用的高分子养护剂的有效保水率大于90%时,该值可为15.0。

实测表明,水玻璃的有效保水率仅有45%左右,远远达不到养护剂合格品保水率75%的最低要求,因此,明确规定不得以水玻璃为主要成分生产养护剂。养护剂是胶体尺寸的水乳液,应采用胶体磨生产,绝非搅拌生产能满足其技术要求。

3.11.2 使用养护剂时,高速公路、一级公路水泥混凝土面层应使用满足一级品要求的养护剂,其他等级公路可使用满足合格品要求的养护剂。

3.11.3 水泥混凝土面层用节水保湿养护膜应由高分子吸水保水树脂和不透水塑料面膜制成,其质量应符合表3.11.3的规定。

表3.11.3 节水保湿养护膜的质量标准

节水保湿养护膜的性能			节水保湿养护膜养生水泥混凝土面层的性能			试验方法
软化温度（℃）≥		70	3d有效保水率（%）≥		95	
0.006～0.02mm厚面膜的水蒸气透过量[g/(m²·d)]≤		47	一次性保水时间（d）≥		7	
拉伸强度（MPa）≥	双层膜	14	用养护膜养生混凝土抗压强度比（%）（与标养比）≥	3d	95	
	单层膜	12		7d	95	
纵、横向直角撕裂强度（kN/m）≥		55	用养护膜养生混凝土弯拉强度比（%）[a]（与标养比）≥	3d	95	JG/T 188
芯膜厚度（mm）		0.08～0.10		7d	95	
面膜厚度（mm）		0.12～0.15				
长度允许偏差（%）		±1.5	保温性（膜内温度与外界环境温度之差）（℃）≥		4	
芯膜宽度		不允许负偏差	单位面积吸蒸馏水量（kg/m²）≥		0.5	
面膜、芯膜外观		干净整齐，无破损	养护膜养生混凝土磨耗量（kg/m²）≤		2.0	

注：[a] 当节水保湿养护膜用于水泥混凝土路面工程时，应检测磨耗量和弯拉强度比。

节水保湿养护膜的核心技术是内膜或内层涂敷有保水吸水树脂。这种吸水树脂饱和吸水率能够达到自身体积的250倍，只要洒足了第一遍养护用水，就有250倍的水与混凝土表面水维持平衡。当面层需要水分时，它能在养护期内缓慢释放给混凝土表面，无须再次洒水。而一般塑料薄膜没有这样强大的保水功能，蒸发的水珠会凝结在薄膜内部，混凝土表面仍可为干燥状态，这将降低表面强度、硬度及耐磨性。因此，节水保湿养护膜非常适用于水泥混凝土面层、桥面、贫混凝土基层的保湿养护，特别适宜在缺水地区使用。

3.11.4 高温期施工时，宜选用白色反光面膜的节水保湿养护膜；低温期施工时，宜选用黑色或蓝色吸热面膜的产品。

关于节水保湿养护膜的表面膜色彩，高温期推荐使用白色膜，是为了降低所养护的混凝土表面温度，减少降温时收缩开裂；低温期用黑色或蓝色膜，是为了吸热，提升混凝土养护温度，加速面层混凝土强度增长。

4 配合比设计

4.1 一般规定

从本章开始的其后各章，均将其第一节编写为一般规定，将本章的共性规定提炼于此。本节的内容为配合比设计四项技术要求、地产原材料使用原则、混凝土配合比设计方法、配合比设计程序及其变更。

4.1.1 公路面层水泥混凝土的配合比设计应满足其弯拉强度、工作性、耐久性要求，兼顾经济性。

面层各种水泥混凝土配合比设计的基本原则首先是满足对应施工工艺的摊铺工作性、施工弯拉强度和抗冻、耐磨等耐久性要求，其次是兼顾工程经济性的要求。

4.1.2 应选用符合本细则规定的质量标准要求、性能稳定的原材料。不同的原材料组合应分别进行配合比设计。

面层各种水泥混凝土配合比设计前，首先应调研地产或就近可以购买到的原材料。原材料的基本要求是满足细则的质量规定、性能稳定（变异最小）、供应数量充足及供给速度满足路面铺筑进度要求。

工程实践中经常遇到的地产原材料的问题是某种原材料的个别技术指标经常达不到细则的要求，远运原材料的成本较高。这时，需要运用混凝土材料配制科学技术，使面层混凝土的各项技术指标全部达到要求，配制出优质的路用混凝土。

4.1.3 各级公路面层水泥混凝土配合比设计宜采用正交试验法；二级及二级以下公路可采用经验公式法。

水泥混凝土配合比的正交设计方法是在大量工程经验的基础上，先确定配合比各参数的一般范围，然后在一般范围内进行各参数优选的最经济即试验组数最少的科学方法。问题之关键是在试验过程中，需要严格把控使试验的误差最小，将误差排斥在影响规律之外，这需要较高的试验技巧。原规范规定高速、一级公路的面层应使用正交设计法。本次修订修改为所有等级公路的面层混凝土均可采用，目的是提升面层混凝土的配制技术水平。

4.1.4 混凝土配合比设计应包括目标配合比设计和施工配合比设计两个阶段。目标配合比设计应确定混凝土的水泥用量、集料用量、水灰（胶）比、外加剂掺量，纤维混凝土还应确定纤维掺量。施工配合比设计应通过拌和楼试拌确定拌和参数。经批准的配合比在施工过程中不得擅自调整。

细则将面层混凝土配合比设计明确分为试验室目标配合比和施工现场配合比两大步骤，先在试验室内进行目标配合比设计与全面性能检测，通过全面性能检验的配合比才能确定为目标配合比。它确定配合比中各项最重要的参数，如单位水泥用量、掺合料用量、（纤维用量）外加剂和砂石料基本掺量。施工现场配合比与目标配合比的差异主要源自砂石料的含水率变异，目标配合比中的单位水泥用量、掺合料用量或纤维用量在施工配合比中是不可变动的（水泥用量只能略微增加而绝不可减少），可根据砂石料含水率调整变动的仅有单位用水量与砂石料的数量。调整的目的绝非偏离目标配合比，而是实质上更靠近目标配合比。原则是施工配合比必须保证按目标配合比确定的全面性能指标的实现。

4.1.5 目标配合比设计应对混凝土性能进行全面检验，并规定施工配合比设计与目标配合比的允许偏差。目标配合比设计应按下列要求进行：

1 根据原材料、路面结构及施工工艺要求，通过计算或正交试验拟定混凝土配合比的控制性参数。

2 按拟定配合比进行试验室试拌，实测各项性能指标，选择混凝土的弯拉强度、工作性、耐久性满足要求，且经济合理的配合比作为目标配合比。

3 根据拌和楼（机）试拌情况，对试拌配合比进行性能检验和调整，直至符合目标配合比要求。

目标配合比是在试验室内经过全面性能检验的配合比，是施工配合比的重要基准，必须确保，并在施工过程中始终维持不变。

4.1.6 施工配合比应符合目标配合比的实测数据，并应按下列要求进行：

1 施工配合比中的水泥用量可根据拌和过程中的损耗情况，较目标配合比适当增加 $5\sim10kg/m^3$。

2 根据目标配合比计算各种原材料用量，按照实际生产要求进行试拌。

3 进行混凝土的弯拉强度、工作性和耐久性检验，确定是否满足要求。

4 总结试验数据，提出施工配合比，确定设备参数，明确施工中根据集料实际含水率调整拌和楼（机）上料参数和加水量的有关要求。

施工配合比与目标配合比的差别主要是砂石料的含水率与试验室内所使用的饱和面干含水率有差别，必须对施工加水量做出相应的计算和调整，计算的基准是目标配合比，调整的结果不是偏离目标配合比，而是实质上与目标配合比更加一致。

4.1.7 当原材料变化时，应重新进行目标配合比和施工配合比设计与检验。

4.1.8 目标配合比设计中，进行混凝土试拌时，粗、细集料应处于饱和面干状态。

细则规定的面层混凝土目标配合比砂石料基准含水状态为饱和面干状态，而不是原规范规定的自然风干状态。饱和面干状态是砂石料在混凝土中既不吸水又不释放水分的一种平衡状态，是对工作性、弯拉强度及耐久性影响最小的状态，是混凝土配制中技术要求最高、最严格的一种含水状态。在试验室内进行目标配合比试验时，粗细集料必须提前24h进行洒水闷料，拌和混凝土前，应分别检测砂与粗集料的含水率满足饱和面干状态的要求后，方可进行混凝土拌和与试件成型。在施工现场，大料堆上的砂石料含水率往往处在自然风干状态，应先检测其粗细集料的含水率，并按细则4.5节要求进行加水量、砂石料数量的调整。

4.2 水泥混凝土配合比设计

4.2.1 本节适用于滑模摊铺机、三辊轴机组及小型机具施工的水泥混凝土、钢筋混凝土、连续配筋混凝土面层水泥混凝土目标配合比设计。

滑模摊铺机、三辊轴机组和小型机具三种施工方式的塑性振捣密实的各种水泥混凝土面层、下面层，包括普通水泥混凝土路面、间断与连续配筋混凝土路面、层布钢纤维混凝土路面、钢筋混凝土桥面。本节配合比设计均适用。对于桥面铺装层，当检测路面混凝土的抗压强度满足桥面设计要求时，可不更换配合比，直接使用。当桥面抗压强度比路面高时，必须对配合比进行切换，事先需要专门按桥面的要求，提前准备好桥面所需要的桥面配合比设计预案，桥面按抗压强度计算配合比可按现行《水泥混凝土配合比设计规程》（JGJ 55）的规定进行设计。

4.2.2 面层水泥混凝土配制28d弯拉强度均值宜按式（4.2.2）计算确定：

$$f_c = \frac{f_r}{1-1.04C_v} + ts \quad (4.2.2)$$

式中：f_c——面层水泥混凝土配制 28d 弯拉强度均值（MPa）；

f_r——设计弯拉强度标准值（MPa），按设计确定，且不应低于《公路水泥混凝土路面设计规范》（JTG D40—2011）表 3.0.8 的规定；

t——保证率系数，按表 4.2.2-1 取值；

s——弯拉强度试验样本的标准差（MPa），有试验数据时应使用试验样本的标准差；无试验数据时可按公路等级及设计弯拉强度，参考表 4.2.2-2 规定范围确定；

C_v——弯拉强度变异系数，应按统计数据取值，小于 0.05 时取 0.05；无统计数据时，可在表 4.2.2-3 的规定范围内取值，其中高速公路、一级公路变异水平应为低，二级公路变异水平应不低于中。

表 4.2.2-1 保证率系数 t

公路等级	判别概率 p	样本数 n（组）			
		6～8	9～14	15～19	≥20
高速	0.05	0.79	0.61	0.45	0.39
一级	0.10	0.59	0.46	0.35	0.30
二级	0.15	0.46	0.37	0.28	0.24
三、四级	0.20	0.37	0.29	0.22	0.19

表 4.2.2-2 各级公路水泥混凝土面层弯拉强度试验样本的标准差 s

公路等级	高速	一级	二级	三级	四级
目标可靠度（%）	95	90	85	80	70
目标可靠指标	1.64	1.28	1.04	0.84	0.52
样本的标准差 s（MPa）	$0.25 \leqslant s \leqslant 0.50$		$0.45 \leqslant s \leqslant 0.67$	$0.40 \leqslant s \leqslant 0.80$	

表 4.2.2-3 变异系数 C_v 的范围

弯拉强度变异水平等级	低	中	高
弯拉强度变异系数 C_v 的范围	$0.05 \leqslant C_v \leqslant 0.10$	$0.10 \leqslant C_v \leqslant 0.15$	$0.15 \leqslant C_v \leqslant 0.20$

（1）样本数 n 值大小对试配强度的影响

本次修订，在表 4.2.2-1 中，删除了样本数 n（组）为 3 的一列数据。原因是当 n 过小时，计算得出的混凝土施工配制弯拉强度提高幅度过高，达到 6.8MPa 以上，试验室往往配制不出这样高的弯拉强度，施工时控制住其偏差系数，也没有必要配制到这么高的弯拉强度。

（2）试配弯拉强度遵循可靠度理论

细则在表 4.2.2-2 和表 4.2.2-3 中贯彻了按各级公路规定的可靠度来计算配制弯拉强度的原则，即按公路等级确定弯拉强度变异水平等级及其变异系数允许变化范围。在变异系数中，前者为最小可取值，后者为最大允许值。另列表 4.2.2-3 的目的是鼓励在二级及其以下等级公路水泥混凝土路面工程施工中，选用更高级的施工装备与工艺，从严控制混凝土品质与面层质量，采用更小的变异系数，提升低等级公路水泥混凝土路面的质量水平及耐用年限。

（3）各级公路混凝土面层均应选取适宜弯拉强度偏差系数

实质上，在配合比设计时，弯拉强度的变异系数取值越大，按可靠度理论计算得到的配制弯拉强度数值越大，水泥用量将越高，越难于稳定可靠地试配和施工。就提高水泥混凝土路面的施工效益而言，承包商从提高施工经济效益出发，亦应选用更适宜的大、中型施工机械工艺装备，并自觉提高其施工质量控制水平。

4.2.3 不同施工工艺混凝土拌合物的工作性应符合下列规定：

1 碎石混凝土滑模摊铺时的坍落度宜为 10～30mm，卵石混凝土滑模摊铺时的坍落度宜为 5～20mm，振动黏度系数宜为 200～500N·s/m²。混凝土拌合物振动黏度系数试验方法见附录 A。

2 三辊轴机组摊铺时，拌合物的现场坍落度宜为 20～40mm。

3 小型机具摊铺时，拌合物的现场坍落度宜为 5～20mm。

4 拌和楼（机）出口拌合物坍落度值，应根据不同工艺摊铺时的坍落度值加上运输过程中坍落度损失值确定。

（1）滑模摊铺时，拌合物的工作性与对应摊铺速度参见表 4-1 的规定。

表 4-1 滑模摊铺时拌合物的工作性与对应摊铺速度要求

技术指标	坍落度 S_L（mm）		振动黏度系数[a] η（N·s/m²）	适宜摊铺速度[b] v（m/min）
	卵石混凝土	碎石混凝土		
滑模摊铺时的推荐工作性	30±10	40±10	200～500	0.75～1.5
拌和楼出口适宜工作性[c]	50±15	60±15	100～400	—

注：[a] 振动黏度系数的试验方法应符合附录 A 的规定。
　　[b] 当滑模摊铺面层厚度大于 280mm 时，适宜摊铺速度宜偏低限选用。
　　[c] 拌和楼出口拌合物工作性应根据运输时间长短所导致的坍落度损失大小确定。

(2) 三辊轴机组、小型机具摊铺时，拌合物的坍落度参见表4-2的要求。

表4-2 三辊轴机组、小型机具摊铺时拌合物坍落度要求

摊铺方式	三辊轴机组摊铺	小型机具摊铺
摊铺时的推荐坍落度（mm）	40±10	15±10
拌和楼（机）出口适宜坍落度[a]（mm）	55±15	25±15

注：[a] 拌和楼（机）出口拌合物工作性应根据运输时间长短所导致的坍落度损失大小确定。

(3) 表4-1、表4-2中给出了摊铺时的推荐适宜坍落度与振动黏度系数及其变化范围作为参考，允许变化范围实质上应该按照运输混凝土时段内所造成的坍落度损失大小而定。

塑性振捣式混凝土拌合物在滑模、三辊轴机组和小型机具三种施工方式铺筑时的适宜工作性要求见表4-1、表4-2。本次修改表4-2中两处：一是粗、细集料的含水率计算状态由自然风干状态修改为饱和面干状态，是不吸水并有利于混凝土自养生的一种集料含水状态，也是技术要求最高的混凝土结构用配合比的计算状态；二是表4-1、表4-2中给出了坍落度的允许波动范围。其原因是国内用于水泥混凝土路面粗、细集料的密度及吸水率变异性较大，应给出一个区间，才便于实际工程操作使用。

4.2.4 各级公路面层水泥混凝土的最大水灰（胶）比和最小单位水泥用量应符合表4.2.4的规定。最大单位水泥用量不宜大于420kg/m³；使用掺合料时，最大单位胶材总量不宜大于450kg/m³。

表4.2.4 各级公路面层水泥混凝土最大水灰（胶）比和最小单位水泥用量

公路等级		高速、一级	二级	三、四级
最大水灰（胶）比		0.44	0.46	0.48
有抗冰冻要求时最大水灰（胶）比		0.42	0.44	0.46
有抗盐冻要求时最大水灰（胶）比[a]		0.40	0.42	0.44
最小单位水泥用量（kg/m³）	52.5级	300	300	290
	42.5级	310	310	300
	32.5级	—	—	315
有抗冰冻、抗盐冻要求时最小单位水泥用量（kg/m³）	52.5级	310	310	300
	42.5级	320	320	315
	32.5级	—	—	325

续上表

公路等级		高速、一级	二级	三、四级
掺粉煤灰时最小单位水泥用量（kg/m³）	52.5级	250	250	245
	42.5级	260	260	255
	32.5级	—	—	265
有抗冰冻、抗盐冻要求时掺粉煤灰混凝土最小单位水泥用量（kg/m³）[b]	52.5级	265	260	255
	42.5级	280	270	265

注：[a] 处在除冰盐、海风、酸雨或硫酸盐等腐蚀性环境中或在大纵坡等加减速车道上，最大水灰（胶）比宜比表中数值降低 0.01~0.02。
　　[b] 掺粉煤灰，并有抗冰冻、抗盐冻要求时，面层不应使用32.5级水泥。

面层水泥混凝土耐久性包括抗冰冻性、抗盐冻性、耐磨性、耐腐蚀性。普遍适用的耐久性指标是耐磨性。对于严寒与寒冷地区而言，最重要的耐久性指标是抗冰冻性与抗盐冻性。面层混凝土所有力学性能、施工性能、平整度及各项耐久性能均与水泥用量及水胶比有关，所以，各级公路面层水泥混凝土最大水灰（胶）比和最小单位水泥用量均应满足表4.2.4的规定。

表4.2.4最大水灰（胶）比与最小水泥用量是满足各项力学性能与耐久性要求的共性规定，两者不仅关系到面层混凝土对各种耐久性损伤的抗力，而且与面层的密实度、平整度关系密切。在工程建设中严格遵守此项规定，方可切实提升水泥混凝土面层的耐用年限。

4.2.5 严寒与寒冷地区面层水泥混凝土的抗冻等级不应低于表4.2.5的要求。

表 4.2.5 严寒与寒冷地区面层水泥混凝土的抗冻等级要求

公路等级		高速、一级		二、三、四级		试验方法
试件		基准配合比	现场取芯	基准配合比	现场取芯	基准配合比按JTG E30 T0565进行
抗冻等级（F）≥	严寒地区	300	250	250	200	现场取芯按附录B.1进行
	寒冷地区	250	200	200	150	

注：严寒指当地最冷月平均气温低于-8℃的地区；寒冷指当地最冷月平均气温在-8℃~-3℃的地区。

表4.2.5中处在严寒与寒冷地区面层水泥混凝土抗冻标号根据调研结果，比原规范的要求适度予以提高：严寒地区由F250提高到F300；寒冷地区由F200

提高到F250。

4.2.6 面层水泥混凝土应掺加引气剂,确保其抗冻性,提高工作性;拌和机出口拌合物含气量均值及允许偏差范围宜符合表4.2.6-1的规定,钻芯实测水泥混凝土面层最大气泡间距系数宜符合表4.2.6-2的要求。

表4.2.6-1 拌和机出口拌合物含气量均值及允许偏差范围(%)

公称最大粒径(mm)	无抗冻要求	有抗冰冻要求	有抗盐冻要求	试验方法
9.5	4.5±1.0	5.0±0.5	6.0±0.5	混凝土拌合物含气量测定应符合JTG E30 T0522
16.0	4.0±1.0	4.5±0.5	5.5±0.5	
19.0	4.0±1.0	4.0±0.5	5.0±0.5	
26.5	3.5±1.0	3.5±0.5	4.5±0.5	
31.5	3.5±1.0	3.5±0.5	4.0±0.5	

表4.2.6-2 水泥混凝土面层最大气泡间距系数(μm)

环境		公路等级		试验方法
		高速、一级	二、三、四级	
严寒地区	冰冻	275±25	300±35	气泡间距系数检测方法应符合附录B.2
	盐冻	225±25	250±35	
寒冷地区	冰冻	325±45	350±50	
	盐冻	275±45	300±50	

引气剂适宜掺量应通过搅拌机口的拌合物含气量测定反向控制,见表4.2.6-1。表中所要求的含气量是搅拌机出口的检测值。国内外所有行业混凝土含气量均以此为控制基准。试验研究表明,掺粉煤灰的混凝土,达到相同含气量时,需成倍增大引气剂掺量。其他掺合料亦有增大引气剂掺量的趋势,这些均需通过试验确定。

表4.2.6-2要求采用钻芯法实测施工后的路面与桥面的气泡间距系数,切实满足其抗冰冻与抗盐冻的要求。基本措施是拌合物中掺加引气剂,并控制其铺筑后的偏差范围。

水泥混凝土路面掺用引气剂,除了提高弯拉强度、工作性和平整度外,仅从耐久性来看,不只是抗(盐)冻性,还有减小面板伸缩变形,提高抗风化能力,满足耐候性的需要,而且是减少上表面泌水,提高表面的耐磨性和抗海水、海风、酸雨、硫酸盐渗透等腐蚀环境介质的重要措施之一。

混凝土中掺加优质引气剂,引入均匀、封闭的微小气泡,可以有效改善混凝土耐久性能，但如果引气剂质量差，引入气泡均匀性差、尺寸大，对混凝土性能反而有不利影响，因此要求实测混凝土的气泡间距系数，检验气泡的平均孔径尺寸和均匀性。

4.2.7 各级公路面层水泥混凝土有抗盐冻要求时，应按附录C方法检测混凝土的抗盐冻性，5块试件经受30次盐冻循环后，其平均剥落量小于$1.0kg/m^2$为合格，大于或等于$1.0kg/m^2$为不合格。

抗盐冻试验检测标准为新增补的内容，目的是防止冬季路面撒除冰盐后表面剥落损坏。此前我国路面与桥面混凝土缺乏抗盐冻标准试验方法，交通运输部公路科学研究院已经通过研究，提出了抗盐冻试验方法及其检测标准，细则率先引用。目前，解决盐冻损坏的基本方法有三个：一是增大水泥用量，降低水灰比，提高表面砂浆的抗渗性；二是控制拌合物中较高的平均含气量；三是采用表面防水涂层，阻止盐水浸透进混凝土表层。由于路面桥面是磨损结构，表面磨损后，防水涂层被磨掉，第三项措施的长期作用减弱。总体而言，这三项措施均能有效缓解盐冻长期损坏。

4.2.8 各等级公路面层水泥混凝土磨损量宜符合表4.2.8的规定。

表4.2.8 各等级公路面层水泥混凝土磨损量要求

公路等级	高速、一级	二级	三、四级	试验方法
磨损量（kg/m^2）≤	3.0	3.5	4.0	JTG E30 T0567

此次规范修订增补了面层混凝土磨损量要求表4.2.8，耐磨性数据参考了德国规范。耐磨性是水泥混凝土路面、桥面普遍的最基本耐久性要求，也是面层区别于其他结构混凝土的特殊要求。同时，耐磨性是面层抗滑安全性能长期保持的前提。因此，在基准配合比确定前，必须同时在试验室检测所使用配合比配制的面层混凝土的耐磨性。

就耐磨性本身而言，一是需要表面高硬度及高强度；二是需要表面有一层厚度适宜的全封闭砂浆包裹层；三是需要表面不脱层、脱皮，不成坑。这些均要求较大水泥用量、低水灰比和良好的养生措施来保证。此前，路面的耐磨性是靠落实表4.2.4规定的最小水泥用量和最大水灰比来实现的，我们发现，由于路面铺筑过程中的混凝土泌水，路面本体的小水灰比并不能代表泌水后的表面较大水灰比，本体小水灰比控制了高耐磨性，并不表示表面泌水后较大水灰比带来的较差表面耐磨性。现在是要求检测目标配合比耐磨性达到与否，是否达到表4.2.8的规定。解决这个问题的根本途径是实测硬化路面上的耐磨性，而非仅测试件，但试件将在一定程度上反映本配合比泌水对路面耐磨性造成的影响及其大小。这需要进一步研发路面耐磨性检测仪器及其检验合格指标。

实际水泥混凝土路面上耐磨性高低与施工过程中表面泌水与否及其数量有直接关系。在三辊轴机组和小型机具施工条件下，泌水时段恰好处在饰面时，表面层砂浆因泌水而造成其水灰比大大增加，尽管泌水造成了抹面的便利，但大水灰比稀砂浆耐磨性很差，使用1~3年就会出现稀浆集中部位的磨坑。因此，用目标配合比配制的拌合物要求无泌水现象。

泌水对路面耐磨性既然这样重要，那么，在什么条件下，泌水率很大？如何降低和控制泌水率？当使用粗砂和偏粗中砂，砂中的粗颗粒较多，细颗粒较少时，泌水率很大或较大。砂的细度模数大于或等于2.9的砂必定有泌水，砂越粗，泌水量越多。降低泌水率的方法有：

（1）粗砂换中砂，或在粗砂中掺匀部分细砂。

（2）使用引气剂，增加含气量，既能降低泌水率，又能提高抗冻性。此时将表面的外泌水变成了气孔内泌水，内泌水有利于混凝土内养生。

（3）提高减水率，从普通减水剂8％的减水率提高到高效减水剂15％减水率，再提高到高性能减水剂25％减水率，能够有效地防止泌水，实质性地提高水泥混凝土路面耐磨性、抗冻性和耐久性。

4.2.9 处在海水、海风、酸雨、除冰盐或硫酸盐等腐蚀环境中的面层水泥混凝土使用道路硅酸盐水泥或硅酸盐水泥时，宜掺加适量粉煤灰、矿渣粉、硅灰或复合矿物掺合料。桥面混凝土中宜掺加矿渣粉与硅灰，不宜掺粉煤灰。

水泥在强腐蚀环境中的高化学稳定性，是通过水泥加掺合料和提高密实度来保证的。因此，在海水、海风、酸雨、除冰盐或硫酸盐等腐蚀环境中及其影响范围内的路面水泥混凝土，在使用硅酸盐水泥时，可掺加适量粉煤灰、硅灰、矿渣粉或复合矿物掺合料，以便提高其抵抗化学侵蚀的能力。

由于桥面不具备长期的湿养护条件，粉煤灰基本不能全部水化，对强度无贡献，但开裂较为严重，因此，规定桥面混凝土中不宜掺粉煤灰。

4.2.10 面层水泥混凝土配合比设计使用正交试验法时，应符合下列规定：

1 试验可变因素应根据混凝土的性能要求和材料变化情况根据经验确定。水泥混凝土可选水泥用量、用水量、砂率或粗集料填充体积率3个因素；掺粉煤灰的混凝土可选用水量、基准胶材总量、粉煤灰掺量、粗集料填充体积率4个因素。每个因素至少应选定3个水平，并宜选用L_9（3^4）正交表安排试验方案。

2 对正交试验结果进行直观及回归分析，回归分析的考察指标应包括坍落度、弯拉强度、磨损量。有抗冰冻、抗盐冻要求的地区，还应包括抗冻等级、抗盐冻性。

3 满足第2款要求的正交配合比，可确定为目标配合比。

（1）配合比正交设计的因素选取

混凝土的配制技术归根结底是材料试验技术，目前还达不到计算后的配合比不经过试验验证直接使用的程度。所以根据评审会的专家意见，将正交试验提升到优先推荐使用的位置。正交试验是在以往相同工程的混凝土配合比成功的配制经验基础上，选定适量配合比试验参数及其合适的范围，采用参数不小于正交表$L_9(3^4)$试验法进行配合比优选。一般情况下，应选择单位水泥用量、水灰比或单位用水量、砂率、外加剂用量等，在使用粉煤灰等掺合料的情况下，应选择单位胶材总量、水胶比或单位用水量、砂率、外加剂用量、掺合料用量等。

（2）正交设计的注意事项

需要强调指出的是：正交试验需要相当苛刻的配制试验条件及人员较强的试验技能，$L_9(3^4)$正交表中，只要有一个试验数据出现较大偏差，评价结论就将出现谬误，整个试验将会报废重来。所以，混凝土配合比正交试验最好委托有资质和水平较高的专业试验室进行。目前我国很多重点工程采用委托正交试验方法，现场试验室仅进行必要的验证。

4.2.11 二级及二级以下公路采用经验公式法时，可按下列规定进行：

1 计算水灰比。无掺合料时，根据粗集料的类型，水灰比可分别按下列统计公式计算。

碎石或破碎卵石混凝土

$$\frac{W}{C} = \frac{1.568\,4}{f_c + 1.009\,7 - 0.359\,5 f_s} \quad (4.2.11\text{-}1)$$

卵石混凝土

$$\frac{W}{C} = \frac{1.261\,8}{f_c + 1.549\,2 - 0.470\,9 f_s} \quad (4.2.11\text{-}2)$$

式中：$\frac{W}{C}$——水灰比；

f_s——水泥实测28d抗折强度（MPa）；

f_c——面层水泥混凝土配制28d弯拉强度的均值（MPa）。

2 计算水胶比。掺用粉煤灰、硅灰、矿渣粉等掺合料时，应计入超量取代法中代替水泥的那一部分掺合料用量（代替砂的超量部分不计入）计算水胶比。计算水胶比（或水灰比）大于表4.2.4的规定时，应按表4.2.4取值。

3 水泥混凝土的砂率宜根据砂的细度模数和粗集料种类，按表4.2.11-1选取。软作抗滑槽时，砂率可在表4.2.11-1基础上增大1%～2%。

表4.2.11-1 水泥混凝土的砂率

	砂细度模数	2.2～2.5	2.5～2.8	2.8～3.1	3.1～3.4	3.4～3.7
砂率 S_P（%）	碎石	30～34	32～36	34～38	36～40	38～42
	卵石	28～32	30～34	32～36	34～38	36～40

注：1. 相同细度模数时，机制砂的砂率宜偏低限取用。
2. 破碎卵石可在碎石和卵石之间内插取值。

4 根据粗集料种类和坍落度要求，按经验式（4.2.11-3）～式（4.2.11-5）计算单位用水量。计算单位用水量大于表4.2.11-2最大用水量的规定时，应通过采用减水率更高的外加剂降低单位用水量。

碎石

$$W_0 = 104.97 + 0.309 S_L + 11.27 \frac{C}{W} + 0.61 S_P \qquad (4.2.11-3)$$

卵石

$$W_0 = 86.89 + 0.370 S_L + 11.24 \frac{C}{W} + 1.00 S_P \qquad (4.2.11-4)$$

掺外加剂的混凝土单位用水量

$$W_{0w} = W_0 \left(1 - \frac{\beta}{100}\right) \qquad (4.2.11-5)$$

式中：W_0——不掺外加剂与掺合料混凝土的单位用水量（kg/m³）；

S_L——坍落度（mm）；

S_P——砂率（%）；

W_{0w}——掺外加剂混凝土的单位用水量（kg/m³）；

β——所用外加剂剂量的实测减水率（%）。

表4.2.11-2 面层水泥混凝土最大单位用水量（kg/m³）

施 工 工 艺	碎石混凝土	卵石混凝土
滑模摊铺机摊铺	160	155
三辊轴机组摊铺	153	148
小型机具摊铺	150	145

注：破碎卵石混凝土最大单位用水量可在碎石和卵石混凝土之间内插取值。

5 计算单位水泥用量。可由式（4.2.11-6）计算，计算结果小于表4.2.4规定值时，应取表4.2.4的规定值。

$$C_0 = \frac{C}{W}W_0 \qquad (4.2.11\text{-}6)$$

式中：C_0——单位水泥用量（kg/m³）。

6 集料用量可按密度法或体积法计算。按密度法计算时，混凝土单位质量可取 2 400～2 450kg/m³；按体积法计算时，应计入设计含气量。

7 经计算得到的配合比，应验算粗集料填充体积率。粗集料填充体积率不宜小于 70%。

（1）水灰比经验计算公式

经验公式［式（4.2.11-1）、式（4.2.11-2）］是由相关课题提出的统计公式，经过十多年水泥混凝土路面配合比计算验证和水泥强度的修正，认为其精确度满足使用要求，本次修订继续沿用。在使用正交方法进行面层水泥混凝土目标配合比设计时，也可先使用这些经验公式估算出各项配合比参数的中值，再根据经验确定试验优选的适当范围。

《硅酸盐水泥与普通硅酸盐水泥》（GB 175—1999）已经修订为《通用硅酸盐水泥》（GB 175—2007），自 2008 年 6 月 1 日起实施。通用硅酸盐水泥中包括六大硅酸盐类水泥：硅酸盐水泥 P.Ⅰ（即纯熟料水泥），硅酸盐水泥 P.Ⅱ含 5% 矿渣或石灰石；普通硅酸盐水泥 P.O，含 5%～20% 的矿渣、粉煤灰、火山灰；矿渣硅酸盐水泥 P.S.A 含 20%～50% 矿渣，矿渣硅酸盐水泥 P.S.B 含 50%～70% 矿渣；同时包括火山灰质硅酸盐水泥 P.P，粉煤灰硅酸盐水泥 P.F，复合硅酸盐水泥 P.C。

水泥标准的改变对公路面层水泥混凝土影响最大的是普通硅酸盐水泥，它将混合材料在水泥中的掺量由不超过 15% 放大到了 20% 以内，实际上已经达到 30%～40%。这对我们在混凝土中掺用粉煤灰等掺合料的掺量带来很大的影响，普通硅酸盐水泥不能再掺粉煤灰等掺合料了。另一个问题是水泥抗压强度富裕系数大大缩小，由过去 1.13 缩小为 0.90～1.06，因此影响到水泥抗压强度富裕系数的取值。但水泥标准的新改变对我们使用实测水泥的抗折强度与抗压强度来计算混凝土配合比几乎没有影响。

（2）有掺合料时用水胶比代替水灰比

掺用粉煤灰等掺合料时，用水胶比代替水灰比。计入水胶比的粉煤灰等掺合料应采用超掺法，代替砂的部分不计入水胶比。

（3）砂率选取

按表 4.2.11-1 选取砂率。表 4.2.11-1 反映了砂的细度模数与最优砂率的关系，其中隐含的是砂的比表面积原理，砂越粗，细度模数越大，其比表面积越小，反之，则相反。路面混凝土使用的是一种低坍落度或小坍落度的拌合物，要在相同或相近水灰比条件下，保持工作性基本稳定，包裹砂的水泥浆厚度需基本一致，砂的比表面积应处在适宜范围之内，即最优砂率附近。

(4) 单位用水量的计算及其最大值规定

单位用水量的计算基础改变了，粗、细集料含水状态由原规范要求的自然风干状态（砂含水率小于或等于1.0%，粗集料含水率小于或等于0.5%），修改为饱和面干状态，并由此计算单位用水量与水灰比。它能够剔除由于集料的吸水率不同对配合比设计带来的不准确之影响。饱和面干状态适用于目标配合比试验，现场应经过集料大堆的含水状态检测，将室内目标配合比修正后，方可用于现场的施工配合比。

表4.2.11-2为面层混凝土允许最大单位用水量的规定。原规范中，这项规定在工作性表中，细则参照日本规范单列于此。最大单位用水量对混凝土弯拉强度、抗压强度、全部耐久性因素均有较强的影响，应明确加以限制。当新拌混凝土工作性不足时，可使用减水率更大的减水剂加以改善。

4.2.12 掺用掺合料时，配合比设计应符合下列规定：

1 掺用矿渣粉或硅灰时，配合比设计应采用等量取代水泥法，掺量应通过试验确定，并应扣除水泥中相同数量的矿渣粉或硅灰。

2 掺用粉煤灰时，配合比设计宜按超量取代法进行，取代水泥的部分应扣除等量水泥量；超量部分应代替砂，并折减用砂量。

3 Ⅰ、Ⅱ级粉煤灰的超量取代系数可按表4.2.12初选。粉煤灰代替水泥的最大掺量，Ⅰ型硅酸盐水泥不宜大于30%；Ⅱ型硅酸盐水泥不宜大于25%；道路硅酸盐水泥不宜大于20%。粉煤灰总掺量应通过试验最终确定。

表4.2.12 各级粉煤灰的超量取代系数

粉煤灰等级	Ⅰ	Ⅱ	Ⅲ
超量取代系数 k	1.1～1.4	1.3～1.7	1.5～2.0

(1) 矿渣粉或硅灰应采用等量取代水泥法。

符合表3.2.3规定的矿渣粉或硅灰，其水化反应活性很强，混合砂浆28d强度活性指数在95%以上，完全可等量取代水泥。

(2) 粉煤灰应采用超量取代水泥法。

符合表3.2.2规定的等级粉煤灰，其水化反应活性较弱，混合砂浆28d强度活性指数Ⅰ、Ⅱ级灰分别为85%、80%，最低时仅有62%，不可等量取代水泥，只能超量取代水泥，以确保路面28d开放交通时的混凝土抗压强度与弯拉强度。

(3) 混凝土面层中代替水泥的粉煤灰最大掺量不应超过 30%。

水泥混凝土路面是使用条件相当严酷的薄壁结构，所掺加的粉煤灰最终应能全部发生水化反应而贡献强度。在粉煤灰水泥胶凝体系中，能够贡献强度的最大掺量为 28%，细则用 30% 对各种水泥配制的混凝土加以控制。不能贡献强度的多余粉煤灰与粗细集料中的泥土作用相同，必定贡献开裂。

在细则第 4.2.12 条第 2 款中，要求不替代水泥的粉煤灰超量部分应折减用砂量，并适当减少砂率，否则面层开裂将相当严重，开裂后的面板使用时间不到半年就是断板或碎板，必须返工。所以，既要遵循高性能混凝土理念使用粉煤灰掺合料，又应控制其最大掺量，将其副作用限制到最小程度。

4.3 纤维混凝土配合比设计

本节适用于面层钢纤维混凝土的目标配合比设计，其他种类纤维混凝土的目标配合比设计可参照执行。细则规定可用于路面和桥面的纤维品种有钢纤维、玄武岩纤维、四种合成纤维共六种纤维，本节配合比设计适用于由其配制的塑性振捣密实型拌和纤维混凝土。既然是塑性纤维混凝土，则滑模摊铺机、三辊轴机组施工方式均可用于铺筑纤维水泥混凝土路面或桥面。为了确保面层混凝土中纤维分布的均匀性，细则不推荐采用小型机具施工工艺铺筑纤维混凝土路面与桥面。

由于细则规定了六种纤维可用于面层，每种纤维刚度、性能与掺量均变化较大，本节以原规范中已有的钢纤维为基础进行配合比设计，其他纤维在其配合比设计中缺乏统计公式，可参照钢纤维混凝土进行，再通过试配试验检测，满足其各项技术指标后使用。

4.3.1 钢纤维混凝土的钢纤维体积率应根据设计弯拉强度标准值确定，缺少经验时，可参照表 4.3.1 进行试配。

表 4.3.1 钢纤维混凝土钢纤维体积率参考值

钢纤维混凝土设计弯拉强度标准值 f_{rf}（MPa）	6.0	5.5	5.0
600MPa 钢纤维掺量体积率[a,b]（%）	0.8~1.0	0.60~0.80	<0.60

注：[a] 当所用的钢纤维抗拉强度为 1 000MPa 时，表中的 600MPa 钢纤维掺量体积率可乘以 0.90 的系数。

[b] 钢纤维体积率按本细则附录 D 规定的方法进行检测。

表 4.3.1 与原规范不同的是钢纤维混凝土设计弯拉强度标准值除补强纤维混凝土 6.0MPa 外，出现了 5.0MPa 与 5.5MPa，这符合《公路水泥混凝土路面设

计规范》(JTG D40—2011) 表 3.0.8 规定在极重、特重、重交通条件下，面层的设计弯拉强度标准值大于或等于 5.0MPa 的规定。设计弯拉强度为 5.0MPa 时，适用于纤维掺量很少的抗裂纤维混凝土，特别适用于 4 种合成纤维抗裂混凝土；5.5MPa 可用于极重、特重交通荷载的运煤专线等面层。也就是说，细则修改了仅使用 6.0MPa 的补强钢纤维混凝土的概念，也可使用 5.0MPa、5.5MPa 弯拉强度标准值设计并配制面层纤维混凝土。低掺量纤维混凝土除了抗裂作用之外，更重要的是提升一倍以上的疲劳周次，有效延长路面的使用寿命。

4.3.2 钢纤维混凝土配制 28d 弯拉强度的均值宜按式（4.3.2）计算。

$$f_{cf} = \frac{f_{rf}}{1-1.04C_v} + ts \quad (4.3.2)$$

式中：f_{cf}——钢纤维混凝土配制 28d 弯拉强度的均值（MPa）；
f_{rf}——钢纤维混凝土设计弯拉强度标准值（MPa），根据设计确定；
t——保证率系数，可按表 4.2.2-1 确定；
s——弯拉强度试验样本的标准差，可在表 4.2.2-2 规定范围内取值；
C_v——弯拉强度变异系数，根据实测或参考表 4.2.2-3 确定。

4.3.3 由式（4.3.2）计算出配制 28d 弯拉强度的均值 f_{cf}、试验得到 f_c 后，可由式（4.3.3）计算钢纤维含量特征值。

$$\lambda = \frac{\frac{f_{cf}}{f_c} - 1}{\alpha} \quad (4.3.3)$$

式中：λ——钢纤维含量特征值；
f_c——同强度等级水泥混凝土 28d 配制弯拉强度均值（MPa）；
α——钢纤维外形对弯拉强度的影响系数，宜通过试验确定；当混凝土不掺加钢纤维强度等级为 C20~C80 时，可参照表 4.3.3 选用。

表 4.3.3 钢纤维外形对弯拉强度的影响系数参考值

钢纤维品种	高强钢丝切断型		钢板剪切型		钢锭铣削型		低合金钢熔抽异型	
钢纤维外形	端钩形		异形		端钩形		大头形	
水泥混凝土强度等级（MPa）	20~45	50~80	20~45	50~80	20~45	50~80	20~45	50~80
影响系数 α	1.13	1.25	0.79	0.93	0.92	1.10	0.73	0.91

表 4.3.3 的钢纤维外形对混凝土弯拉强度的影响系数源于《纤维混凝土结构技术规程》（CECS 38：2004）。

4.3.4 钢纤维体积率可根据式（4.3.3）计算出的钢纤维含量特征值λ、选定的钢纤维长度以及直径或等效直径，由式（4.3.4）计算得出。

$$\rho = \frac{\lambda d}{l} \times 100 \qquad (4.3.4)$$

式中：ρ——钢纤维体积率（%）；

λ——钢纤维含量特征值；

l——钢纤维长度（mm）；

d——钢纤维直径或等效直径（mm）。

4.3.5 钢纤维体积率为0.6%～1.0%时，钢纤维混凝土的设计坍落度宜比水泥混凝土大20～30mm；钢纤维体积率小于0.6%时，钢纤维混凝土的坍落度宜与水泥混凝土相同。

大掺量纤维的混凝土不仅摊铺工作性较差，而且坍落度经时损失较快，摊铺难度大于水泥混凝土，需采取使用更高减水率的高性能减水剂或高效减水剂、纤维分散机，并禁止随意加水等措施，确保补强增韧的高掺量钢纤维混凝土的坍落度始终适宜摊铺。

路面、桥面用各种纤维混凝土应掺聚羧酸高性能减水剂或引气高效减水剂，细则规定的单位用水量仅指使用高效减水剂时的用水量。大量工程实践表明，如果钢纤维混凝土不掺聚羧酸高性能减水剂或引气高效减水剂，不提高基体混凝土的强度和耐磨性，一旦路面、桥面磨损成坑，钢纤维裸露后，掺多少纤维对耐久性都是无效的。

纤维混凝土在满足施工工作性条件下，采用尽量低的水灰比、尽可能小的用水量来保证弯拉强度与各项耐久性。

4.3.6 钢纤维混凝土的最大水灰（胶）比和最小单位水泥用量应符合表4.3.6的规定。

表4.3.6 钢纤维混凝土最大水灰（胶）比和最小单位水泥用量

公路等级		高速公路、一级公路	二级公路
最大水灰（胶）比		0.47	0.49
有抗冰冻要求时最大水灰（胶）比		0.45	0.46
有抗盐冻要求时最大水灰（胶）比[a]		0.42	0.43
最小单位水泥用量（kg/m³）	52.5级	350	350
	42.5级	360	360

续上表

公路等级		高速公路、一级公路	二级公路
抗冰冻、抗盐冻最小单位水泥用量（kg/m³）	52.5级	370	370
	42.5级	380	380
掺粉煤灰时最小单位水泥用量（kg/m³）	52.5级	310	310
	42.5级	320	320
抗冰冻、抗盐冻掺粉煤灰最小单位水泥用量（kg/m³）	52.5级	320	320
	42.5级	340	340

注：ª处在除冰盐、海风、酸雨或硫酸盐等腐蚀性环境中或在大纵坡等加减速车道上时，宜采用较小的水灰（胶）比。

路面、桥面各种钢纤维混凝土的共同要求是确保强度，提高表面平整度、密实度及其耐磨性、抗渗性、抗冻性等，须通过保证足够低的水灰比和足够大的单位水泥用量来实现，因此应符合表4.3.6的规定。一方面，使粗细集料与纤维有足够的水泥浆包裹；另一方面，使各种有害介质不至于渗透进混凝土中；同时，确保有充足砂浆提供表面的高平整度。

对比钢纤维混凝土表4.3.6与水泥混凝土表4.2.4，可以发现：一是纤维混凝土所使用的水泥强度等级中只有42.5、52.5级，没有32.5级；二是与水泥混凝土相比，纤维混凝土最小水泥用量平均高出50kg/m³左右，最大水灰比放大0.02~0.03。这是由于纤维混凝土面层的设计弯拉强度较高，以及纤维的掺入大大地增加了需水泥浆包裹的比表面积。此规定是为了提高纤维混凝土的可摊铺工作性，同时保证耐久性所采取的技术措施。

4.3.7 钢纤维混凝土的抗冰冻性、抗盐冻性、耐磨性、含气量及最大气泡间距系数应分别符合本细则第4.2.5、4.2.7、4.2.8、4.2.6条的要求。

纤维混凝土的抗冰冻性及抗盐冻性也不取决于掺加纤维与否，而主要依靠含气量与低水灰比。由此规定：各种纤维混凝土含气量宜符合表4.2.6-1的要求。严寒、寒冷地区路面与桥面混凝土抗冻标号与水泥混凝土一样，适度提高到F300和F250。

各种用于路面作表面层的（钢）纤维混凝土的耐磨性宜符合表4.2.8的规定。需要说明的是，各种（钢）纤维混凝土直接使用水泥混凝土的耐磨性指标的要求是比较苛刻的，由于钢纤维混凝土带入的比表面积增量较多，为满足工作性所需单位用水量增大了，但满足耐磨性要求不允许这么大的单位用水量和水灰比。交通运输部公路科学研究院多年的研究表明，掺加纤维不能提高耐磨性，耐磨性主要依靠基体混凝土的低水灰比和小单位用水量。因此，各种纤维混凝土均应使用高效减水剂或掺加超高效减水率的聚羧酸高性能减水剂，尽量压低水灰比并减少用水量，满足路面对耐磨性的苛刻要求。

4.3.8 钢纤维混凝土不得采用海水、海砂，不得掺加氯盐及氯盐类早强剂、防冻剂等外加剂。处在海水、海风及除冰盐等环境中钢纤维混凝土路面宜掺用Ⅰ、Ⅱ级粉煤灰或矿渣粉。桥面不宜掺粉煤灰。

为了提高处在腐蚀环境中的钢纤维混凝土路面的耐腐蚀性能，推荐掺用Ⅰ、Ⅱ级粉煤灰或矿渣粉，不得使用海水、海砂，不得掺用氯盐类外加剂。

4.3.9 钢纤维混凝土配合比设计采用正交试验法时，除应符合本细则第4.2.10条的相关规定外，在正交试验的因素中尚应有钢纤维掺量。

4.3.10 钢纤维混凝土配合比可按下列要求，采用经验公式计算：

1 钢纤维混凝土配制 28d 弯拉强度均值 f_{cf}，可由式（4.3.2）计算确定。

2 钢纤维体积率可按式（4.3.3）、式（4.3.4）计算，外形影响系数可查表4.3.3。

3 钢纤维混凝土单位用水量可按表4.3.10初选，再经试拌坍落度校正后确定。

表 4.3.10 钢纤维混凝土单位用水量初选表

拌合物条件	粗集料种类	粗集料公称最大粒径（mm）	单位用水量（kg/m³）
$\dfrac{l}{d}^a=50$　$\rho^b=0.6\%$　坍落度^{c}20mm　中砂，细度模数^{d}2.5　水灰比0.42～0.50	碎石	9.5、16.0	215
		19.0、26.5	200
	卵石	9.5、16.0	208
		19.0、26.5	190

注：^{a}钢纤维长径比 $\dfrac{l}{d}$ 每增减10，单位用水量相应增减10kg/m³。

^{b}钢纤维体积率 ρ 每增减0.5%，单位用水量相应增减8kg/m³。

^{c}坍落度在10～50mm范围内，相对于坍落度20mm每增减10mm，单位用水量相应增减7kg/m³。

^{d}细度模数在2.0～3.5范围内，砂的细度模数每增减0.1，单位用水量相应减增1kg/m³。

4 钢纤维混凝土水灰比可由式（4.3.10-1）计算。钢纤维混凝土的水灰比应取计算值与表4.3.6规定值两者中的小值。

$$\frac{W}{C} = \frac{0.128}{\frac{f_{cf}}{f_s} - 0.301 - 0.325\lambda}$$ (4.3.10-1)

式中：f_{cf}——钢纤维混凝土配制 28d 弯拉强度均值（MPa）；

f_s——水泥实测 28d 抗折强度（MPa）；

$\frac{W}{C}$——钢纤维混凝土的水灰比；

λ——钢纤维含量特征值，可由式（4.3.3）或式（4.3.4）计算。

5 钢纤维混凝土的单位水泥用量可按式（4.3.10-2）计算。钢纤维混凝土的单位水泥用量应取计算值与表 4.3.6 规定值两者中的大值。

$$C_{of} = \frac{W_{of}}{\frac{W}{C}}$$ (4.3.10-2)

式中：C_{of}——钢纤维混凝土的单位水泥用量（kg/m³）；

$\frac{W}{C}$——钢纤维混凝土的水灰比；

W_{of}——钢纤维混凝土的单位用水量（kg/m³）。

6 钢纤维混凝土砂率可按式（4.3.10-3）计算，再经试拌坍落度校正后确定。砂率宜在 38%～50%之间。

$$S_{pf} = S_p + 10\rho$$ (4.3.10-3)

式中：S_{pf}——钢纤维混凝土砂率（%）；

S_p——水泥混凝土砂率（%）；

ρ——钢纤维体积率（%）。

7 集料用量可采用密度法或体积法计算。按密度法计算时，钢纤维混凝土单位质量可取基体混凝土的单位质量加掺入钢纤维单位质量之和；按体积法计算时，应计入设计含气量。

（1）增强钢纤维混凝土配合比设计计算公式［式（4.3.10-1）］是交通运输部公路科学研究院付智研究员的博士生刘贺通过 92 组试验数据回归的多参数统计公式，与赵国藩院士在《纤维混凝土》专著中统计计算公式的系数相当一致。比取基体混凝土水灰比有所进步，可通过钢纤维混凝土配制弯拉强度、水泥抗折强度、钢纤维体积掺量及其特征值，直接计算出钢纤维混凝土的水灰比。

（2）钢纤维混凝土砂率也可查经验表 4-3 选用，再经试拌确定。

表 4-3 增强钢纤维混凝土砂率选用值（％）

拌合物条件	公称最大粒径 19.0mm 碎石	公称最大粒径 19.0mm 卵石
$\frac{L_f}{d_f}=50$；$p_f=1.0\%$；$\frac{W}{C}=0.5$；砂细度模数 FM=3.0	45	40
$\frac{L_f}{d_f}$ 增减 10	±5	±3
p_f 增减 0.10%	±2	±2
$\frac{W}{C}$ 增减 0.1	±2	±2
砂细度模数 FM 增减 0.1	±1	±1

（3）钢纤维混凝土砂率经验范围在 38％～50％ 之间，比水泥混凝土大得多，原因是纤维带入了较大的比表面积，需要包括的砂浆量增大。

4.3.11 用于混凝土提高抗裂性能的玄武岩纤维及合成纤维的掺量可参考表 4.3.11 初选后，经试配确定。

表 4.3.11 玄武岩纤维及合成纤维的掺量范围

纤维品种	玄武岩纤维	聚丙烯腈纤维	聚丙烯粗纤维	聚酰胺纤维	聚乙烯醇纤维
体积率（％）	0.05～0.30	0.06～0.30	0.30～1.5	0.10～0.30	0.10～0.30
掺量范围（kg/m³）	1.3～8.0	0.50～2.7	2.7～14.0	1.1～3.5	1.3～4.0

注：桥面纤维混凝土体积率宜选上限，纤维体积率的测定可参照本细则附录 D 的试验方法。

表 4.3.11 是这五种纤维配制不增加弯拉强度的抗裂纤维混凝土的参考用量范围，由于其强度要求与板厚均与水泥混凝土相同，所以允许根据实际工程的需要，通过试验验证，略微突破此掺量范围。

4.3.12 玄武岩纤维及合成纤维混凝土的配合比设计应进行工作性和耐久性试验验证，其抗裂性应符合下列规定：

1 用于路面抗裂的纤维混凝土试验室实测早期裂缝降低率不应小于 30％，早期抗裂等级不应低于表 4.3.12 中 L-Ⅲ 等级。

2 用于桥面抗裂的纤维混凝土试验室实测裂缝降低率不应小于 60％，早期抗裂性等级不应低于表 4.3.12 中 L-Ⅳ 等级。

3 掺入纤维的拌合物应与相同配合比基体混凝土做早期抗裂性对比试验，试验方法应按附录 E 进行。

表 4.3.12 抗裂纤维混凝土早期抗裂等级及其裂缝降低率

抗裂等级	L-Ⅰ	L-Ⅱ	L-Ⅲ	L-Ⅳ	L-Ⅴ
单位面积上的总开裂面积 C（mm²/m²）	$C \geqslant 1\,000$	$700 \leqslant C < 1\,000$	$400 \leqslant C < 700$	$100 \leqslant C < 400$	$C < 100$
平均裂缝降低率 β（%）	0	0~30	30~60	60~90	>90

注：1. 抗裂等级的划分源自《混凝土耐久性检验评定标准》（JGJ/T 193—2009）。
　　2. 混凝土早期抗裂性试验结果满足 C 与 β 其中之一即可确定抗裂等级。

4　玄武岩纤维及合成纤维混凝土的目标配合比设计可按钢纤维有关规定执行。

用极低掺量（1.0~3.0kg/m³）玄武岩纤维或合成纤维配制的混凝土具备显著的抗早期开裂能力，这对于常年刮风垭口的路面，要求完好率较高、使用年限较长的长大隧道路面与特大桥的桥面等具有重要实用价值。

（1）路面抗裂纤维混凝土应满足Ⅲ级抗裂标准。

由于纤维掺量很小，对弯拉强度、工作性、设计板厚影响均很小，其配合比设计是按第 4.2 节水泥混凝土配合比设计进行的，但应通过早期抗裂等级及其裂缝降低率的试验验证，达到表 4.3.12 规定者，方可应用于面层抗裂。L-Ⅱ级水泥混凝土调整为抗裂配合比后也可达到，由此将路面的抗裂等级定为 L-Ⅲ级。

（2）桥面抗裂纤维混凝土应满足Ⅳ级抗裂标准。

桥面铺装层厚度一般比路面薄，上下表面均失水较多较快，开裂风险大于路面，因此，桥面混凝土的抗裂等级规定为 L-Ⅳ级。

（3）抗裂性检验方法。

应通过抗裂等级的试验验证，证明掺加的纤维及其用量满足面层的抗裂要求，所增加的纤维成本是值得的。试验方法应遵循细则附录 E。

重要的是达到早期抗裂等级后，运营期间，抗裂纤维混凝土的长期耐疲劳循环次数将成倍增加，疲劳使用寿命将大为延长。

4.4　碾压混凝土配合比设计

4.4.1　本节适用于高速公路、一级公路碾压混凝土下面层，二级及二级以下公路碾压混凝土面层的目标配合比设计。

原规范本节配合比设计仅适用于碾压混凝土面层，此次修订扩充到碾压混凝土下面层，使用水泥稳定基层施工机械增加水泥用量制作的碾压式贫混凝土基层配合比设计可按细则的要求进行。但应注意：贫混凝土基层无论采用哪种方式生产，均必须切缝并灌缝。

4.4.2 碾压混凝土配制28d弯拉强度均值f_{cc}可按式（4.4.2-1）计算。碾压混凝土压实安全弯拉强度f_{cy}有实测统计数据时，可按式（4.4.2-2）计算；无实测数据时，f_{cy}可在0.20～0.35MPa间选用。

$$f_{cc} = \frac{f_r + f_{cy}}{1 - 1.04 C_v} + ts \qquad (4.4.2\text{-}1)$$

$$f_{cy} = \frac{\delta}{2}(y_{c1} + y_{c2}) \qquad (4.4.2\text{-}2)$$

式中：f_{cc}——碾压混凝土配制28d弯拉强度均值（MPa）；

f_r——碾压混凝土设计弯拉强度标准值（MPa），由设计确定；

f_{cy}——碾压混凝土压实安全弯拉强度（MPa）；

t——保证率系数，应按表4.2.2-1确定；

s——弯拉强度试验样本的标准差（MPa），取值应符合本细则第4.2.2条规定；

C_v——弯拉强度变异系数，按表4.2.2-3确定；

y_{c1}——弯拉强度试件标准压实度（95%）；

y_{c2}——路面芯样压实度下限值（由芯样压实度统计得出）；

δ——相应于压实度变化1.0%的弯拉强度波动值（通过试验得出）。

（1）碾压混凝土实测压实度

碾压混凝土面层、下面层及贫混凝土基层有弯拉强度试件标准压实度95%的规定，因此，在成型碾压混凝土试件中，检测工作性后，试块必须称重，计算其重度，并验算压实度95%达到与否。室内配合比试验报告中应明确得到的重度与密实度。

（2）压实安全弯拉强度

式（4.4.2-1）与水泥混凝土计算式（4.2.2）相比，增加了一个压实安全弯拉强度，它取决于芯样与标准压实度及其变异大小。碾压混凝土给出一个压实安全弯拉强度是必要的，因为碾压混凝土弯拉强度、抗压强度等性能在很大程度上受压实度控制，如果压实度没有达到标准试件所规定的95%，其弯拉强度将肯定失控。

4.4.3 碾压混凝土改进VC值试验方法应符合现行《公路工程水泥及水泥混凝土试验规程》(JTG E30)中T 0524的规定,搅拌机出口改进VC值宜为5~10s;碾压时的改进VC值宜控制在20~30s。试验中的试样表面出浆评分应为4~5分。

在碾压密实混凝土路面施工工艺要求中,有一对必须协调解决好的本质工艺矛盾:面层平整度要求拌合物更干硬与密实度要求其更湿软,两者对拌合物工作性的要求正好相反。这对矛盾,在平整度要求很高的高速公路和一级公路上很难协调到两者同时都满足。方法是降低对平整度的苛刻要求,首先保证密实度及强度规定,碾压混凝土出搅拌机口改进VC值宜取5~10s,碾压时的改进VC值宜控制在25s±5s。在二级公路平整度规定3m直尺不大于5mm的情况下,实践已证明能够协调解决好这对矛盾。碾压混凝土路面在二级公路上能够显示出优越性:使用沥青路面摊铺设备及较为节省水泥。这就是细则将碾压混凝土做面板,按目前条件和施工控制水平,基本上限定在二级公路及其以下公路的原因。高速公路、一级公路可做成复合式路面,其上面层或表层可为水泥混凝土表层,也可加铺沥青磨耗层。

4.4.4 碾压混凝土最大水灰(胶)比和最小单位水泥用量应符合表4.4.4的规定。

表4.4.4 碾压混凝土最大水灰(胶)比和最小单位水泥用量

公 路 等 级		二级公路面层,高速公路下面层	三、四级公路面层,一级公路下面层
最大水灰(胶)比		0.40	0.42
有抗冰冻要求时最大水灰(胶)比		0.38	0.40
有抗盐冻要求时最大水灰(胶)比		0.36	0.38
最小单位水泥用量(kg/m^3)	42.5级	290	280
	32.5级	305	300
有抗冰冻、抗盐冻要求时最小单位水泥用量(kg/m^3)	42.5级	315	310
	32.5级	325	320
掺粉煤灰时最小单位水泥用量(kg/m^3)	42.5级	255	250
	32.5级	265	260
有抗冰冻、抗盐冻要求时掺粉煤灰混凝土最小单位水泥用量(kg/m^3)	42.5级	260	265
	32.5级	275	270

面层与下面层碾压混凝土满足耐久性的最大水灰（胶）比及最小水泥用量应符合表 4.4.4 的规定。实际上，碾压混凝土水灰（胶）比相对较低，与水泥混凝土相同弯拉强度时的水泥用量可减少 20~50kg/m³。

做基层的碾压贫混凝土，其最大水灰（胶）比及最小水泥用量可不受表 4.4.4 限制，一般情况下，碾压贫混凝土基层最小单位水泥用量应大于或等于 160kg/m³；掺粉煤灰时最小单位水泥用量应大于或等于 130kg/m³。实际水泥用量应通过试验确定。

4.4.5 碾压混凝土面层、下面层拌和楼出口含气量均值及允许偏差范围宜为 3.0%±0.5%。严寒与寒冷地区碾压混凝土面层含气量应符合表 4.2.6-1 抗冰冻和抗盐冻要求。

碾压混凝土中，水分数量很少，较难引气，所以实际路面冻害较多，也较重。因此，碾压混凝土面层含气量要求比水泥混凝土规定略低。但是，碾压混凝土若不掺用引气剂，其抗冻性和抗盐冻性是不能满足使用要求的。

4.4.6 碾压混凝土的抗冰冻性、抗盐冻性应符合本细则第 4.2.5、4.2.7 条的要求。

严寒及寒冷地区碾压混凝土应满足抗冰冻及抗盐冻的要求。

4.4.7 碾压混凝土面层的耐磨性宜符合本细则第 4.2.8 条的规定。碾压混凝土面层用粗集料的磨光值 PSV 不应小于 36.0。碾压混凝土下面层可不要求耐磨性与磨光值。

碾压混凝土是露石路面，满足耐磨性的关键是要使砂浆与粗集料黏结牢固，粗集料在车轮冲击下不脱落，如果脱落足够少，其耐磨性很容易满足表 4.2.8。关键是表面粗集料的磨光值是否满足抗滑质量标准，规定其粗集料的磨光值 PSV 不应小于 36.0。这个数据来源于《公路沥青路面设计规范》（JTG D50—2006）表 3.2.8 最低值。下面层和上基层无须检测耐磨性及粗集料磨光值。

4.4.8 碾压混凝土粗、细集料合成级配范围宜符合表 4.4.8 的规定。

表 4.4.8 碾压混凝土粗、细集料合成级配范围

筛孔尺寸（mm）	19.0	9.50	4.75	2.36	1.18	0.60	0.30	0.15
通过百分率[a]（%）	90~100	50~70	35~47	25~38	18~30	10~23	5~15	3~10

注：[a]用作面层时，各筛孔的通过百分率允许误差为±3.0%。

用于面层、下面层碾压混凝土粗、细集料的合成级配表 4.4.8 引自国家"八

五"攻关项目《碾压混凝土路面施工技术指南》。碾压混凝土在碾压时，水泥尚不具有强度，一定要使各级集料形成骨架密实结构，才能支撑压路机荷载作用，也才能达到高压实度。这一点与水泥混凝土集料依赖振捣棒作用克服振动黏度由自重下沉形成密实结构有较大区别。

面层、下面层碾压贫混凝土粗、细集料合成级配宜满足表4.4.8的规定。基层要求较高时，可符合表4.4.8的规定，也可符合现行《公路路面基层施工技术规范》（JTJ 034）碾压贫混凝土的级配要求。须知基层规范的碾压贫混凝土基层合成级配要求比表4.4.8中的要求宽松。表4.4.8的规定是面层的，它的要求更高、更严格，所制作的贫混凝土基层质量更好，达到相同强度的水泥用量也会更省。选择使用哪种合成级配，取决于现场的原材料供应及级配情况。

4.4.9 碾压混凝土中掺用粉煤灰时，应符合下列规定：

1 粉煤灰质量标准应符合表3.2.2的规定。

2 面层与下面层应采用Ⅰ级或Ⅱ级粉煤灰。

3 碾压混凝土中掺用粉煤灰时，应采用超量取代法。粉煤灰超量取代系数k，对于Ⅰ级灰可取1.4～1.8，Ⅱ级灰可取1.6～2.0。

碾压混凝土面层与下面层应采用Ⅰ、Ⅱ级粉煤灰；碾压贫混凝土基层宜采用Ⅰ、Ⅱ级粉煤灰，可采用Ⅲ级粉煤灰，不宜采用等外粉煤灰。由于粉煤灰是热电厂的废弃渣，某些等外粉煤灰会有个别指标达不到等级粉煤灰规定，等外粉煤灰用于基层前，应经过试验验证或专家论证。

碾压混凝土面层施工时，开裂风险较小，而风干情况较多见。碾压混凝土中粉煤灰的微珠效应使其更便于压实，从而提高其压实度与弯拉强度。因此。粉煤灰掺量可比水泥混凝土用得多，可采用较大的粉煤灰超量取代系数。Ⅲ级灰可取1.8～2.2。

4.4.10 碾压混凝土中减水剂和引气剂的使用除应满足本细则第3.6节的规定外，尚应预先通过碾压混凝土性能试验优选品种和掺量，确认满足各项质量标准后方可使用。

碾压混凝土中由于形成气泡的用水量不足，较难形成稳定的气泡，达到要求含气量的引气剂用量比水泥混凝土大得多。在试验优选引气剂品种与掺量时，应成倍增大引气剂用量进行。当粉煤灰掺量较多时，亦应再增大引气剂用量。

4.4.11 碾压混凝土采用正交试验法进行配合比设计时，可按下列要求进行：

1 不掺粉煤灰的碾压混凝土正交试验可选用水量、水泥用量、粗集料填充体积率3个因素；掺粉煤灰的碾压混凝土可选用水量、基准胶材总量、粉煤灰掺量、粗集料填充体积率4个因素。每个因素选定3个水平，选用$L_9(3^4)$正交表安排试验方案。

2 对正交试验结果进行直观及回归分析，回归分析的考察指标应包括VC值及抗离析性、弯拉强度或抗压强度、抗冻性或耐磨性。根据分析结果并综合考虑拌合物工作性，确定满足28d弯拉强度或抗压强度、抗冻性或耐磨性等设计要求的正交初步配合比。

4.4.12 不掺粉煤灰的碾压混凝土配合比设计采用经验法时，可按下列步骤进行：

1 按式（4.4.12-1）计算单位用水量。

$$W_{0c} = 137.7 - 20.55 \lg VC \qquad (4.4.12\text{-}1)$$

式中：W_{0c}——碾压混凝土的单位用水量（kg/m³）；

　　　VC——碾压混凝土拌合物改进VC值（s）。

2 按式（4.4.12-2）计算水灰比。水灰比应取计算值与表4.4.4中规定值两者中的小值。

$$\frac{W}{C} = \frac{0.2156 f_s}{f_{cc} - 0.172 f_s} \qquad (4.4.12\text{-}2)$$

式中：$\dfrac{W}{C}$——水灰比；

　　　f_{cc}——碾压混凝土配制28d弯拉强度均值（MPa）；

　　　f_s——水泥实测28d抗折强度（MPa）。

3 按式（4.4.12-3）计算单位水泥用量。单位水泥用量应取计算值与表4.4.4规定值两者中大值。

$$C_{0c} = \frac{W_{0c}}{\dfrac{W}{C}} \qquad (4.4.12\text{-}3)$$

式中：C_{0c}——碾压混凝土单位水泥用量（kg/m³）；

　　　W_{0c}——碾压混凝土的单位用水量（kg/m³）；

　　　$\dfrac{W}{C}$——水灰比。

4 按表4.4.12选定配合比中粗集料填充体积率。

表 4.4.12 粗集料填充体积率 V_g 表

砂细度模数 M_X	2.40	2.60	2.80	3.00
粗集料填充体积百分率 V_g（%）	75±2	73±2	71±2	69±2

5 按式（4.4.12-4）计算粗集料用量。

$$G_{0c} = \gamma_{cc}\frac{V_g}{100} \tag{4.4.12-4}$$

式中：G_{0c}——碾压混凝土粗集料单位体积用量（kg/m³）；

γ_{cc}——碾压混凝土粗集料视密度（kg/m³）；

V_g——粗集料填充体积率（%）。

6 根据 G_{0c}、C_{0c}、W_{0c} 及原材料密度，按体积法计算用砂量 S_{0c}，计算时应计入设计含气量。

7 按式（4.4.12-5）计算单位外加剂用量。

$$Y_{0c} = yC_{0c} \tag{4.4.12-5}$$

式中：Y_{0c}——碾压混凝土中单位外加剂用量（kg/m³）；

C_{0c}——碾压混凝土单位水泥用量（kg/m³）；

y——外加剂掺量。

4.4.13 掺粉煤灰的碾压混凝土配合比设计采用经验公式法时，可按下列步骤进行：

1 按表 4.4.12 选定粗集料填充体积率 V_g，由式（4.4.12-4）计算单位体积粗集料用量 G_{0c}。

2 按第 4.4.9 条初选粉煤灰超量取代系数 k，并按经验公式法或正交试验法分析结果选定代替水泥的粉煤灰掺量 F_{cc}。

3 按式（4.4.13-1）计算单位用水量。

$$W_{0fe} = 135.5 - 21.1\lg VC + 0.32F_{cc} \tag{4.4.13-1}$$

式中：W_{0fe}——掺粉煤灰的碾压混凝土单位用水量（kg/m³）；

VC——碾压混凝土拌合物改进 VC 值（s）；

F_{cc}——代替水泥的粉煤灰掺量（%）。

4 按式（4.4.13-2）计算基准胶材总量。

$$J = 200(f_{cc} - 7.22 + 0.025F_{cc} + 0.023V_g) \tag{4.4.13-2}$$

式中：J——碾压混凝土中单位体积基准胶材总量（kg/m³）；

f_{cc}——碾压混凝土配制 28d 弯拉强度均值（MPa）；

F_{cc}——代替水泥的粉煤灰掺量（%）；

V_g——粗集料填充体积率（%）。

5 按式（4.4.13-3）计算单位水泥用量。单位水泥用量应取计算值与表4.4.4规定值两者中大值。

$$C_{0fc} = J\left(1 - \frac{F_c}{100}\right) \quad (4.4.13\text{-}3)$$

式中：C_{0fc}——掺粉煤灰的碾压混凝土单位水泥用量（kg/m³）；

J——碾压混凝土中单位体积基准胶材总量（kg/m³）；

F_c——单位粉煤灰用量（kg/m³）。

6 按式（4.4.13-4）计算单位粉煤灰用量。

$$F_c = C_{0fc} F_{cc} k \quad (4.4.13\text{-}4)$$

式中：C_{0fc}——掺粉煤灰的碾压混凝土单位水泥用量（kg/m³）；

F_c——单位粉煤灰用量（kg/m³）；

F_{cc}——代替水泥的粉煤灰掺量（%）；

k——粉煤灰超量取代系数。

7 按式（4.4.13-5）计算总水胶比。总水胶比应取计算值与表4.4.4规定值两者中小值。

$$\frac{W}{J_z} = \frac{W_{0fc}}{C_{0fc} + F_c} \quad (4.4.13\text{-}5)$$

式中：$\frac{W}{J_z}$——碾压混凝土中总水胶比；

W_{0fc}——掺粉煤灰的碾压混凝土单位用水量（kg/m³）；

C_{0fc}——掺粉煤灰的碾压混凝土单位水泥用量（kg/m³）；

F_c——单位粉煤灰用量（kg/m³）。

8 根据G_{0c}、C_{0fc}、F_c、W_{0fc}及相应原材料密度，按体积法计算单位用砂量S_{0c}，计算时应计入设计含气量。

9 按式（4.4.13-6）计算单位外加剂用量

$$Y_{0fc} = y_f(C_{0fc} + F_c) \quad (4.4.13\text{-}6)$$

式中：Y_{0fc}——掺粉煤灰的碾压混凝土单位外加剂用量（kg/m³）；

y_f——掺粉煤灰的碾压混凝土外加剂掺量（kg/m³）；

C_{0fc}——掺粉煤灰的碾压混凝土单位水泥用量（kg/m³）；

F_c——单位粉煤灰用量（kg/m³）。

第 4.4.11～4.4.13 条碾压混凝土配合比正交设计法、不掺粉煤灰的经验公式计算配合比设计方法均源自国家"八五"重点科技攻关成果《高等级公路碾压混凝土施工技术指南》。用于下面层及贫混凝土基层的配合比则来源于我国大量施工经验的总结，并与原规范相同。

根据我国高等级公路的实际使用情况，碾压混凝土在高速、一级公路复合式路面的下面层与上基层中使用得越来越多，越来越普遍。因此，需要将碾压混凝土配合比设计拓展到下面层与上基层中，其配合比设计方法、施工机械是通用的。基层碾压贫混凝土配合比设计一般不宜使用水泥稳定碎石基层配合比设计方法，后者配合比设计精度与可靠度不及前者。

4.5 配合比检验与施工控制

4.5.1 各阶段混凝土的配合比应遵循本细则第 4.1.4～4.1.8 条规定的程序、要求和现行《公路工程水泥及水泥混凝土试验规程》（JTG E30）规定的试验方法进行试配检验。

4.5.2 应检验混凝土拌合物工作性是否满足相应摊铺工艺的要求。检验项目应包括含气量、坍落度及经时损失、振动黏度系数、碾压混凝土改进 VC 值。

4.5.3 采用密度法计算的配合比，应实测拌合物视密度，并应按视密度调整配合比，调整时水灰比不得增大，单位水泥用量、各种纤维掺量不得减小。调整后的拌合物视密度允许偏差应达到调整前的 $\pm 2.0\%$ 之内。

4.5.4 各种混凝土应实测 7d 和 28d 配制弯拉强度均值和/或抗压强度均值。掺粉煤灰水泥混凝土还应实测 56d 配制弯拉强度均值。实测弯拉强度后，宜利用其试件完好部分实测抗压强度与劈裂强度。强度实测结果应符合其质量标准。

4.5.5 耐久性检验应符合下列规定：

1 各级公路面层与桥面混凝土设计配合比应实测耐磨性，并应符合表 4.2.8 的规定。

2 有抗冰冻要求时，应实测拌合物含气量、硬化混凝土最大气泡间距系数和抗冻性，并应分别符合表 4.2.6-1、表 4.2.6-2 和表 4.2.5 的规定。

3 有抗盐冻要求时，除应检验含气量和最大气泡间距系数外，尚应实测抗盐冻性，并应符合本细则第 4.2.7 条的规定。

4.5.6 施工期间,料堆的实际含水率发生变化时,应实测粗、细集料的实际含水率,并按下列各式对粗、细集料的称量和加水量做出调整,以保持基准配合比不变。

$$S_w = S_0(1 \pm w_s) \quad (4.5.6-1)$$

$$G_w = G_0(1 \pm w_g) \quad (4.5.6-2)$$

$$W_w = W_0 - G_0 w_g - S_0 w_s \quad (4.5.6-3)$$

$$W_w = W_0 + G_0 w_g + S_0 w_s \quad (4.5.6-4)$$

式中:w_s——细集料中增加(+)或减少(-)的含水率(%);

w_g——粗集料中增加(+)或减少(-)的含水率(%);

S_0——原施工配合比细集料单位用量(kg/m³);

G_0——原施工配合比粗集料单位用量(kg/m³);

W_0——原施工配合比单位用水量(kg/m³);

S_w——含水率调整后施工配合比中细集料单位用量(kg/m³);

G_w——含水率调整后施工配合比中粗集料单位用量(kg/m³);

W_w——粗、细集料含水率调整后施工配合比中单位用水量(kg/m³)。

施工期间,应根据料堆的实际砂石料含水率发生的变化,实测粗、细集料的实际含水率,应大家的要求给出了调整砂石料含水率的上述计算公式。粗细集料含水率的变化对施工用水量的影响巨大,相同工作性时,每立方米混凝土中加水量可增减几十千克,对路面混凝土所有性能均无不利影响。拌和前,应按上述计算公式对变化的含水率做出调整,调整的目的是保持经过各项性能检验的目标配合比始终维持不变,使铺筑面层的各项强度与耐久性指标与室内混凝土试验得到的设计配合比结果高度吻合一致。

4.5.7 可根据施工季节、气温和运距等的变化,微调高效减水剂、引气剂、缓凝剂或早强剂的掺量,保持摊铺现场的坍落度始终适宜于铺筑,减小摊铺前混凝土拌合物的工作性波动。

当拌合物的坍落度等因气温及运距等的变化而偏离最优工作性工况时,严禁随意加水,但允许小幅改变各种外加剂的掺量来进行微调。微调外加剂掺量满足施工所要求的工作性即可,对混凝土性能的不利影响很小。一旦随意加水,用水量变大时,本章配合比设计的所有技术要求都要落空,所有的努力都将付诸东流。

本章附件

附 4.1 贫混凝土配合比设计[*]

附 4.1.1 本节适用于滑模摊铺机或三辊轴机组施工的振捣密实基层贫混凝土目标配合比设计。

附 4.1.2 贫混凝土 28d 弯拉强度标准值应符合附表 4.1.2 的规定。贫混凝土 28d 配制弯拉强度的计算与各参数取值宜符合细则第 4.2.2 条的规定。

附表 4.1.2　贫混凝土基层的设计强度标准值

交通等级	极 重	特 重	重
7d 施工质检抗压强度 f_{cu7}（MPa）	7.0	6.0	5.0
28d 设计抗压强度标准值 $f_{cu,k}$（MPa）	10.0	8.0	7.0
28d 设计弯拉强度标准值 $f_{c,k}$（MPa）	2.5	2.0	1.5

附 4.1.3 贫混凝土的坍落度应根据所用施工工艺，分别满足细则第 4.2.3 条各款的规定。贫混凝土中应掺粉煤灰，可掺矿渣粉。

附 4.1.4 在基层受冻地区，贫混凝土中应掺引气剂或引气减水剂，并控制贫混凝土含气量为 4%±1%。当高温摊铺坍落度损失较大时，可使用引气缓凝减水剂。

附 4.1.5 当缺乏弯拉强度统计数据时，可按现行《水泥混凝土配合比设计规程》（JGJ 50），按配制 28d 抗压强度进行贫混凝土配合比设计，并应预留 28d 弯拉强度、7d 与 28d 抗压强度试件。实测配制 28d 弯拉强度的均值应满足设计要求；实测 7d 抗压强度可用于贫混凝土铺筑过程中的质量控制。

附 4.1.6 贫混凝土不掺粉煤灰时，单位水泥用量宜为 120～210kg/m³，在基层受冻地区最小单位水泥用量不宜低于 150kg/m³。掺用粉煤灰时，单位水泥

---

[*] 关于贫混凝土配合比设计的内容原规范中是有的，细则将其删去，原因是细则的范围限定在面层，有关基层的内容全部由基层施工技术细则规定，本手册将此节内容保留在此。贫混凝土基层配合比设计有两个来源，一是按混凝土的规定计算并确定；二是按水泥稳定基层计算。按混凝土要求计算配合比时，可参照本节的方法进行。

用量宜为100~160kg/m³，单位胶材总量宜为180~230kg/m³，基层受冻地区最小单位胶材总量不宜低于200kg/m³。

附4.1.7 掺用粉煤灰时，单位胶材总量J_Z可按式（附4.1.7）计算。

$$J_Z = 0.5C_0(1+F_{cc}k) \quad \text{（附4.1.7）}$$

式中：J_Z——贫混凝土基层单位胶材总量（kg/m³）；

F_{cc}——贫混凝土基层代替水泥的粉煤灰掺量（%），可取0.15~0.30；

k——粉煤灰超量取代系数，可按细则表4.2.12取值。

附4.1.8 基层贫混凝土的砂率可按附表4.1.8初选，并通过试配试验确定合理砂率。

附表4.1.8 基层贫混凝土的砂率

砂细度模数		2.2~2.5	2.5~2.8	2.8~3.1	3.1~3.4	3.4~3.7
砂率 S_p（%）	碎石混凝土	24~28	26~30	28~32	30~34	32~36
	卵石混凝土	22~26	24~28	26~30	28~32	30~34

注：1. 相同细度模数时，机制砂的砂率宜偏低限取用。
　　2. 破碎卵石可在碎石和卵石混凝土之间内插取值。

附4.1.9 贫混凝土基层抗压强度试件应采用直径150mm、高径比1:1的圆柱体试件。

附4.2 排水贫混凝土配合比设计 *

附4.2.1 本节适用于排水贫混凝土基层的目标配合比设计。

附4.2.2 排水贫混凝土基层设计28d弯拉强度标准值宜符合附表4.2.2的规定；有特殊要求时，可根据设计确定。排水贫混凝土配制28d弯拉强度的均值计算及各参数取值宜符合细则第4.2.2条的要求。

附表4.2.2 排水贫混凝土基层的设计强度标准值（MPa）

交通等级	极 重	特 重	重
7d施工质检浸水抗压强度 f_{cu7}	6.0	5.0	4.0
28d设计抗压强度标准值 $f_{cu,k}$	8.0	7.0	6.0
28d设计弯拉强度标准值 $f_{c,k}$	2.0	1.5	1.0

---

* 本节已被细则正文删去。为了便于在有特殊排水要求的路段，使用排水贫混凝土基层时作参考，将此内容编写在此。

附4.2.3 排水贫混凝土基层7d实测抗压强度均值不宜小于5.0MPa，28d实测抗压强度均值不宜小于7.0MPa。

附4.2.4 基层排水贫混凝土的实测渗透系数均值不宜小于0.35mm/s（300m/d）。基层排水贫混凝土渗透系数试验方法应符合本手册附件C的规定。无条件实测渗透系数时，排水贫混凝土实测渗透系数与有效孔隙率之间可用统计经验关系公式［式（附4.2.4）］进行估算。

$$k = (V_a/20.466)^{4.756} - 0.3894 \quad (附4.2.4)$$

式中：k——渗透系数（mm/s），其检测方法见附件C；

V_a——试件的有效孔隙率（%）。

附4.2.5 满足基层渗透排水要求的贫混凝土设计有效孔隙率不宜低于18.0%，实测28d有效孔隙率均值不宜低于20.0%。有效孔隙率的试验应按本手册附件C进行。

附4.2.6 基层排水贫混凝土的工作性可用维勃工作度仪测定，出搅拌机时维勃时间宜为5s左右，碾压铺筑时的维勃时间宜在5~15s之间。

附4.2.7 排水贫混凝土宜采用间断级配粗集料，材料结构可为无砂大孔混凝土或少砂多孔混凝土，掺用少量细集料时，砂率不宜大于20.0%。当最大粒径为26.5mm时，排水贫混凝土基层集料合成级配范围宜参考附表4.2.7确定。

附表4.2.7 碾压排水贫混凝土基层合成级配范围

筛孔尺寸（mm）	26.5	19.0	16.0	9.5	4.75	2.36	对应渗透系数（mm/s）
通过百分率（%）	95~100	85~95	60~75	35~45	7~17	0~5	1.5~2.3

附4.2.8 排水贫混凝土单位水泥用量宜为160~200kg/m³。

附4.2.9 配合比设计时应实测集料振动成型紧装密度均值，水泥与集料的比例宜控制在1:8~1:10之间。

附4.2.10 排水贫混凝土基层的水灰比宜控制在0.39~0.45之间。级配和单位水泥用量确定后，应试拌检验拌合物的工作性。工作性合格，且表面有光泽感的用水量，并符合水灰比要求的范围，可初定为满足工作性的单位用水量。

附 4.2.11 应对计算和试拌得出的拌合物单位水泥用量、水灰比和级配进行配合比试验检验，能同时满足下列三款要求的，可确定为排水贫混凝土设计配合比。不能同时满足要求时，应调整到全部符合规定。

1 实测 28d 弯拉强度均值不应小于本手册附表 4.2.2 第 3 栏的规定；实测各龄期抗压强度均值应符合本手册附 4.2.3 条的规定。

2 实测 28d 圆柱体试件有效孔隙率均值、渗透系数均值应符合本手册附 4.2.4 条或附 4.2.5 条规定之一。

3 拌合物工作性应符合本手册附 4.2.6 条的规定。

5 施工准备

5.1 一般规定

本节一般规定包括施工交底、现场施工资源的充分调研、施工项目总体布局、施工设备与工艺选定、施工组织、劳动力培训、测量复桩、配合比试验与审批、搜集天气预报资料及应急预案等。

5.1.1 应充分了解并掌握设计要求。

在原规范中,此条为"设计者及其代表应向施工的工程技术与管理人员进行技术交底",交底的目的是施工者必须了解设计意图,掌握设计细节。

5.1.2 应对施工现场及其附近的原材料、燃油、水资源储存及供应情况进行充分调研,收集当地气候特征、中长期天气预报、无线通信条件等与施工相关的资料。

此条是每个施工项目部进驻前,必须了解清楚的施工环境条件,包括原材料、燃油、水资源储存及供应,施工气象、中长期天气预报、无线通信条件等。

5.1.3 应根据标段施工条件、场地位置、沿线建筑物等情况,对现场施工便道、拌和站、钢筋加工场、生活与办公区等进行合理的总体布局。

本条规定了施工标段的总体布局,对于工程原材料的储存与运输,施工质量乃至施工经济效益影响很大,不仅不得缺项,而且应该有一个合理有效的施工场地布局。

5.1.4 应根据路面的设计与施工质量控制水平要求、工程规模、进度工期等条件,选择适宜施工工艺、机械设备及其数量,制订施工方案和施工组织计划。

根据施工质量控制水平要求、工程规模、进度工期等条件,选择适宜施工工艺及其配套机械设备很重要。细则没有对高速、一级公路水泥混凝土路面强制规定必须使用滑模摊铺机械及工艺,但是,国内外多年的工程实践已经表明,滑模

5 施 工 准 备

摊铺机械及其工艺是铺筑高质量水泥混凝土路面的必备设备。

5.1.5 应对拌和楼（机）与滑模摊铺机操作手和各特种岗位人员进行培训。未经培训的人员不得上岗操作。

优质工程是做出来的，实际操作对于提高工程质量非常重要，因此，细则强调岗位技术培训，关键施工机械的操作手及现场混凝土工均应培训后上岗。

5.1.6 应制订拌和楼、发电（机）站、运输车、滑模摊铺机、沥青摊铺机、三辊轴机组等大型机械设备的安全操作规程，并在施工中严格执行。

这一条强调的是面层铺筑时的施工安全及安全操作规程。

5.1.7 基层、封层或夹层应验收合格，并应测量校核平面和高程控制桩，恢复路面中心、边缘等全部基本标桩，测量精度应满足相应规范的规定。

在面层铺筑前，路基、桥涵、垫层、基层与封层已经施工完毕。本条对面层铺筑前的场地验收、测量及其精度提出要求：一是要求下部结构层验收合格；二是施工面层的桩号应全部恢复补齐。

5.1.8 进场时，每批量原材料应有产品合格证。应建立能对原材料、配合比和施工质量进行检测和控制、符合相应资质要求的工地试验室。

工地试验室应能对原材料、配合比和施工质量进行检测和控制，即使对混凝土配合比进行了外委试验，工地现场进行质量监控的试验室也不可缺少。

5.1.9 施工现场的发电机、线缆等应放置在无车辆、人、畜通行部位，确保用电安全。

本条强调了施工现场的用电安全。

5.1.10 使用填缝料、外加剂、水泥或粉煤灰、矿渣粉时，现场操作人员应按规定配戴防护用具。

本条为施工现场操作人员的健康防护要求。

5.1.11 所有施工机械、电力、燃料等操作部位，严禁吸烟和有任何明火。摊铺机、拌和楼、油库、发电站、配电站等重要施工设备上应配备消防器具，确保防火安全。

本条强调了施工现场的防火安全。

5.1.12 所有机械设备机手不得擅离操作台，严禁用手或工具触碰正在运转机件。非操作人员不得登机。

本条为施工现场机械设备的安全操作要求。

5.1.13 大型摊铺设备停放在通车道路上时，周围应设置明显的安全标志，正对行车方向应提前不少于200m引导车辆转向，夜间应以红灯示警。

大型施工机械设备的现场停放，一是不得阻断施工交通运输；二是应保证施工设备本身的安全，不得被撞、损坏或被盗。

5.2 施工组织

5.2.1 施工组织设计应包括下列内容：
1 施工机械设备种类与数量组合、进场计划、操作人员与设备调配方案；
2 路面的施工工艺流程、质量检验计划、关键工序质量控制要求；
3 配合比的试验、检验与控制程序，计划和质检人员安排；
4 工程计划进度网络图及直方图；
5 原材料进场计划，水资源、油料与电力获取方式、供应计划与备用方案；
6 劳动力进场计划；
7 拌和站、钢筋加工场、项目部与生活区建设方案；
8 施工便道及临时导改方案，原材料与混凝土运输道路的建设计划与施工交通管制；
9 安全生产计划等。

本条规定了9项施工组织设计的主要具体内容。在建设项目的投标文件中，与施工技术相关的这些内容均应该有，而且比这只多不少。问题的关键是编写投标文件的人员与实际施工人员经常不是同一拨人，有必要强调施工组织的主要内容，使工程施工按组织计划顺利有序地推进。

5.2.2 施工过程中，应结合工程的进展速度及变化情况，及时调整施工组织设计，使工程质量及进度始终处于可控状态。

施工组织设计应该是一项根据工程进展与变化而随时调整的动态设计，施工组织者的任务是随时关注控制性关键子项的落实与推进情况，及时做出相应的调整，从而确保工程质量与工期目标按期顺利实现。

5.2.3 摊铺现场和拌和站之间应建立快速有效的通信联络，及时进行生产调度、指挥和应急处置。

在无线通信技术设施相当发达的地区，摊铺现场和拌和站之间快速有效的通信联络没有问题。在无线通信不顺畅的西部落后地区和山区进行施工，有配备局域通信联络台站的必要。水泥混凝土在较短时间段（几个小时之内）就会凝结硬化而无法铺筑的，施工前、后台的联络反应必须要快速而有效。

5.2.4 交通繁忙的路口应设立标志，疏导交通。夜间施工时，应保证施工照明，模板或基准线桩附近应设置警示灯或反光标志。

本条为施工现场施工交通组织、交通导改及警示要求。

5.3 拌和站

5.3.1 拌和站的选址应防止噪声扰民和粉尘污染，距摊铺路段的最长运输距离不宜大于20km。

本条为拌和站的合理设置及最长运输半径的要求。20km是用翻斗车运输拌合物时的要求，它与气温及运输路况优劣有关。关键是要满足表6.4.2混凝土拌合物从搅拌机出料到运抵现场的允许最长时间的规定，目的是运到现场的拌合物应适宜摊铺。突破最长运距时，为了保证面层铺筑质量与平整度，宜采用罐车运输混凝土。

5.3.2 拌和站应布置粗、细集料储存区、水泥或掺合料罐仓、蓄水池、搅拌生产区、工地试验室、钢筋储备库和加工场。使用袋装水泥时尚应设置水泥库。

对施工生产而言，所有后场需要原材料储备、钢筋加工等要求缺一不可，但根据施工总体布局，工地试验室、钢筋储备库和加工场等可以不在拌和站内，但必须要有，而且应设置在施工和运输便利的地方。使用袋装水泥或粉煤灰时，除应设置水泥库或粉煤灰库外，还应有袋装水泥或粉煤灰的拆包设备。有条件时，可设置车辆清洗专用场地。

5.3.3 拌和站的规模和场地布置应根据施工需求确定。应布置紧凑，节约用地。

此条是根据节约土地的国策提出的要求，对于承包商节省租地费用、减少复垦费用、提高工程经济效益也是有利的。

5.3.4 拌和站蓄水池容量应满足拌和、清洗、养生用水及洒水防尘的需要。

须知：混凝土拌和用水是原材料之一，必须确保供应和储备。

5.3.5 拌和站的电力总容量应满足施工用电设备、施工照明及生活用电需要。

在附近有电网的条件下，拌和站用电可设置满足容量的变电站；在无动力电网的条件下，拌和站应有自备发电站，确保电力供应。

5.3.6 应保证摊铺机械、运输车辆及发电机等动力设备的燃料供应。离加油站较远工地宜设燃料储备库，并确保其储备安全。

在拌和站附近有加油站时，可签署供应合同；在缺乏燃油供应的工地，应在拌和站或附近自备油库，储备和供应施工及运输所需的燃料。

5.3.7 水泥和掺合料的储存和供应符合下列规定：

1 散装水泥和粉煤灰应使用罐仓储存。罐仓顶部应有过滤、防潮措施。不同厂家的水泥应分罐存放，更换水泥品种或厂家时应清仓再灌。粉煤灰不得与水泥混罐。

2 罐仓中宜储备满足不少于3d生产需要的水泥与掺合料。水泥库应防水防潮。

胶凝材料的储存和供应中，其他原材料均可大量储备，水泥和粉煤灰在罐仓内的储量有限，经常会遇到由于水泥或粉煤灰供应不上而停工的现象。强调在路面滑模机械化快速铺筑过程中，水泥供应不可缺货，不允许由于水泥等胶凝材料供应不上而停工待料。

5.3.8 纤维混凝土的拌和楼应配备专用纤维均匀分散装置，并储备1个月的纤维用量。

结合我国公路货运车辆总吨位和轴载越来越重的实际情况，抵抗极重、特重交通条件的纤维混凝土路面使用得越来越多。首先，要求生产各种纤维混凝土的拌和楼应配备纤维均匀加入搅拌锅必备的纤维分散机；其次，增补各种纤维原材料必须检验合格方可入库，而且应储备1个月的施工用量，防止原材料供应不上。

5.3.9 外加剂应设置储液罐或稀释池。储液罐、稀释池应与拌和楼外加剂计量容器的管路及沉淀池上下接通，并便于清理沉淀。

外加剂不仅要求储备1个月的用量，而且应防止其二次污染并及时清除沉淀。清除外加剂沉淀非常必要，外加剂的沉淀会大大地提高其浓度，如果其中有缓凝剂，可导致新铺筑的路面几天或一周不凝固，最终弯拉强度不满足要求而返工。

5.3.10 集料储备应符合下列规定：

1 施工前，宜储备不少于正常施工10d用量的粗、细集料。

2 料场宜建在排水通畅的位置，底部应作硬化处理。不同规格的集料之间应设置隔离设施，并设置明显标志牌，避免混杂。

3 应控制粗、细集料中粉尘与含泥量，并应架设顶棚，保证其含水率稳定。

细则对砂石料的储备有数量不少于10d、底部硬化处理、隔离和架设顶棚的明确规定，这是砂石料储存规格化、稳定化，并防止二次污染，实现标准化施工的要求。

5.3.11 拌和站内的运输道路及拌和楼下应硬化处理，其结构和强度应满足施工车辆行驶的需要。

拌和站内的道路原材料与混凝土的运输强度很大，如果不进行硬化处置，雨雪天气拌和站泥泞不堪，既影响施工者的形象，又会造成泥块或粉尘的二次污染，影响面层铺筑质量。因此，提出了明确的规定。

5.3.12 拌和站内宜设置完善的排水设施，水泥库、备件库及集料堆场应重点进行防排水设计，拌和站四周应设置截水沟或排水沟。搅拌楼应设置污水排放管沟、沉淀池或污水回收处理设备。

本条强调了拌和站场地的排水设施及搅拌楼清洗污水的处理，这是从施工环保及标准化提出的规定。此外，车辆清洗场地应设置专门的污水排放管沟和沉淀池。

5.3.13 拌和站应保持清洁，排除积水，并及时整治运输道路和停车场地，做到整洁、标准化施工。

本条规定了一旦拌和站积水，必须及时清除，保持拌和站洁净的动态要求。

5.3.14 从拌和楼清理出的混凝土残渣应集中利用或掩埋处理。

从节省原材料出发，提出了对混凝土残渣应集中综合利用或掩埋处理的环保规定。

5.4 原材料与设备检查

5.4.1 对各种原材料，应将相同料源、规格、品种原材料作为一个批次，按表5.4.1中的全部检测项目、检测频率和试验方法进行检测，检测合格并经配合比试验确认满足要求后，方可使用。不合格原材料不得进场。

表 5.4.1　混凝土原材料的检测项目及频率

材料	检测项目	检测频率		试验方法
		高速公路、一级公路	其他等级公路	
水泥	抗折强度、抗压强度、安定性	机铺1 500t一批	机铺1 500t、小型机具500t一批	GB 175 GB 13693
	凝结时间、标稠需水量、细度	机铺2 000t一批	机铺3 000t、小型机具500t一批	
	f-CaO、MgO、SO_3含量，铝酸三钙、铁铝酸四钙含量，干缩率、耐磨性、碱度、混合材料种类及数量	每合同段不少于3次，进场前必测	每合同段不少于3次，进场前必测	
	温度	冬、夏季施工随时检测	冬、夏季施工随时检测	温度计
掺合料	活性指数、细度、烧失量	机铺1 500t一批	机铺1 500t、小型机具500t一批	GB/T 18736 GB/T 1596
	需水量比、SO_3含量	每合同段不少于3次，进场前必测	每合同段不少于3次，进场前必测	
粗集料	级配，针片状、超径颗粒含量，表观密度，堆积密度，空隙率	机铺2 500m³一批	机铺5 000m³、小型机具1 500m³一批	JTG E42 T0302、T0312、T0308、T0309
	含泥量、泥块含量	机铺1 000m³一批	机铺2 000m³、小型机具1 000m³一批	JTG E42 T0310
	压碎值、岩石抗压强度	每种粗集料每合同段不少于2次	每种粗集料每合同段不少于2次	JTG E42 T0316/JTG E41 T0221
	碱集料反应	怀疑有碱活性集料进场前测	怀疑有碱活性集料进场前测	JTG E42 T0325
	含水率	降雨或湿度变化随时测，且每日不少于2次	降雨或湿度变化随时测，且每日不少于2次	JTG E42 T0307

5 施工准备

续上表

材料	检测项目	检测频率 高速公路、一级公路	检测频率 其他等级公路	试验方法
砂	细度模数、表观密度、堆积密度、空隙率、级配	机铺 2 000m³ 一批	机铺 4 000m³、小型机具 1 500m³ 一批	JTG E42 T0331 T0328
砂	含泥量，泥块、石粉含量	机铺 1 000m³ 一批	机铺 2 000m³、小型机具 500m³ 一批	JTG E42 T0333/T0335
砂	坚固性	每种砂每合同段不少于 3 次	每种砂每合同段不少于 3 次	JTG E42 T0340
砂	云母含量、轻物质与有机物含量	目测有云母或杂质时测	目测有云母或杂质时测	JTG E42 T0337
砂	硫化物及硫酸盐、海砂中氯离子含量	必要时测，淡化海砂每合同段 3 次	必要时测，淡化海砂每合同段 2 次	JTG E42 T0341 JGJ 206
砂	含水率	降雨或湿度变化随时测，且每日不少于 4 次	降雨或湿度变化随时测，且每日不少于 3 次	JTG E42 T0330
外加剂	减水率、缓凝时间，液体外加剂含固量和相对密度，粉状外加剂的不溶物含量	机铺 5t 一批	机铺 5t、小型机具 3t 一批	GB 8076
外加剂	引气剂含气量、气泡细密程度和稳定性	机铺 2t 一批	机铺 3t、小型机具 1t 一批	GB 8076
纤维	抗拉强度、弯折性能或延伸率、长度、长径比、形状	开工前或有变化时，每合同段 3 次	开工前或有变化时，每合同段 3 次	GB/T 228 JT/T 776.1 GB/T 21120
纤维	杂质、质量及其偏差	机铺 50t 一批	机铺 50t、小型机具 30t 一批	GB/T 228 JT/T 776.1 GB/T 21120
养生材料	有效保水率、抗压强度比、耐磨性、耐热性、膜水溶性、含固量、成膜时间、薄膜或成膜连续不透气性	开工前或有变化时，每合同段不少于 3 次，每 5t 一批	开工前或有变化时，每合同段不少于 3 次，每 5t 一批	JT/T 522 JG/T 188
水	pH 值、含盐量、硫酸根及杂质含量	开工前和水源有变化时	开工前和水源有变化时	JGJ 63

注：1. 当原材料规格、品种、生产厂、来源变化时或开工前，所有原材料项目均应检验。
  2. 机铺指滑模、三辊轴机组和碾压混凝土摊铺，数量不足一批时，按一批检验。

在表5.4.1中，细则对施工过程中的各种原材料均要求了检测的批次及相应数量。根据大量的施工经验，在每种原材料性能指标中，应重点关注并随时检测影响工程质量的主要项目。

例如，水泥应重点检测抗折强度、抗压强度和安定性。当水泥的强度不合格时，难以确保路面混凝土的弯拉强度和抗压强度；建设中发现过水泥安定性不合格的情况，此时，路面混凝土与基层无论如何形成不了硬化后的板体，更不要讲保证路面与基层的疲劳寿命。

粗、细集料应特别重视其含泥量、含水率、泥块含量、石粉含量的控制。即使原材料批量检验合格，亦应注重并清除其在大堆料使用过程中的局部富集现象及其造成的危害，否则，路面混凝土的弯拉强度及其偏差系数将失控，而且极易局部开裂。

液体外加剂应使用密度计随时检测其相对密度，并与符合要求浓度标样密度计显示数值相一致。随时快速检测其密度的目的是控制液体减水剂中有效成分含固量，如若含固量变化较大，我们采用工作性控制加水量时，用水量的误差将超限，水灰比超出了施工允许范围，弯拉强度与所有耐久性指标均将失控。

5.4.2 施工前应对机械设备、测量仪器、基准线或模板、机具工具及各种试验仪器等进行全面检查、调试、校核、标定，并适量储备主要施工机械易损零部件。

施工过程中的易损零部件主要指拌和楼（机）中的叶片，滑模摊铺机及振捣机上配备的振捣棒，或滑动侧模与挤压底板，三辊轴机组上的振捣棒，小型机具使用的振动板或振捣梁等。这些振捣密实的振动配件，使用阻力很强，且磨损严重，应事先有所储备，否则将影响正常施工进展。

5.5 路基沉降观测与基层检查修复

5.5.1 施工前应对桥头、软基、高填方、填挖方交界等处的路基段进行连续沉降观测，当发现局部路基段沉降尚未稳定时，不得进行该段面层施工。

水泥混凝土刚性路面对于路基稳固性的要求高于柔性路面，路基稳固性的优劣决定着刚性路面的成败。优质耐久的水泥混凝土路面应强化新建路基的稳固程度，对可能出现沉降非稳固的路段应进行连续沉降观测。尽管土质可能千差万别，但路基稳定的一般标准是沉降过程曲线过拐点，确认沉降已经稳定，方可进行面层铺筑。几十年施工实践和研究表明，相当多的桥头、软基、高填方、填挖方交界等处的路基段几年都不稳固，路面结构铺筑上去几个月就出现了脱空现象。对于期望尽早铺筑面层但路基尚未完全稳固的路基段，必须采取相应的处置措施，如采用少量石灰改善土路床，制作砂砾与粗砂路床，设置能调整差异沉降的防冻垫层、找平垫层、排水垫层、缓冲垫层等，从而消除局部路基快速沉降导致的早期碎板等破损，有效提升水泥混凝土路面的完好率及耐用年限。

5.5.2 面层施工前，应提供足够连续施工 7d 以上的合格基层，并应严格控制表面高程和横坡。

严格控制基层表面高程和横坡的目的是控制在其上铺筑面层厚度均匀性与一致性。面层铺筑的规定是许厚不许薄，而且为了防止断板，不允许铣刨上基层。上基层表面高程控制不佳，面层厚度沿纵向的变异性就会较大；若上基层表面横坡控制不住，面板一定是一侧薄，另一侧厚，面层铺筑厚度的均匀一致性就无从谈起。

5.5.3 局部破损的基层应按下列规定进行修复：

1 存在挤碎、隆起、空鼓等病害的基层，应清除病害部位，并使用相同的基层料重新铺筑。

2 当基层产生非扩展性温缩、干缩裂缝时，可先采用灌沥青密封防水后，再采用土工合成材料进行防裂处理。

3 局部开裂、破碎的部位，应局部全厚度挖除，并采用贫混凝土修复。

对本条各款说明如下：

（1）第 1 款：除应清除病害基层部位重新铺筑外，新铺筑基层与原有基层应设胀缝板横向隔开，胀缝板应与路面胀缝或缩缝上下对齐。半刚性基层拱胀隆起与铺筑时过低的气温有关，低温铺筑的基层到热天高温还未能将面层摊铺上去，必定拱胀并隆起，实质上属于温差膨胀。干缩开裂与基层暴露干燥时间过长有关，所以，基层的摊铺与路面铺筑时段不应过长，上基层、功能层与面层最好实现有限时段内的连续流水作业，应避免基层已经开裂，再修复处理。

（2）第 2 款：半刚性基层表面严重磨损、坑槽与破损的部位，一般是施工期间的车辆渠化通行造成的，对此必须加强施工交通上基层的管制与分流，防患于未然。当基层开裂时，可先采用灌沥青密封防水后，再采用土工合成材料进行防裂处理。

（3）第 3 款：对局部开裂、破碎的基层，应局部全厚度挖除，并采用贫混凝土修复。

5.6 夹层与封层施工

5.6.1 沥青混凝土夹层、热沥青表面处治封层与乳化改性沥青稀浆封层的施工及质量标准应符合现行《公路沥青路面施工技术规范》(JTG F40)的相关规定。

此条是本次修订新增的内容。此项内容总结了我国近年来贫混凝土基层上极重、特重交通水泥混凝土路面的深刻教训及成功经验。结合发达国家特别是美国高速公路水泥混凝土路面成功经验，贫混凝土基层上的夹层或称缓冲封层已被行业内专家们公认是必需的。

夹层有沥青混凝土和沥青油毡两种。大面积新建夹层应采用沥青混凝土，面积较小或修复施工中，可采用铺设油毡。使用沥青混凝土做夹层时，应符合现行《公路沥青路面施工技术规范》(JTG F40)的各项要求。使用沥青油毡做夹层时，应符合两油两毡（上表面不洒油）屋面防水层施工技术规范的要求。

半刚性基层上的封层，推荐采用热沥青表面处治封层与乳化改性沥青稀浆封层，而不是原规范中要求的普通乳化改性沥青稀浆封层。已经发现普通乳化沥青在脱乳后，在动水压力下，乳化剂尚在，还可以再乳化而形成封层的冲刷脱空，因此，在降雨量较大的南方地区，细则推荐热沥青表面处治封层与乳化改性沥青稀浆封层。

5.6.2 土工布封层的施工应符合现行《公路土工合成材料应用技术规范》(JTG/T D32)的相关规定。

需要说明的是用土工布做封层时，必须使用不透水的土工布，透水土工布防止不了上基层表面的动水冲刷及久而久之的脱空断板。

5.6.3 薄膜封层的铺设施工应符合下列规定：

1 施工前，应清除基层表面的浮土、碎石等杂物，再铺设薄膜。

2 封层铺设应完全覆盖基层表面，不得漏铺，并应做到平整、顺直，避免褶皱。一布一膜型复合土工膜或单面复合塑料编织布封层铺设应使膜面朝上，布面紧贴基层。

3 封层搭接时，纵向搭接长度不应小于500mm，横向搭接宽度不应小于300mm。采用黏结方式连接时，纵向黏结长度不应小于200mm，横向黏结宽度不应小于150mm。重叠部分，沿纵坡或横坡下降方向高程较大一侧，封层应在上方。

4 纵坡大于5.0%路段和设超高的弯道封层宜采用二布一膜型复合土工膜,平曲线上宜采用折线形式铺设。

5 薄膜封层宜与基层表面粘贴固定。

6 应对铺设好的封层进行保护,损坏的封层应及时进行修补。

7 封层铺设应在面层施工模板或基准线安装前完成。

本条为薄膜封层的铺设要求。上述7款薄膜封层的铺设具体要求,均为了实现一个目的:铺设的薄膜封层能够连续、均匀、无破损、无隆起、无坑穴,使面层厚度均一,底部水泥浆彻底隔离,且不漏水。达到隔离层阻止面层混凝土浇筑时水泥浆渗入基层而形成层间黏结层,克服由此引起的层间非均匀支撑和底部约束,使得路面实际状况与路面设计理论高度一致;同时,设置封层还能有效阻止路表水渗入基层而引发的路面水冲刷脱空破坏,并可降低动载影响效应。因此,封层的设置,可有效避免水泥混凝土路面各种早期破坏的发生,特别是减少断板、断角,有效延长路面使用寿命。

施工期间封层保护的具体要求:一是混凝土运输车辆在封层上应缓慢行驶,不得在封层上紧急制动、急转弯或掉头,散落的石子应及时清除;二是铺设好的封层不得被履带机械和社会车辆碾破,施工人员不得穿硬钉鞋行走。

5.6.4 薄膜封层铺设质量检验应符合下列规定:

1 薄膜封层铺设搭接偏差、宽度偏差不得超过规定值的20%。

2 因施工产生最大破口长度不得超过60mm;每10m^{2}范围内长度超过20mm的破口数量不得超过3个。所有破口均应贴补修复或更换新封层。

本条为薄膜封层的质量检验要求。设置封层就是要使面层回归到设计假定的相对自由的纵向伸缩状态,明显减少基层对面层的摩阻约束,从而大大降低水泥混凝土路面在施工与运营期间高拉应力下的断板率与断角率。工程实践表明,板底摩擦系数宜尽量降低,但不可小至面层整体滑移丧失稳定。这就是细则表3.10.3仅规定采用复合土工膜、复合塑料编织布两种薄膜,而不采用极端光滑的普通塑料薄膜的原因。

钻芯取样时应观察钻孔底部有无封层。有封层,且材料与样品材质一致者为合格。上述质量检验规定是细则此次修订的重要增补内容,也是本次细则修订中落实长寿命水泥混凝土路面"结构优化"指导思想重要措施之一。面层与基层之间的两种柔性封层,是要将刚性面板置于柔性防水垫层上,一是解除面板与基层之间的水泥浆连锁,降低均匀伸缩的温度疲劳应力;二是封水防止基层冲刷;三是缓冲翘曲断角。国际上,美国使用的沥青混凝土基层最多,相当于细则中的夹层。在西班牙和葡萄牙，几十年前就规定水泥混凝土路面板底应铺设土工膜布。土工膜布在原规范中要求使用在浸水低洼路段，现在提升到各级公路水泥混凝土路面板底全部使用。我国在设计理论上具有坚实的基础，设置封层就是要使面板回归到设计假定的自由伸缩状态；在实践上，已经建设了十年以上的试验观测路段，其效果很明确是优良的。编者有理由相信，通过路床顶面的粒料垫层技术与板底封层技术等结构优化技术的实施，我国水泥混凝土路面的结构耐久性及使用年限将有明显的提升。

5.7 试验路段铺筑

5.7.1 二级及二级以上公路水泥混凝土面层施工前，应制订试验路段的施工方案和质量检测计划，并应铺筑试验路段。其他等级公路施工前宜铺筑试验路段。试验路段长度不应短于100m，高速公路、一级公路宜在主线路面以外进行试铺。

这是铺筑试验路段的条件和一般性要求。

5.7.2 试验路段铺筑应达到下述目的：
1 确定拌和楼的拌和参数、实际生产能力和配料精度。
2 检验混凝土的施工性能、技术参数和实测强度。
3 检验铺筑机械、工艺参数及与拌和能力匹配情况。
4 检验施工组织方式、质量控制水平和人员配备。

试验路段的铺筑过程既是全体操作和施工人员的实际培训和熟练过程，也是对拌合物与路面铺筑质量合格性检验认定和改进过程。按工程建设程序的要求，高等级公路均应在正式开工前，铺筑出合格的试验路段。未铺筑过路面的队伍应在主线外铺筑试验路段；有施工成熟经验和把握的施工队伍，允许在高速公路、一级公路主线铺筑试验路段，但需准备铲车，及时清除不合格尚未硬化的试验路段。

5.7.3 拌和楼应通过动、静态标定检验合格后方可试拌。试拌应确定下列内容：
1 每座拌和楼的生产能力、施工配合比的配料精度，以及全部拌和楼（机）的总产量。
2 计算机拌和程序及粗细集料含水率的反馈控制系统满足要求。
3 合理投料顺序和时间、纯拌和与总拌和时间。

4 拌合物坍落度、VC值、含气量等工艺参数。
5 检验混凝土试件弯拉强度是否满足要求。

拌和楼（机）试拌的主要目的：一是拌制出与试验室基准配合比相同的合格拌合物；二是检验其实际拌和工艺参数、生产能力和总产量。拌和总产量与正式施工的组织计划和工程进度密切相关。

5.7.4 用于试验段的拌和楼（机）试拌合格后，方可进行试验路段铺筑。

5.7.5 试验路段铺筑时，应确定下列内容：
1 主要铺筑设备的工艺性能、质量指标和生产能力满足要求；辅助设备的配备合理、适用；模板架设固定方式或基准线设置方式能够保证高程和厚度控制要求。
2 实测试验路段的松铺系数、摊铺速度、振捣时间与频率、滚压遍数、碾压遍数、压实度、拉杆与传力杆置入精度、抗滑构造深度、摩擦系数、接缝顺直度等。
3 验证施工各工艺环节操作要领，确定各关键岗位的作业指导书。
4 检验施工组织形式和人员编制。
5 通信联络、生产调度指挥及应急管理系统满足施工组织要求。

试验路段铺筑和质量检验既是试验路段的要求，也是铺筑试验路段应达到的目的。这5款要求是针对水泥混凝土及碾压混凝土路面试验路段的要求，特种面层如纤维混凝土路面、连续与间断配筋混凝土路面、纤维钢筋混凝土桥面、排水贫混凝土基层等，除满足这5款要求外，尚应满足其特殊质量要求，如纤维分布、钢筋握裹力和钢筋网底部混凝土密实度、设计渗透系数等。

5.7.6 试验路段铺筑后，应按本细则第13章的面层质量检验项目、技术要求和检查方法进行全面质量评定，并应符合下列规定：
1 应提交试验路段的检查结果总结报告，报告中应包括试铺路段所采用的工艺参数、检验结果、存在的问题及改进措施，对正式施工时拟采用的施工参数提出明确的指导书。
2 水泥混凝土路面试验路段应经过建设单位组织的对各项施工质量指标的复检和验收，合格后，经批准，方可投入正式铺筑施工。
3 符合本细则各项质量技术要求的施工工艺、流程和参数应固化为标准化的施工工艺模式，并贯穿施工全过程。
4 试验段质量检验评定不合格，或未能达到预期目标时，应重新铺筑试验路段。

施工单位应认真组织实施试验路段的施工，除应实测平整度、7d弯拉强度均值、28d弯拉强度均值、平均板厚和摩擦系数外，还应全面检测水泥混凝土面层的各项质量标准，确认并达到质量标准要求。通过试铺，熟悉并掌握各环节的操作要领，熟悉质量标准要求，掌握混凝土原材料、拌合物、水泥混凝土面层铺筑各项质量标准的检验方法。

（1）施工单位应总结试验路段铺筑的成功经验，针对不足之处提出改进措施，提交试验路段的检测结果总结报告。报告中应明确试铺路段所采用的工艺参数、检验结果、存在的问题及改进措施，对正式施工时拟采用的工艺参数提出明确的指导或建议。

（2）水泥混凝土路面试验路段应经过建设单位组织的对各项施工质量指标的复检，验收合格后，经批准，方可投入正式铺筑施工。

（3）通过铺筑试验路段确定的施工工艺、流程和参数应固化为标准化的施工工艺模式，并贯穿施工全过程，任何人不得随意变更。

（4）试验路段检验不合格，或未能达到预期目标时，应重新铺筑试验路段。铺筑于主线内的不合格试验路段应清除重新铺筑。

6 水泥混凝土拌合物搅拌与运输

6.1 一般规定

6.1.1 应根据工程规模、施工工艺和日进度要求合理配备拌和设备。

本条的核心是混凝土拌合物总拌和生产能力与面层机械化连续摊铺速度应密切配套，拌和站总生产能力应与施工速度配套，并有一定的能力储备。拌和生产中的质量与产量经常会出现矛盾，高质量拌合物拌熟要求更长的纯拌和时间，而保证产量要求更短的纯拌和时间，两者出现矛盾时，应确保拌合物拌和时间足够，质量第一，兼顾产量。绝不可本末倒置，因拌和质量差而造成质量事故。要确保生产出配料精准、质量合格、数量足够机械连续摊铺的拌合物。

6.1.2 混凝土拌合物应在初凝时间之内运输到铺筑现场。

这一条是对混凝土拌合物运输的强制规定。即使满足了初凝时间要求，拌合物在运输过程中，其坍落度或稠度也会有所损失，应采用工作性损失较小的方式组织混凝土拌合物的运输，否则铺不出高质量的面层。一般情况下，混凝土拌合物应在当时气温一半初凝时间之内运输到铺筑现场。细则表 6.4.2 规定的是不同气温条件下混凝土拌合物出料到运抵现场允许最长时间，两者并不矛盾。超出了当时气温下允许最长时间的拌合物已经接近初凝，硬化到摊铺不出合格路面了，应移作它用，不能用于面层铺筑。

6.1.3 拌和楼（机）出口混凝土拌合物的坍落度应根据铺筑最适宜的坍落度值加上运输过程中坍落度的经时损失值确定，并应根据运距长短、气温高低随时进行微调。坍落度的微调应符合本细则第 4.5.7 条的要求。

欲保证运输到摊铺机前的拌合物始终适宜摊铺，必须计入运输过程中的坍落度经时损失。换言之，出搅拌机出口拌合物的坍落度值必须大于摊铺时的坍落度。坍落度经时损失除了与运距、路况和气温有关外，还与所用的水泥品种与用量、减水剂品种及其剂量、砂石材料吸水率与含水状态有关。当原材料与配合比确定后，现场坍损的数值可由当时气温下的野外静置拌合物的坍落度损失试验获得，即连续检测不同时段的坍落度，绘制出当时气温下的坍落度随时间的损失曲线，用于确定不同运距及时段时，出搅拌机口的拌合物坍落度。一般不应采用试验室内的坍损数值。坍损的检测应在试拌阶段完成，当气温变化较大时，应进行多次检测。

6.1.4 当原材料、混凝土种类、混凝土强度等级等有变化时，应重新进行配合比设计及试拌，必要时应重新铺筑试验路段，合格后方可搅拌生产。

此条是在拌和生产过程中，正确应对变化的要求。在滑模连续铺筑路面和桥面时，这种情况比较常见。桥面使用的第一力学指标是抗压强度，而路面是弯拉强度，正确的做法是连续铺筑路面与桥面时，应同时做出该混凝土的抗压强度与弯拉强度，最好能够同时满足两者的要求，这样就无需切换配合比。但由于桥面混凝土的设计强度等级一般在C40～C50，高于路面，所以一般情况下，连续铺筑到桥面时，需要切换，并事先做出桥面与路面两种混凝土的配合比预案。

6.2 搅拌设备及运输车辆

6.2.1 拌和站的搅拌能力配置应符合下列规定：
1 拌和站最小生产能力应满足表6.2.1的规定。

表6.2.1 拌和站最小生产能力配置（m³/h）

摊铺宽度	滑模摊铺	碾压混凝土	三辊轴机组摊铺	小型机具摊铺
单车道3.75～4.5m	≥150	≥100	≥75	≥50
双车道7.5～9m	≥300	≥200	≥100	≥75
整幅宽≥12.5m	≥400	≥300	—	—

2 拌和站配置的混凝土总设计标称生产能力可按式（6.2.1）计算，并按总搅拌能力确定拟采用的拌和楼（机）数量和型号。

$$M = 60\mu b h v_t \quad (6.2.1)$$

式中：M——拌和楼（机）总设计标称搅拌能力（m³/h）；

μ——拌和楼（机）可靠性系数，取值范围1.2～1.5，根据下列具体情况确定：拌和楼（机）可靠性高，μ可取较小值，反之，μ取较大值；搅拌钢纤维混凝土时，μ应取较大值；坍落度要求较低时，μ应取较大值；

b——摊铺宽度（m）；

h——面层松铺厚度（m），普通与碾压混凝土分别取设计厚度1.10倍、1.15倍；

v_t——摊铺速度（m/min），不小于1m/min。

3　应根据需要和设备能力确定拌和楼（机）数量。同一拌和站的拌和楼（机）的规格宜统一，且宜采用同一厂家的设备。

4　每座拌和楼（机）应根据粗集料级配数加细集料进行分仓，各级集料不得混仓。粗、细集料仓顶应设置过滤超粒径颗粒的钢筋筛。

5　每座拌和楼（机）应配备不少于2个用于储存水泥的罐仓，每种掺合料应单独设置储存料仓。

上述各款说明如下：

（1）第1款：为了保证滑模摊铺机连续不间断作业而提升路面的平整度，由于设计板厚加大了，又由于水泥混凝土路面整体板厚比沥青路面单层厚度大得多，也大于沥青路面施工规范中按重量计算的小时产量，细则表6.2.1拌和站最小额定生产容量略大于原规范的要求。一般拌和楼的额定产量是按流态泵送混凝土标定的，路面铺筑所用的拌合物坍落度较小，拌和时间必须延长，一般路面混凝土的产量仅有拌和楼额定产量的85%左右。

（2）第2款：由细则式（6.2.1）计算出的是满足摊铺不停顿要求，而需要拌和站配置的混凝土总产量。这是水泥混凝土路面摊铺系统配套的规定，最终应与细则表6.2.1的规定相一致。

（3）第3款：拌和楼台数不宜少于2台，也不宜大于4台。型号尽量统一，是为了提高零配件的互换性，减少故障率，提高拌和生产效率。

（4）第4款：粗、细集料的分仓要求取决于所采用的粗集料分几级级配，它与细则表3.3.4规定的不同种类水泥混凝土路面所采用的最大粒径有关，一般为3~4个单粒级级配，最少2级配。

（5）第5款：水泥及粉煤灰的储仓数应确保水泥的供应，最低限度要能确保1d的摊铺使用水泥及粉煤灰用量。

6.2.2　水泥混凝土拌和应采用间歇强制式拌和楼（机），或配料计量精度满足要求的连续式拌和楼（机），不宜使用自落式滚筒搅拌机。高速公路、一级及二级公路水泥混凝土面层施工时，应采用配备计算机自动控制的强制式拌和楼（机）。

混凝土拌和楼选配应以强制双卧轴或行星立轴为主要机型。这是国际公认搅拌速度和效率最高、搅拌效果最好的机型。每台拌和楼应配备齐全自动供料、称量、计量、砂石料含水率反馈控制，有外加剂加入装置和计算机控制自动配料操作系统设备和打印设备。从间歇式拌和楼和连续式拌和楼的比较来看，间歇式拌和楼搅拌配料精度高于连续式拌和楼，弃料少，宜优先选配间歇式拌和楼。但连续式拌和楼拌和期间机电设备的开闭次数大为减少，整机可靠性高，故障率低。连续式拌和楼应配备两个搅拌锅或一个长度足以搅拌均匀的搅拌锅，并应在搅拌锅上配备电视监控设备。前者是为了保证拌合物匀质性和熟化程度，后者是为了保障安全。

6.2.3 可选配车况优良、载质量2～20t的自卸车，自卸车后挡板应关闭紧密，运输时不漏浆撒料，车厢板应平整光滑。桥面铺装或远距离运输时，宜选配混凝土罐车。

运送各种路面混凝土、碾压混凝土及纤维混凝土的车辆，为防止混凝土在运输过程中蒸发失水，开敞货车宜设置可开启的车厢盖或帆布覆盖。

6.2.4 运输车数量可按式（6.2.4）计算，且不应少于3辆，高速公路、一级公路不应少于5辆。

$$N = 2n\left(1 + \frac{S\rho_c m}{v_q g_q}\right) \quad (6.2.4)$$

式中：N——运输车数量（辆）；

　　　n——相同产量拌和楼（机）台数；

　　　S——单程运输距离（km）；

　　　ρ_c——混凝土拌合物视密度（t/m³）；

　　　m——一座拌和楼（机）生产能力（m³/h）；

　　　v_q——车辆的平均运输速度（km/h）；

　　　g_q——汽车载重能力（t/辆）。

细则式（6.2.4）为运输车数量计算公式，是按照链式运输模型推导的算式，即便在拌和楼附近摊铺，最少也需要3台车运送混凝土。车辆总数亦可用排队论推导的公式进行计算。实际施工过程中，运输车辆的总数应该满足拌和楼拌和出的混凝土楼下随时有车辆接料装运，而不得停止拌和为准。滑模摊铺机吞吐能力很强，运送到机前的料，均可铺掉，控制施工进度的始终是拌和与运输能力。应根据施工进度、运量、运距及路况，选配车型和车辆总数，总运力应比总搅拌能力略有富余。

6.3 混凝土拌和

6.3.1 施工单位应编制安全搅拌生产作业指导书，明确混凝土拌合物质量标准和安全拌和生产程序。拌和楼（机）机械上料时，在铲斗及拉铲活动范围内，人员不得逗留和通过。

此条为混凝土拌和生产时的规范化安全作业规定。

6.3.2 拌和楼（机）应满足表6.3.2的计量精度要求。

表6.3.2 拌和楼（机）配料计量允许偏差（%）

材料名称	水泥	掺合料	纤维	细集料	粗集料	水	外加剂
高速公路、一级公路每盘	±1	±1	±2	±2	±2	±1	±1
高速公路、一级公路累计每车	±1	±1	±2	±2	±2	±1	±1
其他等级公路	±2	±2	±2	±3	±3	±2	±2

细则表6.3.2对高速公路、一级公路不仅给出了每盘精确度，而且规定了累计每车的累计精度。静态标定应由当地计量部门进行。动态标定应由筑机专业技术人员或施工单位使用生产配合比进行，目的是消除或减小施工期间的累计计量误差，以确保达到规定的计量精度。拌和楼的动态标定非常重要，配料误差较大的主要原因是各种原材料计量过程中，阀门负载时的开闭时间延迟，料冲量过大而导致的。根据编者的试验研究，当肉眼可以发现每盘拌合物色泽不一致时，某种主要原材料误差已经达到7.0%以上。自动化拌和楼在拌和过程中，应使用自动配料称量系统来生产，不得使用手动操作和配料生产。

6.3.3 在标定有效期满或拌和楼（机）搬迁安装后，应重新标定。施工中应每15d校验一次拌和楼（机）计量精度。

一般情况下，拌和楼搬迁后的标定属于基准性大标定，需要专业计量部门进行；而施工过程中每半个月一次的标定，属于细微调整性标定，一般可由有经验的施工单位工程师自行标定与校准。两种标定均应符合细则表6.3.2的精度要求。

6.3.4 采用计算机自动控制的拌和楼（机）时，应使用自动配料方式控制生产，并按要求打印对应路面摊铺桩号的混凝土配料统计数据及偏差。

高等级公路路面水泥混凝土拌和应采用计算机自动控制的拌和楼（机），各级公路路面均不得使用手工加水方式拌和。目前大容量的拌和楼均为计算机自动控制的拌和楼，满足此项要求。规定打印每日、周、旬、月的拌和数据的目的：一是为了积累相应标段拌合物的资料；二是为了防止拌和楼出现较大的系统累计误差，防止原材料亏吨，对施工造成较大经济损失。

6.3.5 拌和楼（机）拌和第一盘拌合物之前，应润湿搅拌锅，并排净积水。拌和楼（机）生产时，每台班结束后均应对搅拌锅进行清洗，剔除结硬的混凝土块，并更换严重磨损的搅拌叶片。

在搅拌过程中，很难发现严重磨损的搅拌叶片乃至脱落的搅拌叶片，因此，必须在清洗的过程中，一并修复损坏的叶片，这是确保拌合物质量所必需的。

此外，混凝土拌和时不得使用沥水、夹冰雪、表面沾染尘土和局部暴晒过热的粗细集料。沥水与夹冰雪在粗细集料含水率检测时是无法计入的流态与固态水，水灰比与加水量将失控，危害很大。表面二次沾染尘土的粗细集料将导致其含泥量增大，而降低弯拉强度与引发开裂。局部暴晒过热的粗细集料将造成水泥凝结硬化的不均匀和拌合物温度升高而导致温缩开裂，亦应予以防止。

6.3.6 搅拌时间应根据拌合物的黏聚性、匀质性及搅拌机类型，经试拌确定，并应符合下列规定：

1 单立轴式搅拌机总搅拌时间宜为 80～120s，纯搅拌时间不应短于 40s。

2 行星立轴和双卧轴式搅拌机总搅拌时间宜为 60～90s，纯搅拌时间不应短于 35s。

3 连续双卧轴拌和楼（机）的总搅拌时间宜为 80～120s，纯搅拌时间不应短于 40s。

从控制拌合物的黏聚性、匀质性及强度稳定性出发，要求不同形式拌和楼（机）的总拌和时间及纯拌和时间符合规定。搅拌均匀的核心问题并非取决于时间，而依赖于叶片总行程。时间控制只有在额定容量时才正确，所以也可控制叶片总行程即叶片搅拌总周长。匀质性要求是拌合物最基本的搅拌规定，实践证明要提高水泥混凝土路面的平整度和密实性，仅搅拌均匀还不够，还应搅"熟"。熟的涵义是拌合物应有足够的黏聚性和内聚力，这是水泥颗粒溶液的包覆层打开后，溶液所带来的分子力。搅拌熟化所要求的时间比拌和均匀需要的时间长。这就是最短纯搅拌时间不宜短于 35s 的由来。最长总拌和时间是保证拌和楼产量及拌合物质量，提高生产效率的要求。

6.3.7 可溶解的外加剂应充分溶解、搅拌均匀后加入搅拌锅，并扣除溶液中的加水量。有沉淀的外加剂溶液，应每天清除一次稀释池中的沉淀物。

凡可溶解的外加剂均应以稀释溶液加入，并防止沉淀和絮凝。这是为了保证掺入外加剂的匀质性，提高混凝土的质量。

6 水泥混凝土拌合物搅拌与运输

6.3.8 不可溶解的粉末外加剂加入前应过 0.30mm 筛，可与集料同时加入，并适当延长纯搅拌时间。

粉末外加剂，如掺量大于10％的膨胀剂，严格讲它是特种膨胀水泥，遇水即开始水化，不得使用溶液；某些掺量很大，不能溶解在全部拌和水中，如掺量5％的早强剂、防冻剂、掺量5％～10％的增折剂、膨胀剂等在水中大部分不溶或微溶，可使用粉剂掺入。粉状外加剂与掺合料极易吸湿结块，因此，使用前，应通过0.30mm筛，防止结块造成路表面坑穴及内部缺陷。

6.3.9 混凝土中掺有引气剂时，拌和楼（机）一次搅拌量不应大于其额定搅拌量的90％。

由于拌合物的含气量是在拌和过程中，从空气中裹携进去的，如果搅拌锅是满的、密封的，没有给出空间让空气进入，即使掺用引气剂，也裹携不进空气，达不到规定的含气量。纯拌和时间应控制在拌合物含气量最大或较大时。

在吉林营白二级公路水泥混凝土路面工程中，混凝土中掺加了引气剂和减水剂，室内试验有足够的含气量，摊铺后的路面中含气量不足室内试验时的一半，第二年就发生了盐冻脱皮现象。追查到最后，找到的含气量不足的原因是施工单位为赶进度，将拌和楼的混凝土拌和量加到了最大，搅拌锅被充满，无空气被裹携进去，即使加足了引气剂，含气量也引不进混凝土中。

6.3.10 粉煤灰或其他掺合料应采用与水泥相同的输送、计量方式加入。加入粉煤灰的水泥混凝土拌合物的纯搅拌时间应比不掺的延长15～25s。

要求适当延长粉煤灰混凝土的拌和时间，以利外加剂、粉煤灰和水泥同时均化和充分接触而水化。引气混凝土同时掺粉煤灰时，宜通过试验适当增大引气剂掺量，以达到规定的含气量。

6.3.11 拌和楼（机）卸料时，自卸车每装载一盘拌合物应挪动一次车位，搅拌锅出口与车厢底板之间的卸料落差不应大于2.0m。

不停挪动车位是为防止拌合物在车厢内堆积成高而大的料堆而形成离析，是保证拌合物不离析、提高其匀质性的运输措施。

6.3.12 混凝土拌合物质量检验与控制应符合下列规定：
1 混凝土拌合物质量检测项目及频率应符合表6.3.12的规定。
2 拌合物出料温度宜控制在10℃～35℃之间。
3 拌合物应均匀一致。生料、干料、严重离析的拌合物，或有外加剂团块、粉煤灰团块的拌合物不得用于路面摊铺。

4 一座拌和楼（机）每盘之间，各拌和楼（机）之间，拌合物的坍落度偏差应小于10mm。

表6.3.12 混凝土拌合物的质量检测项目及频率

检测项目	检测频率		试验方法
	高速公路、一级公路	其他等级公路	
水灰比及其稳定性	每5 000m³抽检1次，有变化随时测	每5 000m³抽检1次，有变化随时测	JTG E30 T0529
坍落度及其损失率	每工班测3次，有变化随时测	每工班测3次，有变化随时测	JTG E30 T0522
振动黏度系数	试拌、原材料和配合比有变化时测	试拌、原材料和配合比有变化时测	附录A
纤维体积率	每工班测2次，有变化随时测	每工班测1次，有变化随时测	附录D
含气量	每工班测2次，有抗冻要求不少于3次	每工班测1次，有抗冻要求不少于3次	JTG E30 T0526
泌水率	每工班测2次	每工班测2次	JTG E30 T0528
表观密度	每工班测1次	每工班测1次	JTG E30 T0525
温度、凝结时间、水化发热量	冬、夏季施工，气温最高、最低时，每工班至少测1~2次	冬、夏季施工，气温最高、最低时，每工班至少测1次	JTG E30 T0527
改进VC值	每工班测3次，有变化随时测	每工班测3次，有变化随时测 JTG E30 T0524	
离析	随时观察	随时观察	—
压实度、松铺系数	每工班测3次，有变化随时测	每工班测3次，有变化随时测	JTG E30 T0525

（1）表6.3.12中列出了水泥混凝土路面施工中拌合物的全部检验项目，将其中几项重要质量控制项目阐述如下：

6 水泥混凝土拌合物搅拌与运输

①水灰比及其稳定性

按细则关于拌和楼计算机自动称量控制操作的规定，本不必对此再提出反向控制的要求，但是在实际生产中发现拌合物亦有脱离施工配合比的现象出现，也就是说，不能唯一依赖拌和楼计算机自动称量控制系统，要求抽检水灰比是希望建立更客观真实的控制基准，防止拌合物出问题。同时水灰比是控制拌合物弯拉强度、耐久性等所有路用性能的基础，可仅抽检水灰比这项最重要的配合比控制性指标。此项规定与沥青路面进行混合料中的沥青抽提相仿。由于此项检验较复杂，频率要求得很低，每 5 000 m^3 测一次，连续施工不足方量时，亦应抽检一次。目前国内外有拌合物水灰比快速检测的仪器可方便测出水灰比数值。

②含气量

过去仅在寒冷或高寒地区有抗（盐）冻性要求的混凝土测定含气量，细则从水泥混凝土路面提高弯拉强度和耐候性的观点出发，要求在全国各地均掺引气剂。与此项要求一致，全国各地的水泥混凝土路面均应检测含气量，仅含气量数值区分为无抗冻、有抗冰冻与抗盐冻三种情况分别加以控制。

③纤维体积率

各种纤维混凝土室内基准配合比设计中有纤维体积率这个重要参数，应按设计配合比要求添加纤维的品种及其掺量。为了防止纤维掺量出错和防止施工中随意减少纤维掺量，提出纤维反向控制的自检规定。

④拌合物视密度的检测

拌合物视密度的检测是为了控制配合比中砂石料的称量准确性，同时，视密度即重度在碾压混凝土面层、基层和透水贫混凝土基层必须检测，否则无从知道碾压密实混凝土压实度达到与否，也无法算得透水混凝土的孔隙率及渗透系数。在水泥混凝土中它是反向控制的客观基准之一，可防止由于砂石料含水率的波动造成过大的称量误差。拌合物视密度在制作强度试件时进行，十分便捷。发现拌合物视密度发生了变化，且误差大于2%时，应调整砂石料用量。

⑤工作性及稳定性

VB值、VC值及其稳定性、压实度、松铺系数是碾压混凝土路面和碾压贫混凝土基层的特殊要求。施工检验这些指标时，应符合二级公路碾压混凝土路面的检验方法、频率等。

（2）在低温或高温条件下，规定出搅拌机的拌合物温度控制在10℃～35℃，即冷天不低于10℃，热天不高于35℃。这是从水泥水化、热天防止温差裂缝、冷天防止混凝土受冻角度而沿用了国际上通用的规定。超出时，应采取有效温控措施，最有效的措施是热天搭遮荫棚，防止太阳暴晒降温。按批次检测原材料温度、拌合物温度、坍落度损失率和凝结时间。

（3）为满足匀质性要求，不得有生料、干料和离析现象；也不得有外加剂、粉煤灰或钢纤维成团现象，有这些现象的拌合物不得用于路面摊铺。

6.3.13 纤维混凝土的搅拌，除应符合水泥混凝土的规定外，尚应符合下列规定：

1 搅拌纤维混凝土时，拌和楼（机）一次搅拌量不宜大于额定容量的90%。拌和掺量较多的纤维混凝土时，不宜大于80%。

2 纤维混凝土搅拌宜采用纤维分散机在搅拌过程中分散加入纤维。可采用先将钢纤维或其他纤维、水泥、粗细集料干拌，基本均匀后再加水湿拌的方法改善纤维的均匀性。出机拌合物中不得有纤维结团现象。

3 纤维混凝土的纯搅拌时间应比水泥混凝土规定的纯搅拌时间延长20~30s。

4 应保证纤维在混凝土中的分散性及均匀性。按附录D水洗法检测的纤维体积率偏差不应大于设计掺量的±15%。

上述各款规定说明如下：

（1）第1款：防止钢纤维搅拌结团。搅拌容量不宜大于额定拌和量的80%~90%，同时要保护搅拌机叶片，并防止钢纤维搅断。

（2）第2款：控制适宜的投料顺序。先使用钢纤维分散机，再干拌，后加水拌和。也可采用造壳混凝土的要求，在拌和程序中分两次加入拌和水量，以提高其弯拉强度与耐久性。

（3）第3款：按纤维混凝土匀质性要求，延长拌和时间。

（4）第4款：满足纤维分散性及均匀性要求。水洗法检测钢纤维含量最大误差不大于理论计算掺量的±15%。这个误差规定引用建设部标准《钢纤维混凝土》（JG/T 3064）的规定。

上述要求的目的是为了纤维能在拌合物中充分分散，并分布均匀。由于硬度很大的钢纤维或其他纤维的阻止和顶托，纤维混凝土拌和均匀比水泥混凝土难度大，生产效率有所降低。尽管如此，严格按细则的上述要求拌和，实践证明，能拌和出优质的纤维混凝土。

6.3.14 除拌和楼（机）应配备砂（石）含水率自动反馈控制系统外，每台班应至少监测3次粗细集料含水率。并根据集料含水率变化，快速反馈并严格控制加水量和粗、细集料用量。

施工过程中，砂石料含水率的变异过大，又没有及时检测和反馈调整，是造成混凝土质量波动的最主要原因，因此，提出了具体的要求。

6.3.15 碾压混凝土的最短纯搅拌时间应比水泥混凝土延长15～20s。雨天不得拌和碾压混凝土。

施工过程中，碾压混凝土拌和应遵循如下各项规定：

（1）砂石料应防水防湿。

碾压混凝土稠度对砂石料的含水率非常敏感，必须对料堆、料斗等进行防雨覆盖。如其不然，雨后砂石料的含水率甚至可以超过加水量，一点都不加水，碾压混凝土稠度会过于湿软，达到不能摊铺、更不能碾压的程度。因此，碾压混凝土应比水泥混凝土更重视砂石料防雨水和防潮。

（2）控制含水率。

各种碾压混凝土的含水率对施工质量影响很大，应密切监测和及时反馈砂石料含水率的变化。且雨天不得拌和碾压混凝土。

（3）切实延长拌和时间。

碾压混凝土过于干硬，拌和难度较大，出料时的碾压混凝土拌合物外观与水泥稳定粒料基层材料相当，需要比水泥混凝土延长拌和时间，才能达到所要求的匀质性。

6.3.16 在拌和楼（机）的搅拌锅内清理黏结混凝土时，无电视监控的拌和楼（机）应有两人以上方可进行，一人清理，一人值守操作台。有电视监控的拌和楼（机），应打开电视监控系统，关闭主电机电源，并在主开关上挂警示红牌。

这是拌和楼清理时的安全操作规定。施工当中，真实发生过拌和楼搅死人的事故，此规定是切实防止此类事故的必要提醒。

6.3.17 拌和楼（机）的水泥、粉煤灰或矿渣粉罐仓除应防止拌和期间洒漏外，在水泥罐车输送水泥时，罐仓顶部应设置过滤布。不得使大量水泥粉或粉煤灰、矿渣粉从仓顶飞散入大气中。

此条规定是既防止粉尘污染大气环境，又节约胶凝材料的要求。

6.3.18 当摊铺机械出现故障时，应及时通知拌和楼（机）停止搅拌，防止运输到机前的混凝土因超过初凝时间不能铺筑而废弃。

这是从加强施工管理和调度的角度，节省混凝土拌合物，防止其废弃而造成浪费的要求。

6.4 混凝土运输

6.4.1 混凝土的运输应保证到现场的拌合物具有适宜摊铺的工作性。

6.4.2 不掺加缓凝剂的混凝土拌合物从搅拌机出料到运抵现场的允许最长时间应符合表6.4.2的规定。不满足时,可采用通过试验调整缓凝剂的剂量等措施,保证到达现场的拌合物工作性满足要求。

表 6.4.2 混凝土拌合物出料到运抵现场允许最长时间

施工气温(℃)	滑模摊铺（h）	三辊轴机组摊铺、小型机具摊铺（h）	碾压铺筑（h）
5～9	1.5	1.20	1.0
10～19	1.25	1.0	0.8
20～29	1.0	0.75	0.6
30～35	0.75	0.40	0.4

表6.4.2中的运输完毕的时间包括装车时间、运输时间、卸车时间或钢筋混凝土的上料时间,摊铺完毕的时间除了上述运输时间外,还包括布料时间、振捣时间、饰面时间。如果这两个时间控制不住,施工质量将大受影响。运输途中不得耽搁,工作性损失超过要求规定的拌合物不得用于面层铺筑。超过表6.4.2允许最长时间的拌合物可尽快用于桥头填筑或基层。

例如,2003年7月北京改建110国道二级山区公路超重运煤车路段,使用了320mm厚度的连续钢筋混凝土路面。由于路面宽度仅有9m宽,使用了一台GOMACO—2800大型滑模摊铺机一次摊铺4.5m路面,使用罐车运输混凝土,并使用挖掘机接料上料,混凝土运输并输送到连续钢筋网上的速度过慢,日平均气温30℃,前一车料与后车料的上料时间超过1.5h。结果,滑模摊铺机长时间等料,振捣仓中的混凝土已经初凝,滑模摊铺机摊铺后,凝结成块的混凝土导致路面上出现了大坑,不仅无法继续摊铺,而且严重影响了混凝土路面的摊铺质量。此项施工技术要求实质上是混凝土的凝结特性对施工的强制性规定。

6.4.3 运送混凝土的车辆装料前,应清洁车厢或车罐,洒水润壁,排干积水。

运输混凝土的车辆的车厢或车罐,既要润湿防粘,又要防止积存液态水,以免使混凝土拌合物的水灰比发生变异。

6.4.4 混凝土运输过程中应防止漏浆、漏料和污染，防止拌合物离析。

翻斗车长距离运送混凝土的缺陷是在车厢内的拌合物会离析并分层，卸料后不可能再拌和均匀。已经分层离析的拌合物无法铺筑出高平整度和均匀的路面，所以应尽量防止。

6.4.5 车辆行驶和卸料过程中，当碰撞了模板或基准线时，应重新测量纠偏。

车辆行驶和卸料过程中，模板或基准线是路面铺筑的基准，应避免碰撞模板或基准线。一旦碰撞，应立即告知测量人员重新测量纠偏。

本手册增补的运输混凝土的其他要求是：

（1）烈日、大风、雨期和低温期远距离运输时，自卸车的车厢盖必须盖严，罐车应加保温隔热套。覆盖车厢内的混凝土是为了防止拌合物干燥、蒸发、防雨、防冻。罐车应加保温隔热套，起到热天隔热、冷天防冻的作用。

（2）车辆倒车及卸料时，不得碰撞摊铺机和前场施工设备。卸料完毕，车辆应迅速离开。

（3）碾压混凝土卸料时，车辆应在机前 10～300mm 处停住，然后换成空挡，靠摊铺机推动前行，并迅速升起料斗卸料。

7 滑模摊铺机施工

自1991年开始，经过5年研究，16年多推广应用，截至2012年底，我国已采用滑模摊铺技术建成高速公路1.2万余公里，高等级公路约3万余公里。滑模摊铺技术已成为我国在高等级公路水泥混凝土路面施工中广泛采用的工程质量最高、施工速度最快、装备最现代化的高新成熟技术，是我国高速、一级、二级公路水泥混凝土路面施工必须采用的装备和工艺技术。

7.1 一般规定

7.1.1 滑模摊铺工艺宜用于高速、一级、二级公路普通水泥混凝土面层、配筋混凝土面层、纤维混凝土面层、钢筋混凝土桥面、隧道混凝土面层、混凝土路缘石、路肩石及护栏等的滑模施工。

本条规定滑模摊铺施工工艺的适用范围，这在原规范中已经有明确规定，仅需说明的是不适用于三、四级公路。我国广东省采用滑模摊铺技术建成的梅河山区高速公路水泥混凝土路面见图7-1。

由于滑模摊铺机的履带必须行走在所铺筑路面的两侧，我国三、四级公路硬路肩宽度不足以提供滑模摊铺机履带行进加上设置基准线的宽度，不能因为面层机械施工的要求而加宽整体路基的宽度，大大增加路基工程的造价。而应该反过来，机械装备应能适应土建工程的要求，适应不了时，不必强做，可采用三辊轴机组等其他施工工艺。

图7-1 我国广东省采用滑模摊铺技术建成的梅河山区高速公路

7 滑模摊铺机施工

7.1.2 采用滑模摊铺机在基层上行走的铺筑方案时，基层侧边缘到滑模摊铺面层边缘的宽度不宜小于650mm。

与沥青摊铺机不同，滑模摊铺机的履带处在所摊铺路面的外侧，履带宽度加上基准线支距，大型滑模摊铺机一般需要650mm，小型滑模摊铺机需要500mm左右的外侧宽度。

7.1.3 传力杆和胀缝拉杆钢筋宜采用前置支架法施工，也可采用滑模摊铺机配备的自动插入装置（DBI）施工。

采用滑模摊铺机上配备的自动传力杆插入装置（DBI）施工是原规范首推的施工模式。细则首推前置支架法施工，原因是在现场的确发生过DBI方式施工后的面板长距离纵裂的病害现象。DBI插入的每根传力杆是独立的，而支架法设置传力杆有4根横向架立钢筋，横缩缝两侧各有2根支架钢筋，除了架设传力杆的定位作用外，还具有对纵向开裂的加筋控制作用。目前在国内外路面设计中，并未考虑由于边缘路基浸水而引起的横向变形及横向弯矩的作用，因此控制纵裂只能通过施工技术来补救。

7.1.4 应加强混凝土运输组织，保证供料速度与摊铺速度相适应，避免发生料多废弃或等料停机现象。

滑模摊铺机不间断连续摊铺的能力很强大，每分钟可推进铺筑1~2m，8m宽路面每分钟需要供应2.4~5m³拌合物，每小时需要供应144~300m³拌合物，即每小时供应288~600t，要求供料强度巨大，必须具备很强的混凝土拌和能力和拌合物运输强度，方可满足滑模连续摊铺高平整度路面的需求。

7.1.5 滑模铺筑施工应编制安全生产作业指导书。

编制滑模摊铺安全生产作业指导书十分必要。实践中，确实发生过人身伤亡事故，主要事故发生在前方和搓平梁辅助作业的工人，所以应引起作业人员的高度重视并积极防范。

7.1.6 上坡纵坡大于5%、下坡纵坡大于6%、半径小于50m或超高超过7%的路段，不宜采用滑模摊铺机进行摊铺。

根据大量研究，适宜滑模摊铺的线路条件为纵坡上坡≤5%、下坡≤6%，水平弯道半径≥50m或超高≥7%的路段。所幸的是，二级以上高等级公路的极限纵坡及最小弯道半径均能满足上述规定。三、四级公路则难于全部满足上述规定。

7.2 设备选择

7.2.1 滑模摊铺机的选择应根据路面结构形式、路面板块划分等因素,并参考滑模摊铺机的性能确定。选用的滑模摊铺机的技术指标宜符合表7.2.1要求的基本技术参数规定。

表7.2.1 滑模摊铺机的基本技术参数表

项目	发动机最小功率(kW)≥	摊铺宽度范围(m)	摊铺最大厚度(mm)≤	摊铺速度范围(m/min)	最大空驶速度(m/min)≤	最大行走速度(m/min)≤	履带个数(个)
三车道滑模摊铺机	200	12.5~16.0	500	0.75~3.0	5.0	15	4
双车道滑模摊铺机	150	3.6~9.7	500	0.75~3.0	5.0	18	2~4
多功能单车道滑模摊铺机	70	2.5~6.0	400 护栏最大高度≤1 900	0.75~3.0	9.0	15	2~4
小型路缘石滑模摊铺机	60	0.50~2.5	450	0.75~2.0	9.0	10	2~3

细则表7.2.1中按一次铺筑的车道数与功能将滑模摊铺机大致分为四类。根据国内几十年实践,我们认为,铺筑混凝土路面时,最好使用路面滑模摊铺机,而不是多功能滑模摊铺机。因为为了适应路缘石和护栏的滑模摊铺,在某些多功能滑模摊铺机的操作位置看不见前方的拌合物料,进摊铺机的物料充足与否都不知道,如何铺筑合格的路面?

7.2.2 高速公路、一级公路宜选配能一次摊铺不少于2个车道宽度的滑模摊铺机。二级公路路面的最小摊铺宽度不得小于单个车道设计宽度。硬路肩宜选配可连体摊铺路缘石的中、小型多功能滑模摊铺机。

滑模摊铺前台设备配套有重型和轻型之分,重型配置前台有布料机、摊铺机和拉毛养生机,重型设备的优点是施工钢筋混凝土路面和桥面很便捷,缺点是前台设备越多,出故障的概率越高。国内大部分为轻型配置,只有1台摊铺机,其缺点是人工辅助工作量大,且需其他设备辅助在钢筋混凝土路面与桥面上卸料与

7 滑模摊铺机施工

布料。实践反复证明，轻型设备也能施工出优质的水泥混凝土路面，国内滑模施工最快日进度和最高平整度均是在轻型装备上实现的。

7.2.3 滑模摊铺水泥混凝土路面时，摊铺机应配备自动抹平板装置。

滑模摊铺机上的自动抹平板装置是标准配置，从确保面层施工的提浆厚度和抹出高平整度而言，应该配备并使用长度3.5m左右的抹平板。但国内外的滑模施工均有铺筑时不配备抹平板的，配备了也翘起来不抹。在拌合物非常好，滑模摊铺机振捣及挤压面层很好的情况下，局部路面也能做好，但不可有波动，略有偏离最优工况，面层的质量将受到很大影响。所以，一般情况下，应配备并使用抹平板装置，其施工见图7-2。

图7-2 配备抹平板装置的摊铺机施工

7.2.4 滑模摊铺机械系统应配套齐全，辅助设备的数量及生产能力应满足铺筑进度的要求。可按下列要求进行配备：

1 滑模铺筑无传力杆水泥混凝土路面时，布料可使用轻型挖掘机或推土机。

2 滑模铺筑连续配筋混凝土路面、钢筋混凝土路面、桥面和桥头搭板，路面中设传力杆钢筋支架、胀缝钢筋支架时，布料应采用侧向上料的布料机或供料机。

3 应采用刻槽机制作宏观抗滑构造。

4 面层切缝可使用软锯缝机、支架式硬锯缝机或普通锯缝机。

为了实现滑模摊铺机械系统配套齐全，将《公路水泥混凝土路面滑模施工技术规程》（JTJ/T 037.1—2000）中的配套表6.2.8抄录于此（表7-1），供大家进行滑模摊铺机械配套时参照。施工中这些配套缺一不可，否则必定耽搁正常施工。

表7-1 滑模摊铺机施工主要机械和机具配套表

工作内容	主要施工机械设备	
	名 称	机型及规格
钢筋加工	钢筋锯断机、折弯机、电焊机	根据需要定规格和数量
测量基准线	水准仪、经纬仪、全站仪	根据需要定规格和数量
	基准线、线桩及紧线器	300个桩、5个紧线器、3 000m基准线

续上表

工作内容	主要施工机械设备	
	名　称	机型及规格
搅拌	强制式拌和楼	≥50m³/h，数量由计算确定
	装载机	2～3m³
	发电机	≥120kW
	供水泵和蓄水池	≥250m³
运输	运输车*	4～6m³ 数量由匹配计算确定
	自卸车	4～24m³ 数量由匹配计算确定
摊铺	布料机*、挖掘机、吊车等布料设备	根据需要定规格和数量
	（带DBI装置）滑模摊铺机1台	技术参数见JTJ/T 037.1—2000 表5.2.2
	手持振捣棒、整平梁、模板	根据人工施工接头需定
抗滑	拉毛养生机*1台	与滑模摊铺机同宽
	人工拉毛齿耙、工作桥	根据需要定规格和数量
	硬刻槽机* 刻槽宽度≥500mm，功率≥7.5kW	数量与摊铺进度匹配
切缝	软锯缝机	根据需要定规格和数量
	常规锯缝机或支架锯缝机	根据需要定规格和数量
	移动发电机	12～60kW，数量由施工需要定
磨平	水磨石磨机	需要处理欠平整部位时
灌缝	灌缝机或插胶条工具	根据需要定规格和数量
养生	压力式喷洒机或喷雾器	根据需要定规格和数量
	工地运输车	4～6t，按需要定数量
	洒水车	4.5～8t，按需要定数量

注：*可按装备、投资、施工方式等不同要求选配。

（1）在只摊铺水泥混凝土路面的情况下，摊铺机前可配备1台装载机或挖掘机。原规范特别列出了滑模施工钢筋混凝土路面、桥面及桥头搭板钢筋混凝土板连续滑模机械铺装的布料，有6种方式可供施工单位因地制宜地选用。此外，国外在滑模摊铺施工当中，也有使用沥青摊铺机在摊铺机前方布料的。

（2）施工间断钢筋混凝土路面，美国采用2台布料机，中间设1台钢筋网摆放机，再用摊铺机振捣密实、挤压成形。其接缝长度为10～15m。连续钢筋混凝土路面的施工，法国还有在摊铺机的布料器前方设置滚轴挑起钢筋网的施工方式,在卸料时,将钢筋网平铺在基层上,仅在钢筋网进摊铺机摊铺时,才将其挑起来,准确定位在混凝土路面中间设定位置。连续钢筋混凝土路面的钢筋连续长度达500~1 000m,其端头在施工开始和结束时焊接在锚固墩伸出的钢筋上或焊接在胀缝钢筋支架上,需要手工制作。

水泥混凝土路面滑模摊铺机铺筑见图7-3。

(3) 高速公路、一级公路应采用刻槽机,二级及其以下公路可采用拉槽制作宏观抗滑构造。

美国采用拉毛养生机可在1台机械上依次完成制作细观抗滑构造、宏观抗滑构造和喷洒养生剂的3道工序。我国在滑模摊铺实践中,将拖麻袋片制作细观抗滑构造的工序放在滑模摊铺机后进行,如图7-4所示。高速公路、一级公路水泥混凝土路面的宏观抗滑构造采用刻槽机进行硬刻槽。研究表明,与软拉毛相比,硬刻槽不仅外观规矩美观,而且耐磨性高于软拉槽。使用硬刻槽技术的面层必须有良好的平整度,否则低洼部位是刻不上槽的。喷洒养生剂可用外配专门喷洒机进行。

图7-3 滑模摊铺机铺筑水泥混凝土路面

图7-4 水泥混凝土路面采用拖麻袋片制作细管抗滑构造

(4) 面层切缝可配备数量足够的软锯缝机、支架式硬锯缝机和普通锯缝机进行。我国切缝机的问题是绝大多数使用电动机为动力,整机重量过轻,切缝时,只要推进速度过快,就切割不到规定深度。欧洲和北美的切缝机是直接使用发动机为切缝及行走动力,重量足够重,设定好切缝深度就不会切浅,这样就大大降低了施工期间的断板率。

水泥混凝土路面采用支架式切缝机切缝施工,如图7-5所示。

图7-5 水泥混凝土面层支架式切缝机切缝施工

振捣密实贫混凝土基层宜采用与面层相同的滑模摊铺机铺筑,这是目前铺筑质量最高的贫混凝土上基层的施工工艺。

7.3 摊铺前准备

7.3.1 摊铺段夹层或封层质量应检验合格,对于破损或缺失部位,应及时修复。表面应清扫干净并洒水润湿,并采取防止施工设备和车辆碾坏封层的措施。

按《公路水泥混凝土路面设计规范》(JTG D40—2011)的最新规定,我国水泥混凝土面板底部设置有封层或夹层,不直接将面板铺筑在上基层表面。滑模摊铺前,需要检查和修复封层与夹层;施工中,需要保护封层与夹层,防止碾坏。

7.3.2 应检查并平整滑模摊铺机的履带行走区。行走区应坚实,不得存在湿陷等病害,并应清除砖、瓦、石块、废弃混凝土块等杂物。履带行走部位基层存在斜坡时,应提前整平。

滑模摊铺前,大家比较重视铺筑面板位置的封层与基层的完好状态,容易忽视滑模摊铺机履带行走位置的状况,特编写此条。不允许滑模摊铺机的履带行走部位存在湿陷或存留块状硬质杂物,是为了防止摊铺过程中陷机或块体压碎而瞬间跳机。陷机将导致滑模摊铺机无法推进摊铺;砖、瓦、石块等被履带压碎后将导致滑模摊铺机瞬间跳机,导致路表面出现棱槽而丢失平整度。滑模摊铺机履带宜行走在基层上,可行走在路基上,不得行走在最损伤履带的基层斜坡部位。

7.3.3 摊铺前应检查并调试施工设备。滑模摊铺机首次作业前,应挂线对其铺筑位置、几何参数和机架水平度进行设置、调整和校准,满足要求后方可用于摊铺作业。

摊铺前应检查并调试施工设备,保证所有施工设备、人员和机具均处于良好状态,并全部就位。滑模摊铺机首次作业前,应挂线对其铺筑位置、几何参数和机架水平度进行设置、调整和校准,满足要求后方可用于摊铺作业。

7.3.4 横向连接摊铺前,前次摊铺路面纵向施工缝处溜肩胀宽部位应切割顺直;拉杆应校正扳直,缺少的拉杆应钻孔锚固植入。

在同一幅路面上进行横向接铺时,一是应特别注重铺筑过程中,顶方铝板,修整好接铺的侧面,其附近不得有溜肩和低洼;二是为了确保接铺纵缝的顺直度，明显胀宽部位应先切顺直，再接铺。如若不然，接铺纵缝会低洼，雨天将积水，影响接铺纵缝美观与行车安全。

7.3.5 横向连接摊铺时，纵向施工缝的上半部缝壁应按设计涂覆隔离防水材料。

纵横接缝的渗水与漏水将引起基层冲刷脱空，这一直是水泥混凝土路面破损的重要根源之一。因此，两次铺筑的纵接缝部位要求使用双重防水措施，一是在接缝上半部涂覆防水材料或双面胶带，二是切缝与填缝。

7.3.6 滑模摊铺面层前，应准确架设基准线。基准线架设与保护应符合下列规定：

1 滑模摊铺高速公路、一级公路时，应采用单向坡双线基准线；横向连接摊铺时，连接一侧可依托已铺成的路面，另一侧设置单线基准线。

2 滑模整体铺筑二级公路的双向坡路面时，应设置双线基准线，滑模摊铺机底板应设置为路拱形状。

3 基准线桩纵向间距直线段不宜大于10m，桥面铺装、隧道路面及竖曲线和平曲线路段宜为5～10m，大纵坡与急弯道可加密布置。基准线桩最小距离不宜小于2.5m。

4 基层顶面到夹线臂的高度宜为450～750mm。基准线桩夹线臂夹口到桩的水平距离宜为300mm。基准线桩应固定牢固。

5 单根基准线的最大长度不宜大于450m。架设长度不宜大于300m。

6 基准线宜使用钢绞线。采用直径2.0mm的钢绞线时，张线拉力不宜小于1 000N；采用直径3.0mm钢绞线时，不宜小于2 000N。

7 基准线设置精度应符合表7.3.6的规定。

表7.3.6 基准线设置精度要求

项 目	中线平面偏位 (mm) ≤	路面宽度偏差 (mm) ≤	面层厚度偏差 (mm) ≥		纵断高程偏差 (mm)	横坡偏差 (%)	连接纵缝高差 (mm)
			平均值	极值			
规定值	10	+15	−3	−8	±5	±0.10	±1.5

8 基准线设置后，应避免扰动、碰撞和振动。多风季节施工，宜缩小基准线桩间距。

基准线是滑模摊铺工艺的生命线，滑模摊铺机上有6个传感器，其中4个水平传感器分别控制挤压底板的4个角，2个置于一侧的方向传感器控制弯道转向及摊铺方位。面层铺筑的厚度、宽度等几何位置及其平整度均取决于高精度的基准线。一般而言，路面的铺筑精度只能低于基准线，不会高于基准线，基准线的设置精度关系到铺筑质量的高低。因此，应对基准线的测量、架设、安装和固定给予高度重视。

我国在引进滑模摊铺装备的初期，美国OMMI公司提供过《滑模摊铺基准线设置手册》，此条的内容凝练了该手册的主要内容，再加上我国多年的施工实践，总结而成。

不失一般性，沥青路面挂线摊铺时，亦可参照此条的内容进行。但是沥青路面在底面层平整度达标的条件下，允许设置滑靴、方铝板等厚摊铺方式，水泥混凝土路面仅有一层面层，基层的高程、平整度均远远达不到面层表面的要求。因此，滑模摊铺时，只能采用基准线，而不得采用等厚铺筑的其他基准线设置方式。

(1) 第1~2款：基准线设置形式有单向坡双线式、单向坡单线式与双向坡双线式三种，分别适用于不同等级公路路面的滑模摊铺时的横坡工况。

①单向坡双线式

所摊铺的混凝土面板横向坡度为单向坡，而两根拉线位于摊铺机两侧，这种拉线形式称为单向坡双线式。两条拉线间反映路面横坡。顺直段平面上两条拉线平行并长度相等，弯道路段两侧拉线反映了横坡的渐变或反转。这是我国高速、一级公路滑模摊铺时主要的基准线设置方式。

②单向坡单线式

所摊铺的混凝土面板横向坡度为单向坡，而一根拉线仅位于摊铺机其中一侧，已铺筑好的一侧不拉线，依托已经铺成的路面边缘作为接铺一侧的基准。这种拉线形式称为单向坡单线式。这种拉线形式在路面分两次连接摊铺的情况下，于后幅连接铺筑时采用。这时，修筑好的路面、边沟或缘石可作为摊铺机的不拉线一侧的摊铺基准。

③双向坡双线式

所摊铺的混凝土面板横向坡为双向坡，而拉线拉于摊铺机两侧（双线）。这种拉线形式为双向坡双线式。顺直段上两条拉线完全平行，对应高程相等，拉线上没有横坡。它通过滑模摊铺机自身的路拱设置系统自动铺成双车道的二级公路的设计路拱。此种基准线设置形式适用于设计有路拱的二级及其以下公路水泥混凝土路面的滑模摊铺。

(2) 第3款：为了与我国线路20m桩号相对应，直线段推荐桩距设置为10m，桥面铺装、隧道路面与一般竖、平曲线路段应在5~10m之间设置，大纵坡与急弯道可加密布置，最小线桩距离可设为2.5m。用5m作模数也是为了在每条缩缝插传力杆的混凝土路面上防止传力杆插入与切缝位置发生差错。

基准线宽度除应保证摊铺宽度外,尚应满足两侧650~1 000mm横向支距的要求,原因是基准线必须置于滑模摊铺机两侧履带之外,其间隙应为滑动模板厚度(加上一侧侧向拉杆长度)加一侧履带宽度再加传感器设置宽度。一般2~4履带跨中摊铺,需要两侧边1.0~1.5m宽度。这个宽度称为拉线支距,这个支距横坡高度应计入每根拉线测设计算中,在平面直线路段,似非必需,可调整摊铺机上的4个水平传感器来保证路面横坡。同时,这样施工,摊铺机主机架不水平,有扭转力作用,影响摊铺机使用寿命。但是在渐变段和曲线段上,如果不计算支距横坡高度,拉线基准必然是错误的,所以,无论采用何种拉线方式,在任何路段的每根拉线上都应计入支距横坡高度。

(3) 第4款:线桩几何尺寸是由滑模摊铺机外挂6个传感器的位置决定的。4个水平传感器杆长约300mm,传感器杆不应碰到架线杆。

(4) 第5款:限定单根基准线最大长度的原因是每10m杆有个夹线口,夹线口纵向摩阻力较大,过长的基准线局部张拉不紧;其次是线毂的人力搬运困难。

(5) 第6款:提出拉线上应施加不小于1 000N的拉力,视基准线直径可为1 000~2 000N。经基准线自然垂度的检测,此时,垂度可小于1mm。这是为了确保基准线平整度的要求,只有基准线平整度不大于1mm,方可确保滑模摊铺出的混凝土路面平整度不大于3mm。

(6) 第7款:一般情况下拉线宜提前一天设置,主要考虑从容设置并复核拉线,才可能保证细则表7.3.6基准线设置精度。

(7) 第8款:基准线是为摊铺机上的4个水平传感器和2个方向传感器提供一个精确的与路面平行的水平(横坡)和直线(转弯)方向的平面参考系。路面摊铺的几何精度和平整度很大程度上取决于基准线的测设精度。水平参考系的精度一般是由测桩水平面与基准线之间保持相同的距离来控制和保证,所以,基准线是滑模施工混凝土路面的"生命线"。准确安装设置基准线对于滑模摊铺极为重要。基准线被碰撞变位时,应立即重新测量纠正,始终保持拉线的精度正确无误。

7.3.7 架设完成的基准线,不得存在眼睛可见的拐点及下垂,并应逐段校验其顺直度及张紧度。

为了确保滑模摊铺面层的平整度,在测量架设好的基准线上,应采用眼睛贴近基准线纵向观察的方法,逐段校验其顺直度及张紧度。任何情况下,均不得有眼睛可见的上、下凹凸与左、右拐点及下垂。眼睛看上去必须是平顺、无拐点的。必要时可采用水准仪再行校核。

7.3.8 应按下列规定对板厚进行校验：

1 采用垂直于两侧基准线横向拉线，用直尺或加垂头的方法，对预备摊铺路段的板厚进行复核测量。

2 单车道铺筑时，一个横断面横向应测不少于3个点；双车道及全幅摊铺时，应测不少于5个点。纵向每200m应测不少于10个断面。

3 横断面板厚测量值的算数平均值不应薄于设计板厚，极小值不应薄于质量控制极值。

4 纵向以200m为单元，全部板厚总平均值不应薄于设计板厚。

为了杜绝滑模摊铺路面因板厚不足而出现返工，特意介绍了通过基准线提前检测断面平均板厚、路段平均板厚的实测方法、检测频率及检测结果要求。《公路水泥混凝土路面设计规范》（JTG D40—2011）与细则均规定了基层顶面应设置夹层与封层，当实测面板厚度不足时，夹层与封层表面是不可损坏、不得铣刨的，只能向上抬高面层的表面线，抬高路段的两端，应按1/100纵向顺坡，以减少接头跳车和平整度损失。

7.3.9 顺直度、张紧度或板厚不满足要求时，应重新测量架设基准线。

不满足上述要求时，不得摊铺面层，应重新测量架设、复核检测基准线，可适当抬高基准线，两端应按1/100纵向顺坡，直到板厚等几何指标符合细则表7.3.6的规定。

7.3.10 当面层传力杆、胀缝钢筋采用前置支架法施工时，应在表面先准确安装和固定支架，保证传力杆中部对中缩缝切割位置，且不会因布料、摊铺而导致推移。支架可采用与锚固入基层的钢筋焊接等方法固定。

前置支架法施工中的普遍问题是支架刚度不足或固定不牢，支架刚度不足，导致翻斗车卸料时，压塌支架，使传力杆贴底；滑模摊铺机的前推力巨大，若固定不牢将导致支架整体前移或倾斜。在国内路面上，还发现有1根传力杆仅使用1根细钢筋锚固在基层上的做法，无法保证传力杆刚度及设置位置与精度。细则推荐的支架固定方式为焊接、弯钩钢筋锚固等牢靠的固定做法。

7.3.11 边缘补强钢筋的安装应符合下列规定：

1 应按设计图纸加工焊接边缘补强钢筋支架。

2 边缘补强中部底筋与封层表面距离宜为30~50mm；两端弯起筋与面层表面的距离不应小于50mm；外侧钢筋到板边距离宜为100~150mm。

3 可采用在封层或夹层上钻孔，钉入架立锚固钢筋，再将边缘补强钢筋支架与架立锚固钢筋焊接的方式固定边缘补强钢筋。

4 边缘补强钢筋两端弯起处应各有不少于2根锚固钢筋与支架相焊接，其他部位每延米不宜少于1根锚固钢筋。

首先应明确边缘补强钢筋的设置位置应在交叉口、匝道进出口和基础薄弱路段。国内有的高速公路在全线每块面板的外侧均设计有边缘补强钢筋，大大增加了滑模等大型机械施工的难度。由于高速公路有边缘护栏，几乎没有车轮能够达到边缘，除了细则要求的位置外，没有必要全线设置。正常情况下，在一级及其以下公路的平面交叉口，车轮上、下或进、出面板路段，高速公路立交处车道合并或分离的部位，高填方路段或桥头、软基路段，必须设置边缘补强，否则一定会提前断板或断角。边缘补强钢筋一般设在面板纵缝边缘，为了增强仅设传力杆横缝部位的抗裂能力，边缘补强钢筋也可设在横缝边缘。未设传力杆钢筋支架的横向缩缝位置可安装边缘补强钢筋。

7.3.12 角隅钢筋安装应符合下列规定：
1 钢筋混凝土搭板与桥面钝角角隅补强钢筋宜加工成网片状。
2 发针状角隅补强钢筋片宜采用焊接制成。
3 发针状角隅补强钢筋安装位置应根据设计图纸确定，且距两锐角边距离不宜小于50mm。
4 钢筋片与基层锚固点不宜少于5个。

设置角隅补强钢筋是为了防止面板锐角的断角，它对滑模摊铺施工速度有影响，因此，细则要求在路面与斜交桥涵相接时，应将有锐角的面板全部设置在最强的双层钢筋混凝土搭板上进行调整。此外，在弯道路面上，也会出现异形锐角面板，此时，应使用角隅钢筋对锐角进行补强。

角隅钢筋的补强位置：路面应补强锐角，桥面应补强钝角。其理由是路面补强是为了防止锐角断角；而桥面上，钝角处的弯矩及拉应力最大，应补强钝角。其实，路面和桥面均应按照应力最大原则，在最易于破坏的位置进行补强。

（1）第1款：网片状角隅补强钢筋一般应使用在边角较弱的钢筋混凝土路面中，此时，可绑扎网片状角隅补强钢筋，也可直接加密锐角钢筋。

（2）第2~4款：由于发针状角隅钢筋只有一个连接点，所以规定应焊接牢固，不得绑扎，也可并入整体钢筋网，并焊接角隅钢筋支撑在封层的5个支腿，否则在摊铺过程极易变位，起不到角隅补强作用。

对于为防止路面早期破损而增加的边缘补强和角隅钢筋，在路面设计阶段，并不了解路基和基层的实际填挖及沉降状态，一般考虑不了这样详细，可通过铺筑前路面施工图阶段的细化和深化补充设计来实现。实践证明，这是建设高质量高速公路、一级公路水泥混凝土路面必须做的事，几十乃至上百公里高速公路只有一张标准断面设计图纸，肯定会在短期内出问题。

7.4 水泥混凝土面层滑模摊铺机铺筑

7.4.1 滑模摊铺机的施工参数设定及校准应符合下列规定：

1 振捣棒应均匀排列，间距宜为300~450mm；混凝土摊铺厚度较大时，应采用较小间距。两侧最边缘振捣棒与摊铺边缘距离不宜大于200mm。振捣棒下缘位置应位于挤压底板最低点以上。

2 挤压底板前倾角宜设置为3°。提浆夯板位置宜在挤压底板前缘以下5~10mm。

3 边缘超铺高度应根据拌合物稠度确定，宜为3~8mm；板厚较厚、坍落度较小时，边缘超铺高度宜采用较小值。

4 搓平梁前沿宜调整到与挤压底板后沿高程相同的位置；搓平梁的后沿应比挤压底板后沿低1~2mm，并与路面高程相同。

5 符合铺筑精度要求的摊铺机设置应加以固定和保护。当基底高程等摊铺条件发生变化，铺筑精度超出范围时，可由操作手在行进中通过缓慢微调加以调整。

滑模摊铺时，其施工工艺参数的设定是保证摊铺系统处于优良工况的前提，最佳平整度及最好的路面质量一定是在良好的摊铺工艺状况下获得的。所以，不仅开始摊铺时应将施工参数设置到最适宜的摊铺工况下，而且在摊铺工程中，应随时检查这些摊铺参数的变异情况，并随时进行微调。

(1) 第1款：为了满足连续铺筑钢筋混凝土路面以及通过离表面仅20mm胀缝板的需要，滑模摊铺机振捣棒应处在路表面以上振捣仓内振捣密实，不应插入路面内部振捣。当铺筑的路面厚度较厚时，为了达到厚面层底部的振捣密实度，要求加密振捣棒间距到300mm左右。路面最容易产生塑性开裂的情况是振捣棒一半在表面内拖行，摊铺的表面部分将留下发亮的砂浆条带，必裂无疑。此时，须将振捣棒调上来。滑模摊铺机的振捣理论认为，振捣棒位于振捣仓内，每根振捣棒所振捣的范围是一个圆柱形的振密区间，垂直方向能够振密全部底部；水平方向两根振捣棒的振捣区间应重合，中间不留欠振区间。这一条对滑模摊铺非常重要。国内有几个高速、一级公路工程滑模摊铺的水泥混凝土路面纵向开裂得相当严重，通车不到一年，面板全部破碎，不得不返工重铺。究其原因是振捣棒垂直设定位置不正确，造成了巨大经济损失。

（2）第2款：挤压底板前倾角宜设置为3°左右，如前倾角设置过大，则滑模摊铺机推进阻力增大，当混凝土偏硬时，可将整机抬升起来，致使履带不着地，滑模摊铺机无法行进摊铺。所以，挤压底板前倾角的设置以适中为好，也就是说，滑模摊铺机的整机重量有1/2～2/3是用于挤压成型的，其他重量用于履带行走，提供履带行进摊铺所必需的摩阻力。

配备提浆夯板的滑模摊铺机，提浆夯板位置宜在挤压底板前缘以下5～10mm之间。摊铺钢纤维混凝土路面的滑模机必须配备提浆夯板，以利于将钢纤维压进表面砂浆层中，而不裸露有碍行车安全的钢纤维。合成纤维与玄武岩纤维混凝土路面无裸露纤维引起的不安全问题，无此强制规定。

（3）第3款：边缘超铺高度是对滑模摊铺边缘溜肩和脱模后自然塌落的一种补偿。两边缘超铺高度根据拌合物稠度宜控制在3～8mm之间。某些美国滑模摊铺机的边缘超铺高度是机手随时可调的，摊铺时，拌合物较软、板厚较大时选大值，反之，宜选小值。德国各种型号的滑模摊铺机是未设边缘超铺高度的，无法进行边角坍落补偿，它采用加长侧向滑动模板，并要求适宜摊铺的坍落度在5～15mm之间。

（4）第4款：德国各种型号的滑模摊铺机均配备有搓平梁，其作用是修复传力杆插入（DBI）遗留下的缺陷，并保持足够的提浆厚度，用水泥砂浆卷来提高表面的平整度。搓平梁前沿宜调整到与挤压板后沿高程相同，搓平梁的后沿适宜高度应比挤压底板后沿低1～2mm，并与路面高程相同。搓平梁是悬挂在摊铺机后部的，位置高了，抹不到表面，不起作用；位置低了，不仅滑模摊铺机后部阻力过大，而且有横向拉裂的风险。

（5）第5款：滑模摊铺机各工作机构初始工作参数与位置的正确设定是滑模摊铺技术的关键环节之一，也是摊铺机施工调试的主要内容。这项工作应由厂家的维修工程师或有经验的机手进行，正确无误后，方可开始摊铺。实际已经证明并将反复证明，工作参数设置得不正确，是无论如何也不可能摊铺出高质量路面的。这些摊铺机工作参数位置设定的详细解释和为何要如此设置，需要较长的篇幅，有兴趣的读者可以阅读《水泥混凝土路面滑模施工技术》专著或摊铺机工艺原理及配套的文献。根本的一点是工作参数的设定和调整，必须透彻了解振动黏度理论和严格遵循设计师所使用的摊铺机工艺设计原理。每个工作参数的设定都应遵循其科学原理和依据。

符合铺筑精度规定的摊铺机设置应固定并保护起来，当基底高程等摊铺条件发生了变化，超出了精度范围时，可由操作手随时微调，不允许非操作手触碰与更改。

7.4.2 滑模摊铺混凝土机前布料，应采用机械完成，布料高度应均匀一致，不得采用翻斗车直接卸料的方式。布料尚应符合下列规定：

1 卸料、布料速度应与摊铺速度协调一致，不得局部或全断面缺料。发生缺料时应立即停止摊铺。

2 采用布料机布料时，布料机与滑模摊铺机之间施工距离宜为5～10m；现场蒸发率较大时，宜采用较小值。

3 当坍落度在10～30mm时，布料松铺系数宜在1.08～1.15之间。

4 应保证滑模摊铺机前的料位高度位于螺旋布料器叶片最高点以下，最高料位高度不得高于松方控制板上缘。使用布料犁布料时，应按松方高度严格控制料位高度。

5 当面层传力杆、胀缝与隔离缝钢筋采用前置支架法施工时，不得在支架顶面直接卸料。传力杆以下的混凝土宜在摊铺前采用手持振捣棒振实。

滑模摊铺布料关系到路面横断面是否缺料，必须保持整个断面全部有等高度的料，其料位高低直接关系到进入振动仓与挤压底板压力的均衡性与一致性，直接影响摊铺出路面的平整度及其变化。

(1) 第1款：滑模摊铺过程中，不仅是布料速度应与铺筑速度尽量一致，拌合物有坍落度经时损失，作为一个摊铺系统工程，运输时间亦须尽量与布料摊铺速度协调一致，这样才能始终保持其稠度一致，铺筑出路面的平整度才能均匀一致，且优良。

(2) 第2款：布料机与滑模摊铺机之间适宜的施工距离在5～10m之间。无布料机时，滑模摊铺机前方布料长度可参照此布料距离。这个距离相当近，原因是从布料机中铺出的松散拌合物表面极易散失水分而变干变硬，所以，正常情况下两台设备需要紧随施工。在气温低、太阳辐射小特别是蒸发率较小的场合，此距离允许适当加长，原则是不允许松铺表面有风干现象。

(3) 第3款：滑模摊铺机前的布料松铺系数取决于拌合物坍落度大小，即料的稠度。坍落度较小，料较稠，表观相对较松散时，应采用较大的松铺系数，反之亦然。实际施工时，须通过试验路段铺筑，得出最适宜的坍落度下的最佳松铺系数，并将其持续维持稳定，这样方可铺筑出高平整度的路面。

（4）第4款：卸料应堆放均匀，布料应使滑模摊铺机前横断面内既不欠料也不多料，料位高度位于螺旋布料器叶片最高点以下，最高料位高度不得高于松方控制板上缘。使用布料犁布料时，应按松方高度严格控制料位高度，这样既可减小摊铺机的摊铺负荷，又能维持机前、振动仓与挤压底板之间的压力始终平衡，方可铺筑出最好的稳定平整度。

（5）第5款：重交通以上荷载路面接缝采用前置钢筋支架施工时，有三项要求：一是支架固定不得因布料摊铺而向前推移和斜向位移；二是不得用自卸车直接在其上部卸料，当拌合物整体下落时，巨大的重量将冲击支架，并将其压垮和变位；三是提前应采用手持振捣棒振捣密实传力杆下部的混凝土。

7.4.3 滑模摊铺机起步时，应先开启振捣棒，在2～3min内调整振捣到适宜振捣频率，使进入挤压底板前缘拌合物振捣密实，无大气泡冒出破灭，方可开动滑模机平稳推进摊铺。当天摊铺施工结束，摊铺机脱离拌合物后，应立即关闭振捣棒组。

滑模摊铺机起步的操作要领是先开启振捣棒，并逐渐增加振捣频率，待振动仓内的料振捣密实后，再缓慢起步推进摊铺。原则是既要将端部混凝土振捣密实，又应防止空载烧毁振捣棒。

7.4.4 摊铺过程中应随时调整松方高度板位置控制摊铺机进料，保证进料充足。起步时宜适当调高，正常摊铺时宜保持振捣仓内料位高于振捣棒顶面100mm左右，料位高低波动宜控制在±30mm之内。

进料松方高度板一般控制在振捣棒以上100mm左右。料位高低上下波动宜控制在±30mm之内。为了摊铺高平整度的路面，挤压底板的料与振动仓内的混凝土之间，始终应维持相互间压力的均衡，才不至于挤压力忽大忽小而影响平整度。我国现有的滑模摊铺机松方控制板要由机手操纵，最新型的滑模摊铺机，松方控制板是通过振动仓设置的超声传感器反馈自动控制的，其平整度会更高。

7.4.5 滑模摊铺应缓慢、匀速、连续不间断地作业。滑模摊铺速度应根据板厚、混凝土工作性、布料能力、振捣排气效果等确定，可在0.75～2.5m/min之间选择，宜采用1m/min。

滑模摊铺机正常摊铺工况应为缓慢匀速而平稳摊铺，最高的平整度是在连续不间断而流畅摊铺过程中实现的。缓慢速度的控制应以进入挤压底板前缘拌合物无大气泡溢出为度，表明拌合物中大气泡已经排放完成，拌合物已被振捣密实，此时方可开始持续向前推进、挤压成型。

7.4.6 滑模摊铺水泥混凝土面层时，严禁快速推进、随意停机与间歇摊铺。

滑模摊铺面层时，决不可前方料多，追赶摊铺，料少而停机等待，间歇摊铺。须知摊铺速度越快，面板密实度越差；停机次数越多，摊铺机挤压底板静止压力造成降低平整度的横向槽越多，平整度越差。

7.4.7 滑模摊铺振捣频率应根据板厚、摊铺速度和混凝土工作性确定，以保证拌合物不发生过振、欠振或漏振。振捣频率可在 $100\sim183Hz$ 之间调整，宜为 $150Hz$。

此条规定了滑模摊铺机上超高频振捣棒的振捣频率调整范围和一般频率要求。$100Hz$ 就是 $6\,000$ 次/s，$183Hz$ 为 $11\,000$ 次/s。正常工况下，适宜振捣频率为 $150Hz$，即 $9\,000$ 次/s。摊铺板厚与拌合物稠度是两项最主要的影响频率设置的因素，目的是将进入挤压成型底板之前的混凝土全厚度振捣密实，并排净其中的大气泡。

7.4.8 可根据拌合物的稠度大小，采取调整摊铺的振捣频率或速度等措施，保证摊铺质量稳定。当拌合物稠度发生变化时，宜先采取调振捣频率的措施，后采取改变摊铺速度的措施。

滑模摊铺机适宜的摊铺速度宜控制在 $1.0m/min$ 左右。正常摊铺情况下，每小时可铺筑 $60m$ 左右，一个台班 $8h$ 铺筑 $500m$ 左右。板厚、稠度、布料快慢、振捣排气效果综合决定着铺筑推进的速度。

为确保面层的密实性，机手应根据拌合物的稠度大小、面层的密实情况，随时对振捣频率或速度进行必要的调整。调整时，一般是速度不变，先调整振捣频率。当频率调大，也达不到板底的密实性时，再减速摊铺；当频率调小，表面砂浆层仍然过厚时，应略微提高摊铺速度。表面出现裸露粗集料时，先调高振捣频率，再减速摊铺。

7.4.9 配备振动搓平梁时，摊铺过程中搓平梁前方砂浆卷直径宜控制在 $100mm\pm30mm$，应避免砂浆卷中断、散开或摊展。

本条为振动搓平梁前方用于修复传力杆与中央拉杆插入缺陷的砂浆卷正常尺寸及连续性等要求。避免砂浆卷出现中断、散开与稀砂浆三种非正常工况，一旦出现，应逐渐调整到恢复正常。只有在正常工况下，方可铺筑出高密实度与高平整度的水泥混凝土路面。

7 滑模摊铺机施工

7.4.10 应通过控制抹平板压力的方法,使其底部不小于85%长度接触新铺混凝土表面。

一般滑模摊铺机标准配置的抹平板长度有3.6m,85%长度接触表面时,抹平长度将达到3m,可保证3m直尺平整度符合规定,同时,又防止了抹出纵向棱槽。

7.4.11 在开始摊铺5~10m内,应在铺筑行进中对摊铺出的路面高程、边缘厚度、中线、横坡度等参数进行复核测量,必要时可缓慢微调摊铺参数,保证路面摊铺质量满足表7.3.6规定的要求。

摊铺开始,提出对所摊出的路面高程、厚度、宽度、中线、横坡度等技术参数进行测量、微调与校准的要求。所有微调与校准都应该在摊铺行进中缓慢地进行,不应停机调整、剧烈调整,防止出现严重影响平整度的棱槽。从摊铺机摊铺起步、调整到正常摊铺,应在1~2块面板(5~10m)之内完成。

7.4.12 滑模摊铺推进应匀速,平稳,滑出挤压底板或搓平梁的拌合物表面应平整、无缺陷,两侧边角应为90°,光滑规则,无塌边溜肩,表层砂浆厚度不宜大于3mm。除露石混凝土路面外,滑模摊铺水泥混凝土面层表面不应裸露粗集料。

滑模摊铺时的最优施工状态是持续流畅,脱离摊铺机的路面满足面层所有几何参数质量的规定,并无任何明显缺陷,无须人工再修整。这是所有滑模摊铺工地均应追求的摊铺目标。3mm为表面砂浆层厚度的规定,它既提供粗、细两级抗滑构造,又提高抗磨、抗冻等耐久性。表面砂浆层厚度过大时,砂浆的干缩是混凝土的20倍,将导致表面局部塑性开裂与脱皮,如图7-6所示;过薄时,表面较快磨损露骨,将导致高速行车欠安全。

图7-6 表面砂浆层过厚导致的干缩开裂

7.4.13 滑模摊铺采用传力杆插入装置(DBI)设置传力杆与拉杆时,应符合下列规定:

1 应安排专人负责对中横向缩缝位置,应一次振动插入整排全部传力杆。

2 插入传力杆时,应缓慢插入,防止快速插入导致阻力过大使滑模摊铺机整体抬升。

3 拉杆插入装置应根据一次摊铺的车道数和设计选用。与未摊铺水泥混凝土面层连接的拉杆应采用侧向拉杆插入装置插入；两个以上车道摊铺，在摊铺范围内的拉杆应采用拉杆压入装置压入。

4 中央拉杆可自动定位插入或手工操作在规定位置插入，应一次插入到位。

5 边缘拉杆应一次插入到位，不得在脱模后多次插入或手工反复打进。插入就位的拉杆应妥善保护，避免拉杆与混凝土黏结丧失。

对本条上述各款说明如下：

（1）第1~2款：此为滑模摊铺时，采用DBI插入缩缝传力杆的要求。应对中缩缝位置一次整排插入全部传力杆。施工中遇到的不利工况是拌合物过于干硬，边振边插也难于插入到位。轻者减小了履带的附着力，摊铺机推进困难，极端情况下可将整体滑模摊铺机抬升起来，摊铺机将不能前行，应加以防止。

（2）第3款：为滑模施工中间和两侧打拉杆的机械配件设置要求和施工规定，滑模施工时的侧向拉杆插入必须是机械配套装置在摊铺机上一次打入，不允许机铺后人工反复锤打。滑模摊铺是没有固定模板的快速铺筑方式，在毫无支撑的软混凝土路面边侧或中间打拉杆，造成塌边和破损是显而易见的。

（3）第4款：中间拉杆有前插和后插两种设置，前插应保证拉杆在摊铺机强力振捣时不移位；后插应尽量消除插入上部混凝土的破损缺陷，且应有振动搓平梁或局部振动板来保证修复插入缺陷。

图7-7 采用传力杆插入装置（DBI）滑模摊铺水泥混凝土路面

（4）第5款：用手工反复打进边缘拉杆时，不仅将造成无模板支撑的边缘出现局部溜肩与塌边现象，而且降低了拉杆的黏结强度，因此应予以防止。

采用传力杆插入装置（DBI）滑模摊铺水泥混凝土路面见图7-7。

7.4.14 摊铺上坡路段时，挤压底板前仰角宜适当调小，并适当调小抹平板压力；摊铺下坡路段时，前仰角宜适当调大，并适当调大抹平板压力。

在摊铺有纵坡的路面时，应及时调整超级抹平板的压力：上坡摊铺时，应调小前仰角和调轻压力。调整挤压底板前仰角是为了防止坡度大时，摊铺机过载，推不动，强行摊铺将别断履带。滑模摊铺机前后距离较长，上坡度较大时，抹平板压力自动加大，甚至会抹不动。下坡摊铺时，抹平板会自动悬空，而抹不上表面，因此，下坡时，应调大抹平板压力。无论上、下坡，应始终保持抹平板底面为85%接触状态，并保持挤压底板前仰角处在摊铺机负载的合理工况。

7.4.15 摊铺小半径水平弯道时，弯道外侧的抹平板到摊铺边缘的距离应向内调整，两侧的加长侧模应采用可水平转动的铰连接，不得固接。

摊铺小半径水平弯道时，弯道外侧的抹平板距离向内调整，目的是避免压垮外侧边缘，防止抹平板从路面上掉下来。加长侧模要求可水平转动铰接的目的是在摊铺急弯道路面时，避免内侧模板别坏边缘，并防止外侧模板悬空不起作用。

7.4.16 抗滑纹理做毕，应立即开始保湿养生。养生龄期不应少于5d，且混凝土强度满足要求后，方可连接摊铺相邻车道面板。履带在新铺面层上行走时，钢履带底部应铺橡胶垫或使用有橡胶垫履带的摊铺机。纵缝横向连接高差不应大于2mm。

履带上摊铺路面的时间一般应控制在养护7d以后，高温期施工时，养生龄期最短不得少于5d；低温期施工时，养生龄期最短不应少于7d。同时，履带底部应铺橡胶垫或使用有橡胶垫履带的摊铺机，防止履带损伤前幅路面。纵缝横向接铺高差不应大于2mm容易做到，问题是局部会低洼，雨天将存水，既影响纵缝的耐久性，又影响行车安全性，关键是接铺部位的前幅路面施工时，接铺边缘不允许溜肩，必须修整平整，方能连接平顺。

7.4.17 摊铺中应经常检查振捣棒的工作情况和位置。面层出现条带状麻面现象时，应停机检查振捣棒是否损坏；振捣棒损坏时，应更换振捣棒。摊铺面层上出现发亮的砂浆条带时，应检查振捣棒位置是否异常；振捣棒位置异常时，应将振捣棒调整到正常位置。

滑模摊铺过程中，及时发现故障振捣棒和调高振捣棒位置是防止路面出现麻面与极易开裂的砂浆条带的关键操作技术要领。

7.4.18 当摊铺宽度大于7.5m时，应加强左右两侧拌合物工作性检查。发现不一致时，摊铺速度应按偏干一侧进行微调，并采取将偏稀一侧的振捣棒频率调小等措施，避免局部过振。当拌合物严重离析或离散时，应停止摊铺，废弃已拌和混合料，查找并解决问题后，再重新开始摊铺。

双车道摊铺时，应按拌合物稠稀及时调整左右两侧振捣棒的振捣频率，此项要求仅在每个振捣棒的频率单独（单侧）可调整的摊铺机上可以实现。在某些振捣频率统一用1个旋钮调整的摊铺机上无法实现，需要确保拌合物坍落度始终保持一致，且运输时间保持基本一致，坍落度经时损失一致。

7.4.19 在不影响路面总体耐久性的前提下，可采取调整拌合物稠度、挤压底板前仰角、起步及摊铺速度等措施，减少水泥混凝土面层横向拉裂现象。

摊铺的路面出现横向拉裂现象的根本原因是振动仓内的混凝土没有被振捣为均匀液化的连续介质，整体过于干硬或局部软硬不均。路面一旦出现横向拉裂现象，应从如下几方面进行检查：

(1) 拌合物坍落度经时损失过大，停机等料时间过长，或拌合物局部或整体过于干硬，离析，集料粒径过大，不适宜滑模摊铺，或在该部位摊铺速度过快，振捣频率不够，混凝土未振动液化而拉裂。应提高振捣频率，并降低摊铺速度。

(2) 应检查挤压底板的位置和前仰角设置是否变化，前倒角时必定拉裂，前仰角过大，亦可能拉裂，应在行进中调整前2个水平传感器，即改变挤压底板为适宜的前仰角可消除拉裂现象。

(3) 拌合物较干硬或等料停机时间较长，起步摊铺速度过快，也可能拉裂路面。等料停机时间较长时，应每间隔15min开启振捣棒振动2~3min；起步摊铺时，宜先振捣3~5min，再缓慢推进。

应通过调整拌合物的稠度、操作、前仰角和起步速度几方面来防止拉裂现象，最重要的是料不得过干。以往使用施工坍落度较大的滑模摊铺机未发现拉裂现象，最近使用可施工低坍落度混凝土的机械，拉裂现象逐渐增多。应注意的是坍落度在0~10mm之间的混凝土，经常会产生拉裂现象。问题的严重性在于这种局部拉裂现象即便采用抹平板或人工抹平修复，也很难彻底修复为整体，表面不可见，内部仍然保留有微裂缝，一旦通车运营，在半年时间内，就会变成贯穿到底的施工断裂，因此，须高度重视。

7.4.20 当滑模摊铺机停机等料时间预计会超过运至现场混凝土的初凝时间时，应将滑模摊铺机迅速开出摊铺工作面，制作横向施工缝。

摊铺过程中，机手应明确拌合物的初凝时间，滑模摊铺机停机等料最长时间不应超过混凝土初凝时间的4/5。接近初凝时间时，应将滑模摊铺机迅速开出摊铺工作面，重做横向施工缝。否则，混凝土会硬化在滑模摊铺机中，清除硬化混凝土不仅会损伤滑模摊铺机，而且会造成混凝土损失浪费。此时，反应要快，通信应快捷，调度要快速，故障排除应迅速。

7.4.21 滑模摊铺时，应保证自动抹平板装置正常工作。局部麻面或少量缺料部位，可在搓平梁前补充适量拌合物，利用搓平梁与抹平板修平表面。

滑模摊铺过程中应采用自动抹平板进行抹面。自动抹平板是所有滑模摊铺机的标准配置，在铺筑过程中不应不使用。采用自动抹平板一是可修复无法避免的小缺陷；二是提浆防裂，并提高平整度。

7.4.22 滑模摊铺的水泥混凝土面层纵缝边缘出现局部倒边、塌边、溜肩现象，或表面局部存在小缺陷时，可用人工进行局部修整。修整作业应符合下列规定：

1　局部修整后应精确整平，整平用抄平器长度不应短于2m。
2　面层边缘应采用设置侧模或在上部支方形金属管，控制修整时的变形。
3　纵、横向施工接头处存在明显高差时，可整平后采用手持振捣棒振捣密实和水准仪测量，整平用的抄平器长度应不短于3m。
4　表面修补作业需要补料时，可使用从摊铺拌合物中筛出的细料进行，不得洒水、撒水泥粉。
5　不得采用薄层贴补的办法进行表面修补。

滑模摊铺过程中尚应进行下述局部缺陷的人工修整，保证铺筑出的路表面质量完全达标。

（1）第1款：用人工操作抹面抄平器抄平，并精整摊铺后表面小缺陷，抄平器横向长度宜为2～3m。由于检测平整度的标尺为3m直尺，抄平器长度最好为3m，把手长度可抹到摊铺路面宽度的中央或对面边缘。

（2）第2款：不规矩的边缘应人工修复。尽管某些滑模摊铺机有边缘超铺角的补偿配置，但大多数滑模摊铺机无此配置，而且拌合物的稠度经常发生变化，侧模滑出后，有一定坍落度及黏聚性欠佳的混凝土将导致纵向施工缝边缘出现塌边、溜肩、倒边现象。对此均应支边侧模板，进行修复、抹平与修边。

（3）第3款：滑模摊铺路面横向施工接头平整度欠佳是普遍现象，原因一是前次收头做低了，接顺时，出现了洼槽；二是新接头部位的拌合物未能振捣密实，平整度不达标。所以要求一要振捣密实，二要边检测边抄平，务求接头平整度达标。

（4）第4款：表面洒水将损失耐磨性，撒水泥粉将会起薄壳，均规定为"不得"。

（5）第5款：实践证明，滑模已摊铺出的面层表面贴补薄层是修补不住的，通车后很快整个贴补砂浆层将脱落。因此，规定不得贴薄层修补。

7.4.23 摊铺机开出后，应丢弃摊铺机振动仓内遗留下的纯砂浆，及时清洗、清除滑模摊铺机中的混凝土残留物。

当天摊铺结束，振动仓遗留下一定数量的纯砂浆，集中的厚砂浆极易开裂，不得用于施工接头，并应及时清洁滑模摊铺机，进行当日保养，并加足第二天施工用燃油和水。

7.4.24 横向施工缝可采用架设端模板的方法施做，并宜与胀缝或隔离缝合并设置，无法与胀缝合并设置时，应与缩缝合并设置。横向施工缝部位应满足面层平整度、高程、横坡的质量要求。

横向施工缝、合并胀缝与隔离缝收头部位均应架设符合规定的特制端模，端模上每根传力杆应有2个支点。如果传力杆位置失控，仅有个别传力杆倾斜，首先，混凝土硬化后端模脱不下来，强制拆模势必损伤横缝端部；其次，运营期间倾斜传力杆将顶坏路面，形成横向破碎带。横向施工缝、胀缝与隔离缝接头应满足路面平整度、高程、横坡和板长等几何尺寸的规定，防止低洼积水与行驶跳车。

7.4.25 施工缝端部两侧可采取架设侧模的方法，使侧边向内收进20～40mm，方便后续连续摊铺。侧边向内收进长度宜比滑模摊铺机侧模板略长。

任何滑模摊铺的路面一旦铺成，由于没有侧模约束，一定有5～15mm的胀宽，侧模再也装不进去了。因此，在施工结束时，两侧支撑模板须向内收进20～40mm，长度为一个摊铺机位，以便第二天开工时，滑模摊铺机前沿能够后退到接头部位摊铺，减少人工加工接头的工作量。

7.4.26 滑模摊铺机配备传力杆自动插入装置（DBI）时，应通过试验路段采用非破损方法对传力杆插入深度进行校准，施工中应进行传力杆精度复核。检测可使用钢筋保护层厚度测试仪或专用传力杆位置检测仪进行。

这是对DBI装置插入传力杆时的检测精度、复核、仪器的规定，传力杆必须设准确，否则在面板伸缩过程中，将顶坏缩缝及其附近的路面。

本节附件*

附7.4-1 贫混凝土基层铺筑时，除应符合滑模摊铺的相关规定外，尚应符合下列特殊规定：

---

* 由于细则的范围限定在面层，此条已被删除。为了便于读者使用滑模摊铺工艺施工高质量的贫混凝土基层，将此条在本手册中保留。

1 面层与贫混凝土基层摊铺的最短时间间隔应在7d以上。

2 贫混凝土基层表面应平整，不得有麻面、坑洞与鼓包，贫混凝土基层的3m直尺平整度不应大于4mm，合格率不应小于85%。

3 贫混凝土基层应锯切与面层接缝位置和尺寸相对齐的纵、横向接缝，不应不对缝，也不宜前错接缝。切缝深度不宜小于1/4板厚，最浅不应小于50mm，并切通到边缘。贫混凝土基层应使用沥青灌缝。

7.5 钢筋混凝土、连续配筋混凝土面层滑模摊铺机铺筑

7.5.1 铺筑前，应按设计图纸准确放样，标示出路面钢筋、路面板块、地锚梁和接缝等位置。

间断钢筋混凝土路面在10～15m处有接缝及传力杆，连续配筋混凝土路面有钢筋纵向焊接的地锚梁或伸缩缝，这些均需要准确放样或提前施工完成，方可开铺面板。

7.5.2 钢筋的加工应符合下列规定：

1 钢筋焊接和绑扎应符合国家相关标准中的规定。

2 钢筋混凝土面层宜采用集中预制的钢筋网，长度、宽度应符合设计的要求，其质量应符合国家相关标准的规定。

3 现场宜采用焊接方法制作钢筋网，其钢筋直径、间距应符合设计图纸的要求。

4 钢筋下料时，应严格控制钢筋尺寸，保证钢筋网的整体尺寸符合要求。

钢筋网焊接与绑扎技术要求应遵循现行国家或行业相关技术标准、规范或细则的规定。间断钢筋混凝土路面可直接使用工厂预制加工好的冷轧带肋钢筋网片，网片宽度应比车道宽度略小，长度宜符合间断钢筋网的要求，与普通钢筋网等强互换后使用。这是为了既提高钢筋网片的精度，又免除现场钢筋网焊接绑扎的大量工作量。连续钢筋混凝土路面及中桥以上的钢筋混凝土桥面，钢筋网片长度与宽度均较大，为了防止热天大长度连续钢筋网的温度膨胀导致纵向隆起，连续钢筋网不应全部焊接，应有可调整拱胀的绑扎连接，绑扎位置应交错布置，不应集中或对齐在一个横断面上。

7.5.3 钢筋宜采用预先架设方式安装，并应符合下列规定：

1 钢筋的安装高度应符合设计要求及现行《公路水泥混凝土路面设计规范》（JTG D40）的规定。

2 设置双层钢筋时,应严格控制钢筋保护层厚度。

3 钢筋混凝土面层缩缝传力杆与拉杆可借助钢筋网安装。应严格控制传力杆位置,其端部不得顶推钢筋。

4 钢筋网应采用钢筋支架架设,不得使用垫块架设。支架钢筋应保证钢筋在布料、摊铺时不会因拌合物堆压而产生下陷、移位,数量宜为 4~6 个$/m^2$。

5 钢筋网宜采用焊接方式与支架钢筋连接。

6 两端采用地锚梁的单、双层连续配筋混凝土面层,安装预制钢筋支架时,应采用钻孔锚固的方式与基层固定,支架钢筋锚入基层内的深度不宜小于 70mm。

(1) 单层钢筋网的安装高度是设计规范的内容,理应符合设计规范的规定。细则的建议是:单层钢筋网的安装高度应密切结合现场路基的实际情况,分控制裂缝与提高承载能力两种情况。路基稳固路段应按表面控制裂缝要求,将间断与连续单层钢筋网布置在离面板表面 50mm 左右的位置处;路基欠稳固的补强路段,间断与连续钢筋网应布置在离底面 30mm 的位置处。为了避免与设计规范冲突,此建议只写在本手册中。编者进行的单层钢筋网上的应力检测表明,路基稳固时,未开裂面板内的应力值足够小,水泥混凝土面板能够承担,在裂缝处的钢筋应力不会超过其屈服抗拉强度。但当路基局部沉陷时,中性轴以上处在混凝土面板受压区位置内的钢筋压应力也相当小,但处在受拉区裂缝位置处的钢筋应力相当高,受压区配筋不起作用,而在受拉区配筋才起作用。

单层钢筋网位置配在板厚中间,对于地锚梁锚固式钢筋混凝土路面有拉住作用,也有较高的拉应力,但对设伸缩缝的滑移式配筋混凝土路面,单层钢筋网处在中性轴位置时,钢筋应力很小,不起补强作用。单层钢筋网位置按上述原则,正常应配在上部,预计有路基沉陷部位应配在下部。施工中,应防止将设计配在上部钢筋网被混凝土堆压到中性轴位置。

(2) 双层钢筋网底部到基层表面应有不小于 30mm 的保护层,顶部离面层表面应有不小于 50mm 的耐磨保护层。其目的是尽量加大两层钢筋网间距,以利于增大面板对正负弯矩的抵抗能力。

(3) 钢筋下料四边缘尺寸应比路面板块小 50~70mm。钢筋混凝土面层缩缝传力杆与拉杆可借助钢筋安装在面板中间位置,传力杆端部不得顶推钢筋。

(4) 支架钢筋数量应为 4~6 个$/m^2$,这是钢筋网满足施工布料的刚度要求。砂浆垫块很容易被摊铺机巨大的前推力推掉,因此,不得使用垫块。

(5) 安装单层钢筋网时,支架钢筋上部应与钢筋网相焊接;安装双层钢筋网时,底部支架钢筋与两层间架设钢筋均应相焊接。

（6）连续配筋混凝土路面有设置地锚梁的锚固模式与设置伸缩缝的滑移模式两种，分别适用于不同的条件：

①设地锚梁的连续钢筋安装要求是架立钢筋应锚固在上基层中。目的是通过钢筋锚固均匀分散面层的细微裂缝，而不产生集中位移造成的有害宽裂缝。实践证明，锚固模式更适用于路基稳固的老路面加铺与改建。

②设伸缩缝的非锚固式钢筋的安装要求是架立钢筋应在夹层或封层表面可滑移。国内大量工程实践已经证明，非锚固模式更适应于路基欠稳固的新建连续配筋混凝土面层。

7.5.4 钢筋及钢筋骨架的质量控制应符合下列规定：

1 面层钢筋及钢筋骨架焊接或绑扎的允许偏差应符合表 7.5.4-1 的规定。

表 7.5.4-1 面层钢筋及钢筋骨架焊接或绑扎的允许偏差（mm）

项 目		焊接钢筋及骨架允许偏差	绑扎钢筋及骨架允许偏差
钢筋的长度与宽度		±10	±10
钢筋眼尺寸		±10	±20
钢筋骨架宽度及高度		±5	±5
钢筋骨架的长度		±10	±10
箍筋间距		±10	±20
受力钢筋	间距	±10	±10
	排距	±5	±5

2 钢筋焊接搭接长度，双面焊不应小于 5d（d 为钢筋直径），单面焊不应小于 10d。钢筋绑扎搭接长度不应小于 35d。

3 同一垂直断面上焊接或绑扎钢筋的数量不宜超过断面钢筋总数的 25%，相邻钢筋焊接或绑扎接头应分别错开 500mm 或 1 000mm。纵向连续钢筋宜每隔 30m 设置一处绑扎接头。

4 路面、桥面钢筋及钢筋骨架安装位置允许偏差应符合表 7.5.4-2 的规定。

表 7.5.4-2 路面、桥面钢筋及钢筋骨架安装位置允许偏差（mm）

项 目		允许偏差
受力钢筋排距		±5
钢筋弯起点位置		20
箍筋、横向钢筋间距	绑扎钢筋及钢筋骨架	±20
	焊接钢筋及钢筋骨架	±10

续上表

项 目		允许偏差
钢筋预埋位置	中心线位置	±5
	水平高差	±3
钢筋保护层	距表面	±3
	距底面	±5

钢筋混凝土路面与桥面中的钢筋、钢筋网及钢筋骨架的安装应符合一般钢筋混凝土结构的规定。相邻钢筋焊接或绑扎接头错开500mm或1 000mm，是为了防止面层在同一个横断面开裂时钢筋被拉断；同时，也为了防止热天高温时，钢筋网的膨胀隆起。

7.5.5 摊铺前应检验安装好的钢筋和钢筋骨架，确认钢筋加工合格，安设位置符合要求，架设牢固，无贴地、隆起、变形、移位、松脱和开焊等现象后，方可开始滑模摊铺施工。

钢筋网及钢筋骨架埋置在混凝土路面中，必须检验合格后，方可开铺混凝土面层，以确保其质量。

7.5.6 钢筋混凝土、连续配筋混凝土面层应采用布料机或上料机进行供料与布料，并保证安装完毕的钢筋不被混凝土或布料机压垮、变形或贴底。严禁任何机械在已安置好的钢筋上行走、碾压。

间断钢筋与连续配筋混凝土路面在滑模铺筑时，滑模摊铺机前方已经安装架设了钢筋网，又不允许被车辆压贴底，所以必须在滑模摊铺机前配备供料及布料机械设备，否则既不能保证钢筋位置，又无法正常摊铺。

7.5.7 单层配筋的钢筋混凝土面层可采用两次布料的方式，在两次布料间隙安置钢筋网。连续配筋混凝土面层应采用钢筋支架预设安装，整体一次机械布料。

单层间断钢筋网片的尺寸有限，细则参照美国和法国相关规范，允许采用先布底层混凝土，人工放置钢筋网，再布上层混凝土，滑模摊铺机一次振实施工的模式摊铺。但当接缝设置传力杆时，应一次将钢筋网与传力杆支架安装到位来摊铺，这样钢筋的设置精度更高，质量更有保证。

7.5.8 拌合物应卸在布料机的料斗或上料机的料箱内，再由机械从侧边运送到位。钢筋上的拌合物堆应尽快布匀。

本条为有上料或布料箱时的施工要求，我国缺少此专用设备，大部分采用皮带机输送拌合物,这时对钢筋架设刚度和滑模摊铺机布料的要求较高。

7.5.9 混凝土坍落度相同时,钢筋混凝土的松铺厚度宜比水泥混凝土面层大10mm,滑模摊铺机行走速度宜适当降低,并宜采取用人工振捣的方法,在摊铺前振实钢筋网以下的混凝土。

钢筋网的阻隔对钢筋下部混凝土的振实有一定影响,为了保证振捣密实度而采取减小稠度措施,坍落度略增大后,由于有钢筋网约束,即使没有模板的滑模摊铺,也不会发生塌边现象。当拌合物较干硬或等料时间过长,局部拌合物较干硬时,宜采用人工振捣钢筋网底部混凝土的方式施工,确保钢筋混凝土路面的密实度与整体性。

7.5.10 滑模摊铺钢筋混凝土、连续配筋混凝土面层时,振捣棒的横向间距宜为250~350mm,板厚大、料偏干,用较小值;反之,用较大值。振捣棒频率不宜低于167Hz。应准确控制振捣棒位置,避免振捣棒碰撞或扰动钢筋。

振实对于配筋混凝土路面是需要高度重视的问题。我国在使用滑模摊铺机铺筑连续钢筋混凝土路面时,已经发生过由于钢筋网阻隔振动波传递,局部拌合物偏干,振捣棒位置又在表面以上,铺筑完成后的连续钢筋混凝土路面局部不密实的现象。这样的施工缺陷破损速度很快,挖开修补的难度很大,一经发现必须进行面板自身的灌浆修复。此条,一方面规定了加密振捣棒的横向间距为250~350mm;另一方面,振捣棒频率可调的滑模摊铺机应将频率由9 000次/min(150Hz)提高到10 000次/min(167Hz)左右缓慢摊铺。

7.5.11 钢筋混凝土或连续配筋混凝土的施工缝宜设置在横缝位置或连续钢筋端部处,不应在钢筋网内或连续铺筑的整条钢筋内中断摊铺。

连续配筋和配筋混凝土路面最忌摊铺过程中断,尽管可采取中断部位加强配筋,但毕竟是混凝土面板的冷接头,在冷接头位置肯定开裂,而且裂缝宽度较大,因此,要尽量避免。

连续配筋混凝土面层被迫中断摊铺时,应设置横向施工缝,并对施工缝增加配置补强钢筋,其长度应为1.5~2.0m;直径、间距与数量应与连续钢筋相同,且横向施工缝距最近横缝的距离不宜小于5.0m。

7.5.12 在摊铺钢筋混凝土面层时,应在缩缝位置处做出明显标记,保证纵、横缩缝切缝位置的准确性。

每张钢筋网距缩缝或侧边缘距离应为50~70mm,并应有明显标志。

7.5.13 连续配筋混凝土面层宜整体摊铺，按车道宽度切纵缝。不具备横向整幅摊铺条件时，宜进行设计变更，按等强互换原则设置纵缝拉杆。

连续配筋混凝土面层横向分幅连接摊铺，不得不切断钢筋时，应按等强互换设置纵缝拉杆。2~3车道整体摊铺的路面板钢筋应整体连续，并按车道宽度切纵缝，纵缝不应切割钢筋，且不宜切割车道标线。

从设计理论上讲，连续配筋混凝土面层双车道8m宽度可不切纵缝。大量工程经验表明，不切纵缝经常会导致疲劳纵裂，原因是计算理论并未考虑高速、一级公路的路基边坡遭遇雨雪水渗入后横向过湿沉陷导致的较大横向附加弯曲变形，在车轮作用下面层具有较大的横向弯曲附加应力，这个应力导致纵向疲劳断裂。由此，连续配筋混凝土面层均应按车道宽度切纵缝，并填缝，将面板宽度限制在4m左右来防止纵裂。

7.5.14 连续配筋混凝土路面地锚梁的施工除应符合现行《公路桥涵施工技术规范》（JTG/T F50）的规定外，尚应符合下列规定：

1 应按设计位置、尺寸和数量开挖地锚梁槽，并避免超挖。超挖量较多时，应在混凝土浇筑前对超挖部位进行修补。

2 地锚梁中伸出的钢筋应与面层钢筋相焊接，地锚梁混凝土应采用振捣棒分层振实，并与面层浇筑成整体。

3 地锚梁与面层混凝土合拢温度宜为20℃~25℃，或在年平均气温时合拢。

当设计采用两端锚固结构形式，连续配筋混凝土面层施工时，应在每端部设置3根横向地锚梁，在整体连续配筋混凝土面层两端共设置6根地锚梁，而且是必须在所有基层完工后，开挖整宽断面的横向沟槽，安装钢筋笼后，再浇筑地锚梁的混凝土。地锚梁伸出的钢筋必须与面层纵向钢筋相焊接。地锚梁上部的混凝土面层应与相连的钢筋混凝土面层齐平，并做好其平整度。

7.5.15 连续配筋混凝土路面宽翼缘工字钢梁的施工除应符合现行《公路桥涵施工技术规范》（JTG/T F50）的规定外，尚应符合下列规定：

1 应按设计图纸枕垫板尺寸在基层上挖槽，安装钢筋骨架，浇筑钢筋混凝土枕垫。

2 安装并焊接宽翼缘工字钢后，方可摊铺两侧的混凝土面层。

3 面板端部与工字钢槽内连接部位应以胀缝填缝料填塞。

宽翼缘工字钢梁实质上是设置在锚固式连续配筋混凝土路面上的一种改进胀缝，垂直跨越宽翼缘工字钢梁的3m直尺平整度不应大于4mm。宽翼缘工字钢梁不适应滑模摊铺机连续施工，效果不及伸缩缝，已经逐渐有被伸缩缝替代的趋势。但当设计图纸有宽翼缘工字钢梁时，应按此条的规定进行施工。应明确在连续配筋水泥混凝土路面端部设计宽翼缘工字钢梁的目的是：释放很长的连续配筋混凝土路面累积的干燥收缩与温度收缩变形与开裂，提高行车舒适性。

7.5.16 连续配筋混凝土路面伸缩缝的施工可使用软做、硬切、预留间隙等方法。

连续配筋混凝土面层端部伸出的纵筋长度不应小于 $35d$，并应与伸缩缝钢筋相焊接。应使用体积掺量不小于 0.8% 的钢纤维混凝土浇筑伸缩缝两侧，振实并修整伸缩缝的两侧表面及边角。垂直跨越伸缩缝的 3m 直尺平整度不应大于 4mm。

连续配筋混凝土路面端部设置伸缩缝的目的是：提高面板与基层的跟随性，防止面板底部出现过量的脱空，使连续配筋混凝土路面累积的干缩与温缩变形能够自由伸缩，将交工通车前的非荷载裂缝控制到最少或基本不出现，不仅提高行车舒适性，而且尽量消除导致早期损坏的宽裂缝。

7.5.17 采用软做法施工伸缩缝时，应在伸缩缝位置安装工作缝端模，端模应在每根纵向钢筋位置处钻孔，并将钢筋伸出端模。端模附近混凝土应采用振捣棒振捣密实，并抹平到平整度满足要求。拆端模时应避免造成边角损坏。

与桥面安装伸缩缝一样，在绝大多数情况下，连续配筋混凝土路面上的伸缩缝应该在滑模摊铺后专门另行软做。滑模摊铺时，应预留伸缩缝位置，使用带孔的工作缝端模板。连续配筋混凝土路面使用伸缩缝时，推荐与桥面一样在伸缩缝两侧使用钢纤维混凝土，以提高车轮跨越伸缩缝时的冲击韧性和使用年限。

7.5.18 采用硬切法时，可先摊铺通过伸缩缝位置，待第二天摊铺前，切割并凿除伸缩缝位置的硬化混凝土，切割混凝土不得啃边和造成边角损坏，钢筋下部混凝土应凿除到底，切割顺直度与垂直偏斜均不应超过 10mm。

滑模摊铺机连续铺筑通过伸缩缝位置，第二天再用硬切并凿除该部位的混凝土，平整度会更好，也是国外普遍使用的方法。

7.5.19 采用预留间隙法时，间隙两侧应架设两个工作缝端模，间隙宽度应满足设计型号伸缩缝安装预留宽度的要求，并宜在当地年平均气温时浇筑混凝土合拢。

连续配筋水泥混凝土路面端部伸缩缝的施工,原则上与桥梁伸缩缝施工相同,可先预留间隙,由专业队伍另外施工,也可由滑模摊铺的施工队伍按上述规定安装伸缩缝。

7.6 纤维混凝土面层滑模摊铺机铺筑

7.6.1 采用滑模摊铺机铺筑纤维混凝土面层,纤维混凝土拌合物从出料至运到现场的允许最长时间应比表6.4.2的规定适当缩短。当纤维混凝土拌合物凝结时间不能满足施工作业时间要求时,可采取在配合比中掺加缓凝剂或调整现有配合比中缓凝剂掺量等措施延长凝结时间。

纤维混凝土中由于纤维的架立作用,在相同水灰比条件下,拌合物坍落度较小,且坍落度经时损失较快,即使不是热天施工,一般气温下亦需要掺配缓凝剂或增大其掺量方可顺畅铺筑。

7.6.2 纤维混凝土面层布料与摊铺除应满足滑模摊铺水泥混凝土面层要求外,尚应符合下列规定:

1 所采用的机械布料与摊铺方式,应能保证面层内纤维分布的均匀性、连续性。

2 布料松铺高度应通过试铺确定。拌合物坍落度相同时,宜比相同机械施工方式的水泥混凝土面层松铺高度高10mm。

3 在浇筑和摊铺过程中应严格控制混凝土的配合比,不得因拌合物工作性不足调整混凝土用水量。可采用表面喷雾措施减少表层蒸发的影响。

4 新摊铺混凝土中发现纤维结团应立即剔除。

5 在一块面板内的浇筑和摊铺不得中断。

对本条中的重要款说明如下:

(1)第2~3款:纤维混凝土比较干硬,滑模摊铺时,宜适当加大坍落度10mm,并严禁随意在纤维混凝土表面洒水,以免表面耐磨性严重丧失。

(2)第4款:纤维混凝土中纤维的结团非常有害,除了损失纤维混凝土匀质性以外,若纤维团块正好顶在挤压底板处,滑模摊铺表面将拉出较大的纵向沟槽,严重破坏表面。为消除拌合物中的纤维结团现象,可以采用以下三种有效措施:一是所选用纤维的外形与长度应适宜搅拌与摊铺,符合细则第3.8节路用拌和纤维的规定;二是搅拌时,在每座拌和楼的输料皮带上用撒布机均匀撒布纤维,不得成箱或成包直接倒进搅拌锅;三是运输、布料和摊铺过程中发现纤维局部结团时应立即剔除。

（3）第5款：纤维混凝土在一块面板内的浇筑和摊铺不得中断，因为中断摊铺的部分的混凝土是没有纤维连接的施工冷缝，极易开裂。由于施工故障而不得不中断摊铺的纤维混凝土路面又不设缩缝传力杆时，宜在切缝时重新调整切割缩缝位置，原则是最短可为正方形面板，但不得切成极易纵向断裂的横向窄条面板。

7.6.3 纤维混凝土面层的振捣与整平应符合下列规定：

1 滑模摊铺机铺筑纤维混凝土面层时，振捣频率不宜低于167Hz。

2 每根振捣棒底缘应严格控制在面层表面位置以上，不得插入路面纤维混凝土内振捣。

3 整平后的面层表面不得裸露直立、上翘的钢纤维。

4 铺筑纤维混凝土面层时，应开启滑模摊铺机提浆夯实杆或搓平梁，以便将拌合物中纤维压入或揉搓进表面砂浆层之内。

各款说明如下：

（1）第1款：振捣频率不宜低于10 000次/min（167Hz），并应适当减慢摊铺推进速度，宜控制在0.5~1.0m/min范围内，是为了确保纤维混凝土振捣密实度。

（2）第2款：纤维混凝土不得将振捣棒插入面板内部振捣，只能贴近表面振实。这是保证混凝土中的纤维在表面分散均匀性的措施。

（3）第3款：规定钢纤维混凝土面层整平后的面层表面钢纤维不直立、不翘头，是为确保钢纤维混凝土面层运营的安全性，避免路面磨损后裸露的钢纤维扎轮胎。

（4）第4款：表面不裸露和少裸露纤维的措施是使用带振动夯实杆的摊铺机，无此夯实杆的摊铺机振动仓内的钢纤维混凝土应得到充分振捣，并通过搓平梁揉搓，使绝大多数钢纤维借助较大自重振捣下沉并搓入到砂浆层内部。无论采用何种工艺均应确保铺装层纤维钢筋混凝土桥面的密实性、表面平整度及与基底的良好黏结，并应将钢纤维压进表面以内，以确保行车安全。

7.6.4 纤维混凝土面层宏观抗滑构造应使用刻槽方式，微观抗滑纹理可使用拖麻袋等软拉方式制作。软拉制作微观抗滑纹理时不得拖出纤维或留下纤维拖行的棱槽。

为防止贴近表面的纤维被拉出损坏抗滑沟槽，纤维混凝土面层的宏观抗滑构造只能硬刻槽。但细观抗滑纹理必须软拉制作，亦需要防止将纤维拖出，或拉出深槽。一经发现表面有拖行纤维留下的棱槽，应立即去除再拖。

7.7 桥面混凝土滑模摊铺机铺装

7.7.1 桥面混凝土采用滑模摊铺机摊铺时,应根据桥面铺装结构和对材料的要求,合理选择摊铺设备。宜采用与相邻路面水泥混凝土相同的滑模摊铺机,连续摊铺。必要时,应对滑模摊铺机在桥梁上铺筑时的结构安全性进行验算。

桥面钢筋混凝土铺装层与水泥混凝土路面相比,厚度薄得多,是整个公路带状构造物中较为薄弱的部位,也是最早损坏、必须经常返修的部位。为了提升桥面质量,并延长桥面返修年限,细则推荐高速、一级公路桥面铺装层与路面一样采用滑模摊铺工艺进行。滑模铺装桥面铺装层时,可采用布料机、滑模摊铺机与拉毛养生机铺装钢筋混凝土桥面,见图7-8;也可仅用1台滑模摊铺机,并使用硬刻槽机刻纵向抗滑构造。

图7-8 采用布料机、滑模摊铺机与拉毛养生机铺装钢筋混凝土桥面

为确保滑模摊铺机上桥铺装桥面的安全性与平整度,滑模摊铺机铺装桥面前,应验算总质量45~60t大型履带滑模摊铺机上桥铺装时桥板、翼缘板的承载能力和裸梁挠度,承载能力应符合裸梁的计算承载力要求,裸梁挠度应符合最大挠度变形演算的要求。

7.7.2 铺筑前,应按设计要求完成桥面铺装钢筋的安装。钢筋宜采用焊接连接,不宜采用绑扎连接。不得因摊铺宽度不足或设置施工缝而切断纵、横向钢筋。

桥面铺装层中的钢筋网安装在设计上必须满足其抗裂要求,提升横向刚度和抵抗两端剪应力之综合作用。应该明确的是,桥面铺装层是一种破损很快的高应力结构层,而不仅仅只是保护梁与提供舒适性的功能层。

桥面铺装层厚度薄、应力高、变形大，在任何情况下，均应设置完整钢筋网，不应缺失钢筋或切断钢筋网。桥面铺装层中设置的钢筋，宜使用冷轧带肋钢筋网，可使用焊接网，不宜使用绑扎钢筋。采用冷轧带肋钢筋与焊接网的目的是提高桥面钢筋的整体质量。桥面钢筋应在整个桥面铺装层内连续，不得因铺装宽度不足或停工而切断纵、横向钢筋。不能由于施工原因而切断钢筋是为了保持钢筋的整体性，特别梁板之间后浇连接带较弱，应加强钢筋的横向抗扭转刚度。

7.7.3 桥面铺装层中的钢筋应按设计与预留钢筋连接。用于支撑桥面铺装钢筋网的架立钢筋数量宜为 $4\sim 8$ 根$/m^2$，在梁端或支座部位剪应力较大处宜取大值。

桥面铺装层采用单层钢筋网时，横向钢筋应位于纵向钢筋之上，横向钢筋直径、数量和间距不宜小于纵向钢筋。

采用双层钢筋一次铺装时，除底层钢筋应与架立筋焊接外，上、下层钢筋亦应焊接。上层钢筋设置应满足抗裂要求，钢筋直径宜小不宜大，间距宜密不宜疏。

桥面单层钢筋与双层钢筋的上层，主要作用是横向分布荷载并抵抗开裂。因此，抗裂钢筋应靠上布设，且抗裂钢筋直径宜小不宜大，间距宜密不宜疏。

采用双层两次铺装的钢筋混凝土桥面，防水找平层中应设置1层钢筋，并应在找平层混凝土中预埋架立钢筋头，并与上层钢筋相焊接。

桥面铺装层中的钢筋应与预先锚固在梁板顶面或预埋在找平层中的架立钢筋相焊接，锚固架立钢筋数量应为 $4\sim 8$ 根$/m^2$。在梁端或支座部位剪应力较大处，宜取大值；反之，可取小值。

当主梁与桥面共同承受弯曲荷载时，桥面铺装层与梁翼缘板之间有较大的剪应力，仅靠两层混凝土之间的黏结，在长期疲劳作用下层间抗剪及抗分层能力是远远不够的，主要依靠锚固架立钢筋来抵抗。因此，锚固架立钢筋数量应按计算的剪应力大小来配备，梁端剪应力最大，应加密。

7.7.4 滑模摊铺机履带上、下桥的台背阶梯部位应提前铺设混凝土坡道，长度不宜短于钢筋混凝土搭板。混凝土坡道应振捣密实，强度应满足摊铺机行走的需要。

桥面铺装前，宜做如下准备工作：

（1）桥头搭板底部应具有坚实的路基与基层，过渡板底部应具有与路面相同的基层与封层。

（2）桥头搭板可采用双层钢筋搭板或设枕梁、纵向加强肋的单层钢筋搭板。

前者常用厚度宜为300~450mm，后者宜与路面厚度相同。搭板的最短边长不应小于6m，搭板长边应包括桥涵与路面的斜交长度。

（3）桥头搭板与路面之间应设置单层钢筋混凝土矩形过渡板。过渡板厚度可与路面相同，长度可按桥头路基填方高度设置，最短不应短于6m。

（4）滑模摊铺机履带上、下桥的台背阶梯部位应提前2~3d铺设混凝土坡道，长度不宜短于钢筋混凝土搭板。

高速公路、一级公路双层钢筋混凝土搭板与普通水泥混凝土路面相接时，应设置长度不小于10m的单层钢筋混凝土过渡板。实际运营的路面观测表明，路面总有沉降，而桥台不沉降，此处是车轮上下桥梁冲击荷载较大、较集中，也是最早、最容易破坏的部位，因此需要设钢筋补强过渡板。设置过渡板的目的，一是减少桥头沉降造成的路面破损；二是减少桥头跳车量，使车辆过桥更加舒适平稳。

7.7.5 路面、过渡板、搭板与桥面滑模摊铺机连续摊铺时，基准线设置应符合下列规定：

1 设置在路面、过渡板、搭板与桥面两侧的基准线应连续顺直，设置精度应满足表7.3.6的规定。

2 桥面铺装时的基准线桩可与桥梁上的锚固钢筋临时焊接固定，外侧有护栏时，可依托护栏架设基准线。基准线桩间距，直桥不应大于10m，弯桥可缩短为5m。

3 利用基准线复核校验桥面铺装层厚度时，应符合本细则第7.3.8条的规定。

钢筋混凝土桥面、搭板、过渡板与路面必须共用两侧平顺的基准线，只有这样，滑模铺装后的桥面在高速行车条件下，才能感觉不到车辆正在行驶过桥面。因此，其基准线设置及复核精度要求应与路面相同，只是基准线桩不是钉入基层，而是临时焊接在梁板锚固钢筋上。

7.7.6 待铺装的裸梁或防水找平层的表面应进行凿毛或进行表面缓凝露石粗糙处理。凿毛后表面采用铺砂法测定的平均构造深度不宜小于1.0mm；表面缓凝露石粗糙处理露石面积不宜小于70%。粗糙处理后的表面应清洗干净，洒水湿润，不得积水。

本条规定了铺装表面打毛的露石面积、平均构造深度及清洁度的具体要求，与设锚固架立钢筋规定的共同目的是使桥面铺装层与其底部黏结牢固，提高抗剪能力，保证不分层，防止早期破损。

设计上，对桥面铺装层所用的混凝土有如下规定：

（1）桥面铺装层和搭板混凝土强度设计指标应为抗压强度，其强度等级不应低于主梁翼缘板，且不小于C40。

（2）用于桥面铺装的混凝土中不宜掺粉煤灰，但应掺缓凝型高性能减水剂或缓凝高效减水剂，有抗冰（盐）冻要求时还应复配引气剂。腐蚀环境下宜掺矿渣粉。

按钢筋混凝土梁的横截面设计理论，桥面和主梁粘紧共同承受弯矩时，处于最顶部正弯矩区的桥面是压应力最大的部位。为了防止桥面混凝土被压碎，桥面混凝土强度等级不应低于主梁翼缘板，且不小于C40。路面混凝土抗压强度满足要求时，可直接采用，不符合此要求应使用满足桥面抗压强度规定的配合比。桥面与主梁在荷载作用下联合动作产生挠度时，桥面是受压区最上缘，其拉、压应力是最大的部位。当桥面混凝土强度等级低于主梁翼缘板时，桥面将首先被压碎或拉裂。

桥面铺装混凝土的上、下面均是极易干透的临空面，不具备粉煤灰长期水化所需要的湿度条件，因此不推荐桥面混凝土中掺粉煤灰，但可根据防腐蚀要求与可能，掺加快硬早强型磨细矿渣粉或少量硅灰掺合料。

7.7.7 钢质履带的滑模摊铺机直接在梁顶或护栏底座表面行走时，应采用胶垫进行防护。

当重型滑模摊铺机履带行走在裸梁表面时，如箱梁中部，各种梁板边部、或梁板后浇结合部均相对薄弱，有被钢履带压碎之可能，应垫橡胶垫妥善防护。

7.7.8 桥梁护栏应在桥面滑模铺装前安装完毕。

为确保桥面滑模铺装时的施工安全性，细则明确规定应先安装桥梁护栏，后铺装桥面。靠近并行的高速、一级公路分幅桥面铺装时，应采用加高滑模摊铺机主桁架的横向跨越护栏的施工方式。外侧纵向施工缝应设置在桥面与硬路肩结合部。将滑模摊铺机一侧履带跨到未铺装的桥面上行走，以减少1条桥面施工纵缝，提高桥面铺装层的整体性与使用耐久性。

7.7.9 滑模摊铺机侧模底部的纵向施工缝位置应架设半模板，半模板上部应按横向钢筋直径和数量预留开口。铺装剩余桥面前，应拆除半模板，并不得损伤路面边角。

由于整体钢筋的阻隔，滑模摊铺机两侧侧模是落不到底的。为了保持桥面良好的横向刚度，不允许由于施工原因而增加纵向施工缝的数量与切断整体钢筋网，所以应在滑模摊铺机侧模底部设置半模板。半模板应预留钢筋穿过的向上的开口孔，在确保钢筋整体性前提下，解决摊铺机强振捣烈度与强大挤压力时的侧向严重漏料难题。钢筋上部由滑模摊铺机的侧模滑出。

7.7.10 滑模摊铺机铺装桥面时，混凝土布料除应符合本细则第7.5.6～7.5.9条的规定外，尚应符合下列规定：

1 运料车应在铺装区域以外行进，并应由专人指挥卸料。
2 拌合物可利用挖掘机或输送机跨越护栏布料。

钢筋混凝土桥面铺装的运送与布料难度远大于水泥混凝土路面，独立的桥梁限定在同一幅桥面上运输混凝土时，不得碾压钢筋网，必须预留侧向运输车辆行进位置。两幅贴近并行的桥梁往往需要翻越护栏方可使用机械将拌合物送进桥面铺装位置。所以，事先应进行详细而周密的施工组织规划与设计，提出铺装方案，并按合适的方案进行铺装。

7.7.11 滑模摊铺机连续铺装桥面与路面时，除应符合本细则第7.4、7.5节相关规定外，尚应符合下列规定：

1 滑模摊铺机在连续摊铺过渡板、搭板、桥面和伸缩缝时，振捣频率应加大到167Hz以上，摊铺速度宜控制在0.75～1.0m/min范围内。
2 滑模摊铺机上、下桥面，应及时调整侧模高度，避免边缘漏料。
3 桥面铺装层的铺装厚度应采用平均厚度与极限最薄厚度双控措施，厚度平均值偏差应控制在+20mm、-5mm之内，局部极限最薄厚度偏差应控制在-20mm以内。
4 滑模摊铺钢筋混凝土搭板厚度超过300mm时，应先浇筑并用手持振捣棒振实底部，再使用滑模摊铺机摊铺上部。

不能同时满足平均厚度与极限最薄厚度两项规定时，应在保证翼缘板厚度的前提下，凿除突起部分。凿除亦不满足两项规定时，应适当调高桥面铺装基准线。此时，桥梁两端应进行顺坡，顺坡长度不应小于全长的1/150。

实际上，我国水泥混凝土桥面铺装的最主要及最常见的质量问题是极限最薄厚度没有得到有效控制，铺装最薄（有的局部仅30mm）的部位出现提前破损。根据桥梁反拱和横向梁间的实际错台情况，一般桥面铺装层极限最薄厚度不应小于100mm，不满足时，需局部凿平，翼缘板过薄不能凿或反拱等部位不允许凿时，应上调铺装高程线，调坡线应在搭板以外的路面上进行，且坡降比不大于1/150。

这里需强调一下我国公路钢筋混凝土桥梁预制和架设时，一定要考虑和兼顾桥面铺装的技术要求，常见问题有两个：

（1）桥梁翼缘板上无设计横坡。无论板梁、箱梁和T梁，其上部翼缘板都有1m左右的宽度。桥面按明流排水要求都设计有2‰的横坡，1m宽梁左右横坡高差就有20mm，桥梁预制时，模板与钢筋骨架上应有设计横坡，否则梁架上去，两片梁翼缘板之间纵向湿接头部位就有20mm的横向台阶。

（2）预应力梁的反拱控制不同，差别较大，跨中梁板表面高程高低不平，最大能相差50mm。

当桥面铺装控制局部极限最薄厚度100mm时，不得不调整基准线的情况较多见，往往是最薄厚度控制住了，桥梁支座部位局部最大厚度可超过300多毫米，桥梁上不仅铺装严重不均匀，受力和变形极不一致，而且导致桥面铺装增加的恒载很大，使用年限大打折扣。所以，桥面铺装优良的前提是梁架设完毕后，裸梁表面必须具备良好的铺装条件，首先做好梁的预制和架设，梁间纵向湿接头和梁端反向预应力施工完毕，裸梁表面应有基本平整度的要求，纵、横面平整度不应大于20mm。

7.7.12 桥面各种接缝施工应符合下列规定：

1 桥面与搭板相接时，在台背顶面应按设计要求设置胀缝、伸缩缝。

2 铺装前，应安装稳固台背隔离缝与胀缝中接缝板，板高宜低于桥面高程20mm。

3 桥面铺装后，应剔除接缝板上部未硬化混凝土，并安装齐平接缝板上的木条，修整平表面并捣实接缝板两侧的混凝土。

4 桥梁伸缩缝位置底部应设隔离层，并应在桥面铺装硬化后，切出伸缩缝安装间隙，并剔除其中混凝土。

5 桥面支座处负弯矩部位应切缝，并按设计要求对其进行加筋补强。每跨内横缝间距宜一致，最大长度不宜大于6m，最短长度不宜小于板宽。桥面宜按车道宽度切纵缝。

6 横向连接铺装桥面，施工纵缝应采用双重防水措施，先粘防水密封条或涂沥青，再填充填缝料。

对上述各款说明如下：

（1）第1款：为了适应桥头路基沉降，在有限沉降后桥头不跳车或少跳车，并防止路面与桥梁之间的温差膨胀相互推挤，搭板、过渡板、路面三者之间设有2道胀缝。胀缝钢筋笼不得缺失，可由两侧钢筋补足钢筋笼配筋。为了防止推挤时将搭板顶起来，台背顶面搭板位置应设竖向螺纹锚固钢筋。

（2）第2款：为使接缝板不阻碍滑模摊铺，接缝板的安装高度应低于铺装表面20mm，而且应安装稳固，不应被摊铺机推动位移。

（3）第3款：为了保证胀缝板边角不被施工车辆碾坏，应先湿安装临时木条，最后再用胀缝填缝料填缝。

（4）第4款：伸缩缝底部除设置隔离层外，两侧硬切割。再安装伸缩缝钢结构，伸缩缝混凝土中应加入不少于体积掺量0.8%的钢纤维，采用钢纤维补强增韧混凝土，配合使用减水率≥15%的高效或超高效的减水剂。伸缩缝部位钢纤维混凝土强度等级不应低于桥面铺装层，且不低于C40。伸缩缝应由专业队伍安装施工。

双层配筋的桥头搭板是整个路面与桥面中配筋最强的部位，所以，桥涵斜交长度、两桥涵之间等矩形板长布置后的剩余尺寸均应在搭板内调整。斜交搭板应按长、短边均分切横缝，不得切为矩形加三角形，应是渐变梯形双层钢筋混凝土搭板，这样就在路面、桥面和过渡板上均能保证疲劳寿命相同的矩形面板。

（5）第5款：在梁端承受负弯矩部位的桥面，其局部最大拉应力在桥面表层，一定会开裂，所以，应切横缩缝，并进行钢筋补强。无论何种混凝土桥面均宜按车道宽度切纵缝，这是桥面在长期疲劳荷载作用下防纵裂的规定。

（6）第6款：桥面最容易从铺装施工纵缝漏水，造成一系列耐久性损害，因此，规定桥面铺装层施工纵缝应有双重防水措施。

7.7.13 钢筋纤维混凝土桥面滑模铺装时，混凝土坍落度应较一般路段增大20～30mm。振捣不密实时，不得强行摊铺或现场洒水再摊铺。

在极重、特重和重交通荷载各级公路的混凝土桥面上，可按抗裂性与耐久性规定，掺用适量符合细则第3.8节要求的各种纤维，其配合比设计可按细则第4.3节纤维混凝土进行，并应同时检测其抗裂性及抗压强度。

从桥面铺装层增强抗裂、荷载分布与层间剪应力的要求出发，规定桥面混凝土中无论是否掺纤维、掺用哪种纤维或掺量多少，桥面铺装层中钢筋网均必须设置与锚固，不得缺失。

钢筋纤维混凝土有钢筋阻隔，本身较难于振实，因此，既应采用减水率足够高的缓凝高效减水剂或缓凝型、减缩型聚羧酸高性能减水剂，适当加大施工时的坍落度20～30mm，又应加快铺装施工的速度与衔接节奏，保证桥面钢筋上的各种纤维混凝土易于摊铺。

7.7.14 铺装钢筋纤维混凝土桥面时，挤压底板前方宜配备压入纤维的夯实杆或搓平梁，滑模摊铺机振捣频率宜不低于183Hz，铺筑速度宜控制在0.75～

1.0m/min，应缓慢匀速、不间断地推进。

钢筋纤维混凝土桥面有纤维与钢筋的双重不利影响，有相当大的铺装难度。滑模摊铺机超高频振捣棒的最高振捣频率为200Hz，最低摊铺速度为0.75m/min，已经用到了接近极限。为防止烧坏振捣棒，一般不能长时间使用最高频率。由于桥面铺装层较薄，实际证明，滑模铺筑高质量的双钢（钢筋加钢纤维）混凝土桥面很成功，实际使用年限可达15年。

7.7.15 分幅桥梁桥面滑模铺装时，可采取将滑模摊铺机一侧履带延伸至另一幅桥面上行走铺装的方法，减少桥面纵缝。

7.8 隧道水泥混凝土面层滑模摊铺机铺筑

隧道是公路工程中的控制性咽喉，隧道内水泥混凝土路面的质量对保证全线畅通相当重要。国内多年来的二级公路隧道的工程实践表明，隧道内水泥混凝土路面使用落后的小型机具工艺施工，质量往往不及机铺沥青路面，翻修时间过短，翻修次数过多。在翻修期间，对交通的影响过大，经常造成严重的交通堵塞。这对高速公路国道主干线而言，是不能容许的，必须改进隧道内水泥混凝土路面的铺筑工艺，使用滑模机械化工艺摊铺，切实提高和保证隧道水泥混凝土路面的质量，做到不翻修或尽量少翻修。

7.8.1 隧道水泥混凝土面层铺筑时应配备照明设施。灯具的设置应避免形成照明死角，并应避免妨碍面层摊铺。

公路隧道在铺筑水泥混凝土面层时，一般情况下，照明及通风系统设施尚未安装，为了满足摊铺路面的能见度要求，应配备施工的照明设施，长大隧道还宜配备通风设施，以利于面层铺筑的正常开展。

7.8.2 混凝土运输车宜在隧道外掉头，后退到摊铺位置卸料。长大隧道可在停车区掉头。

此外，隧道面层铺筑时的混凝土运输宜选用吨位适宜的翻斗车。

7.8.3 隧道内基准线应设置在不阻碍滑模摊铺行进的位置。后幅连接摊铺时，宜将基准线桩固定在前幅路面横缝内。基准线设置精度应符合表7.3.6的规定。

隧道内基准线可设置在履带内侧或外侧不阻碍滑模摊铺行进的位置。后幅连接摊铺时，应将基准线架设杆临时固定在前幅路面横缝内。固定在前幅路面缩缝内的架设杆底部应使用角钢焊接，先将角钢别进缩缝，再使用木楔固定牢靠。

7.8.4 隧道内施工应考虑空间限制条件，选择较小型的布料设备与适宜布料方式。

全幅摊铺时，隧道内滑模摊铺机前应采用小型挖掘机、推土机正向布料；半幅摊铺时，可使用小型布料机侧向布料。

7.8.5 隧道水泥混凝土面层宜采用全宽滑模摊铺机一次摊铺，路面宽度较大时，应采用宽幅滑模摊铺机摊铺，减少纵向接缝。

双车道隧道混凝土路面施工机械的选择原则上与水泥混凝土路面相同，但是在同等条件下，隧道路面的施工方式建议比水泥混凝土路面略高级些。这是由于隧道内路面养护维修困难，采用更高级的施工方式可以保证隧道路面的耐久性。此外，三辊轴施工隧道内路面时，大水灰比的表面水泥砂浆较多，这样容易带来的问题是隧道内路面的耐磨性不佳，磨损出的水泥浆粉尘较多，影响特长和长大隧道内照明及驾驶能见度。在三辊轴与小型机具施工方式下，抹面时，正值拌合物泌水期，新拌混凝土路表面泌水直接增大表层砂浆水灰比，而大水灰比将导致面层耐磨性变差。滑模摊铺混凝土路面是在泌水期之前完成了饰面，泌出的水分会在抗滑沟槽中流失，而不增大表面水灰比。因此，滑模摊铺不仅弯拉强度与平整度优良，而且表面耐磨性比三辊轴与小型机具高得多。已使用 20 年的滑模摊铺水泥混凝土路面，仅有行车道部位的均匀磨损，而不出现磨坑。耐磨性提高，表面脱落的水泥粉尘减少，改善了隧道内的空气质量、能见度和光源照度。水泥混凝土路面是白色路面，反射光线，明亮度高于沥青黑色路面，更加节省照明电能。

7.8.6 隧道内连续配筋或钢筋混凝土面层宜分幅摊铺，利用未摊铺部分进行拌合物运输及供料。

隧道路面结构设计选用连续配筋或钢筋混凝土面层时，由于预先架设安装的全宽钢筋网对混凝土运输及布料的阻隔，不宜全宽铺筑，可在侧面预留运输及布料设备行走及停放位置，分幅供料，两次横向连接摊铺。

7.8.7 隧道水泥混凝土面层滑模摊铺时，滑模摊铺机的一侧或双侧履带可行走在边沟盖板上。边沟墙及盖板应进行强度验算，必要时可加厚并配筋，保证

7 滑模摊铺机施工

结构安全。

为了最大限度地减少隧道面层纵向接缝的数量,分幅铺筑时滑模摊铺机的一侧或全幅铺筑时滑模摊铺机双侧履带应行走在隧道边沟盖板上。边沟墙应坚固,边沟与路面之间的尺寸偏差应控制在10mm以内,盖板应经过验算适当加厚并配筋,应足以承担滑模摊铺机一半自重。

7.8.8 滑模摊铺方式应根据隧道内两侧边沟条件选择,并按下列要求对滑模摊铺机进行调整:

1 滑模摊铺机全宽铺筑,隧道路面表面与侧沟顶面处于同一高程时,应拆除两侧边模板或将其提升到顶,利用边沟侧墙控制混凝土铺筑范围。

2 滑模摊铺机全宽铺筑,当隧道侧沟顶面高于路面表面时,应调整滑模摊铺机挤压底板与其他工作部件悬挂位置以满足摊铺需要,并应拆除两侧边模板。

3 滑模摊铺机分两幅摊铺时,履带行走在基层上的一侧应保留边模板,履带行走在边沟盖板上一侧应拆除边模板,调整机架为水平状态。

对上述各款说明如下:

(1)第1款:这种隧道路面铺筑称为零位整宽摊铺方式。

(2)第2款:这种隧道路面铺筑称为下位整宽摊铺方式,见图7-9。

(3)第3款:这种隧道路面铺筑称为非对称连接摊铺方式。

图7-9 滑模摊铺机采用下位整宽摊铺方式准备开始铺筑隧道路面

隧道内滑模摊铺的三种施工方式目的是充分利用边沟和滑模摊铺机的可装配性,从而最大限度地减少易早期损坏的施工纵缝的数量。

7.8.9 隧道内水泥混凝土面层滑模摊铺施工应根据面层结构与材料类型,

按本细则相应章节的规定进行。

根据多年的公路隧道水泥混凝土路面的工程实践经验，施工最便捷、最适宜的隧道路面结构是纤维混凝土路面，而非每条缩缝插传力杆的路面、钢筋混凝土或连续配筋混凝土路面。细则规定的纤维混凝土面层有两种：补强纤维混凝土与抗裂纤维混凝土路面。补强纤维混凝土路面显然是可不设置缩缝传力杆的，因为跨缝纤维数量足够，具有较强传荷能力。补强纤维混凝土路面成本较高，当投资受限时，可使用比满足抗裂要求略高的钢纤维或玄武岩纤维掺量，以保证在不插传力杆的条件下，在保证抗裂纤维混凝土路面的接缝传荷能力的同时，切实延长2～3倍的疲劳循环周次及疲劳使用寿命。

{ 本节附件 }

附7.8-1 隧道水泥混凝土路面铺筑除符合上述施工规定外，尚应符合下列设计规定：

1 隧道口内、外均为混凝土面层时，隧道口外应按桥涵构造物规定设置双层钢筋混凝土搭板和单层钢筋混凝土过渡板，对隧道洞口路面进行补强。大量工程实践证明，未补强的洞口路面使用不到1年就破损了。

2 隧道内外、刚柔两种路面相接时，除应符合《公路水泥混凝土路面设计规范》(JTG D40—2011)图5.5.3的两种路面相接的构造补强规定外，相接第一块面板与插入沥青路面底部的面板均应适当配筋，配筋量应由设计确定。

刚柔两种路面在隧道洞口相接段的构造布置宜参照附图7.8.1进行。洞口外应设置长度不短于6m的双层钢筋混凝土搭板，相接沥青路面底部过渡段应设置阶梯状单层钢筋混凝土过渡板，过渡板的长度不应小于3m。台阶应按沥青底面层厚度预留，过渡板上最薄应有中面层加顶面层两层厚度。过渡板之间缩缝设$\phi 25@400mm$长700mm螺纹钢筋拉杆相连。搭板与洞内混凝土面层之间应设置1道胀缝。

3 极重、特重、重交通荷载等级的隧道混凝土面层应设置横缝传力杆与纵缝拉杆。掺量大于0.60%的钢纤维混凝土面层切割纵、横缩缝内可不设拉杆与传力杆。分幅摊铺的各种面层纵向施工缝应设置拉杆，分次摊铺的横向施工缝应设置传力杆。

掺量大于0.60%的钢纤维混凝土面层中，钢纤维具有相当强的传荷与拉住能力，切成的纵、横缩缝可不设传力杆与拉杆。各种混凝土面层包括连续配筋混凝土路面、补强与抗裂纤维混凝土路面，分幅或分次摊铺的施工缝内均应设置拉杆与传力杆。此时，拉杆已经不需要拉住作用，主要是提供侧向传荷能力，从而提高面层的疲劳使用年限。

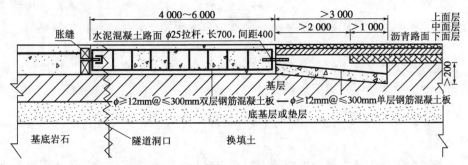

附图 7.8.1 刚柔两种路面在隧道洞口相接段的构造布置（尺寸单位：mm）

7.9 收费广场、服务区水泥混凝土路面滑模摊铺机施工

为了有效延长收费站广场和服务区路面的使用寿命，国内外绝大多数使用的是水泥混凝土面层。由于选用的路面结构较为薄弱，又缺乏相应的施工规范规定，所以破损较多也较快。为了解决这些问题，专门编写此节以规范其设计与施工，以利于提升公路交通行业为公众服务的形象。

7.9.1 收费广场、服务区水泥混凝土路面采用滑模摊铺工艺施工时，应根据工程特点和规模，合理选择施工设备。工程规模较小且类型较多时，宜采用能够适应多种结构的施工设备。

收费站广场混凝土面层纵缝应对中收费墩尖端，并宜采用钢筋、连续配筋或纤维混凝土面层。正常收费墩之间的宽度为 5.5m，超宽收费墩有 6.5m 宽，已经大大超出了水泥混凝土面板极限宽度。我国有相当多数量的收费站广场混凝土面层以 4m 宽度布置，结果必定使轮迹处在纵缝最不利荷载位置，致使收费站水泥混凝土路面破损很快。应强化其路面结构及接缝设计，延长翻修年限。

7.9.2 收费广场除应符合前述混凝土面层滑模摊铺规定外，尚应符合下列规定：

1 收费广场路面宜根据路面板块划分情况分条，隔条施工。铺筑隔条时，应拆除或将两边侧模升到顶。铺筑后至滑模摊铺机行驶的最短时间间隔不宜少于 7d。

2 收费广场路面与主线路面等宽部分宜使用滑模摊铺机连续铺筑。收费墩内变宽与加宽边部可使用三辊轴机组铺筑。

7.9.3 收费广场变宽段采用滑模定宽方式摊铺时，宜采用滑模摊铺机摊铺行车道与超车道，加宽段与硬路肩可使用小型滑模摊铺机或三辊轴机组摊铺。

收费广场宽度较大，水泥混凝土路面的板块布置宜符合附图11.1.2的规定，与路面同宽及长度较大的部分可使用滑模摊铺机连续或跳仓铺筑，滑模摊铺机施工无法到达的部分可使用三辊轴机组施工。

7.9.4 收费广场面层纵缝、横缝、胀缝所用的接缝材料应符合耐油性与耐火性的要求。

车辆在收费广场内经常加减速、制动与起步，漏油较多，排气管有明显的火焰，其填缝料应检测耐油性与耐火性能，并满足要求。

7.9.5 服务区及其连接线水泥混凝土面层宜采用滑模摊铺机铺筑。服务区水泥混凝土路面不宜低于二级公路的质量要求，连接线路面应符合相应等级公路水泥混凝土路面的质量要求。

服务区水泥混凝土路面宜符合下列设计规定：
（1）服务区及其连接线水泥混凝土路面结构的设置不应低于重载二级公路的要求。潮湿地段应设排水垫层，严寒与寒冷地区应设防冻垫层。
（2）服务区内水泥混凝土面层宜分为重载货车停车区与轻载货车停车区，采用不同的面层与基层结构层厚度，不得缺失基层。重载货车停车区的基层不宜少于2层。
（3）服务区及其连接线水泥混凝土面层宜采用滑模摊铺铺筑，可采用三辊轴机组铺筑，路面铺筑质量及验收标准应符合二级公路水泥混凝土路面的要求。

我国高速公路服务区的水泥混凝土路面由于极重货车长期作用，破损较快，较为严重。原因是相关规范缺失设计和施工要求，细则明确了服务区路面的各项技术规定。

本节附件

附7.9-1 收费广场混凝土面层滑模摊铺除应符合细则第7.9.2条的规定外，尚应符合下列规定：

1 广场混凝土面层纵缝中应插拉杆；横缝中应配传力杆。收费岛前、后与广场变宽路面处应各设一道胀缝。

2 广场隔仓铺筑时，施工纵缝侧面应采取双重防水措施，且应设置纵横排水暗沟，其底部应有足够排水的坡度，并应与边缘排水沟接通。

3 广场各种混凝土面层的抗滑技术规定应符合表 11-1 高速公路特殊路段的规定。

为了不阻碍滑模摊铺，一般情况下，应调整施工组织顺序，先铺筑广场面层，再做收费墩及其建筑物。车辆经常在收费站广场路面上加减速，其路面抗滑构造规定应按特殊路段控制。收费站广场路面等特殊路段，抗滑构造深度应按高指标控制。在严寒与寒冷地区，宏观抗滑构造可刻梯形槽或半圆形槽。这主要是为了防止冬季的冰冻胀提前破坏宏观抗滑构造而提出的特殊表面构造规定，梯形槽或半圆形槽在遭受冰冻胀时，有向上的分力，而不似矩形槽，全部冻胀力均是水平向的构造破坏力。

7.10 路缘石、护栏等滑模摊铺机施工

在公路工程中，混凝土路缘石、路肩石、浅碟形排水沟与护栏的使用数量和规模巨大。迄今为止，尚无对这些构造物的施工技术要求，致使这些构造物工程质量较差，破损较快较多，且外观欠美观。为了解决这些问题，同时又不另行编制专门规范，细则特别编写了此项内容，供执行时参照。

7.10.1 水泥混凝土路缘石、路肩石与排水沟拼装施工及滑模摊铺前，应设置基准线。基准线设置及精度等应符合本细则第 7.3 节的相关要求。

7.10.2 水泥混凝土路缘石、路肩石与浅碟形排水沟可采用滑模摊铺机悬臂连体摊铺或专门滑模摊铺机摊铺。采用滑模摊铺机悬臂连体摊铺硬路肩及路缘石时，最大悬臂摊铺宽度不应大于 2.75m。其模具外形应设置 2°~3°前大后小的挤压喇叭口，并应配备专用振捣棒振捣密实。

路缘石、路肩石与浅碟形排水沟的滑模摊铺成功的关键在于设置前大、后小的挤压成型喇叭口，不设置喇叭口时，即使混凝土已经振捣密实了，也形不成挤压力，缺乏周边及表面挤压力作用时，制作不成所需的光滑外观。大量实践表明，喇叭口前方加大的适宜角度为 2°~3°，过小，挤压力不足，外观差；过大，滑模摊铺阻力过大，并容易造成横向拉裂现象。

7.10.3 滑模摊铺机推进前，应保证振动仓内料位充足。滑模摊铺时，应先振捣密实，再起步前进，保证混凝土挤压成型效果满足要求。

滑模摊铺路缘石、路肩石与浅碟形排水沟时，首先必须使模具内的混凝土振动液化，并将大气泡排除，模具进口前沿的混凝土已经被振捣密实后，方可启动，前进摊铺。

7.10.4 突起路缘石或浅碟形排水沟与边坡排水沟相连接部位，应在混凝土硬化前挖掉路缘石或浅碟形排水沟外侧，并抹成与泄水槽顺接的喇叭口。连接部位应排水通畅、接口圆滑，不得积水与阻水。

突起路缘石与浅碟形排水沟常用集中明流排水，要求软做其与边坡排水沟的侧向接口，等到混凝土硬化后，将无法制作出排水通畅、接口圆滑的接口。

7.10.5 现场浇筑路缘石、路肩石与浅碟形排水沟时，应在浇筑段和起终点设置稳固的模板。

路缘石、路肩石与浅碟形排水沟现场浇筑时，全线与起终点均应设置模板。模板的安装精度应符合面层的规定。

7.10.6 滑模摊铺与现浇路缘石、路肩石、浅碟形排水沟的接缝施工应符合下列规定：

1 硬路肩横缝应与行车道面层横缝对齐。硬路肩与路缘石连体滑模铺筑时，路缘石横缝应与硬路肩一次连续切成。

2 滑模摊铺路缘石、路肩石与浅碟形排水沟时，应设置横向缩缝。

3 浅碟形排水沟切缝形状、尺寸和填缝料宜与路面相同。

4 路缘石紧贴硬路肩拼装的纵缝宜使用与路面相同的填缝料填缝。

对上述各款说明如下：

（1）第1款：路缘石与硬路肩连体一次摊铺时，如果不将相连接的行车道、硬路肩、路缘石三者的横向缩缝对齐，拉杆或整浇混凝土将使缩、胀开裂变形相互传递，一般是先拉裂最薄弱的路缘石，依次是硬路肩和行车道被拉断裂，硬路肩和行车道的断板损坏应通过正确的切缝进行有效防控。

（2）第2～3款：单独的混凝土路缘石、路肩石与浅碟形排水沟纵向过长时，在温差与湿差作用下，也一定断裂。为防止其无规则断裂损坏，亦要求切缝与填缝，并与路面相同。缩缝长度宜为5～10m，年温差较大地区宜取小值；反之，宜取大值。切缝深度不应小于50mm，宽度不应大于3mm。

（3）第4款：路缘石紧贴硬路肩拼装的纵缝过去习惯使用砂浆勾缝，砂浆缝使用不到1年，便开裂漏水，故细则推荐使用路面填缝料填缝。

7.10.7 护栏的基准线可设置在护栏内侧不阻碍滑模摊铺机行进的位置。桥梁护栏基准线桩可与梁顶预留锚固钢筋临时焊接。护栏的基准线设置精度应符合表7.3.6的规定。

混凝土护栏的截面形状、高度、配筋率等应由交通工程设计确定。公路护栏的混凝土强度等级一般为C30左右，至少应配3根光圆钢筋。公路护栏具体混凝土强度等级及其配筋率应符合车辆对护栏防护能量的设计要求。

7.10.8 桥梁护栏应按设计要求配备钢筋笼，钢筋笼应与边板底部伸出的钢筋相焊接，底部应与边板混凝土连接牢固。

桥梁护栏防护能量远高于公路护栏，一般设计有与梁板牢固连接的密集钢筋笼。由于钢筋笼的阻隔，滑模摊铺时，其混凝土振捣密实难度较大。由于此原因，国内桥梁护栏绝大多数使用支模现浇方式施工，但在美国及欧洲发达国家，有密集钢筋笼的桥梁护栏也使用滑模施工工艺，国内需要借鉴其先进的振捣密实工艺细节，确保桥梁护栏混凝土的密实度、表面光滑度及外观质量。

7.10.9 滑模摊铺公路护栏时，应在护栏中上部配1根、底部两侧各配1根直径不小于14mm的连续光圆钢筋，钢筋接头应焊接并打磨平滑。3根钢筋应滑移穿进固定于护栏模具上的定位套筒内。

滑模摊铺公路护栏时，配置3根光圆钢筋并悬挂在模具中摊铺的要求，引自美国ACPA的相关规定。无钢筋时，将无法满足公路护栏防护能量的规定。护栏中钢筋直径和数量在我国已有碰撞试验结果的基础上，也可按我国交通工程相关标准的规定执行。但从施工便捷性出发，钢筋根数不宜增加过多，可按设计配筋率增大钢筋直径。

7.10.10 滑模摊铺混凝土护栏时，拌合物工作性应满足下列三项要求之一：
1 摊铺时拌合物的坍落度应为零；出拌和楼（机）的坍落度视气温高低与运距远近，宜控制在15～30mm之间，运距长时，用大值。
2 摊铺时拌合物的振动黏度系数宜控制在700～900N·s/m^{2}之间。
3 摊铺时拌合物的维勃时间宜为10～15s。

滑模摊铺护栏成功的关键是控制其摊铺出的护栏高程始终能够维持稳定，而不因自重塌落。拌合物的工作性极其重要，细则给出了三项工作性推荐范围，设计配合比时，应计入坍落度运输损失。经验不足时，可在试验室实测拌合物上述三项工作性指标，并定性评价黏聚性是否为优良。实际摊铺时，可使用其中的一项指标进行控制与评定。

7.10.11 摊铺过程中，应始终维持机前拌合物工作性稳定不变，并易于摊铺。

拌和楼出口拌合物工作性可根据运距长短、气温高低适当微调。摊铺过程中，应始终维持试铺机前拌合物工作性稳定不变，即使有微量塌落，也应维持塌落量一致，这样才能保持稳定不变的高程与外观质量。

7.10.12 护栏混凝土配制强度等级和配筋应符合现行《公路护栏安全性能评价标准》（JTG B05-01）和设计的要求，单位水泥用量不宜低于150kg/m³，砂率不宜小于36%，并应掺适量Ⅰ、Ⅱ级粉煤灰、矿粉等提高拌合物黏聚性及胶材总量。粉煤灰、矿粉的适宜掺量应通过试验和试铺确定。

护栏既要拦住车辆，又要对驾乘人员、车辆和护栏本身不造成较大的伤害，贯彻"以人为本"的人文关怀，护栏混凝土的强度等级宜低不宜高。但较低的混凝土强度等级，水泥用量过小，又不便于制作光滑饱满的护栏表面外观。为防止滑模施工出的混凝土护栏表面出现麻面坑槽影响美观，应采用粉煤灰超量取代以弥补胶凝材料总量之不足，用较高掺量的粉煤灰既确保了良好的外观质量，又不使护栏混凝土超强度。

7.10.13 严寒和寒冷地区护栏混凝土中应掺引气剂，拌合物含气量宜控制在4%±1%。

混凝土护栏是露天遭受风雨干湿、霜雪冰冻和车轮飞溅的除冰盐、融雪剂盐冻外露结构，必须有抗干湿、抗冰冻、抗盐冻等耐候性、耐久性的要求。因此，规定了护栏混凝土中应掺引气剂，并达到适宜含气量范围。这个含气量是保证护栏不被冻坏脱落与盐冻脱皮所必需的。

7.10.14 滑模摊铺混凝土护栏应符合下列规定：

1 滑模摊铺机振捣护栏混凝土时，拌合物的工作性应保证能够振动液化，并在推进持续时间内达到密实状态的要求。

2 护栏的摊铺速度应根据供料快慢、振捣密实程度、摊铺效果等控制，宜在0.75~1.5m/min之间。

3 摊铺过程中，振捣密实的混凝土脱出滑模模具时，护栏顶面塌落量不应大于3mm，并应在摊铺过程中始终维持恒定，不得塌落后再贴补薄层砂浆局部

7 滑模摊铺机施工

加高。

4 护栏表面气孔、局部麻面等缺陷可使用专用工具进行人工修整。

5 滑模摊铺公路护栏停止，需再纵向接铺时，应牢固架设刚度足够的端部垂直模板。

6 铺筑桥梁护栏时，在设钢筋笼的一个连续节段内，滑模摊铺不得中断。

7 摊铺开始和结束时，护栏端部应做成符合设计要求的圆滑纵向斜坡。

8 公路护栏纵向宜切缝，长度宜为5~10m；年温差较大地区宜取小值；反之，宜取大值。外周切缝最浅深度不宜小于40mm。缝宽不宜大于3mm。

9 公路护栏与硬路肩相接时，其底部应按设计要求设置横向排水孔，排水孔可用木模制作并安装牢固。

本条为滑模摊铺护栏时的施工细节规定，分别是振捣密实度、摊铺速度、高程控制、表面修整、端模板、头部做法、切缝与排水孔制作要求等。

> 本节附件

附7.10-1 路缘石、路肩石与浅碟形排水沟的混凝土强度、耐久性及外观质量应符合下列规定：

1 滑模摊铺、现浇及制品混凝土抗压强度等级不应小于C30，弯拉强度均值不应小于4.0MPa，并应符合附表7.10.1-1的规定。

附表7.10.1-1 各种混凝土路缘石、排水沟等的抗压强度与弯拉强度

	强度等级	$C_f6.0$	$C_f5.0$	$C_f4.0$	$C_f3.0$
弯拉强度（MPa）	平均值 ≥	6.0	5.0	4.0	3.0
	单块最小值 ≥	4.80	4.00	3.20	2.40
	强度等级	$C_c40.0$	$C_c35.0$	$C_c30.0$	$C_c25.0$
抗压强度（MPa）	平均值 ≥	40.0	35.0	30.0	25.0
	单块最小值 ≥	32.0	28.0	24.0	20.0

2 严寒与寒冷地区，滑模摊铺、现浇及制品混凝土中应掺引气剂，并将含气量控制在4%±1%。

3 制品的外观质量应符合附表7.10.1-2的规定。高速公路、一级公路应选用优等品，其他公路宜选用一等品。

附表7.10.1-2 预制混凝土路缘石、路肩石、浅碟形排水沟制品外观质量要求

项 目	优等品（A）	一等品（B）	合格品（C）
长度、宽度、高度（mm）	±3	+4 −3	+5 −3
平整度，垂直度（mm）≤	2	3	4
缺棱掉角最大投影尺寸（mm）≤	10	15	30
非贯穿裂纹最大投影尺寸（mm）≤	0	10	20
粘皮、脱皮，表面缺损最大面积（m²）≤	20	30	40
吸水率（%）≤	6.0	7.0	8.0
抗冻性：50次冻融质量损失率（%）≤	2	2	3
抗盐冻性：25次盐冻融质量剥落损失（kg/m²）≤	0.50	0.75	1.00
贯穿裂纹	不允许出现		
分层	不允许出现		
色差、杂色	不明显		

注：制品外观质量检测方法应符合现行《混凝土路缘石》(JC 899)的规定。

4 制品拼装与滑模、现浇施工外观质量应符合附表7.10.1-3（与细则表13.6.2相同）的规定，其基础与外侧填料应夯实。制品拼装应安砌稳固，顶面平整，缝宽均匀，线条直顺，曲线圆滑美观，表面无缺陷。

附表7.10.1-3 路缘石、路肩石、护栏、浅碟形排水沟施工外观质量要求

检验项目	滑模摊铺或现浇 允许偏差（mm）	预制拼装 允许偏差（mm）	检验方法和频率
平整度≤	4	5	3m直尺测，每200m⁴尺
顺直度≤	5	10	20m拉线：每200m测4处
宽度≤	±4	±5	尺量：每200m测4处
相接顶面高差≤	2		水准仪：每200m测4处
相接缝宽≤	±2		尺量：每200m测4处
相邻两块高差≤	—	3	水平尺：每200m测4处
相邻两块缝宽≤	—	±3	尺量：每200m测4处

附7.10-2 滑模摊铺护栏的平整度等外观质量应符合细则表13.6.2（即附表7.10.1-3）的规定。

滑模快速摊铺的混凝土护栏在我国高速、一级公路上有大量的应用需求，由于缺乏规范或细则，混凝土护栏工程无论数量和质量都有待提高。细则做出要求，以推进滑模摊铺混凝土护栏技术进步及其广泛应用。

8 三辊轴机组与小型机具施工

我国幅员辽阔,各地情况千差万别,三辊轴机组施工工艺比较适用于我国二、三、四级公路及县乡公路水泥混凝土路面的施工现状和技术水平。本章主要介绍三辊轴机组及小型机具施工工艺。

8.1 一般规定

8.1.1 三辊轴机组铺筑工艺可用于二级及二级以下公路的水泥混凝土路面面层、桥面和隧道混凝土面层的施工,也可用于高速、一级公路硬路肩、匝道、收费广场边板、封闭式中央分隔带、弯道超高加宽段硬路肩及局部异形面板等的施工。

本条规定三辊轴机组铺筑工艺的适用公路等级及其范围。

8.1.2 小型机具铺筑工艺可用于三、四级公路水泥混凝土面层的施工,不得用于隧道路面与桥面铺装。

本条规定将小型机具铺筑工艺限定在三、四级公路水泥混凝土面层,不允许使用在高等级公路混凝土面层、隧道混凝土面层和桥面铺装中。毋庸置疑,认真进行小型机具施工,也可建造质量相当不错的混凝土面层,但它毕竟受人为因素的影响很大,路面长期行车特别是重载所需要的匀质性难于完全保证。因此,加以限制。做高等级公路的水泥混凝土面层、隧道混凝土路面及桥面铺装时,最低应有三辊轴机组工艺装备,否则,不允许施工建造。

8.1.3 三辊轴机组与小型机具两种铺筑工艺的混凝土应采用集中搅拌。铺筑长度不足 10m 时,可使用小型搅拌机现场搅拌。严禁人工拌和。

这是对三辊轴机组与小型机具铺筑时拌和的最低要求。集中拌和时,拌和楼应具备计算机自动反馈控制系统。必须首先保证混凝土拌合物的高质量及其波动最小,并严禁手工加水与人工拌和。

8.1.4 三辊轴机组与小型机具铺筑时,混凝土拌合物的出机与摊铺坍落度应符合第4.2.3条的规定。

拌合物的出机坍落度与摊铺坍落度之间的差别取决于现场气温及运输时间造成的坍落度经时损失，应加强实测，并按铺筑时最适宜的坍落度加上当时气温下总运输卸料、布料所需时间确定出机坍落度值。

8.1.5 三辊轴机组与小型机具铺筑时，应加强各工序之间的衔接，振捣密实与成型饰面所需时间不得超过拌合物初凝时间。

应通过机械配套和工序之间的紧密衔接，既保证顺利铺筑，又满足面层弯拉强度、耐久性、平整度与几何参数等的规定。

三辊轴整平机属于小型机具的改进形式，是将小型机具施工时的振动梁和滚杠合并安装在有驱动力轴的一台设备上。它具有横纵向整平、浅表层振实、压实和提浆功能，不具备将中、下层混凝土振捣密实的功能。为了保证该工艺铺筑出的各种混凝土结构层的整体密实度，在一般施工场合，均应同时配备密集排列振捣棒的振捣机或其他辅助设备。

8.2 模板及其架设与拆除

8.2.1 模板应采用钢材、槽钢或方木制成。模板高度应为面层设计厚度，直线段模板长度不宜小于3m，小半径弯道及竖曲线部位可配备长度为3m的短模板。

三辊轴整平机与小型机具施工工艺均需要架设固定模板后，方可摊铺面层，使用量最大、最多的是边缘侧向模板。

首先规定的是模板的材质：要求用钢模板，由于薄木模的刚度偏小，作为平整度的表面基准，3m直尺5mm尚可，作为高速公路、一级公路平整度要求达到3m直尺不大于3mm显然难于满足；其次，木模吸水易于变形与破损，周转率低。因此，不应使用薄木模、塑料模板或其他易于变形的模板。碾压工艺施工可使用方木模。方木模与板式薄木模是不同的，它不仅更经久耐用，周转率较高，而且具有更大的对碾压推移的支挡力。

强调模板的高度应为面板设计厚度，否则，面板厚度无法保证。长度以人工便于架设为准，顺直段模板长度一般宜为3～5m，水平与垂直弯道段应使用较短的模板。同时，宜采用与设计板厚等厚的测板，两端的滚动轴依托在模板顶面，全摊铺路段拖过，不被托起，方可开工摊铺。

这些规定的来源一是法国规范对定模摊铺水泥混凝土路面的要求，其实际工程也是这样执行的;二是根据我国水泥混凝土路面施工的实际情况,认为水泥混凝土路面质量最大的问题是面板厚度没有被控制住。尽管《公路工程质量检验评定标准 第一册 土建工程》(JTG F80/1—2004)中规定的板厚代表值不小于－5mm,极值不小于－10mm,但是从实际水泥混凝土路面早期破损后挖开修复的情况看,远未达到此项要求。在水泥混凝土路面设计中,经过一套复杂的设计计算,得到的结果就是面板厚度,如果板厚不符合要求,任何质量和使用年限等都无从谈起。

鉴于此,施工上保证板厚是水泥混凝土路面的重要质量问题,从面板许厚不许薄的指导思想出发,提出了板厚控制方式及检测规定。目的是将板厚控制在摊铺前,定模摊铺在两侧模板架设好后,用测板全面检测;滑模摊铺在基准线设置好后,跨线量测,杜绝面板摊铺完后的返工现象。

8.2.2 纵向施工缝侧模板应按照设计的拉杆直径和间距钻拉杆插入孔,模板每米长度应设置不少于1处支撑固定装置。

模板的支撑固定装置可参见图8-1。模板加工与矫正允许偏差应符合表8.2.3的规定。模板固定装置有钢筋三角支撑和角钢斜支撑两种形式。均为实践中成功使用的固定方式。为了提高模板的架设稳固性,要求每延米模板设1处固定装置。

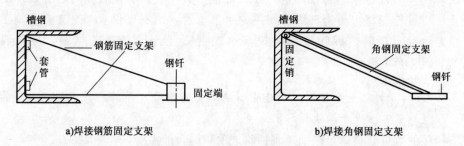

a)焊接钢筋固定支架　　　　　　b)焊接角钢固定支架

图8-1 钢模板焊接钢筋或角钢固定装置示意图

8.2.3 模板加工与矫正精度应符合表8.2.3的规定。

表8.2.3 模板加工与矫正精度

施工方式	高度偏差(mm)	局部变形(mm)	垂直边夹角(°)	顶面平整度(mm)	侧面平整度(mm)	纵向变形(mm)
三辊轴机组	±1	±2	90±2	±1	±2	±2
小型机具	±2	±3	90±3	±2	±3	±3

细则表8.2.3模板的加工及矫正精确度，按两种施工方式不同要求进行，一方面考虑三辊轴机组与小型机具在模板顶面的压力大小不同，但要求满足同样的平整度；另一方面，参考实际施工时所使用的模板已有精确度，综合确定。

8.2.4 横向工作缝端模板应按设计规定的传力杆直径和间距设置传力杆插入孔和定位套管。两边缘传力杆到自由边距离不宜小于150mm。端模板每米长度应设置1个垂直固定孔套。工作缝端模侧立面如图8.2.4所示。

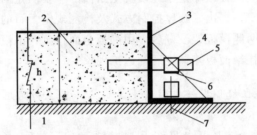

图8.2.4 工作缝端模侧立面

1-基层；2-混凝土路面；3-钢端模；4-定位套管；5-传力杆；6-支撑横梁；7-固定钉

横向施工缝端头模板上的传力杆设置精确度规定较高，施工横缝端头模板要求焊接传力杆定位套管及固定孔套，每根传力杆必须有模板孔与套管2个支撑点，方可控制每根传力杆纵向始终为水平位置，绝不可仅有1个支点。施工定位精确度不足时，拆除端模将损坏水泥混凝土路面的施工横缝，应认真对待。

8.2.5 模板数量应根据施工进度和施工气温确定，并满足拆模周期周转需要。模板总量不宜少于两次周转的需要。

模板的数量必须满足路面工程铺筑进度和周转的需要。

8.2.6 模板安装前应进行测量放样，并核对路面高程、面板分块、胀缝和构造物位置。路面中心桩应每20m设一处，水准点宜每100m布设一处。测量放样的质量要求和允许偏差应符合相关规范的规定。

该条为模板安装前的测量放样规定，每20m应设中心桩，每100m宜布设临时水准点，核对路面高程、面板分块、胀缝和构造物位置。测量放样的精度应符合相关规范的规定。

8.2.7 安装水平曲线与纵曲线路面模板时，应将每块短模板中点安装在曲线的切点上。

当铺筑水平与纵曲线路面时,模板的安装是通过小而短的连续切线实现曲线的,必须将模板长度的中点安装在曲线切线位置,才是既满足曲线要求,又最节省混凝土的一种模板架设方式。

8.2.8 模板应采用三角形木块调整高度。厚度不足时,可会同设计调整设计线,不得在基层上挖槽,嵌入安装模板。

规定"不得在基层上挖槽,嵌入安装模板",原因是我们已经发现某些低等级公路混凝土路面在支模时,有意识地在基层上挖槽,嵌入安装模板,偷料施工,侧面板厚合格,但中间板厚严重不足。这种现象必须杜绝,使用了"不得"加以限制。只有这样方可确保水泥混凝土路面的设计厚度、质量和使用年限。

8.2.9 模板应固定牢固,在振捣机、三辊轴整平机、滚杠等设备、机具往复作用下,不得出现推移、变形、跑模等现象。

模板高度和线形调整就位后,应打入钢钎将模板固定牢固,在振捣机、三辊轴整平机、滚杠等设备、机具往复作用下,不得出现推移、变形、跑模等现象。出现了这些现象就意味着损失了混凝土面层的外观尺寸或平整度等基本质量。

8.2.10 模板固定后,底部空隙宜采用干硬性砂浆填堵,相邻模板接头应粘贴胶带密封,并不得漏浆。与混凝土拌合物接触的表面应涂脱模剂或隔离剂。

模板底部的空隙不堵时,当振捣棒靠近模板振捣密实时,底部混凝土必定被振挤出来,无法保证面板边缘混凝土的振捣密实度。

8.2.11 模板的安装应平整、顺适、稳固,相邻模板连接应紧密平顺,不得错茬与错台。模板安装应在混凝土面层铺筑之前完成,并满足封模砂浆固化要求。

模板的安装应在混凝土面层铺筑之前完成,并满足封模砂浆固化要求。模板安装应平整、顺适、稳固,相邻模板连接应紧密平顺,不得错茬与错台。尤其是模板的错茬与错台必须防止,否则,无论是小型机具的振捣梁、滚杠或三辊轴整平机,均无法顺畅地在模板顶面往复操作。

8.2.12 模板安装精度应符合表8.2.12的规定。检验合格后,方可开始铺筑。

表 8.2.12 模板安装精度要求

检测项目[a]	三辊轴机组摊铺	小型机具摊铺
平面偏位（mm）≤	10	15
纵断高程偏差（mm）	±5	±10
摊铺宽度偏差（mm）≤	10	15
面层厚度（mm）≥ 代表值	−3	−4
面层厚度（mm）≥ 极值	−6	−8
横坡偏差（%）	±0.10	±0.20
相邻板高差（mm）≤	1	2
顶面接茬3m尺平整度（mm）≤	2，合格率不低于90%	2.5，合格率不低于90%
模板接缝宽度（mm）≤	2	3
模板垂直度（mm）≤	3	4
纵向顺直度（mm）≤	3	4

注：[a] 模板安装精度采用尺测或20m拉线检测。

8.2.13 模板拆除时，面层混凝土抗压强度不应小于8.0MPa。

拆模抗压强度不小于8.0MPa，是综合考虑拆模时既满足不损伤面层边角的要求，黏附在模板上的水泥浆又不致因黏结牢固而导致拆模困难。

8.2.14 当缺乏强度实测数据时，边侧模板的最早允许拆模时间应符合表8.2.14的规定。

表 8.2.14 水泥混凝土面层的最早允许拆模时间（h）

昼夜平均气温（℃）	−5	0	5	10	15	20	25	≥30
硅酸盐水泥、R型水泥	240	120	60	36	34	28	24	18
道路、普通硅酸盐水泥	360	168	72	48	36	30	24	18
矿渣硅酸盐水泥	—	—	120	60	50	45	36	24

注：允许最早拆侧模时间从混凝土面层精整成型后开始计算。

表8.2.14中的最早允许拆模时间是按面层混凝土所用的水泥品种根据大量的施工经验确定的。碾压混凝土无论做面层或基层，其最早允许拆模时间宜符合表8.2.14第1栏的规定。碾压混凝土拌合物相当干硬，拆模时间可比普通混凝土适当提前。

8.2.15 模板拆卸应使用专用工具。拆模不得损坏板边、板角,不得造成传力杆和拉杆松动或变形。

拆模不得损坏板边、板角和传力杆、拉杆周围的混凝土,碾压混凝土拆模时不得散落边角的骨料,也不得造成传力杆和拉杆松动或变形。拆模有变形与松动的拉杆和传力杆应进行矫正、固定或重新植入。模板拆卸宜使用专用拔楔工具,严禁使用大锤强击拆卸模板。打击变形后的模板应进行矫正。

8.2.16 拆下的模板应将黏附砂浆清除干净,并矫正变形。模板矫正精度应符合表8.2.3的规定。

拆下的模板应清洁,并矫正变形、修复局部损坏。矫正和修复后的模板精度应符合表8.2.3的规定,方可再次使用。

8.3 水泥混凝土面层三辊轴机组铺筑

8.3.1 三辊轴机组铺筑水泥混凝土面层时,应按照支模、安装钢筋、布料、振捣、三辊轴整平、精平、养生、刻槽(拉毛)、切缝、填缝的工艺流程进行。

三辊轴机组铺筑水泥混凝土面层与贫混凝土基层时,应根据其工艺流程顺序进行。

8.3.2 三辊轴整平机应由振动辊、驱动辊和甩浆辊组成,材质应为三根等长度同直径无缝钢管,并具有足够的刚度和耐磨性。三辊轴整平机的技术参数应符合表8.3.2的要求,并应根据面层厚度、拌合物工作性和施工进度等合理选用。

表8.3.2 三辊轴整平机的技术参数要求

轴直径 (mm)	轴速 (r/min)	轴 长 (m)	轴质量 (kg/m)	行走速度 (m/min)	整平轴距 (mm)	振动功率 (kW)	驱动功率 (kW)	适宜整平路面厚度(mm)
168	300	5~9	65±0.5	13.5	504	7.5	6	200~260
219	380	5~12	77±0.7	13.5	657	17	9	160~240

根据广西多年三辊轴机组铺筑混凝土面层与桥面铺装的施工经验,面层厚度较厚时,宜使用直径较小(168mm)的三辊轴整平机,反之,用较大管径(219mm)。原因是厚度较大时,需要三辊轴的较小振动辊,才具备更深的振捣穿透力。厚度较薄时,主要以3根辊轴的压实力为主。即便如此,仅靠三辊轴整平机是无法确保面层底部的混凝土被完全振捣密实的。因此,细则将该工艺定名

为三辊轴机组，意思是必须满足混凝土面板的整体密实度和其他工艺细节要求，在使用三辊轴整平机的同时，应配备密集排振的振捣机和拉杆插入装置。三辊轴整平机见图8-2，振捣机见图8-3。

图8-2 三辊轴整平机　　　　　　　　图8-3 三辊轴摊铺用振捣机

8.3.3 三辊轴整平机使用功能应符合下列规定：

1 三辊轴整平机辊轴长度应比实际铺筑的面层宽度至少长出0.6m，两端应搭在两侧模板顶面。

2 三辊轴整平机振动辊应有偏心振捣装置，偏心距应由密实成型所需振幅决定，宜为3mm。振动辊应安装在整平机前侧，由单独的动力驱动。甩浆辊的转动方向应与铺筑前进方向相反，不振动时可提离模板顶面。

三辊轴整平机由3根或4根辊轴制成，参见图8-2。整平辊为2根等长同心钢辊，一根为能高速转动的甩浆辊；另一根为能够匀速推进并挤压成型的驱动辊，并列安装在整平机的后侧，支承在钢模板上，由单独的动力驱动，可正反向转动，驱动整平机前、后移动或停机。

(1) 规定三辊轴整平机的横向施工长度，3根辊轴必须搭在模板顶面上，铺筑时应防止斜向铺筑时机械从模板顶面脱落，这样模板顶面才可成为平整度及面层表面高程的依托。

(2) 三辊轴整平机振动辊应有偏心振捣装置，偏心距由密实成型所需振幅决定，宜为3mm，振动辊应安装在整平机前侧，由单独的动力驱动，其转动方向与铺筑前进方向成逆时针，不振动时可提离模板顶面。

最近，在施工现场发现，某些国产三辊轴整平机的振动辊无振动机构，仅为1根压浆辊，相当于小型机具施工缺少振捣梁，应加以限制。在第2款中规定振动辊应有偏心振捣装置，不可缺失。

8.3.4 三辊轴机组铺筑水泥混凝土面层时，应配备振捣机。振捣机应符合下列规定：

1 振捣机应由机架、行走机构和一排振捣棒组成，并配备螺旋布料器和松方控制刮板，具备自行或推行功能。

2 连续式振捣机的振捣棒组宜水平或小角度布置，直径宜为 80～100mm，振动频率宜为 100～200Hz，工作长度宜为 400～500mm，振捣棒之间的间距宜为 350～500mm。振捣机的移动速度应可调整，调整范围宜为 0.5～2m/min。

3 间歇式振捣机的振捣棒可垂直或大角度布置，振捣棒的直径、振动频率、工作长度和间距要求应与连续式振捣机相同。振捣棒每次插入振动最短时间不应短于 20s，振捣棒应缓慢抽出后，再移动振捣机，每次移动距离不应超过振捣棒有效作用半径的 1.5 倍，并不宜大于 0.6m。

当三辊轴机组铺筑厚度大于 200mm 的水泥混凝土面层或贫混凝土基层时，应配备振捣机，振捣机见图 8-3。振捣机应符合以下技术规定：

（1）第 1 款：振捣机应由机架、行走机构和一排振捣棒组成，配备有螺旋布料器和松方控制刮板，可自行或人工推行振捣作业。

（2）第 2 款：连续式振捣机的振捣棒组宜水平或小角度倾斜布置，并应安装使用高频振捣棒，振捣频率不宜小于 100Hz，振捣棒之间的间距宜为 350～500mm，当拌合物较干硬或铺筑面板较厚时，应采用较小振捣棒间距。振捣机自行移动或人工推进速度可根据板底的振实情况进行调整，最快不宜大于 2m/min。

（3）第 3 款：间歇式振捣机的振捣棒可垂直或大角度布置，振捣棒的直径、振动频率、工作长度和间距应与连续式振捣机相同。振捣棒每次插入振动最短时间不应短于 20s，振捣棒应缓慢抽出后移动振捣机，每次移动距离不应超过振捣棒有效作用半径的 1.5 倍，并不宜大于 0.6m。

振捣机是三辊轴机组的配套设备。振捣棒的振捣频率越高，越能移动和振实混凝土中细小的颗粒；频率越小，越能移动与振实较大的颗粒。振实混凝土推荐使用 100～200Hz（6 000～12 000 次/min）高频及超高频振捣棒。原因是混凝土在高频振捣过程中，振捣能量和频率均会衰减损失，越高的振捣频率，衰减后的频谱宽度越宽，宽振捣频谱方可使混凝土拌合物中所有大小的颗粒在振捣时全部运移就位，振捣后的混凝土越密实。这已经被我国公路路面和机场跑道众多施工经验所证实。

8.3.5 振捣梁应设置在三辊轴整平机前方。当铺筑厚度不大于 200mm 时，其振动频率宜为50～60Hz，振动加速度宜为4～5g（g为重力加速度）。

三辊轴整平机上已经装备有振捣梁，但在铺筑薄层桥面时，其激振力过大，导致表面砂浆较厚，很容易造成施工期开裂和使用期快速的表面磨损。在此条件下，应在三辊轴整平机前方配备和使用满足上述要求的振捣梁。

8.3.6 当一次铺筑宽度大于4.5m时，纵缝拉杆宜使用预设钢筋支架固定。

这是对三辊轴机组一次铺筑双车道路面时，用支架法设置中央拉杆的要求。与原规范允许使用中央拉杆插入机不同，规定支架法主要是为了提高拉杆的设置精度。

8.3.7 横向连接纵缝处的拉杆应在边模板预留孔中插入，并振实粘牢。松动的拉杆应在连接摊铺前重新植牢固。

将拉杆振实粘牢及植牢的规定对于有双向路拱的二级及其以下公路路面相当重要，如其不然，纵缝将被拉开，宽度可达到卡进车轮，导致行车安全事故。

8.3.8 横缝传力杆应采用预制钢筋支架法安装固定，不得手工设置传力杆。宜使用手持振捣棒专门振实传力杆支架范围内的混凝土。振捣机连续振捣时，振捣棒的深度应位于传力杆顶面以上。

三辊轴机组施工条件下，横缝传力杆设置必须使用预制传力杆支架法进行，不得使用其他导致传力杆安装精度不符合细则规定的方法。严禁手工摆设传力杆。这方面国内有深刻的教训，一条200km的二级运煤公路水泥混凝土路面都是手工摆设的传力杆，其位置与方向完全失控，结果是在交工期间，全部缩缝均在传力杆端部断裂，传力杆中部所切割缩缝无用，每条缩缝的传力杆全部无效，不起任何作用。诚然，预制传力杆支架必然增大了费用，如若没有支架钢筋费用的投入，传力杆的全部费用必然全部浪费并完全损失。

8.3.9 应根据铺筑时拌合物的实测坍落度，按照表8.3.9初选松铺系数，并根据铺筑效果最终确定。弯道横坡与超高路段的松铺系数，高侧宜取表8.3.9中的高值，低侧宜取其低值。

表8.3.9 不同铺筑坍落度时的拌合物松铺系数

铺筑坍落度（mm）	10～30	30～50	50～70
拌合物松铺系数	1.2～1.25	1.15～1.20	1.10～1.15

三辊轴机组施工时的布料松铺系数必须适中，松铺系数小，三辊轴整平机挤

压力不足，路面密实度欠佳；松铺系数偏大，整平时局部会将整个整平机顶离模板顶面，损失平整度依托基准。弯道超高路段尤其不仅需要有合适的松铺系数，而且必须及时铲料和补料。

8.3.10 纵坡路段宜向上坡方向铺筑。

纵坡路段向上坡方向铺筑是为了防止下坡铺筑时，振捣液化的拌合物向下大量流动而影响压实力与面层平整度。

8.3.11 应全断面布料，松铺高度符合要求后，再使用振捣机开始振捣。振捣机应匀速缓慢、连续地振捣行进作业。振捣后的混凝土面层应成为连续均匀的整体，并达到所要求的密实度。

振捣机有连续拖行振实与间歇插入振实两种，前者适用于水泥混凝土面层；后者适用于缩缝传力杆支架部位、连续配筋或钢筋混凝土面层的振实。拖行振实要防止砂浆条带出现纵向塑性收缩开裂；间歇振实要确保前后的振捣叠加，保证振实效果的连续匀质性。振实要领在于先使拌合物振捣为连续介质，并将其中的气泡排除。振捣棒之间及叠加部位的粗集料与振捣棒附近一样沉入砂浆表面，表明其振捣密实度达到要求，方可将振捣机向前推进。

8.3.12 振捣机振实后，料位应高于模板顶面 5~15mm，局部坑洼不得低于模板顶面。过高时应铲除，过低应及时补料。

三辊轴整平机前部施工时的及时铲料和补料，是保证路面平整度及压实度的必备条件。

8.3.13 三辊轴整平机作业应符合下列规定：

1 三辊轴整平机应按作业单元分段整平，作业单元长度宜为 10~30m，施工开始或施工温度较高时，可缩短作业单元长度，最短不宜短于 10m。振捣机振实与三辊轴整平两道工序之间的间隔时间不宜超过 15min。

2 在作业单元长度内，三辊轴整平机应采用前进振动、后退静滚方式作业。

3 三辊轴整平机整平水泥混凝土面层不同料位高差的滚压遍数，可根据表 8.3.13 按拌合物坍落度初步设置，并根据试铺效果最终确定。

4 三辊轴整平作业时，应处理整平轴前料位的高低情况，过高时应铲除，轴下的间隙应采用混凝土补平。

5 振动滚压完成后，应升起振动辊，用甩浆辊抛浆整平一遍，再用整平轴前、后静滚整平，直到平整度符合要求、表面砂浆厚度均匀为止。

表 8.3.13 三辊轴整平机整平水泥混凝土面层不同料位高差的滚压遍数参考表

坍落度（mm）	料位高差（mm）					
	2	4	6	2	4	6
	$L=9\text{m}, d=168\text{mm}, m=2\,095\text{kg}$			$L=12\text{m}, d=219\text{mm}, m=3\,800\text{kg}$		
	滚 压 遍 数					
1.5	3	5	—	1	2	2
4.0	2	3	5	1	1	2
6.0	1	2	3	1	1	1

注：1. 前进振动、后退静滚的一次往返，为一遍。
2. L 为三辊轴长度，d 为三辊轴直径，m 为三辊轴整机质量。

6 路面表层砂浆的厚度宜控制为 4mm±1mm。过厚的稀砂浆应及时刮除丢弃，不得用于路面补平。

7 三辊轴整平机整平后，应采用 3~5m 刮尺，纵、横两个方向精平饰面，纵向不少于 3 遍，横向不少于 2 遍。也可采用旋转抹面机密实精平饰面 2 遍，直到平整度符合要求。

8 饰面完成后，应立即开始保湿养生。

本条规定了三辊轴整平机作业过程中作业单元、料位高差、滚压遍数、补料、静滚、表面质量控制的要求。其中关键是滚压遍数的控制，并非滚压遍数越多，平整度越好，过多的滚压遍数反而会使平整度变差。

（1）作业单元长度控制

单元长度过短时，三辊轴整平机反复掉头，影响施工平整度；过长时，由于拌合物泌水，提起的浆水灰比越来越大，越来越稀。直接降低面板的表面耐磨性。

（2）三辊轴整平机的作业方式

规定三辊轴整平机以前进振动、后退静滚方式作业，尤其是第一遍滚压作业，一定是先振捣，后挤压，这种作业方式类似于滑模摊铺机先在振动仓内振捣，然后再挤压的模式，反过来只能将大气泡压在面板内而无法释放，将严重影响面板密实度。

（3）振动滚压遍数控制

三辊轴机组施工最关键的是料位高差和振动滚压遍数的控制，应符合细则表 8.3.13 的规定。料位高差与坍落度、整平机的质量和振捣烈度有关，坍落度大,高差小;整平机质量大或振捣烈度大,高差大,反之亦然。主要依靠经验。

(4) 三辊轴滚压振实料位高差控制

在三辊轴整平机开动前,振捣机振实后的料位高度,宜高于模板顶面 1~8mm,表面大致平整,过高时应铲除,过低时应及时补料,并确保没有人为踩踏、机械碾压和混凝土的分层离析现象。开始三辊轴摊铺整平施工之前,强调拌合物高出模板,不能低于模板,目的是防止三辊轴摊铺整平机振动提浆后,表面浆不均匀,水灰比大的稀浆去填补凹陷处。振捣机振动过后,混凝土的密实数已达 0.96 以上,高出模板顶面的混凝土高度已很小,有利于三辊轴摊铺整平机的施工。振动密实后混凝土高出模板太多时,三辊轴整平机不能顺畅推进摊铺,极易使整平机偏斜。因此,振动后应有专人观察,混凝土表面过高时以人工铲除,过低时用混凝土补平,不得使用干水泥粉或纯水泥砂浆找平。

(5) 滚压遍数控制

滚压完成后,将振动辊轴抬离模板,用整平轴前后静滚整平,直到平整度符合规定、表面砂浆厚度均匀为止。振动轴是 1 根偏心轴,三辊轴摊铺整平机进行整平作业时,应将振动轴提离模板顶面,以免继续产生波浪,只用 2 根整平轴整平。静滚遍数应足够多,目的不仅是整平,更重要的是使路面表面砂浆的厚度和水灰比均匀。静滚遍数一般为 4~8 遍。

(6) 表面砂浆厚度控制

宜将表面砂浆厚度控制在 (4±1) mm,被振动轴提起和泌水泛出的稀水泥浆会随着整平机的滚动向前推移,水泥砂浆稠度逐渐变稀浆。稠度大于 60mm 的砂浆,已不能满足路面表面抗滑耐磨功能的要求,应采用人工刮除丢弃,刮除的水泥浆不得用于路面内,不丢弃易出现路面脱皮和开裂。

(7) 作业时间及精平控制

三辊轴摊铺整平机的施工宜在混凝土初凝时间的 1/3 以前完成,并立即开始第一遍刮尺饰面。一般为 25~30℃·h 时进行,过迟均匀效果较差。第二遍或最后一遍刮尺饰面以不留下明显的浆条为宜,宜在混凝土初凝时间的 1/2 以前(一般为 40~60℃·h)完成。在推拉过程中,应调整好刮尺底面与路面的接触角度,刮尺底面前缘离开路面。纵向不少于 3 遍,横向不少于 2 遍。也可采用旋转抹面机密实精平饰面 2 遍,直到平整度合格。

(8) 养生

饰面完成后,应按细则的养生要求,立即开始路面的保湿养生,气温较低时,应进行保温保湿养生。

8.4 钢筋混凝土、纤维混凝土路面与桥面三辊轴机组铺筑

8.4.1 钢筋混凝土和连续配筋混凝土面层采用三辊轴机组铺筑时,钢筋的安装精度应符合表7.5.4-2的规定。侧模板的安装精度应符合表8.2.12的规定。

8.4.2 在钢筋上供料与布料时,不得造成钢筋塌陷变形或贴底。

钢筋上可采用皮带机、料斗、手推车加板凳等方式供料,并采用挖掘机侧向布料。供料与布料时,应切实保证钢筋位置,不塌陷变形或贴底。

桥面及搭板机械铺装的布料时,保证钢筋网不变形、不变位、不贴底是关键。当桥梁已经安装护栏时,分离较远的双幅桥梁,采用铺装与运料在同一幅桥面进行,运料罐车应行进在铺装区域外的紧急停车道位置,在桥外掉头,后退进卸料位置;当两幅桥梁相连时,可在另一幅桥面上将拌合物卸进料斗内,挖掘机或输送机跨越护栏将拌合物送进桥面钢筋网铺装位置内。

8.4.3 钢筋混凝土和连续配筋混凝土面层振捣应采用排式振捣机间歇插入振捣密实,振捣机一次移动距离应小于500mm,振实时间应按表面泛浆宽度大于1.0m,重叠宽度不小于300mm进行控制,并应确保将钢筋底部混凝土振捣密实。

三辊轴机组铺筑路面和桥面时,与滑模摊铺配筋混凝土路面和桥面摊铺要求相同,宜采用间歇插入式振捣,不应拖行振捣,造成聚集砂浆暗槽,而导致开裂。配有钢筋网的路面与桥面铺筑技术的关键是必须确保钢筋网底部混凝土的密实度,桥面尚应确保底部水泥浆的充盈度和黏结性。

8.4.4 三辊轴整平机作业等应符合本细则第8.3.13条的规定。

8.4.5 连续配筋混凝土面层端部地锚梁与伸缩缝等的施工应符合本细则第7.5节的相关规定。

8.4.6 采用三辊轴机组摊铺纤维混凝土面层时,不得使用插入式振捣棒振捣。应按下列工序进行:
1 采用大功率振动板全面振动出浆。
2 用底面带凸棱的振动梁振捣并压入纤维。
3 用三辊轴整平机将表面滚压密实平整。
4 用长度3m以上的刮尺手工精平2~3遍,直至平整度合格。

三辊轴机组摊铺纤维混凝土面层时,为了保证混凝土中纤维的分布均匀性和

结构连续性,不得采用插入式的振捣方式。确保路面中纤维均匀分散的振捣密实与整平步骤如下:

(1) 第1步:采用大功率手持平板式振捣器全表面振动出浆。

(2) 第2步:用底面带凸棱的特制振动梁将纤维压入表层砂浆内,以确保行车安全,并大致找平。

(3) 第3步:三辊轴整平机振捣与整平。

(4) 第4步:用长度3m以上的刮尺手工精平。

8.4.7 桥面采用三辊轴机组铺装时,应使用直径219mm的三辊轴整平机。各级公路的钢筋混凝土桥面可使用三辊轴机组铺筑,不得采用小型机具铺装。这是确保各级公路桥面质量和使用年限的工艺要求。

8.4.8 不能整幅铺装桥面时,连接摊铺一侧应使用钢筋可穿过的中空型模板,不得切断桥面整幅钢筋,亦不得用模板将钢筋压贴到梁板上。

使用三辊轴机组进行桥面钢筋混凝土整体桥面铺装时,应采用满足设计厚度的特制低矮模板。模板顶面应连续顺直,模板安装精度应符合细则表8.2.12的规定。不能整幅铺装桥面时,连接摊铺一侧应使用钢筋可穿过的中空型模板,不得切断桥面整幅钢筋,亦不得用模板将钢筋压贴到梁板上。需要强调的是,模板是桥面的铺装基准,任何情况下不可缺失。否则,不可能达到桥面铺装所要求的平整度。

8.4.9 三辊轴机组铺筑钢筋混凝土桥面时,钢筋的安装质量应符合本细则第7.5.4条的规定。钢筋混凝土桥面供料与布料应符合本细则第8.4.2条的要求。桥面混凝土振捣密实应符合本细则第8.4.3条的要求。三辊轴整平机作业应符合本细则第8.3.13条的相关规定。

8.4.10 三辊轴机组铺装各种钢筋纤维混凝土桥面时,应使用振动板振实,再用底面带凸棱振捣梁振捣并压入纤维。不得使用插入振捣棒振捣。

三辊轴机组摊铺钢筋纤维混凝土桥面时,应使用细则第8.4.6条中的4道工序振实整平,并将表层纤维压入表层砂浆内。

8.5 水泥混凝土面层小型机具铺筑

小型机具施工水泥混凝土路面的劳动强度最大,使用的劳动力数量最多,是劳动力密集型的水泥混凝土路面施工方式。在我国大规模开展的县乡公路建设中、三、四级公路、等外公路、旅游公路、村镇内道路与广场建设便于农民工建勤，或使更多的农民得到建设收入，从而使我国广大农民通过建设大量的县乡公路得到实实在在的利益。

8.5.1 小型机具铺筑宽度不大于4.5m时，铺筑能力不宜小于20m/h。

小型机具性能应稳定可靠，操作简易，维修方便，机具配套应与工程规模、施工进度相适应。铺筑宽度一般不大于单车道宽度，即4.5m，每小时的铺筑能力不宜少于20m。选配机械、机具宜参照表8-1配齐。

表8-1 小型机具施工配套机械、机具配置

工作内容	主要施工机械、机具	
	机械机具名称、规格	数量、生产能力
钢筋加工	钢筋锯断机、折弯机、电焊机	根据需要定规格和数量
测量	水准仪、经纬仪	根据需要定规格和数量
架设模板	与路面厚度等高3m长槽钢模板、固定钢钎	数量不少于3d摊铺用量
搅拌	强制式拌和楼，单车道≥25（m³/h），双车道≥50（m³/h）	总搅拌产生能力及拌和楼数量根据施工规模和进度由计算确定
	装载机	2～3m³
	发电机	≥120kW
	供水泵和蓄水池	单车道≥100m³，双车道≥200m³
运输	5～10t自卸车	数量由匹配计算确定
振实	手持振捣棒，功率≥1.1kW	每2m宽路面不少于1根
	平板振动器，功率≥2.2kW	每车道路面不少于1个
	振捣整平梁，刚度足够，2个振动器功率≥1.1kW	每车道路面不少于1个振动器，每车道路面不少于1根振动梁
	现场发电机功率≥30kW	不少于2台
提浆整平	提浆滚杠直径150～200mm 表面光滑无缝钢管，壁厚≥3mm	长度适应铺筑宽度，一次摊铺单车道路面1根，双车道路面2根
	叶片式或圆盘式抹面机	每车道路面不少于1台
	3m刮尺	每车道路面不少于2根
	手工抹刀	每米宽路面不少于1把
真空脱水	真空脱水机有效抽速≥15L/s	每车道路面不少于1台
	真空吸垫尺寸不小于1块板	每台吸水机应配3块吸垫

8 三辊轴机组与小型机具施工

续上表

工作内容	主要施工机械、机具	
	机械机具名称、规格	数量、生产能力
抗滑构造	工作桥	不少于3个
	人工拉毛齿耙、压槽器	根据需要定数量
切缝	软锯缝机	根据需要定数量
	手推锯缝机	根据进度定数量
磨平	水磨石磨机	需要处理欠平整部位时
灌缝	灌缝机具	根据需要定规格和数量
养生	洒水车 4.5～8.0t	按需要定数量
	压力式喷洒机或喷雾器	根据需要定规格和数量
	工地运输车 4～6t	按需要定数量

8.5.2 混凝土拌合物摊铺前，应对模板的架设位置、精度、支撑稳固情况、传力杆、拉杆的安设等进行全面检查，并洒水润湿板底。应采用厚度标尺板全面检测板厚，与设计值相符方可开始摊铺。

此外，还应采用自卸汽车拖拉机运输，现场设专人指挥车辆，尽量准确卸料。混合料宜卸成条堆，小型机具的布料大多使用人工，卸料不到位时的摊铺劳动强度极大。

8.5.3 拌合物的坍落度宜控制在5～20mm之间。松铺系数宜控制在1.10～1.25，坍落度高时取低值，横坡高侧取高值。

拌合物松铺系数宜控制在1.10～1.25之间，料偏干，取较高值；反之，取较低值。松铺系数控制的实际目的是估计布料高度超出边缘模板多少才是最合适的，小型机具施工与其他定模摊铺的方式一样，均要求布料高度应高出边模一定高度，以便振捣梁、滚杠能够起到挤压、振动及密实饰面的作用。

8.5.4 卸料应均匀，采用人工布料时，应用铁锹反扣，不得抛掷和搂耙。

人工布料应用铁锹反扣，不得抛掷和搂耙。此布料要求是为了防止混凝土离析。我国大量小型机具施工时，采用几个人拉的搂耙铲，为了能够插入混凝土中底部带有耙齿，很容易造成混凝土离析，也不得使用。但可使用不带耙齿的耙铲，以提高布料转移的效率。离析后细料不均匀，表面的水泥浆数量不同时，轻则表面色差明显，颜色发白发亮富含水泥浆的路面使用时间较长，颜色发灰无亮泽缺乏水泥浆的路面使用时间较短；重则缺乏砂浆的部位通车几个月就会跑散成坑。

8.5.5 已铺筑好的面层端头应设置施工缝，不能被振实的拌合物应废弃。

因故造成1h以上停工或达到2/3初凝时间，致使拌合物无法振实时，应在已铺筑好的面层端头设置施工缝，废弃不能被振实的拌合物。

8.5.6 小型机具铺筑时，应依次使用振捣棒、振动板、振动梁三遍振捣密实。

为了保证小型机具施工时，混凝土面板的密实性，应依次使用振捣棒、振动板、振动梁3遍振实，并给出了3遍的施工要领。实践反复证明，只要施工时严格按要求操作，小型机具施工的混凝土路面密实质量可达到优良。

8.5.7 插入式振捣棒振实应符合下列规定：

1 在待振横断面上，每车道应配备不少于3根振捣棒，振捣棒的功率不应小于1.1kW，沿横断面连续振捣密实，板底、内部和边角不得欠振和漏振。

2 振捣时，振捣棒应轻插慢提，不得在拌合物中平推或拖拉振捣。

3 振捣棒移动距离不应大于有效作用半径的1.5倍，并不大于500mm，每处振动时间不宜短于30s。边角插入振捣离模板的距离不应大于150mm，并应避免碰撞模板。

4 缩缝传力杆支架与胀缝钢筋笼应预先安装固定，再用振捣棒振捣密实。边缘拉杆振捣时，应由人工扶正拉杆。

5 振捣时，应辅以人工补料，并随时检查振实效果，及时纠正模板、拉杆、传力杆和钢筋的移位、变形、松动、漏浆等情况。

为了确保插入式振捣棒施工时，不欠振与漏振，特要求一个车道宽度不应少于3根振捣棒，并规定了每根振捣棒的具体振捣时间与作业半径，平行振捣密实作业。

8.5.8 振动板振实应符合下列规定：

1 每车道应配备不少于2台振动板，振动板的功率不应小于2.2kW。

2 每个振动板应由两名作业人员提拉振动，不得自由放置或长时间持续振动。振动板移位时，应重叠100~200mm，每处振动时间不应少于15s。

3 振动板振动遍数应纵、横向交错两遍，不得过振或漏振，应控制振动板板底泛浆厚度为4mm±1mm。

4 缺料的部位，应在振动的同时辅以人工补料找平。

为了确保振动板施工时全表面振捣而不漏振，特要求一个车道宽度不应少于

2个振动板,并规定了每个振动板的振捣功率、振动持续时间、重叠间距及返浆厚度要求。

8.5.9 振动梁振实应符合下列规定:

1 应配备1根振动梁,长度应比路面宽度每侧宽出300~500mm。振动梁上应安装2台附着式表面振动器,振动器功率不应小于1.1kW。振动梁底部应焊接或安装深度4mm的粗集料压入齿。

2 振动板振实长度达到10m后,可垂直路面中线纵向人工拖动振动梁,在模板顶面往复拖行2~3遍,使表面泛浆均匀平整。

3 拖行过程中,振动梁下间隙应及时用混凝土补平,不得用纯砂浆填补;料位高出模板时应人工铲除,直到表面泛浆均匀,路面平整。

为了保证小型机具施工时混凝土面板的密实性,应依次使用振捣棒、振动板、振动梁3遍振实,并给出了3遍的施工要领。实践反复证明,只要施工时严格按要求操作,小型机具施工的混凝土路面密实质量可达到优良级。

8.5.10 小型机具应采用滚杠、整平尺或抹面机三遍整平,直至面层无任何缺陷,平整度符合要求。

这是对小型机具施工时的表面精平饰面的总体工序要求。

8.5.11 滚杠整平应符合下列规定:

1 应在每个作业面配备2根整平滚杠,一根用于施工,另一根浸泡清洗备用。滚杠应使用直径为100mm或125mm的无缝钢管制成,刚度及顺直度应满足施工质量要求,两端设有把手与轴承,能够往复拖滚。

2 滚杠应支承在模板顶面,用人工往返拖滚,拖滚遍数宜为2~3遍,第一遍应短距离缓慢拖滚或推滚,以后应较长距离匀速拖滚,并将水泥浆始终赶在滚杠前方。

3 滚杠下有间隙的部位应及时找补,多余水泥浆应铲除。

滚杠整平作业工序是保证面板大面积平整的必备要求,不可缺失。

8.5.12 整平饰面应待混凝土表面泌水基本完成后进行,采用3m刮尺收浆饰面,纵横各2~3遍抄平饰面,直到表面平整度符合要求,表面砂浆厚度均匀。

认真做好刮尺饰面,可使面板达到较高的平整度。

8.5.13 整平饰面也可采用叶片式或圆盘式抹面机进行,抹面机应按每车道路面不少于1台配备。饰面遍数宜为往返1~2遍。

当混凝土表面较为干硬或施工纤维混凝土路面时，应采用抹面机饰面，而不应采用刮尺，认真做好抹面机饰面，也可使面板达到较高的平整度。

8.5.14 精平饰面应符合下列规定：

1 在抹面机完成作业后，应使用抹刀进行精平饰面。精平饰面包括清边整缝，清除粘浆，修补缺边、掉角等工作。

2 当烈日暴晒或风大时，应加快表面的修整速度，或在防雨篷下进行。

3 精平饰面后的面层表面应致密均匀，无抹面印痕，无露骨，平整度应达到要求，并应立即进行保湿养生。

规定小型机具应依次用滚杠、刮尺、精平3遍整平，同时，给出了不同气象条件下的注意事项，直至面层表面无任何缺陷，平整度符合要求。做到小型机具施工面板的较高平整度，需要相当的施工经验和操作技巧，应在实践中严格要求、不断总结经验，逐渐熟练操作。国内外相当数量的水泥混凝土路面是小型机具施工出来的，其质量差距很大，最好和最差的都有。严格要求、精细施工的水泥混凝土路面高平整度是国内的机场跑道，一块一块面板分仓精心施工，严格验收，不做好不能继续做下一块面板。只要我们能够像机场跑道一样精细施工、严格质量要求，实践已经证明，小型机具也能施工出高质量和使用年限较长的水泥混凝土路面。

小型机具施工水泥混凝土路面的其他工序，如切缝、抗滑构造制作、质量检验等详见细则的后续章节。

本章附件

附8.1 真空脱水工艺*

三辊轴机组与小型机具铺筑水泥混凝土路面时，为了通过减少单位用水量来保证和提升混凝土路面的弯拉强度、耐磨性及疲劳使用年限，要么使用外加剂，

---

* 真空脱水工艺已经被细则删去，主要原因一是真空脱水设备越来越少，使用普及程度较低；二是路面混凝土中越来越多地使用减水剂等外加剂技术。真空脱水时的毛细管张力实测表明，真空脱水有利于提高因泌水而降低的弯拉强度和表面耐磨性，在不使用外加剂的水泥混凝土路面上，依然是降低单位用水量的重要措施。本手册列在此，推荐在没有外加剂可用时，可使用该项技术，两者应取其一，以延长水泥混凝土路面的使用年限。

要么使用真空脱水技术,两者应选其一,但不应同时使用,也不应两者均不使用。近年来,外加剂技术使用得越来越多,真空脱水工艺使用得越来越少了,真空脱水机成套设备的供应也日渐减少。究其原因,认识问题是首要的,设备问题是次要因素。老观念是真空吸水使混凝土面板内产生了上下贯通有损弯拉强度的垂直毛细孔。因此,有人主张在水泥混凝土路面施工中剔除真空脱水工艺。最新通过脱水前后毛细孔张力的实测认为,真空脱水可使毛细管直径变细小,在其表面张力作用下,可使混凝土更加密实。而垂直毛细孔是可以通过吸水后,再次使用三辊轴整平机、滚杠、振捣梁或抹面机得到滚压、揉搓密封修复的。

有鉴于此,本手册将原规范中的真空脱水工艺罗列于此,供无外加剂的水泥混凝土路面工程施工时参照。

附 8.1.1 小型机具施工三、四级公路水泥混凝土路面,应优先采用在拌合物中掺外加剂,无掺外加剂条件时,应使用真空脱水工艺,该工艺适用于面板厚度不大于 240mm 混凝土面板施工。

附 8.1.2 使用真空脱水工艺时,混凝土拌合物的最大单位用水量可比不采用外加剂时增大 3~12kg/m^3;拌合物的坍落度,高温天宜为 30~50mm;低温天宜为 20~30mm。

附 8.1.3 真空脱水机具应符合下列规定:
1 真空度稳定、有自动脱水计量装置,有效抽速不小于 15L/s 的脱水机。
2 真空度均匀,密封性能好,脱水效率高、操作简便、铺放容易、清洗方便的真空吸垫。每台真空脱水机应配备不少于 3 块吸垫。

附 8.1.4 真空脱水作业应符合下列规定:
1 脱水前,应检查真空泵空载真空度不小于 0.08MPa,并检查吸管、吸垫连接后的密封性,同时应检查随机工具和修补材料是否齐备。
2 吸垫铺放应采取卷放,避免皱折;边缘应重叠已脱水的面板 50~100mm。
3 开机脱水,真空度应逐渐升高,最大真空度不宜超过 0.085MPa。脱水量应经过脱水试验确定,但剩余最大单位用水量和最大水灰比不得大于细则表 4.2.11-2 和表 4.2.4 的规定。混凝土拌合物真空脱水率测定方法可参考原规范附录 E。
4 最短脱水时间不宜短于附表 8.1.4 的规定。当脱水达到要求时间和脱水量要求后（双控），应先将吸垫四周微微掀起 10～20mm，继续抽吸 15s，以便吸尽作业表面和吸管中的余水。

附表 8.1.4　最短脱水时间（min）

面板厚度 h（mm）	昼夜平均气温 T（℃）				
	3～5	6～10	11～15	16～19	10～25	>25
18	26	24	22	20	18	17
22	30	28	26	24	22	21
25	35	32	30	27	25	24

5　真空脱水后，应采用振动梁、滚杠或三辊轴机、叶片、圆盘式抹面机重新压实精平 1～2 遍。

6　真空脱水整平后的路面，应采用硬刻槽方式制作抗滑构造。

7　真空脱水混凝土路面切缝时间可比要求时间适当提前。

附 8.2　快通混凝土路面施工[*]

快通混凝土路面施工技术是从美国 ACPA 引进的技术概念，快通时间：新建路面工程施工 5d 以内、养护 3d 以内通车。开放交通亦分为两级：第一级开放轻型交通，实测路面弯拉强度≥2.5MPa；第二级开放重型交通或最终开放交通，实测面层弯拉强度达到设计标准值时。快通混凝土所使用的技术是高强混凝土或早强混凝土配制与养生技术。快通混凝土路面施工技术是工期较紧的面层施工与大交通量混凝土路面养护工程中亟待大量应用的技术，目前暂未编进细则的原因是其弯拉强度的长龄期倒缩不确定是个难题，而且要求通车的龄期越短，长期弯拉强度的倒缩量越大，倒缩越严重。需要大家共同努力，积累更多的数据，使快通混凝土路面技术更加成熟可靠，期待下一次修订时，能够编进细则。

附 8.2.1　快通混凝土路面铺筑技术可用于养生龄期不足 5d，要求快速通车的新建路面工程的施工接头、封口、施工车辆进出口、匝道、收费站、平面交叉口；也可用于养生龄期不足 3d 的断板、断角、碎板等路面全厚度修复工程和表面薄层修复、后补传力杆修补路面工程。快通混凝土路面的施工方式可采用滑

---

[*] 本节快通混凝土路面施工在细则中已经被删去，主要原因是专家们对快通混凝土长龄期强度有疑问。目前所做的试验研究资料及技术成熟程度尚不足以支撑编进细则。本手册将送审稿的这部分内容置于此，目的一是施工中急需时，可供参考；二是从应用角度，快通混凝土技术是水泥混凝土路面建造及养护工程中急需的技术，有兴趣的同行，可继续开展研究和应用工作。

模、三辊轴机组、小型机具三种水泥混凝土铺筑工艺，既可用于水泥混凝土面板，也可应用于贫混凝土基层。

附8.2.2 快通混凝土路面应使用早强R型硅酸盐水泥P.Ⅰ、P.Ⅱ或R型普通硅酸盐水泥P.O，其水泥熟料中的C_3S含量不宜低于55.0%。当快速通车时间要求小于或等于3d时，应使用硫铝酸盐等超早强水泥。用于快通混凝土路面的水泥12h抗折强度应不小于2.0MPa或12h抗压强度应不小于9.0MPa。

附8.2.3 快通混凝土中可使用硅灰和具有早强性能的矿粉掺合料，不宜掺粉煤灰等非早强的掺合料。

附8.2.4 用三种R型硅酸盐水泥配制路面快通混凝土时，应使用早强剂或早强型减水剂，如早强型高性能减水剂或引气早强高效减水剂等。配筋混凝土路面、钢纤维或混杂钢纤维混凝土路面和桥面中不得使用氯盐类早强剂。使用硫铝酸盐等超早强水泥时，应使用与其相适应的专用减水剂。

附8.2.5 快通混凝土的水胶比不应大于0.43，其单位水泥用量可在水泥混凝土路面基准配合比基础上增加$50\sim200kg/m^3$。硅灰或早强矿粉的掺量宜控制在8.0%～15.0%。早强剂、引气早强高效减水剂或早强型高性能减水剂等的掺量应通过配合比试验确定。试验室应提前做出快通混凝土配合比在现场气温下的初凝、终凝时间和弯拉强度随时间或度时积的增长过程曲线。用高强混凝土技术建造公路快通高强水泥混凝土路面时，其28d实测弯拉强度不宜低于7.0MPa，高出的弯拉强度可作为抗超载储备。

附8.2.6 快通混凝土可使用热水拌和，水温应控制在60℃±5℃。也可使用加热的粗、细集料，但加热温度应控制在50℃±5℃。快通混凝土的配料精度和拌和要求与水泥混凝土路面相同，拌合物应均匀，且应具有足够的黏聚性和工作性。快通混凝土拌合物运输距离不应超过10km，其运输时间应比水泥混凝土缩短一半。在运输途中不得耽搁，运输到现场的快通混凝土拌合物应满足施工的坍落度要求，并应尽快卸料浇筑。运输到现场不符合施工坍落度要求的拌合物不得卸料，应弃作他用。

附8.2.7 快通混凝土路面的现场浇筑、振捣密实、抹面、软拉表面构造等铺筑作业应加快施工速度和工艺衔接，环环紧扣，快速推进，不得耽搁。必须在当时气温下快通混凝土拌合物初凝时间到达之前完成全部的施工作业。不得出现振捣欠密实、麻面等施工质量缺陷。快通混凝土路面施工完成后的平整度、板厚、构造深度等外观质量要求与水泥混凝土路面相同。

附 8.2.8 快通混凝土路面施工完成后,无论现场气温高低,均应尽快采用保湿、保温双重蓄热养生措施,防止路面混凝土水化热散失,加快其强度形成与增长。快通混凝土路面现场养生应符合下列规定:

1 养生方式:

1) 刮风天应先在表面喷洒养护剂防裂,待表面能够覆盖时,在表面洒足水分,覆盖保湿塑料薄膜,再采用保温泡沫塑料垫或其他保温材料进行保温覆盖。

2) 使用节水保湿复合养护膜时,先洒足水分,覆盖节水保湿复合养护膜,再采用保温泡沫塑料垫或其他保温材料进行保温覆盖。

2 保温覆盖材料应采用土工格栅等压住或适当固定,防止被风掀起。预计养生期间可能遭遇降雨时,应在保温覆盖材料表面再覆盖一层防湿塑料薄膜。

3 撤除保温、保湿养生的时间应在相应等级公路水泥混凝土路面达到设计弯拉强度标准值,即允许最终开放交通时。强度标准值是设计值,它小于28d配制强度值。

附 8.2.9 切缝机试切快通混凝土路面不啃边时,即开始切缝。切缝前,应掀起保温保湿覆盖材料,切缝完成,冲洗干净后,必须恢复保温保湿覆盖养生。用于快通混凝土路面填缝料的表干时间不宜长于2h,其填缝形状系数、技术要求与水泥混凝土路面相同,快通混凝土路面灌缝应在开放轻型交通前完成。

附 8.2.10 快通混凝土路面现场强度检测可使用超声波速、回弹仪、度时积等非破损方法,应及时监测现场快通混凝土路面弯拉强度及抗压强度增长情况,并与试验室的强度增长时间过程曲线相对照,以确定两级开放交通的时间点。

附 8.2.11 快通混凝土路面可分两级弯拉强度控制开放交通时刻。轻型车辆:空载卡车、空载公交车、轿车、越野车、公务车辆可在路面混凝土弯拉强度到达2.5MPa(对应抗压强度10.0MPa)后开放交通;大型重载车辆:载重卡车、载重公交车等应在该等级公路水泥混凝土路面达到其设计弯拉强度标准值后,开放交通。

附 8.2.12 快通混凝土路面的28d配制弯拉强度要求及其施工质量检验评定标准与水泥混凝土路面相同。快通混凝土应防止28d及更长龄期混凝土强度的倒缩现象,60d龄期实测弯拉强度不得小于28d设计弯拉强度标准值。

9 碾压混凝土施工

9.1 一般要求

9.1.1 碾压工艺可用于二、三、四级公路混凝土面层与高速公路、一级公路复合式路面碾压混凝土下面层施工。

此外，碾压工艺也可用于碾压贫混凝土基层与排水基层施工。由于细则按管理部门的要求严格限定在水泥混凝土路面和桥面，即混凝土面层，故细则中未提及。但不失一般性，该工艺显然可用于贫混凝土两种基层，应该说，将混凝土配合比技术和施工理念用于贫混凝土及排水基层时，贫混凝土基层的配制精度和施工质量将高于或优于水泥稳定基层。

9.1.2 碾压铺筑应按卸料进摊铺机、摊铺机摊铺、拉杆设置、钢轮压路机初压、振动压路机复压、轮胎压路机终压、抗滑处理、养生、切缝等工艺流程进行。

图 9-1 为典型的碾压混凝土路面施工工艺流程和机械编组示例。根据其材料和工艺特点，碾压混凝土路面施工的技术难点是如何实现大压实度与高平整度的协调统一。大量试验研究表明，碾压混凝土路面施工的技术关键可概括为稠度稳定、摊铺均匀、碾压密实、养生充分。为了实现这一目标，重点是在做好施工机械选型与配套的基础上，合理选择拌和、摊铺、碾压及养生等关键工序的工艺参数。

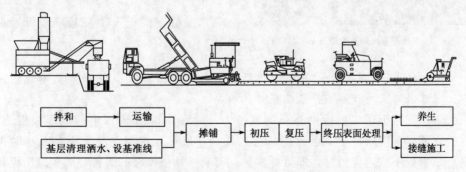

图 9-1 典型的碾压混凝土路面施工工艺流程和机械编组

9.1.3 碾压混凝土面层摊铺，宜选用沥青混凝土摊铺机。摊铺机应具有振动压实功能，摊铺密实度不应小于85%。

碾压混凝土摊铺机械选型与配套应符合下列技术规定：

（1）碾压贫混凝土面层与底面层摊铺时，应选用沥青摊铺机；碾压贫混凝土基层可选用基层摊铺机。数量可根据路面摊铺宽度选用1~2台。面层、下面层摊铺时的预压密实度不应小于85%；基层摊铺时的密实度不应小于80%。

（2）密实碾压混凝土压实时，宜选用10~15t振动压路机；排水基层压实时，宜选用15~20t振动压路机。数量不应少于1台。

（3）密实碾压混凝土压实时，15~25t胶轮压路机不应少于1台；1~2t小型振动压路机不应少于1台。排水基层压实时，8~10t双钢轮压路机不应少于1台。

9.1.4 碾压混凝土面层铺筑可采用基准线法，基准线设置精度应符合表7.3.6的要求，板厚校验应符合本细则第7.3.8条的规定。

碾压混凝土面层和下面层规定采用基准线法设计基准线，目的是确保面层摊铺的厚度与几何尺寸的精度。在铺筑碾压贫混凝土基层时，除基准线法外，允许采用支方木模板或槽钢模板作为摊铺基准的传统做法。

9.1.5 碾压混凝土面层铺筑时，边缘宜设置槽钢或方木模板。模板安装精度应符合表8.2.12的规定。模板固定应牢固，碾压时不得推移。

为了确保碾压混凝土面层、下面层和基层厚度，并确保边缘的碾压密实度、平整度与铺筑几何尺寸精度，同时更加节省材料，一般宜在两侧边设置牢固的槽钢或方木模板。

碾压混凝土模板安装及基准线设置见图9-2。

图9-2 碾压混凝土模板安装及基准线设置

9.1.6 碾压混凝土最早允许拆模时间宜符合表8.2.14中硅酸盐水泥的规定。碾压混凝土拆模时不得散落集料。

碾压混凝土压实后借助集料的嵌锁力，即有0.50MPa以上的抗压强度值，并且在同样温度条件下其强度增长亦较快，一般可比水泥混凝土提早几小时拆模，试拆模不散落骨料时，即可拆模。这有利于加快模板的周转，减少施工模板的储备数量。

9.2 碾压混凝土面层施工

9.2.1 采用沥青混凝土摊铺机摊铺时，松铺系数宜控制在1.05～1.15之间。采用基层摊铺机摊铺时，松铺系数宜控制在1.15～1.25之间。应通过试铺确定松铺系数。

松铺系数是摊铺厚度与压实厚度的比值，只有正确选定松铺系数，保证了摊铺厚度才能保证路面的压实厚度，因此松铺系数是控制施工质量的重要参数。松铺系数反映摊铺预压密实度，与摊铺机性能、摊铺速度、摊铺工艺参数和混凝土配合比等因素有关，正式施工前应通过试铺确定。按所采用的摊铺机及其工况的不同，应根据混凝土配合比、拌合物稠度、压实机械组配确定摊铺参数。熨平板的夯锤行程宜调整到最大值，调整初始工作角、振捣器振幅、频率或液压梁压力等在适宜的摊铺状态，进行试铺并确定各项施工参数。

9.2.2 摊铺前应洒水湿润基层。摊铺作业应均匀、连续，摊铺过程中不得随意变换速度或停顿。

提高碾压混凝土面层平整度的措施之一是摊铺作业应均匀、连续，且不间断，摊铺过程中应维持摊铺速度长时间稳定不变。

碾压混凝土摊铺机的摊铺速度可按式（9-1）计算确定，并宜控制在0.6～1.0m/min范围内。

$$v = \frac{MK}{60bh} \tag{9-1}$$

式中：v——摊铺速度（m/min）；

K——效率系数，一般为0.85～0.95，可根据供料能力大小确定；

M——搅拌机产量（m^3/h）；

b——摊铺宽度（m）；

h——松铺厚度（m）。

摊铺速度是影响"拌和—运输—摊铺"系统运行性能的重要参数，选用适宜的摊铺速度，对加快施工进度、提高设备利用率和提高路面质量都具有重要意义。

（1）摊铺速度对路面平整度的影响

试验结果表明，在一定的机械配套情况下，随着摊铺速率的提高，平整度逐步变差。

(2) 摊铺速度对压实度的影响

熨平板的夯实能量一定，摊铺速度越高，则单位体积的夯实能量越小，摊铺预压密实度越小，压实变形越大，对保证路面平整度越不利。

(3) 摊铺速度与系统运行的连续性

从"拌和—运输—摊铺"系统的工作性能来看，拌和楼的型号选定之后，也就确定了摊铺机的理论摊铺速度。如果摊铺速度过大，势必出现供料不足、经常停机的状况。试验结果表明，在停机的地方，路面会出现凸棱，影响路面平整度；当摊铺速度频繁变化时，也会造成供料不均匀和预压密实度的不均匀，影响路面平整度。

(4) 摊铺速度与摊铺机行驶性能

目前一些主要厂家的大型摊铺机都是采用全液压驱动和机电液一体化自动控制技术，因此从技术上讲可以实现从零开始的无级变速行驶。但是，根据机械专家的建议，摊铺机不要长时间在低于 0.5m/min 的速度下工作，否则可能会出现摊铺机"爬行"式前进，不是以均匀的速度连续行驶，甚至有可能造成发动机过载和过热。

9.2.3 螺旋分料器转速应与摊铺速度相适应，摊铺过程中应保证两边缘供料充足。

在摊铺过程中，熨平板由铺好的拌合物支撑着处于浮动状态，如果料位高度不稳定，就会使进入熨平板全宽范围内拌合物的密度发生变化。当熨平板下拌合物密度变小时，由于拌合物内摩擦阻力不足，支撑熨平板的浮力变小，则摊铺厚度减小，反之内摩擦阻力增大，熨平板被抬起摊铺厚度加大，这种情况反复出现，就使路面出现波浪。因此，要注意保持分料器内的料位高度稳定、均匀、连续，料位以保持在中心轴以上叶片 2/3 处为宜。

9.2.4 弯道及超高路段铺筑时，应及时调整左右两侧分料器的转速，保证两侧供料均衡、充足。

铺筑弯道路段时，外侧易缺料，内侧则集料过多，这样使进入熨平板底部的混合料沿宽方向不等，从而影响路面的平整度。进入弯道后，两边工作人员要及时调整料位高度传感器及左右两侧分料器的转速，保证两侧供料均衡，直至混合料在熨平板前缘沿整个宽度均匀分布。弯道超高路面摊铺应确保超高部位的供料充足。

上述两条均要求摊铺机两侧不缺料，并始终保持料位充足，这是保证两侧碾压密实度的重要措施。

9.2.5　两台摊铺机前后紧随摊铺时，两幅摊铺间隔时间应控制在1h之内。

当路面或贫混凝土基层宽度较大时，为防止拌合物离析，并消除纵向结合部开裂，应采用2台摊铺机左右紧随摊铺。为了使两次摊铺的结合部充分黏结，水泥的凝结时间差应尽量小，所以，要求间隔时间应控制不超过1h。

9.2.6　拉杆设置应与摊铺同步进行。采用打入法时，应根据设计间距设醒目的定位标记，准确打入拉杆。

碾压混凝土面层纵缝拉杆的设置一般宜在摊铺机内与摊铺同步进行，拉杆结合的牢固程度略高于摊铺后再打入法。拉杆在混凝土中的握裹力主要是通过振动碾压砂浆液化提供的，实践证明，机内与机外准确设置拉杆均可。

9.2.7　摊铺后，应立即对所摊铺混凝土表面进行检查，局部缺料部位，应及时补料。局部粗集料聚集部位，应在碾压前挖除并用新混凝土填补。

局部粗集料聚集厚度较大的挖除部位，压实前，应使用新的不离析的混凝土填补；局部粗集料聚集厚度较小的部位，也可采用湿筛砂浆弥补，再压实。这项工作很重要，碾压混凝土面层局部离析部位行车不到1年，即出现粗集料被车轮碾散、飞逸后的大坑洞。如若路面上10m左右就出现了局部大坑，这样的碾压混凝土面层质量显然是完全不行的，表明其施工是失败的，不得不引起施工者高度重视。

9.2.8　碾压段长度宜控制在30～40m之间。直线段碾压时，压路机应从外侧向路中心碾压；平曲线有超高路段，应由低侧向高侧、自内向外碾压。

碾压段长度控制应根据摊铺现场的风速、日照和气温，特别是水分蒸发率的大小进行，碾压混凝土摊铺完成之后，随着水分蒸发、水化反应的进行，混凝土稠度越来越大，可碾性越来越差，如碾压过迟则会造成压实度不足，影响硬化混凝土的强度；另一方面，碾压混凝土从加水拌和开始到成型的时间间隔越长，硬化后混凝土再碾压时的强度损失越大。因此，从保证路面强度的角度，希望缩短碾压工作段长度，摊铺后的路面尽快得到压实。但是，如果碾压段落过短，必然会造成压路机频繁换向，增加碾压的接头，从而影响压实的均匀性和路面平整度。因此，碾压工作段应是防止强度损失和保证平整度所容许的两者最大协调长度。

根据碾压混凝土路面施工时间的计算，以45min摊铺的长度作为1个碾压段比较合适，当路面宽度9m、路面厚度240mm时，碾压段长度以30～40m为宜，蒸发率大，应取小值；反之，取大值。直线段碾压时，压路机应从外侧向路中心碾压；平曲线有超高路段时，由低侧向高侧、自内向外碾压，压完全宽为1遍；

碾压作业应均匀、速度应稳定。

9.2.9 碾压应紧随摊铺机碾压。碾压宜分初压、复压和终压三个阶段进行，并应符合下列规定：

1 压路机应匀速稳定、连续行进，中间不应停顿、等候和拖延，也不得相互干扰。

2 压路机起步、倒车和转向均应缓慢柔顺，碾压过程中不得中途急停、急拐、紧急起步及快速倒车。

3 初压宜采用钢轮压路机或振动压路机静碾压，重叠量宜为1/3～1/4钢轮宽度。

4 复压宜采用10～15t振动压路机振动碾压，重叠量宜为1/3～1/2振动碾宽度。复压遍数应以实测满足规定压实度值为停止复压标准。

5 终压应采用15～25t轮胎压路机静碾压，以弥合表面微裂纹和消除轮迹为停压标准。

碾压是路面在摊铺工序已获得预压密实度之后进一步密实成型成为路面的过程，因此碾压工序必须达到全厚密实和表面成型的目的。为了达到这种目的，从碾压工序上一般要经过稳压（初压）、复压和终压三个阶段，其技术关键是碾压配合：初压、复压和终压作业应环环紧扣、密切衔接、紧密配合，一气呵成。具体要求如下：

（1）摊铺之后的路面虽然具有了一定的预压密实度，但要直接进行振动碾压一般还会产生推移等表面损坏，所以摊铺之后一般是先进行稳压。稳压的作用主要是提高表面的密实度，为振动压实整层路面提供基础，采用自重10t左右的静力压路机即可。但实际施工时为减少机械配置数量，大多采用复压的振动压路机不开振动进行，一般碾压2遍即可满足表面稳定的要求。

（2）复压是使混凝土路面全厚度密实、达到要求压实度的关键工序。复压须采用碾压效果好、作用深度大的振动压路机进行，并需在碾压过程中选用适宜的振动参数和达到足够的碾压遍数，保证路面达到要求的压实度。复压时碾压轮重叠量宜为轮宽的1/3～1/2，有利于消除压痕，提高路面平整度。当压实机械振动能量偏小时，宜增加重叠量。复压的遍数与压路机性能、混凝土配合比、路面厚度和碾压重叠量有关，一般在2～6遍之间，实际施工时可结合压实度的测定结果确定。振动压路机起步、倒车和转向均应缓慢柔顺，严禁振动压路机中途急停、急拐、紧急起步及快速倒车。

（3）摊铺或钢轮压路机碾压过程中，有时会使路面表面形成一些浅的表面裂缝。研究实践证明，气压式轮胎压路机碾压时的揉搓作用对封闭和消除这些细小裂缝是非常有效的，并且轮胎压路机碾压形成的表面宏观构造对提高路面的抗滑能力是有利的。因此，终压一般推荐采用气压式轮胎压路机，轮胎压路机的吨位以 16～25t 为宜，终压遍数应以弥合表面微裂纹和消除轮迹为停压标准，一般在 2～8 遍。

近些年，德国、日本等国又开发了一种新型的水平振动压路机，即振荡压路机。试验结果表明，振荡压路机对消除表面裂缝、提高表面密实度是非常有效的。根据其试验结果，如在振荡压路机的钢轮表面包裹一层橡胶，则对表面稳定和形成表面宏观构造更有利。

对碾压速度，参考现行《公路路面基层施工技术规范》（JTJ 034）和《公路沥青路面施工技术规范》（JTG F40），结合施工实践，建议初压（静压）采用 1.5～2km/h，复压（振动碾压）采用 2～3km/h，终压用轮胎压路机时碾压速度可采用 4～6km/h。

9.2.10 碾压密实后的表面应及时喷雾、洒水，并尽早覆盖养生。

养生是水泥混凝土强度形成的必需工序，尤其是对超干硬的碾压混凝土，由于本身所含水分较少，如不能很好地加以养生，及时保存和补充水分，将会造成过多水分损失，严重影响碾压混凝土的强度发展。碾压混凝土强度发展比水泥混凝土快，有利于适当缩短养生时间、提早开放交通。

9.2.11 施工过程中应采取措施控制碾压混凝土表面裂纹的产生。碾压终了后的面层表面不应有可见微裂纹。

碾压混凝土面层铺筑中，若拌合物稠度不合适、表面被风干或碾压作业不当等，碾压终了后的面层表面时有可见微裂纹，这对面层的抗磨、耐疲劳、抗冻等耐久性造成严重不利影响，在局部微裂纹部位有可能飞散成坑，应加以控制和消除。为了减少和消除碾压混凝土表面的微细裂缝，要求采用轮胎压路机或振荡压路机进行最终碾压，且终碾压路机不得中途急停、急拐、紧急起步及快速倒车。

9.2.12 碾压混凝土面层横向施工缝施工应符合下列规定：
1 在施工段终点处应设压路机可上、下面层的纵向斜坡。
2 第二天摊铺开始前，应检测前一施工段终点厚度及平整度不合格段落。
3 应全厚度切除不合格段落的混凝土。
4 纵向连接摊铺新路面时，施工缝侧壁应涂刷水泥浆。
5 受设备限制，切缝深度不能达到混凝土面层全厚时，切缝深度不应小于

800mm，并应将施工缝下部凿顺直。

碾压混凝土面层、底面层与基层横向施工缝中预先插不进传力杆，实质上这种施工缝是无胀缝板的工作缝，它有利于防止面层纵向开裂的蔓延。

9.2.13 碾压混凝土面层胀缝应与下面层或基层中的胀缝对齐。

碾压混凝土面层、底面层、基层中由于预先插不进传力杆，可用有胀缝板但无传力杆的隔离缝代替胀缝。底面层与基层中的隔离缝应与面层胀缝或隔离缝对齐。

隔离缝形式可为混凝土枕梁式（图9-3）或钢板枕垫式（图9-4）两种。

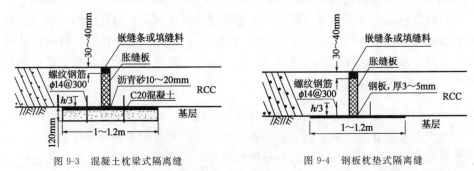

图9-3 混凝土枕梁式隔离缝　　　　图9-4 钢板枕垫式隔离缝

从施工便捷而言，铺设钢板比浇筑混凝土枕梁便利得多，实际施工中使用也相对较普遍。

9.2.14 纵、横向缩缝应采用硬切缝，硬切缝及填缝要求与水泥混凝土面层相同。

不仅如此，碾压混凝土面层中的横向工作缝与隔离缝亦应按水泥混凝土路面工作缝与胀缝的切缝及填缝要求进行。

9.2.15 碾压混凝土面层抗滑构造采用表面露石构造时，粗集料的磨光值PSV不应小于35，洛杉矶磨耗损失不宜大于35％。在混凝土终凝之前，应扫除表面的砂浆。露石面积不宜少于70％。

碾压混凝土面层制作露石构造的抗滑要求是细则的新增内容。碾压混凝土面层抗滑构造应采用表面露石构造，并符合下列规定：

（1）粗集料的磨光值PSV不应小于35；粗集料洛杉矶磨耗损失不宜大于35％。这是露石后的表面保证行车安全所必需的。

（2）在混凝土终凝之前，应尽快扫除表面过多的砂浆，露石面积不宜少于70％。

碾压混凝土压实后，本身就是部分露石的表面，露石表面积大约为20%~30%。碾压完成后，碾压混凝土到达终凝时间之前，用硬扫帚扫除大部分砂浆，使粗集料的裸露面积提高到70%左右即可。为何不100%全裸露粗集料，这主要考虑到平整度不得丢失过多、过大。由于碾压混凝土面层限定在二级以下公路上，磨光值使用沥青路面最低值，洛杉矶磨耗损失限定为细则表3.3.1中的Ⅱ级粗集料数值。

> 本章附件

附9.1 碾压贫混凝土排水基层施工[*]

附9.1.1 为了防止排水基层下部各结构层被水软化、冲刷或损失承载能力，碾压贫混凝土排水基层的下承层应至少有一层不透水结构层。

附9.1.2 排水基层下部的基层应按现行《公路路面基层施工技术规范》(JTG F20)的规定进行质量验收。验收合格后，方可铺筑排水基层。

附9.1.3 排水基层摊铺前，应完成集水沟、管及排水沟、管的施工，并验收合格，且应确保排水基层及其渗透排水管沟系统的连通性及底面纵坡。

附9.1.4 排水基层采用无砂大孔或少砂多孔混凝土，其温差胀缩被分散在每粒粗集料周界上，整体板不产生温差胀缩。因此，排水基层可不切纵、横向缩缝。纵、横向施工缝应垂直平顺。

附9.1.5 排水基层摊铺除应符合下列规定：
1 松铺系数宜控制在1.15~1.30之间，应由实测孔隙率和碾压后高程最终确定。
2 排水基层的表面应铺筑平整、材料均匀一致，并符合设计纵、横坡度的要求。

附9.1.6 排水基层压实应符合下列规定：

---

[*] 本节内容已被细则删去，但此部分内容对于某些需要加速基层渗透排水的路面工程场合是急需的，并且有交通运输部科研项目的技术支撑，基本成熟可用，本手册将其保留，供需用的工程参照。

1 初压应采用8～10t双光轮压路机静碾压，速度应控制在2.0～2.5km/h之间。

2 复压应采用15～20t振动压路机低频高幅振动碾压2～3遍，速度宜控制在1.3～3.0km/h之间，并应由实测孔隙率与高程最终确定。

3 终压应采用光轮静压，终压后的表面应无松散材料及纵向碾压印痕。

4 碾压应紧随摊铺机进行，从拌合物摊铺起1h内完成初碾，1.5h内完成终碾。

附9.1.7 排水基层压实后，应立即覆盖复合养护膜、湿土工毡、湿麻袋进行保湿养护，并封闭交通。气温低于5℃时，应采用保温保湿养护措施。养护期间应始终保持基层表面处在潮湿及适宜温度状态。不得用土围水、覆盖湿砂或湿锯末等细碎材料养护，防止孔隙被堵塞。

附9.1.8 排水基层表面在铺筑面层前，应铺设透水但不漏水泥浆的复合塑料编织布，其质量要求宜符合细则表3.10.3的规定，目的是防止面层混凝土中的水泥浆振捣时，灌入排水基层的孔隙中丧失透水功能。复合塑料编织布铺设施工应符合细则第5.6.3条的规定。

10 混凝土砌块路面砌筑施工

混凝土砌块路面是从最古老的石块路面中发展而来，与目前所使用的其他路面结构相比，其最大的优势在于它是一种随时可方便维修、更换的"活"路面，因此，也是最为经久耐用、非常重要的路面结构形式。混凝土砌块路面实质上是用小块刚性材料制作的柔性路面，所以其设计方法是先按沥青路面计算厚度，然后再换算为砌块路面厚度。

混凝土砌块路面可用于二级及其以下公路、旅游区公路的永久面层，也可用于山区高填方及路基欠稳固的高速、一级公路过渡面层。

砌块路面特别适用于非稳定路基上过渡路面，以及要保留古城街道或沿途风貌的城市道路、景观公路和旅游区公路。其主要缺点是平整度不高，舒适性欠佳。但在某些场合，譬如城市街道、观光道路和旅游道路，平整度不高，降低车速，正是保证行人安全所必需的。

10.1 一般规定

10.1.1 混凝土砌块路面的砂垫层应均匀、密实，能保证砌块稳固，不得局部缺失。

砂垫层在砌块路面结构中是必不可少的，是砌块垂直坐稳并形成纵横紧密嵌锁的必备条件，因此不得省略砂垫层，将砌块路面直接铺筑在刚性或半刚性基层上。无砂垫层时，每块砌块都可能变成跷跷板，无法坐稳嵌固。只要有个别砌块是晃动的，就意味着砌块路面局部已经失效，即将破损。

公路混凝土砌块路面应采用厚度符合设计要求的车行道面砖铺砌，不得使用人行道面砖。

为了保证砌块路面的承载能力，公路应使用车行道路面砖，不得使用人行道混凝土路面砖。由于承载能力要求完全不同，两种砌块厚度差别很大，人行道砌块路面的板块厚度仅有 30～50mm；而车行道砌块的厚度为 80～150mm；不仅厚度，其强度等级差别亦较大，不得混淆使用。具体厚度按公路等级由设计确定。

10.1.2 混凝土砌块路面两侧应按设计设置路缘基座或缘石。与水泥混凝土路面连接时，可依托水泥混凝土路面进行约束。

公路混凝土砌块路面两侧应设置路缘基座或缘石，以增强对砌块的约束。当侧向有水泥混凝土路面或平缘石时，可依托路面或平缘石进行约束。这点相当重要，无约束时，砌块将沿纵横坡度自动滑移，当每块砌块之间的接缝扩大到不满足借助填缝砂的摩擦力相互传递位移的前提条件时，将不符合小块刚性材料制作柔性路面设计理论，砌块路面必定失效或快速损坏。

10.1.3 混凝土砌块路面宜采用机械化方式铺砌。

公路混凝土砌块路面推荐采用机械化铺砌方式。当工程数量较少，铺砌设备受限制时，也可使用手工铺砌方式。两种铺砌方式差别在于：手工铺砌时，常使用单个砌块；而机械化大面积铺砌时，应将多块砌块先组装为一个个铺砌单元（称组元），在一个组元内块与块之间应夹卯榫控制其间隙。

10.2 砌块路面材料

10.2.1 混凝土砌块应符合下列规定：

1 砌块形状宜为六边形或矩形。机械化砌筑的砌块平面尺寸可根据设备的砌筑能力确定。手工铺砌六边形砌块两对角线最大长度宜为300mm；手工铺砌矩形砌块的平面尺寸宜为200mm×400mm。砌块顶面四周应设3mm的倒角。

2 用于极重、特重、重交通荷载等级路面时，混凝土砌块抗压强度等级不应低于C50，弯拉强度不应低于6.0MPa。用于中、轻交通荷载等级路面时，混凝土砌块抗压强度等级不应低于C40，弯拉强度不应小于5.0MPa。混凝土砌块的抗压、弯拉强度的试验方法应符合附录F的规定。

3 混凝土砌块的外观质量与尺寸精度应符合表10.2.1的要求。

表10.2.1 混凝土砌块的外观质量与尺寸精度要求（mm）

序号	项目	质量标准	检验方法
1	长度、宽度、厚度	±2.0	游标卡尺测量
2	厚度差 ≤	1.5	
3	平整度 ≤	2.0	
4	垂直度 ≤	2.0	精度不低于0.5mm专用卡尺测量
5	缺损最大投影尺寸 ≤	5	
6	缺棱掉角的最大投影尺寸 ≤	5	
7	表面裂纹	不得有	目测

10 混凝土砌块路面砌筑施工

4 有抗冰冻与抗盐冻要求时，砌块中混凝土中应掺引气剂，抗冻性应符合本细则第4.2节相关规定。

5 不得使用无振动模压法压制成型的混凝土砌块。

对上述各款说明如下：

（1）第1款：公路混凝土面砖的块形有矩形和六边形两种。为了改善砌块路面的行车舒适性，并降低噪声，面砖的平面尺寸较大为有利。机械与半机械化铺砌时，平面尺寸应由人工或设备铺砌能力确定，人工铺砌的平面尺寸以便于搬动的10kg左右匡算得出（厚度120mm，相对密度2.5）。最小单块面积不应小于单个车轮轮迹区面积200mm²。

（2）第2款：车行道混凝土路面砖的强度等级可参照《混凝土路面砖》（GB 28635—2012）要求，如表10-1所示。注意：细则在公路车行道面砖的强度指标规定中，对应抗折强度比其抗压强度高一级。

表10-1 混凝土路面砖的强度等级（MPa）

抗压强度			抗折强度		
抗压强度等级	平均值，≥	单块最小值，≥	抗折强度等级	平均值，≥	单块最小值，≥
C40	40.0	35.0	$C_f4.0$	4.00	3.20
C50	50.0	42.0	$C_f5.0$	5.00	4.20
C60	60.0	50.0	$C_f6.0$	6.00	5.00

（3）第4款：除抗冻需掺引气剂要求外，公路混凝土面砖的耐久性及物理性能应符合表10-2的规定。

表10-2 公路混凝土面砖的耐久性及物理性能

序号	项 目		质 量 标 准	试 验 方 法
1	耐磨性[a]	磨坑长度（mm）≤	32.0	GB/T 12988
		耐磨度 ≥	1.9	GB/T 16925
2	抗冰冻性[b]：严寒地区F200；寒冷地区F150；其他地区F100	外观质量	冻后外观无明显变化，且符合细则表10.2.1规定	抗冻性应符合细则附录F.3
		强度损失率（%）≤	20.0	
3	抗盐冻性[c]（剥落量）（kg/m²）		平均值≤1.0；最大值<1.5	抗盐冻应符合细则附录C
4	防滑性（BPN）≥		60	JTG E60 T0964
5	吸水率（%）≤		6.5	试件竖立浸没水中24h，105℃±5℃烘干称量计算

注：[a] 磨坑长度与耐磨度任选一项做耐磨性试验。
　　[b] 非受冻地区可不做抗冰冻性检测。
　　[c] 不撒除冰盐公路可不检测抗盐冻性。

处在海风、酸雨、除冰盐、硫酸盐等腐蚀环境中，应掺用粉煤灰等掺合料。掺用时，宜按路面对其质量和技术要求进行。

（4）第5款：混凝土路面砖的预制生产方式，目前国内较多采用较干硬拌合物静压成型法和振动模压法两种。细则要求不得使用静压法压制成型的混凝土砌块，必须使用振动模压法制作生产的具有较高抗折强度和质量的砌块。

10.2.2 混凝土砌块进场后，应按表10.2.2的要求进行质量检验，不合格的砌块不得使用。

表 10.2.2　砌块质量检验项目、频率及方法

序　号	检验项目	检验频率	检验方法
1	抗压强度	每2万块为一批，不足2万块按一批计，每批随机抽取50块检验样品	附录F.1
2	弯拉强度		附录F.2
3	外观质量		表10.2.1

混凝土面砖的不合格品不得在公路车行道路面上使用。面砖的现场质量检验与验收应符合下列规定：

（1）预制混凝土面砖出厂应有合格的全面质量检验报告。

（2）预制面砖现场检验项目应为：抗压强度、弯拉强度、块形、厚度、尺寸偏差、质量等级。现场实测结果应与厂家提供的质量检验报告相一致。

（3）检验频率应以同一块形、同一强度为一验收批，每2万块为一批，不足2万块按一批计，每批随机抽取50块检验样品。

（4）面砖质量验收时，应实测抗压强度、弯拉强度、尺寸允许偏差、外观质量。面砖的抗压强度与弯拉强度检验方法应分别符合细则附录F.1、附录F.2的规定。

（5）公路混凝土面砖的耐久性及物理性能的检验应在工程使用前、使用中至少随机抽检两次，并符合表10-2的规定。

10.2.3 混凝土砌块路面用填缝砂质量应符合本细则第3.4节Ⅱ级砂的规定，整层砂应符合Ⅲ级砂规定，并应符合下列规定：

1　填缝砂2.36mm筛孔的累计筛余量不应大于5%，含泥量不应大于2.0%，泥块含量不应大于0.5%。

2　垫层砂4.75mm筛孔的累计筛余量不应大于5%，含泥量不应大于3.0%，泥块含量不应大于1.0%。

3　填缝砂与垫层砂的级配宜符合表10.2.3的规定。

10 混凝土砌块路面砌筑施工

表 10.2.3 砌块路面用砂的级配范围

用 途	方筛孔尺寸（mm）						
	0.15	0.30	0.60	1.18	2.36	4.75	9.5
	累计筛余（以质量计）（%）						
填缝砂	90~100	90~60	75~15	0~20	0~5	0	—
垫层砂	90~100	70~90	40~75	15~50	0~15	0~5	0

公路砌块路面用砂有填缝砂和垫层砂两类。垫层砂应筛除 4.75mm 以上的粗集料，防止因超粒径石子存在而致使面砖坐不稳固。填缝砂应通过专门筛分，其粒径应在 0.15~2.36mm 之间，在此粒径范围以外的砂颗粒全部不用，也无法使用，过大粒径灌不进接缝，过小粒径起不到荷载传递之作用。填缝砂对砌块路面的变形与位移传递极端重要，一块面砖变位时，位移是通过接缝砂提供的摩擦力，带动其周围的面砖跟着产生位移。如果边缘约束强劲，接缝宽度和填缝质量控制得好，面砖在车轮压力下的位移变形将接近整体柔性路面。

10.2.4 填缝砂、垫层砂质量检验项目、频率及方法应符合表 10.2.4 的规定。

表 10.2.4 填缝砂、垫层砂质量检验项目、频率及方法

序 号	检验项目	检验频率	检验方法
1	颗粒级配	垫层砂每 200m³ 为一批，填缝砂 50m³ 为一批，数量不足者按一批检验。取样数量随机抽取 10kg	JTG E42
2	含泥量		
3	泥块含量		

10.2.5 预制路缘基座制品的质量应检验合格，检验项目、频率及方法应符合表 10.2.5 的规定。

表 10.2.5 路缘基座制品的质量检验项目、频率及检测方法

序 号	检验项目	检验频率	检验方法
1	抗压强度	每 2 万块为一批，不足 2 万块按一批计，每批随机抽取 50 块检验样品	附录 F.1
2	抗冻标号		附录 F.3
3	外观质量		游标卡尺

路缘混凝土基座的设计与预制安装、现浇或滑模摊铺应符合下列规定：

(1) 基座高度应为基座顶面到基层底面之和。基座最小顶宽不宜小于100mm，最小底宽不宜小于200mm。基座最小顶宽与底宽的限定是为了满足其支撑稳定性要求。这些尺寸规定是为了使基座对面砖变位形成强劲有力的约束，保证砌块路面的整体性能。

(2) 拼装时基座块体长度应以人工可搬动重量计算确定，现浇时基座切缝长度宜按混凝土温缩特性计算确定。基座切缝为了防止不规则断裂，可不填缝。

(3) 基座安装位置等可参照示意图10-1。

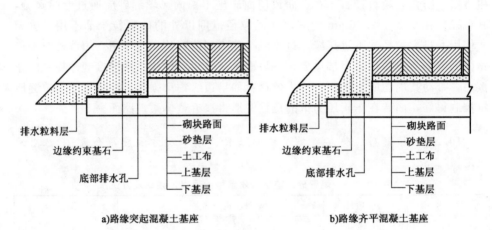

a) 路缘突起混凝土基座　　　　　b) 路缘齐平混凝土基座

图10-1　混凝土砌块路面边缘约束示意图

(4) 基座每延米或每个预制块底部应留半径20～40mm的半圆形排水孔。图10-1除表明边缘各结构层的相对安装位置外，还强调了基座应能够渗透排水。砌块路面接缝过多，且不要求灌缝密封，仅填灌接缝砂，又允许设置突起基座，水分是可以从接缝渗透进垫层的，本质上是一种透水路面，因此，基座底部应预留渗透排水孔将水排除在路面结构层之外。

(5) 无抗冻性要求时，基座混凝土抗压强度等级不应低于C30；有抗冻或轻度防腐蚀要求时，不应低于C35；有抗盐冻或中等防腐蚀要求时，不应低于C40。含气量宜控制在4%±1%，粉煤灰等掺合料宜按混凝土路面的质量和掺用技术规定采用。

(6) 现浇或滑模摊铺路缘混凝土基座的质量检验应符合细则表13.5.2的规定。

10.3 路缘基座施工

10.3.1 现场浇筑路缘基座可使用专用滑模摊铺机连续浇筑或现场立模浇筑施工，预制基座宜采用人工拼装施工。

砌块路面的施工流程一般是做完基层后，制作路缘基座，再施工垫层与面层。我国此前已经使用了不少混凝土砌块路面，效果不甚理想，未做边缘约束或约束过弱，块体之间的接缝很宽大，有的接缝中长草。根本原因是无规范或细则依从，路缘基座不符合使用要求。因此，认真做好路缘基座的施工，保证其质量，是砌块路面成功并经久耐用的关键之一。

基座底面与基层侧面及其纵向边缘应铺设不窄于1m透水土工织物（参见图10-1）。基座外侧边缘应设置总厚度不小于100mm，横坡不小于5%的碎石、砂砾或粗砂渗透排水层。

10.3.2 路缘基座滑模摊铺施工可采用基准线法进行高程与位置控制，基准线设置应满足本细则第7.3.6条的要求。应使用符合基座外形要求的模具。

10.3.3 现浇混凝土路缘基座时，宜设置拉线确定侧模位置与高程。连续浇筑的路缘基座每5~8m宜切一道缩缝，缝宽宜为3mm±1mm，切缝深度不应于40mm。

现浇混凝土路缘基座时，应先架设拉线，安装侧模，再浇筑、振实及抹平表面。连续浇筑路缘基座要求切割缩缝是为了释放混凝土温差收缩变形时导致的无规则开裂现象与断裂破坏。

10.3.4 人工拼装预制混凝土基座应符合下列规定：

1 应按设计图纸对路缘基座安装位置进行放样，并在基座顶面边角挂设拉线。

2 应开挖基座至设计位置，并清理路缘基座底部。

3 安设前应先按设计在基座底部铺设水泥砂浆垫层，砂浆强度等级不应低于M15，厚度不应小于15mm，然后安装路缘基座并按拉线调整高程和位置。安装完成后，两块路缘基座间间隙不宜大于5.0mm。

混凝土路缘基座是承受并抵抗有面砖传递横向力的受推力结构，因此，采用人工拼装预制混凝土路缘基座时，应准确放样、清底，并设置水泥砂浆垫层上下黏结、安装牢靠。

10.4 砂垫层施工

砂垫层是砌块路面结构中不可缺少的一层必备结构层，不得将砌块路面铺筑在刚性、半刚性基层上，原因如下：一是面砖边角会损坏基层且面砖易断裂；二是面砖没有向下位移之可能，也没有面砖通过接缝砂的摩擦力联合动作之可能。特重、重交通各级公路临时过渡路段或永久砌块路面砂垫层可使用1∶3的干拌水泥砂浆，但不得洒水或加水拌和；中、轻交通公路砌块路面可使用纯砂垫层。

10.4.1 砂垫层压实厚度应符合设计要求，松铺系数宜根据试铺确定。

砂垫层设置厚度一般宜为30~50mm，松铺系数可由试铺筑确定。

10.4.2 砂垫层铺设可采用刮板法、耙平法、机械摊铺法。砂垫层摊铺后应刮平并压实，保证砌块路面的平整度、密实度符合要求。

可根据工程重要性和工程量的大小，采用刮板法、耙平法、机械摊铺法铺设砂垫层。砂垫层摊铺后应使用刮板认真刮平，保证砂垫层的平整度方可达到砌块路面的平整度、密实度规定。

10.4.3 砂垫层铺设完成后应加以保护，不得行驶车辆、机械碾压与人员踩踏。

砂垫层刮平后应加以保护，不应有任何扰动和行驶车辆、机械碾压与人员踩踏的印记，以免影响面层的平整度。

10.5 砌块路面铺砌

10.5.1 铺砌前，应准确放样，并设置铺砌表面拉线。

混凝土砌块路面铺砌的起点位置应设置在路面结构变换处或与构造物连接处。铺砌前，应准确放样，并在每排砌块铺设时设置表面拉线。

10.5.2 应按设计图纸确定的铺设方式铺砌混凝土路面砌块。

公路混凝土砌块路面仅有矩形和六边形两种外形，即使按设计图纸确定的不同花样图案铺砌混凝土路面砖，亦存在与行车荷载的合理受力方向问题。一般情况下，矩形面砖长边宜为行车方向，如果与行车方向垂直，在轮载作用下就是一根集中荷载作用下极易从中间断裂的小梁，将大大折减面砖的疲劳循环次数与耐用年限。

10.5.3 人工铺砌时，不得站在砂垫层上作业，应采用前进铺砌方式施工。铺砌时，砌块应垂直放置，不得倾斜落地。砌块放置到位后，可采用橡胶锤敲击等方法，使砌块坐稳。

人工铺砌时，不得站在砂垫层上踩出脚印坑，应垫木板后退或前进铺砌。铺砌的面砖应尽量垂直对中放置，不可倾斜落地。面砖放置到位后，可左右晃动，并用橡胶锤敲击，使砌块坐稳。

10.5.4 机械铺砌时，应符合下列规定：
1 宜在预制厂将砌块拼装为铺砌单元，以夹紧状态运输至现场。铺砌单元面积宜为 0.5～1.5m²。
2 可采用在每个铺砌单元内块体之间和铺砌单元之间夹 2～3mm 的接缝榫等方法，控制块体间接缝宽度均匀一致。
3 铺砌时，应使用机械将每个铺砌单元垂直对中放置就位，避免倾斜落地，摆放后应逐块检查砌块是否稳固，不稳固的砌块应敲击稳定。

机械化铺砌混凝土砌块路面应符合下列规定：
（1）根据铺砌机械能力，可使用较大的整体砌块，宜在预制厂将若干块面砖拼装为 0.5～1.5m² 的一个铺砌单元，一个铺砌单元内的每块砌块接缝之间应夹接缝榫，并以夹紧状态运输至现场。
（2）每个铺砌单元内块体之间和铺砌单元之间应设 2～3mm 的接缝榫，以控制每个块体间接缝宽度的均匀一致。
（3）铺砌时，应使用机械将整体砌块或每个铺砌单元垂直轻置到位，避免倾斜落地。摆放后应逐块检查砌块是否稳固，不稳固的砌块应敲击稳定。

10.5.5 砌块铺砌完成后，应按两条相互垂直的砌块拉线进行接缝调整。砌块接缝宽度应控制在 2～4mm 范围内。

无论采用人工或机械铺砌面砖，铺砌完成后，均应挂两条相互垂直的砌块表面拉线，进行接缝间隙的调整，接缝间隙最小 2mm，最大为 4mm。接缝间隙过小，将灌不进接缝砂；间隙过大，将降低接缝砂提供的摩擦力，对砌块路面的质量与长期运营寿命均有不利影响。

10.5.6 砌块与基座间不大于 20mm 的间隙，可通过适当调整砌块之间接缝宽度的方法予以消除。大于 20mm 的间隙，可使用 C40 细石混凝土夯实填补并抹平。

砌块路面铺砌到路边缘产生不大于 20mm 间隙时，可通过适当调整路面砖之间接缝宽度进行消除。当边缘产生大于 20mm 间隙时，可使用 C40 细石混凝土夯实填补与抹平。这样做的目的是确保路缘基座对路面砖强有力的约束，使之形成整体式柔性路面。

10.5.7 砌块拼砌边缘及端部不完整部分，当面积大于或等于砌块 1/3 时，宜切割砌块或使用断裂砌块填补；当面积小于砌块 1/3 时，宜使用 C40 细石混凝土夯实填补并抹平。

路面砖拼砌边缘及端部不完整部分，当面积大于 1 块面砖 1/3 时，应切割面砖或使用断裂面砖填补；当面积小于 1 块面砖 1/3 时，可使用 C40 细石混凝土夯实填补与抹平，目的是使每块或每排面砖均能得到路缘基座强有力的约束。

10.5.8 砌块路面应使用自重 3～5t 的胶轮或胶带振动压路机振压稳定，并应符合下列规定：

1 胶轮或胶带振动压路机的激振力宜为 16～20kN，振动频率宜为 75～100Hz。

2 压实前路面的铺砌长度宜为 30～50m。

3 碾压时，振动压路机应由路边缘向中间碾压振实。距铺砌工作面 1.0m 前应停止。

4 碾压振实应使垫层砂嵌入接缝底部 25～50mm。

公路车行道砌块路面的压实机械和压实要求显然高于人行道砌块路面，它不采用人行道施工中普遍使用的小型手持式胶带压路机，而应使用 3～5t 胶轮或胶带振动压路机压实，并符合下列规定：

（1）为保证压实效果，胶轮或胶带振动压路机的激振力宜为 16～20kN，振动频率宜为 75～100Hz。

（2）为了使胶轮或胶带振动压路机时，不至于进退过多和转向过于频繁而影响压实的均一性与平整度，压实前路面的最短铺砌完成的长度不宜短于 30m。

（3）碾压时，为保证砌块路面横坡，振动压路机一般应由路边缘向中间或横坡较高的一侧碾压振实，从横坡低侧向高侧碾压。为了尽快压实，碾压前进方向应与路面砖长度方向垂直。

（4）碾压振实后，应使垫层砂嵌入接缝底部 25～50mm。这是保证每块砌块均被振动碾压稳固的要求。

10 混凝土砌块路面砌筑施工

10.5.9 砌块路面应在第一遍振压后，开始填灌填缝砂。填灌填缝砂应符合下列规定：

1 填缝砂应均匀撒布，并用笤帚或刮板等工具将路面上的砂扫入接缝中，再用振动压路机进行振动压实，使砂灌入缝槽。

2 振压与灌砂宜反复进行，直至填缝砂灌满填实为止。最少灌砂遍数不应少于5遍。

3 接缝灌实后，砌块表面残留的填缝砂与缝槽表面的松散砂应清扫干净。

除了在砌筑过程中严格控制每块砌块的平整度及间隙外，砌块路面应经过振动碾压坐稳并灌实接缝。振动胶轮碾压机的碾压和边碾边填灌接缝砂是不可缺少的。不能像铺砌人行道面砖那样，用橡胶锤头手工敲击几下，否则车轮上去面砖必定移位或变形。任何一块砌块只要车轮碾压其上时是活动的，就证明此处砌块路面质量是不符合要求的。必须通过重型压实同时填灌接缝砂这道工序，使砌块路面每块均稳固而不活动。

10.5.10 竖曲线路段，应将砌块路面铺砌成连续曲线，不得铺砌为折线。曲线处砌块接缝表面宽度应控制在2～5mm之间。

竖曲线部位铺砌面砖时，面砖接缝表面张开宽度应控制在2～5mm之内，并应将砌块路面铺砌成连续曲线，不得为折线。

10.5.11 平曲线路段，可调整砌块纵向接缝宽度。弯道外侧砌块接缝宽度不应大于5mm。

水平曲线部位铺砌时，可调整面砖缝宽，弯道内、外周路面砖最小接缝宽度不应小于2mm，最大接缝宽度不应大于5mm。

> 本节附件

附10.5-1[*] 混凝土砌块路面与水泥混凝土面层纵向相接时，为防止其相互推挤变形及破损，应使用隔离缝相连接，缝中应设接缝板。

附10.5-2 混凝土砌块路面穿过乡镇，两侧必须设计人行道时，可通过矩形

---

[*] 在细则中，此条及以下两条已被删去，理由是《公路水泥混凝土路面设计规范》(JTG D40—2011)并未有砌块路面与其他路面的衔接规定，但在实践工程中的砌块路面经常遇到与水泥混凝土路面、沥青路面或路边缘人行道相接的具体构造问题，特保留在本手册中，供实践工程参照使用。

路缘石侧向与人行道连接,其连接构造宜参照附图10.5.2设计。

附10.5-3 砌块路面与沥青路面纵向相接时,刚度差别较大,冲击荷载也较大,边界应采用钢筋混凝土横梁,配筋率应按受弯弹性地基窄横梁计算弯拉应力,由设计计算确定。其顶面宽度不宜小于120mm,高度应为砌块路表面至上基层底面总厚度。其连接构造可参照附图10.5.3设计。

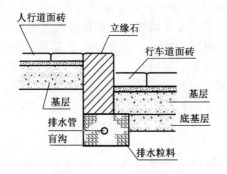

附图10.5.2 人行道与砌块路面侧向连接　　　附图10.5.3 砌块路面与沥青路面横向连接

11 面层接缝、抗滑构造施工及养生

水泥混凝土下面层、水泥混凝土路面、缩缝插传力杆混凝土路面、间断钢筋混凝土路面、钢纤维混凝土路面，无论采用滑模、轨道、三辊轴机组哪种工艺方式施工，接缝的设置和施工都是相同的。水泥混凝土路面的接缝设计与施工历来被认为是水泥混凝土路面使用性能优劣与耐久的关键技术和最大难点。接缝施工质量的优劣，是水泥混凝土路面使用性能即前期破损断板、断角和使用寿命长短的决定性要素，应引起工程建设者的高度重视。

11.1 一般规定

11.1.1 水泥混凝土面层缩缝应使用切缝机按设计位置、深度、形状切割而成。

除施工缝外，水泥混凝土面层缩缝应使用切缝机，按设计缩缝位置、深度、台阶形状准确切割而成。特别是每条缩缝插入传力杆的混凝土路面、间断钢筋混凝土路面和纤维混凝土路面，必须对中传力杆中央位置切横向缩缝，不得错位。水泥混凝土路面与钢筋混凝土路面的板长经常是根据设计荷载的重载程度变化的，例如，一般水泥混凝土路面板长多为5m；内蒙古白霍重载高速公路，设计板长为4.5m；内蒙古准兴高速公路板长4.0m。钢筋混凝土路面和纤维混凝土路面板长一般为6~10m之间。缩缝深度及台阶形状，在后续条款中规定。

11.1.2 横向施工缝应与其他横向接缝合并设置。

横向施工缝应与接近该位置的胀缝、隔离缝、缩缝合并设置，同一位置应仅设一种接缝，几种接缝合并时，应设置伸缩变形能力较大且使用钢筋笼补强的胀缝或隔离缝，不应按缩缝设置。

11.1.3 各种接缝均应填缝密封，填缝材料不得开裂、挤出或缺失。填缝材料开裂、挤出或缺失的接缝均应局部清除，重新填缝密封。

各种接缝均应填缝密封，并不得开裂、挤出或缺失。交工前或竣工验收前，凡开裂、挤出或缺失的接缝均应局部清除，重新填缝密封，直至满足填缝的质量要求。实际施工中经常可以遇到这种情况：由于接缝没有清洁干净，有切缝浆或粉尘隔离，填缝料与两侧缝壁未粘牢，未开放交通，仅由面板的温差与湿差变形，就可将未粘住的填缝料推挤脱离或顶出。基于填缝密封对面层的重要性，特提出要求重新填缝密封的规定。

11.1.4 各级公路行车道与超车道面层表面应制作细观抗滑纹理和宏观抗滑构造，不得遗留光滑的表面。纹理和构造深度应均匀一致。

强制规定面层表面的细观抗滑纹理和宏观抗滑构造的部位是各级公路行车道与超车道面层表面，这是确保路面行车安全性的规定。硬路肩面层未做要求，各地可根据当地公路等级、路面降雨、降雪和结冰情况及安全性要求，自行确定硬路肩是否做抗滑纹理及抗滑构造。抗滑构造是一把双刃剑，它在增加了路面行车安全性所必需摩擦系数的同时，也增大了路面的磨损，加快了路面冰冻、盐冻的破坏速度。所以，除行车道与超车道外，硬路肩表面的抗滑构造可根据当地情况，灵活掌握。

11.1.5 各种水泥混凝土面层、隧道路面、桥面铺筑完成后，均应立即开始保湿养生，养生龄期应满足强度增长的要求。

除砌块路面外，各级公路各种水泥混凝土面层、隧道路面、桥面、贫混凝土基层铺筑完成后，均应立即开始保湿（保温）养生，并达到规定的养生龄期，养生龄期应满足开放交通前的弯拉强度要求。

┌─────────────┐
│ **本节附件** * │
└─────────────┘

附 11.1-1 交工前，凡实测发现面层、隧道路面、桥面的表面局部构造深度或摩擦系数不满足其最低限要求时，应采取有效措施加以恢复，方可验收。

水泥混凝土路面抗滑性能关乎驾乘人员生命与财产安全，在交、竣工验收前，应实测行车道与超车道路面的抗滑构造深度与摩擦系数。当发现行车道与超车道局部路段不满足最低限要求者，应进行抗滑构造的提升或恢复，否则不予验收，不准交付使用。抗滑构造的恢复方法参见细则第11.3.1条第3款。

---

* 细则正文删去了此条。为了确保水泥混凝土路面的行车安全性，将局部构造深度或摩擦系数不符合规定部位的抗滑构造恢复规定编进本手册。

11.2 接缝施工

11.2.1 当一次铺筑宽度小于面层加硬路肩总宽度时,应按设计设置纵向施工缝。纵向施工缝宜采用平缝加拉杆型。

11.2.2 水泥混凝土面层纵向缩缝施工应符合下列规定:

1 采用滑模摊铺机施工时,纵向施工缝的拉杆宜采用支架法安设,也可采用侧向拉杆液压装置一次推入。

2 采用固定模板施工时,应从侧模预留孔中插入拉杆并振实。

3 插入的侧向拉杆应牢固,避免松动和漏插。拉杆握裹强度应按附录G实测,不满足规定要求时应钻孔重新设置拉杆。

(1) 采用滑模摊铺机施工时,纵向施工缝的边侧拉杆可用侧向拉杆液压装置一次推入,不得手工多次打入而造成边缘塌边、溜肩。当滑模摊铺宽度为2个车道及以上时,切割纵缝中的拉杆宜采用支架法安设,可采用中间拉杆装置插入。

(2) 当三辊轴机组一次摊铺2个车道时,边缘拉杆应从侧模预留孔中插入并振实。中央拉杆应采用钢筋支架安设,也可采用插入机准确插入拉杆。

(3) 边缘插入的侧向拉杆应黏结牢固,避免松动和漏插。当拉杆活动、松动、遗漏或可被人工拔出时,应钻孔,填塞锚固剂后重新植牢拉杆。

边缘纵向施工缝与中间纵向缩缝的构造分别参见图11-1a)、图11-1b)。

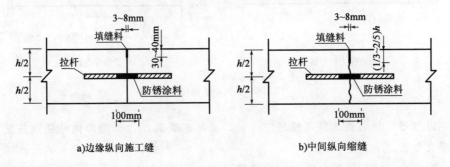

图 11-1 纵缝构造

连续配筋混凝土面层、桥面、搭板、过渡板在行车道与超车道位置之间,使用整体钢筋网延伸过纵缝代替拉杆,它比插入拉杆的配筋率大得多,更为牢靠。

行车道路面与硬路肩的连接纵缝中,当钢筋网阻碍机械摊铺施工时,可断开钢筋网,按钢筋网等强互换计算结果插入拉杆。

11.2.3 增强钢纤维混凝土面层切割纵、横缝中可不设拉杆与传力杆；断开的纵、横施工缝中应设拉杆与传力杆。抗裂纤维混凝土面层各种接缝中的拉杆与传力杆设置应与水泥混凝土面层相同。

增强钢纤维或玄武岩纤维混凝土面层纤维含量足够高，切割纵缝中的钢纤维或玄武岩纤维足以拉住面板并提供足够传荷能力。因此，增强钢纤维混凝土面层切开的纵、横缩缝中满足不设拉杆与传力杆的条件。断开的纵、横施工缝中无纤维，应设拉杆和传力杆。各种抗裂纤维混凝土面层所配纤维数量极为有限，不足以代替拉杆及传力杆，应与水泥混凝土路面一样，其横向施工缝和纵向缩缝中应按设计要求设置传力杆与拉杆。

11.2.4 每天摊铺结束或摊铺中断时间超过30min时，应设置横向施工缝。横向施工缝在缩缝处可采用平缝加传力杆型。

横向施工缝构造有平缝型与企口型两种，可分别参见图11-2a)、图11-2b)。企口缝的制作仅将施工端模加工为企口形状即可，但企口型横向施工缝的传荷能力将有显著提高，可使用拉杆或传力杆。

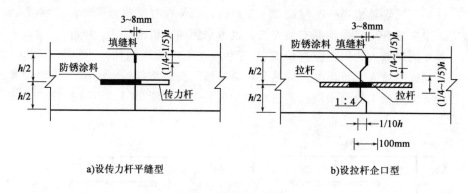

图 11-2　横向施工缝构造

11.2.5 横向施工缝与胀缝重合时，应按胀缝施工，胀缝两侧补强钢筋笼宜分两次安装。

横向施工缝与胀缝合并时，按胀缝设置，钢筋笼应分两次安装，不应缺失。横向施工缝与隔离缝重合时，应先安装钢板枕垫，设置接缝板，不设传力杆。本条是实现细则第11.1.2条合并接缝总体要求的具体规定。

11.2.6 在中、轻交通荷载等级水泥混凝土面层上，临近胀缝、自由端、收费站广场等局部缩缝的传力杆设置应使用前置钢筋支架法。不得采用设置精度不满足要求的方式设置传力杆。

在中、轻交通荷载的水泥混凝土面层上，横向缩缝可切割而成，不设传力杆。临近胀缝、自由端、收费站广场等局部缩缝的传力杆设置应使用前置钢筋支架。支架法横断面构造应符合图 11-3b）的规定。

在极重、特重、重交通荷载公路面层每条缩缝均设置传力杆时，宜采用前置钢筋支架法，支架法横断面构造应符合图 11-3b）的规定。可采用滑模摊铺机上配备的传力杆插入装置（DBI）或独立传力杆插入机，构造应符合图 11-3a）的规定。严禁采用传力杆精度不满足要求的其他方式设置。

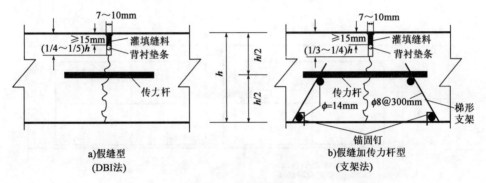

图 11-3 横向缩缝构造

传力杆施工采用的支架法与 DBI 法各有优劣。滑模摊铺配备传力杆自动插入装置（DBI）或独立传力杆插入机施工，省去了支架钢筋，略具经济性。但传力杆插入将影响局部平整度。传力杆钢筋支架具有更高的平整度，而且钢筋支架同时加强了缩缝边缘，有明显增强纵向抗裂与断角的能力。因此，本手册优先推荐使用传力杆钢筋支架法，规定为"宜采用"；DBI 与插入机规定为"可采用"。大量工程实践已经证明，这两种方式的传力杆设置精度均能满足细则表 11.2.11 的规定。任何水泥混凝土路面严禁采用手工随机摆放传力杆，国内已有一条 260 余公里的二级重载公路水泥混凝土路面因手工摆放传力杆而全部在传力杆头部断裂。手工摆放传力杆有害无益，不如不设。要设传力杆，就应严格按细则的要求，设准确。

11.2.7 角隅部位的传力杆与拉杆交叉时，应取消交叉部位拉杆，保留传力杆。

施工中应避免角隅部位的传力杆与拉杆交叉，以防止传力杆与拉杆纵横交叉锁定而断角；无法避免时，则取消拉杆，仅保留传力杆。

11.2.8 胀缝板应与路中心线垂直，并连续贯通整个面板宽度，缝中完全不连浆。

胀缝构造应符合《公路水泥混凝土路面设计规范》(JTG D40—2011) 图 5.3.4 的要求。两侧设钢筋笼补强的胀缝构造图最早出自《公路水泥混凝土路面施工技术规程》(JT/T 037.1—2000)，原规范沿用，细则继续认可并沿用。它是通过胀缝两侧拉应力分析研究得到的（图 11-4）。

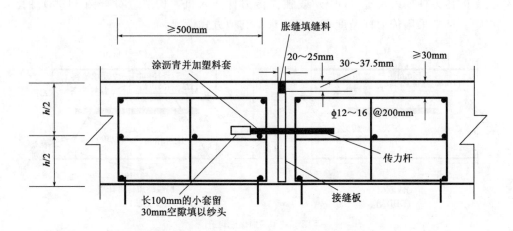

图 11-4 胀缝构造示意图

胀缝构造应采用钢筋环箍支架夹胀缝板和传力杆型，这不仅是机械连续施工胀缝的需要，而且是胀缝两侧增强抗拉强度，抵抗胀缝拉应力破坏所必需的。当摊铺宽度≥7.5m 时，加工胀缝钢筋支架可以从两车道中间断开，但安装时，应保证胀缝板连续，将混凝土完全隔离。

11.2.9 高温期施工时，顺直路段中可根据设计要求减少胀缝的设置。春秋季施工时，两端构造物间距大于 500m 时，宜在顺直路段中间设一道或若干道胀缝。低温期施工时，两端构造物间距大于 350m 时，宜设置顺直路段胀缝。

胀缝用于释放面层累积的膨胀隆起变形量而设。胀缝的膨胀量取决于面层混凝土粗集料温缩系数、施工当时气温与来年最高温度的温差值以及面层底部摩擦约束阻力。高温期施工，来年面层只有收缩，而无膨胀，因此，顺直路段可不设胀缝。

邻近桥头、隧道口、平竖曲线或与其他道路相交处的胀缝应按《公路水泥凝土路面设计规范》(JTG D40—2011) 的规定设置。邻近桥头或隧道口的胀缝应至少设两道，一道在路面与过渡板之间，另一道在过渡板与搭板之间。涵洞两端、平竖曲线或与其他道路相交处应不少于一道胀缝。

11.2.10 胀缝的施工应符合下列规定：

1 采用前置钢筋支架法施工时，应预先准确安装和固定胀缝钢筋支架，并使用手持振捣棒振实胀缝板两侧的混凝土后，再摊铺。也可采用预留两块面板的方法，在气温接近年平均气温时再封铺。

2 应在混凝土未硬化时，剔除胀缝板上部的混凝土，嵌入（20～25mm）×20mm 的木条，整平表面。填缝前，应剔除木条，再粘胀缝多孔橡胶条或填缝。

3 胀缝板应连续完整，胀缝板两侧的混凝土不得相连。

采用滑模摊铺 DBI 装置或插入机施工时，应将顺直路段胀缝全部改为隔离缝，以防止路面纵裂及其快速蔓延。

胀缝（隔离缝）施工的关键技术有两条：一是钢筋支架的固定和胀缝板准确定位，确保其在机械或人工摊铺时不推移，支架不移位，胀缝板不倾斜、不弯曲；二是胀缝板上部软嵌入临时木条。施工时，胀缝板顶部混凝土来不及硬切（双）缝，已经提前弯曲断开，很难处理。为保持均匀缝宽和边角完好性，直到填缝时，方可剔除木条（施工车辆通行期间不剔除），再粘胀缝多孔橡胶条或填缝。

路面中间的横向隔离缝（Isolation joints）是针对我国滑模摊铺机配备的传力杆插入装置（DBI）或三辊轴机组配备插入机铺筑时，为防止纵裂无限扩展蔓延而专门增加的一种新的横缝形式。其实，隔离缝在我国已建成的水泥混凝土路面及与构造物的连接处很常见。美国、英国及欧盟规范中亦有隔离缝要求。胀缝中的传力杆既能增强垂直荷载传递能力，同时也能横向传递开裂变形。当传力杆没有支架横向钢筋限制纵裂，最长的纵裂能够在几个星期之内以很快的速度蔓延数公里。这对水泥混凝土路面质量危害很大。因此增加隔离缝对于限制纵裂是十分必要的。在美国 ACPA 接缝施工技术指南中，将隔离缝与胀缝编在一起，隔离缝与胀缝差别是有无传力杆，有传力杆的是胀缝，无传力杆有钢板枕垫是隔离缝。胀缝板与两侧的钢筋支架相同。为防止错台，隔离缝底部应设钢板枕垫。在美国 ACPA 接缝施工技术指南中，同一位置是设胀缝还是设隔离缝更合适，需要凭借现场工程师的经验判断与确定。

11.2.11 拉杆、胀缝板、传力杆及其套帽设置精度应符合表 11.2.11 的规定。

表 11.2.11 拉杆、胀缝板、传力杆及其套帽设置精度

项 目	允许偏差（mm）	测量位置
传力杆端上下左右偏斜	10	在传力杆两端测量
传力杆深度及左右位置偏差	20	以板面为基准测量
传力杆沿路面纵向前后偏位	30	以缝中心线为准
拉杆端及在板中上下左右偏差	20	杆两端和板面测量
拉杆沿路面纵向前后偏位	30	纵向测量
胀缝传力杆套帽偏差（长度≥100mm）	10	从封堵帽端起测
胀缝板倾斜偏差	20	以板底为准
胀缝板的弯曲和位移偏差	10	以缝中心线为准

对于胀缝、施工缝和缩缝中的传力杆和胀缝板设置精确度，结合美国ACPA接缝施工技术指南和我国的研究确定。观察表明，传力杆设置精确度不符合规定时，接缝半年内将被传力杆顶坏。胀缝快速破坏的原因有两个：一是拉应力超过了混凝土的抗拉强度，因此，需设钢筋笼补强；二是传力杆设置精确度不够。故应通过钢筋支架加强与准确固定，严格控制传力杆和胀缝板设置精确度，使其经久耐用，达到减少早期破坏之目的。

近年来发现，拉杆的设置深度及偏斜对于路面的纵向断裂有重大影响。广东某高速公路水泥混凝土路面上发生了较严重的纵向断裂，经过工后1年沉降观测，在填方路基段，高速公路中央分隔带的沉降为2~3mm，但在行车道边缘位置的沉降最大可达到20~30mm，两侧路基边缘部位的横向沉降差是中间的10倍，面板承受相当大的横向弯矩和弯曲应力。在此条件下，拉杆设置的深度及偏斜对防止面板纵向断裂而言，就相当重要了。也就是说，拉杆不能设置得过浅，亦不得有过大偏斜，否则，会给拉杆端带来更大的横向弯拉应力，拉杆端部接近行车道轮迹位置很容易断裂破坏，一旦发生了少量横向断裂，由于横缝粗集料嵌锁和传力杆对开裂变形的传递作用，这种纵向裂缝传递得很快，可延伸数公里长。此外，在横向差异沉降量这么大的高速公路水泥混凝土路面上，通过沉降观测，应使用钢筋混凝土路面。

11.2.12 缩缝的切缝应根据当地昼夜温差，参照表11.2.12选用适宜的切缝方式、时间与深度，切缝时间应以切缝时不啃边为开始切缝的最佳时机，并以铺筑第二天及施工初期无断板为控制原则。

11 面层接缝、抗滑构造施工及养生

表 11.2.12　当地昼夜温差与缩缝适宜切缝方式、时间与深度参考表

昼夜温差[a]（℃）	缩缝切缝方式与时间[b]	缩缝切割深度
<10	硬切缝：切缝时机以切缝时不啃边即可开始，纵缩缝可略晚于横缝，所有纵、横缩缝最晚切缝时间均不得超过24h	缝中无拉杆、传力杆时，深度1/3～1/4板厚，最浅60mm；缝中有拉杆、传力杆时，深度1/3～2/5板厚，最浅80mm
10～15	软硬结合切缝：每隔1～2条提前软切缝，其余用硬切缝补切	硬切缝深度同上。软切深度不应小于60mm；不足者应硬切补深到1/3板厚，已断开的缝不补切
>15	软切缝：抗压强度为1～1.5MPa，人可行走时开始软切。软切缝时间不应超过6h	软切缝深度不应小于60mm，未断开的接缝，应硬切补深到≥2/5板厚

注：[a] 当降雨、刮风引起路面温度骤降时，应提早软切缝或硬切缝。
　　[b] 三种切缝方式均应冲洗干净切缝泥浆，并恢复表面养生覆盖。

细则表11.2.12规定了不同昼夜温差条件全部硬切缝、软硬结合切缝和全部软切缝三种切缝方式。应以切缝时不啃边为开始切缝的最佳时机。根据缝中有无传力杆与拉杆确定适宜的切缝深度与最小深度。目的是确保面层在施工与运营期间不断板。

11.2.13　纵、横缩缝切缝形状为台阶状时，宜使用磨圆角的台阶叠合锯片一次切成。设备受限制时，也可分两次切割，再磨出半径为6～8mm的圆角。

纵、横缩缝切缝形状应为台阶状，上部填缝槽宽度应为7～10mm，下部切缝槽宽度应为4～6mm，推荐使用磨圆角的台阶叠合锯片一次切成。确因设备限制时，可分两次切割，可先切到切缝槽深度先防止断板，填缝前再扩填缝槽，最后再磨出半径为6～8mm的圆角。缩缝切缝细部构造应符合图11-5的规定。

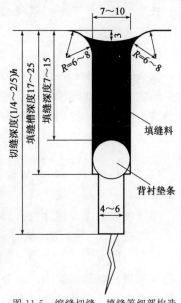

图11-5　缩缝切缝、填缝等细部构造
（尺寸单位：mm）

11.2.14　纵、横缩缝切割顺直度应小于10mm。相邻板的纵、横缩缝切口应接顺。需调整异形板锐角时，可切成斜缝或小转角的折线缝。弯道与匝道面层的横缝应垂直

于其设计中心线。

切缝不仅要求顺直，而且应缝对缝。在异形面层上因调整锐角需要，对不上时，可采用小转角折线对中缩缝。防止拉断未对缝的面层或造成断角。

11.2.15 分幅铺筑面层时，应在先摊铺的混凝土板已断开的横缩缝处作标记。后摊铺面层上应对齐已断开的横缩缝采用软切缝的工艺，提前切缝。

在先铺筑的面层接缝已经断开的条件下，后铺路面必须软切缝，否则一定拉裂后铺面板。

11.2.16 钢筋混凝土面层的切缝不得切到钢筋。各种纤维混凝土面层软切缝时，不得抽出纤维，刮伤边角。

钢筋混凝土面层切缝时，一旦切到钢筋，锯片上立刻会冒火花，并且很快磨损或烧掉锯片。纤维混凝土路面切缝时，不抽出纤维的条件是其握裹力足够，混凝土必须养生到其强度足够克服切缝拔出力的程度，一般不少于3d。

11.2.17 灌缝前应清洁接缝。清洁接缝宜采用飞缝机清除接缝中夹杂的砂石、凝结的泥浆等杂物。灌缝前缝内及缝壁应清洁、干燥，以擦不出水、泥浆或灰尘为可灌缝标准。

混凝土板养护期满后，应及时灌缝。应先采用飞缝机清除接缝中夹杂的砂石、凝结的泥浆等，再使用压力不小于0.5MPa的压力水或压缩空气彻底清除接缝中的尘土及其他污染物，缝内及缝壁应清洁、干燥。如果由于缝壁清洁度达不到而挤出填缝料，按细则的规定，在交、竣工前，必须清除重灌。这是确保接缝密封防水、防冲刷脱空而造成早期破损所必需的。

11.2.18 水泥混凝土路面缩缝的灌缝形状系数宜为1.5，钢筋混凝土、连续配筋混凝土面层、过渡板、搭板与桥面的灌缝形状系数宜为1.0。

缩缝填缝等细部构造应符合图11-5的规定。填缝料形状系数由原规范规定的2.0降低为1.0~1.5，填缝料灌得越深，其上下表面的拉应变越大，耐用年限越短。美国ACPA接缝施工技术指南中规定填缝的形状系数为1.0。随着我国公路货运集装箱运输的推广，路面杂物变少，硬物切割缩缝几率降低，可逐步降低形状系数，以提升填缝料密封性和耐用年限。水泥混凝土路面填缝形状系数应按1.5控制；钢筋与连续配筋混凝土面层、过渡板、搭板及桥面应按1.0控制。为减少缩缝90°角的啃边破损，参照德国规范与我国机场跑道规定，增加了半径6~8mm圆角的要求。

11.2.19 缩缝灌缝应符合下列规定：

1 灌缝时，应先按设计嵌入直径9～12mm的多孔泡沫塑料背衬条或橡胶条。

2 用双组分或多组分常温填缝料时，应准确按比例将几种原材料混拌均匀后灌缝，每次准备量不宜超过1h，且不应超过材料规定的操作时间。

3 使用热石油沥青、改性沥青或橡胶沥青灌缝时，应加热融化至易于灌缝温度，搅拌均匀，并保温灌缝。

4 灌缝应饱满、均匀、厚度一致并连续贯通，填缝料不得缺失、开裂和渗水。

5 高温期灌缝时，顶面应与板面刮齐平；一般气温时，应填刮为凹液面形，中心宜低于板面3mm。

该条规定各款的详细说明如下：

（1）第1款：缩缝灌缝填缝时，应先嵌入直径9～12mm多孔泡沫塑料背衬条的规定与美国ACPA及原规范相同。应该注意的是热灌填缝料时，所使用的泡沫塑料背衬条必需能够抵抗热灌温度而不融化。细则新增了橡胶背衬条，目的是期望橡胶背衬条与填缝料在一条接缝中构成两道防水屏障，不仅只提供单一的填缝形状系数。

（2）第2款：规定使用双组分或多组分常温填缝料时必须配料准确、搅拌均匀，且一次拌和量不应超过1h灌缝用量。这是保证填缝料性能稳定且差异最小的做法。

（3）第3款：使用加热施工式填缝料，如热石油沥青、改性沥青或橡胶沥青灌缝时，应加热融化至易于灌缝温度，搅拌均匀，并保温灌缝。根据交通运输部多个项目的研究成果，细则规定不得再使用聚氯乙烯胶泥、沥青玛蹄脂热灌填缝料灌缝。

（4）第4款：高温期灌缝时，顶面应与板面刮齐平；一般气温时，应填刮为凹液面，中心低于板面3mm。同时要求灌缝应饱满、均匀、厚度一致并连续贯通，填缝料不得缺失、开裂和渗水。

填缝料施工如图11-6所示。

图11-6 填缝料施工

11.2.20 常温施工式填缝料的养生期，低温期宜为 24h，高温期宜为 10h。加热施工式填缝料的养生期，低温期宜为 2h，高温期宜为 6h。在灌缝料固化期间应封闭交通。

本条规定了常温施工式与加热施工式填缝料不同灌缝气温下的填缝料养护期，并规定在灌缝料固化养生期间应封闭交通。其主要目的是为了防止新灌未固化或未冷却的填缝料被车轮拔出、粘走，失去密封效果，并污染路面。

11.2.21 胀缝填缝前，应凿除胀缝板顶部临时嵌入的木条，并清理干净，涂黏结剂后，嵌入专用多孔橡胶条或灌进适宜填缝料。当胀缝宽度与多孔橡胶条宽度不一致或有啃边、掉角等现象时，应采用灌料填缝，不得采用多孔橡胶条填缝。

当胀缝与隔离缝宽度不一致或有啃边、掉角等现象时，修补很困难，填各种固定宽度的橡胶条都不可能被粘住或夹牢，所以不得填胶条，只得灌缝，方可粘牢而密封防水。

伸缩缝填缝时，缝中应清理干净，并安装专用橡胶板条。

11.3 抗滑构造施工

11.3.1 细观纹理的施工应符合下列规定：

1 细观纹理宜在精平后的湿软表面，使用钢支架拖挂 1～3 层叠合麻布、帆布等布片拖出。布片接触路面的长度宜为 0.7～1.5m，细度模数较大的粗砂，接触长度宜取小值；细度模数较小的细砂，接触长度宜取大值。

2 用抹面机修整过较干硬的光面，可采用较硬的竹扫帚扫出细观纹理。

3 已经硬化后的光滑表面可采用钢刷刷毛、喷砂打毛、喷钢丸打毛、稀盐酸腐蚀、高压水射流等方式制作细观纹理。

首先，各级公路混凝土面层交工时的表面抗滑技术要求应符合表 11-1 的规定。

水泥混凝土路面抗滑有两方面的技术要求：宏观抗滑构造用构造深度进行定量检测与评定；细观抗滑纹理用摩擦系数进行定量检测与评定。在原规范中，仅有构造深度，而没有摩擦系数。这对确保高速下的行车安全是不够全面的。细则增补了高速、一级公路及其他公路的特殊路段定量检测与评定摩擦系数的要求。水泥混凝土路面抗滑构造决定着行车安全，事关使用者的生命财产。希望施工人员能够在施工过程中，认真实施，确保水泥混凝土路面运营的安全性。

11 面层接缝、抗滑构造施工及养生

表 11-1 各级公路混凝土面层交工时的表面抗滑要求

路段 \ 公路等级	高速、一级公路		其他公路		检测方法
	构造深度 TD（mm）	摩擦系数 SFC	构造深度 TD（mm）	摩擦系数 SFC	TD用JTG E60 T 0961、T 0962
一般路段	1.10≥TD≥0.70	≥50	1.00≥TD≥0.50	—	SFC用JTG E60 T 0965
特殊路段[a]	1.20[b]≥TD≥0.80	≥55	1.10≥TD≥0.60	≥50	

注：[a] 高速公路、一级公路的特殊路段指立交匝道、平交口、弯道、变速车道、组合坡度不小于3%、桥面、隧道路面及收费站广场等处；其他公路系指设超高或加宽弯道、组合坡度≥4.0%坡道、交叉口、桥面、隧道路面及集镇附近等处。

[b] 大纵坡匝道、急弯、陡坡段可将抗滑构造深度提高到1.5；摩擦系数可提高到60。

本条各款详细说明如下：

（1）第1款：对路面行车安全贡献最大的细观抗滑纹理，是在精平后的混凝土湿软表面上，使用拖拉麻布、帆布、化纤地毯等方式施工的。某些不懂管理与施工者希望混凝土路面施工后做成光滑、反光发亮的表面，其实不正确。公路各种水泥混凝土路面不同于工厂地坪与物流堆场，对表面抗滑纹理基本要求是"要平不要光"，禁止将公路水泥混凝土路表面做成导致车辆制动距离较长的光滑表面。

（2）第2款：用抹面机修整过的或已经凝结硬化后的较干硬的光面，可采用较秃硬的竹扫帚扫出或使用钢刷刷出细观抗滑纹理。各等级公路行车道与超车道路面在交、竣工验收前，必须做细观抗滑纹理，不得缺失。

（3）第3款：已经硬化后的光滑表面或实测摩擦系数不足部位，细观抗滑纹理缺失与不足局部位置，可采用钢刷刷毛、喷砂打毛、喷钢丸打毛、稀盐酸腐蚀、高压水射流5种方式之一在交、竣工验收前补做细观抗滑纹理，并恢复摩擦系数。细观抗滑纹理的补做或恢复方式此款列举了5种，视抗滑恢复的面积大小，应选用性价比较优、效果较好及便捷实施的方式进行。这是确保水泥混凝土路面行车安全性所必需的。

11.3.2 极重、特重和重交通荷载等级公路水泥混凝土面层应采用刻槽法制作宏观抗滑构造。中、轻交通荷载等级公路水泥混凝土面层可使用拉槽法制作宏观抗滑构造。

为了提高宏观抗滑构造的匀质性、美观性、抗磨与抗冻耐久性，极重、特重和重交通荷载等级公路水泥混凝土面层应使用刻槽机硬刻槽；凡使用抹面机精平后已硬化的各级公路混凝土面层、纤维混凝土面层亦应硬刻槽制作宏观抗滑沟槽。中、轻交通荷载等级公路水泥混凝土面层可使用软拉槽制作宏观抗滑构造。

11.3.3 在水平弯道路段、桥面、隧道路面宜使用纵向槽。当组合坡度小于3％时，要求减噪的路段可使用纵向槽。组合坡度大于或等于3％的纵坡路段，应使用横向槽。

本条规定了各等级公路行车道与超车道宏观抗滑构造的方向。纵横方向的宏观抗滑构造槽各有利弊，纵向槽的侧向摩擦系数较大，行车侧滑安全性较高，噪声较小；缺点是在大纵坡路段，摩擦系数略显不足，且明流排水速度较慢。横向槽反之。细则扩大了纵向槽的应用范围。仅在年降雨量大于或等于500mm地区，当组合坡度大于3％的纵坡路段，水平弯道路面、桥面、隧道路面或要求减噪的路段规定应使用横向槽，其他路段均可使用纵向槽。规定宏观抗滑沟槽方向的目的是最大限度地发挥纵、横向槽各自优点，提升高速行车安全性。

本手册首次明确，在我国年降雨量小于250mm的干旱区，无须制作宏观抗滑沟槽，但细观抗滑纹理任何地区均必须制作。年降雨量为250～500mm的地区，当组合坡度小于3％时，也可仅做细观抗滑纹理。任何地区，在晴天干燥的路面上，都不需要宏观抗滑构造，设了反而加快路面磨损与高速行驶车轮过热。高寒和寒冷地区各级公路水泥混凝土路面的停车带边板和收费站广场，可不制作宏观抗滑沟槽，但应做细观抗滑纹理。这是为了提高抗（盐）冻耐久性。

11.3.4 采用刻槽法制作宏观抗滑构造时，刻槽机最小刻槽宽度不应小于500mm。衔接距离与槽间距相同。刻槽过程中应避免槽口边角损坏，不得中途抬起刻槽机或改变刻槽方向。刻槽不得刻穿纵、横缩缝。刻槽后表面应随即冲洗干净，并恢复路面的养生。

刻槽机有支架自行式与推行式两种，无论哪种刻槽机，均应满足一次刻槽最小宽度不小于500mm的要求，这是原规范所规定的，细则继续沿用。目的是提倡使用较宽的刻槽机，减少两次刻槽之间的结合部数量，提高刻槽的均匀一致性。同时，在水平弯道路段纵横向刻槽时，不得遗留较多未刻槽三角形。纵横向刻槽时，应以纵横向缩缝侧边不小于20mm为刻槽的起终点，而不刻穿纵横缩缝，既保证缩缝灌缝时，填缝料不流淌进抗滑沟槽而保持所要求的灌缝深度，又保证缩缝不啃边而快速破损。

为了减少硬刻槽时锯片的快速磨损、消耗及更换，降低刻槽成本，刻槽应在路面铺筑后两周内完成。因为刻槽时间越晚，混凝土强度越高，表面硬度越大，则刻槽成本也越高。

11.3.5 软拉宏观抗滑构造时，待面层混凝土泌水后，应及时采用齿耙拉槽。衔接距离应与槽间距相同，并始终保持一致，不得局部缺失。软拉后的表面砂浆应清扫干净。

经研究，我国高速、一级公路已经废止软拉抗滑构造，要求使用硬刻槽工艺技术，原因是软拉后的沟槽侧边凸凹不均，耐磨性较硬刻槽差。

中、轻交通荷载的公路水泥混凝土路面在没有拉毛机时，可采用人工拉槽方式。在混凝土表面泌水完毕 20～30min 内应及时进行拉槽。拉槽深度应为 2～4mm，槽宽 3～5mm，每耙之间距离与槽间距 15～25mm。槽深应基本均匀。

11.3.6 矩形槽槽深宜为 3～4mm，槽宽宜为 3～5mm，槽间距宜为 12～25mm。采用变间距时，槽间距可在规定尺寸范围内随机调整。

槽间距有等间距和非等间距两种。等间距槽整齐美观；随机分布的非等间距槽有利于行车噪声的漫反射而降低噪声。一般情况下，可使用等间距宏观抗滑沟槽；需降低噪声时，应采用非等间距宏观抗滑沟槽。

11.3.7 路面结冰地区，可采用上宽 6mm、下宽 3mm 的梯形槽或上宽 6mm 的半圆形槽。

为了既保证水泥混凝土路面的行车安全性，又确保严寒和寒冷地区的面层抗冰冻与抗盐冻耐久性，根据大量的工程经验，在严寒和寒冷地区水泥混凝土面层的硬路肩和收费亭附近低速行车的面层上，可仅做细观抗滑纹理，不做宏观抗滑沟槽。严寒和寒冷地区行车道和超车道水泥混凝土面层采用硬刻槽制作宏观抗滑构造时，其沟槽的形状应做成圆弧形或上宽下窄的梯形，引导出抗滑沟槽内的结冰冻胀力向上冻胀的分力，从而最大限度地减少结冰对抗滑沟槽仅有水平冻胀力时的巨大而快速的破坏作用。

11.3.8 当面层粗集料的磨光值 PSV 大于 42 时，可使用露石抗滑构造，其施工应符合下列规定：

1 宜采用在饰面后的表面喷洒超缓凝剂，再用刷毛机洗刷出粗集料的方法。二级以下公路也可使用硬度适宜的秃竹扫帚在初凝到终凝时段内扫洗出粗集料的方法。

2 露石面积宜控制在 65%～75%。

3 实测表面摩擦系数 SFC 和构造深度 TD 应达到表 13.2.1 特殊路段的抗滑要求。

水泥混凝土路面使用露石表面的前提条件是所使用的粗集料磨光值不小于

42，即与沥青路面磨耗表面层使用相同高磨光值的粗集料时，能够满足行车安全性规定，方可使用。我国面层水泥混凝土粗集料岩石品种大多为石灰岩集料，只有在使用玄武岩等高磨光值粗集料时，允许使用露石混凝土面层。不满足此项要求时，应具备耐磨砂浆表层，并拉抗滑纹理及刻槽提供表面足够的抗滑安全性能。

由于水泥混凝土路面振捣密实采用插入振捣棒，滑模摊铺机或振捣机亦为间隔排列的振捣棒组，振捣棒周围的粗集料沉入较深，振捣棒之间粗集料沉入较浅，如果要求粗集料与碾压路面那样全部裸露，势必在表面形成沟槽或坑槽，从而丧失其高平整度。所以规定露石面积宜为70%±5%，不可将粗集料全部洗刷裸露，允许粗集料沉入较深处局部表面为砂浆。如果滑模摊铺机全部改用德国生产最新型头部为T形的振捣棒，振捣密实后的表面粗集料沉入深度一致，方可要求表面全部裸露齐平的粗集料。

11.3.9 制品厂生产公路预制混凝土砌块时，应在砌块上表面压制出宏观抗滑构造，并应满足表13.2.1中一般路段的抗滑构造深度要求。

混凝土砌块路面砌筑前，使用的是强度与养护龄期均已达到的硬化制品，车行道砌块上表面不得缺失宏观抗滑构造，应在制品厂内制作，并符合表13-1的规定。细观抗滑纹理在干硬性混凝土振压成型工艺条件下，很难实现，刚铺筑的砌块路面，早期的摩擦系数有可能欠缺一点，但经过长期行车的车轮磨损，面砖表面水泥石将被逐渐磨损，表面石英砂裸露后，摩擦系数会逐步提高，并逐渐达到制动安全距离的要求。

11.4 面层养生

水泥混凝土路面养生是施工作业流程中的最后一道工序，也是经常被忽视的工序。水泥混凝土面层养生效果的优劣，决定着面层的设计与施工目的能否实现。对水泥混凝土路面和桥面而言，养生对水泥混凝土路面弯拉强度、抗冲击振动、耐疲劳性、抗磨性、抗（盐）冻性及耐久性等性能均有不同程度的影响，但养生工序对控制塑性收缩开裂、表面耐磨、抗冻性和抗滑构造的保持时间长短影响最大。因此，必须引起高度的重视。

11.4.1 面层养生应合理选择养生方式，保证混凝土强度增长的需要，防止养生过程中产生微裂纹与裂缝。

面层养护除应保证其混凝土强度增长外，还应确保在前5d内不产生任何微裂纹与裂缝，其目的是保证设计所要求的耐疲劳循环周次和使用年限。且保证表面养生后的硬度足够，确保耐磨性、抗渗性、抗冰冻、抗盐冻等耐久性指标的实现。

11.4.2 面层养生应符合下列规定：

1 高速公路、一级公路混凝土面层宜采用养护剂加覆膜养生。

2 现场养生用水充足的情况下，可采用节水保湿养护膜、土工毡、土工布、麻袋、草袋、草帘等养生，并及时洒水保湿养生。

3 缺水条件下，宜采用覆盖节水保湿养护膜养生，并应洒透第一遍养生水。

对上述各款说明如下：

刚铺筑的湿软混凝土面层遭遇刮风或暴晒天气，当摊铺现场水分蒸发率接近 $0.50kg/(h \cdot m^2)$，开裂风险较大时，应尽早喷洒养护剂养护，以快速阻断表面水分蒸发及其所引发的沉缩开裂。

高速、一级公路混凝土面层，推荐采用既喷洒养护剂又覆盖的保温保湿养生方式。即同时采用1、3两种方式复合共同养生。

各级公路混凝土面层养生的基本要求是除应保证混凝土强度增长外，还应确保新铺路面在前5d内不产生干缩、温缩与沉缩施工微裂纹与裂缝。大量工程实践表明，如果保证了水泥混凝土路面铺筑后，在养生前5d内不出现微裂缝，混凝土硬化后，随着其抗拉强度提高，面层再出现微裂缝几率极小。面层施工防裂目标已经实现，同时提高了路面与桥面的抗磨等耐久性及其耐疲劳性。

11.4.3 养护剂的喷洒应符合下列规定：

1 喷洒应均匀，喷洒后的表面不得有颜色差异。成膜厚度应满足产品要求，并足以形成完全密闭水分的薄膜。

2 养护剂的喷洒宜在表面抗滑纹理做完后即刻进行。刚铺筑的湿软混凝土面层遭遇刮风或暴晒天气，摊铺现场水分蒸发率接近 $0.50kg/(h \cdot m^2)$，开裂风险较大时，可提前喷洒养护剂养生。

3 喷洒高度宜控制在0.10～0.30m之间。现场风大时，可采用全断面喷洒机贴近路面喷洒的方式喷洒。

4 养护剂的现场平均喷洒剂量宜在试验室测试剂量基础上，一等品再增加不小于40%，合格品增加不小于60%。

5 不得使用易被雨水冲刷掉的、阳光暴晒可融化的或引起表面开裂、卷起薄壳的养护剂。

对上述各款详细说明如下：

(1) 第 1 款：养护剂应喷洒均匀，成膜厚度应足以形成完全密闭水分的薄膜，喷洒后的表面不得有颜色差异，喷洒养护剂与未喷洒的表面应有明显界限。

(2) 第 2 款：路面开裂风险的评估标准是摊铺现场水分蒸发率接近 $0.50 kg/(h·m^2)$，这是经过大量试验研究得出的结论。在此条件下，必须喷洒养护剂来防止面板风裂。

(3) 第 3 款：控制养护剂喷洒高度和大风天推荐使用带喷洒罩的专用喷洒机，其目的是保证绝大多数养护剂飘洒到路表面，而不被大风刮走。

(4) 第 4 款：养护剂的现场平均喷洒剂量应在试验室测试有效保水率≥90%的一等品剂量基础上再增加 40%。如果所用的养护剂为合格品，仅有≥75%有效保水率，喷洒剂量应增加 60%。原因是做养护剂试验时，表面均为光滑平面，而路表面要求做细观抗滑纹理是粗糙表面，表面砂颗粒是裸露突起状态，突起砂粒尖端应有足够厚的养护剂薄膜才能将其彻底覆盖，而不蒸发丢失水蒸气。喷洒合格品养护剂时，推荐喷洒双层养护剂或一层养护剂再覆盖塑料薄膜等养生方式保证养生效果。

(5) 第 5 款：易被雨水冲刷掉的聚合物单体养护剂，一旦施工期间下雨，养护剂将全部被冲洗干净而完全没有养护，路面必裂无疑，而数十公里大面积重新喷洒养护剂几乎不可能。养护剂喷洒后，若养护剂融化、表面开裂或形成卷起龟裂的硬壳，这对混凝土表层强度、表面抗磨耐久性、耐疲劳性等有严重影响。故上述情况的养护剂，规定不得使用。

11.4.4 覆盖保湿养护膜应符合下列规定：

1 覆盖养生的初始时间，应为不压坏表面细观抗滑纹理的最短时间。

2 养护膜材料的最窄幅宽不宜小于2m。

3 两条膜层对接时，纵向搭接宽度不宜小于400mm，横向搭接长度不宜小于200mm。养生期间应始终保持薄膜完整盖满。

4 应有专人巡查养护膜覆盖完整情况。养生期间被掀起或撕破的养护膜、养生片材均应及时重新洒水，并完整覆盖。

5 当现场瞬间风力大于4级时，宜在养护膜表面罩绳网或土工格栅，并压牢固，防止养护膜被大风吹破。

根据内蒙古草原常刮风区高速公路水泥混凝土路面的施工经验，现场瞬间风力大于4级时，仅仅覆盖保湿养护膜经常被风刮走或扯破。为了确保养生期间保湿养护膜的完整性，要求在养生膜表面罩绳网或土工格栅，并压牢固，以达到优良的养生效果。

11.4.5 低温期或夏季夜间气温有可能低于零度的高原、山区施工水泥混凝土路面和桥面时，应采取保温保湿双重养生措施。保温养生材料可选用干燥的泡沫塑料垫、棉絮片、苇片、草帘等。养生期间遭遇降雨时，应在保温片材上、下表面采取包覆隔水膜层等防水措施。

低温期或高原、山区施工水泥混凝土面层和桥面时，应采取保温保湿双重养生措施。为保证保温养生效果，保湿可采用节水保湿薄膜；保温可选用干燥多孔的泡沫塑料垫、棉絮片、苇片、草帘等保温材料。养生期间有降雨可能时，保温片材应包覆隔水塑料薄膜层进行防水，以保证保温效果。

11.4.6 实测混凝土强度大于设计强度的80%后，可停止养生。不同气温条件下混凝土面层的最短养生龄期可参照表11.4.6确定。

表11.4.6 不同气温条件下最短养生龄期参考表（d）

养生期间日平均气温（℃）	隧道内水泥混凝土与纤维混凝土面层	水泥混凝土、碾压混凝土、配筋混凝土、纤维混凝土面层及隔离式加铺层	钢筋混凝土、钢筋纤维混凝土桥面、结合式加铺层
5～9ª	21	21	24
10～19	14	14	21
20～29	12	10	14
30～35	8	7	10

注：1. 各级公路水泥混凝土面层不得在日间零下气温大面积铺筑。
2. 当在各种面层混凝土中掺加粉煤灰时，最短养生龄期宜再延长7d。
ª 在日平均气温5℃～9℃养生时，应同时采取保温保湿双重覆盖养生措施。

细则表11.4.6中的最短养生龄期既未达到设计弯拉强度和抗压强度，也远未达到施工混凝土配制弯拉强度与抗压强度，是不得已的撤除养生时间。正常情况下，养生时间均应长于最短养生龄期，重要工程可要求100%达到设计强度后再撤除养生。

11.4.7 面层养生初期，人、畜、车辆不得通行，达到设计弯拉强度40%后，可允许行人通行。

水泥混凝土面层早龄期受损后，很难恢复原状，将对后续面层运营中的一系列性能产生不利影响，因此有本条的规定。

11.4.8 平交道口应采取搭建临时便桥等措施保护养生期的混凝土面层。

在公路的平交道口，刚铺筑的水泥混凝土面板是不允许人、畜、车辆横穿通行的，以免被碾坏，非施工方向的路面在必须保持交通的特殊条件下，应搭建临时便桥维持通行。

11.4.9 面层达到设计弯拉强度后，方可开放交通。

水泥混凝土面层的设计弯拉强度值一般小于施工配制弯拉强度值，养生龄期可能并未达到28d，但已符合设计弯拉强度值，面层损伤的可能性较小，此时允许开放车辆交通通行。

> 本章附件

附11.1　特殊部位的路面板块布置

我国现有不少水泥混凝土路面的板块布置并非科学合理，尤其是一些特殊路段的特殊部位，经常会将纵缝设置于弯拉应力最大的最不利行车荷载轮迹位置，且结合部位的锐角板过多，导致路面加速损坏，且使用寿命大为缩短。

水泥混凝土路面的板块布置应遵循两个原则：一是纵缝设置应避开弯拉应力最大的最不利行车荷载轮迹位置；二是接缝设置时，应尽量减少或消除三角形面板或锐角梯形面板，防止断角，并减少角隅配筋的数量，减少施工难度。鉴于此，本手册编者将细则中取消的此节内容保留在此，以供设计与施工工程师们参照。

附11.1.1　水泥混凝土路面矩形板纵、横向接缝应垂直相交，必须缝对缝。板宽可在3.5～4.5m之间。板长可在3.5～6.0m之间，最大不得超过6m，最小不得小于板宽。

附11.1.2　收费广场水泥混凝土路面的板块布置应符合下列规定：

1　收费广场水泥混凝土路面的板块布置应符合附图11.1.2的规定，为避免纵缝始终处于轮迹位置，面板宽度应与收费岛中间距等宽。

2　当面板宽度≥5.5m时，应采用间断配筋混凝土路面或补强纤维混凝土路面。间断钢筋混凝土路面长宽比不宜超过2.0；补强纤维混凝土路面长宽比不宜超过1.5。

3　收费广场水泥混凝土面板每条纵缝中应插拉杆；每条横缝中应配传力杆。收费岛前后应各设一道胀缝。低温施工时，端部应各设一道胀缝或隔离缝。

11 面层接缝、抗滑构造施工及养生

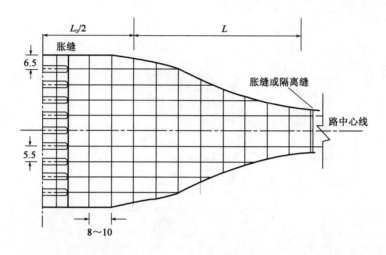

附图 11.1.2 收费广场板块布置（尺寸单位：m）

附 11.1.3 各级公路平面交叉口混凝土面板的板块布置应符合多向交通流承载力要求、整齐美观，并不积水，且应符合下列规定：

1 平面交叉口多向交通流共用中间面板应为正方形面板，板厚应增大 20～30mm，并应在四边垂直面均设置传力杆。

2 三岔 T 形路口水泥混凝土路面板块与接缝布置应符合附图 11.1.3-1a) 的规定。

3 三岔 Y 形路口水泥混凝土路面板块与接缝布置应符合附图 11.1.3-1b) 的规定。

4 十字交叉口水泥混凝土路面板块与接缝布置应符合附图 11.1.3-2a) 的规定。

5 环形交叉口板块与接缝布置应符合附图 11.1.3-2b) 的规定。

6 锐角应配角隅钢筋补强，异形板最短边长不宜小于 1.0m。

附 11.1.4 各级公路水泥混凝土路面弯道加宽段，其加宽部位应并入内侧硬路肩板内。各级公路水泥混凝土路面加宽段的板块布置应符合附图 11.1.4 的规定。滑模定宽整幅摊铺时，宜先摊铺弯道外侧两块面板，内侧加宽部分与硬路肩应合并，仅设一道纵缝，硬路肩合并加宽的边板可使用小宽度滑模摊铺机或三辊轴机组另行铺筑。

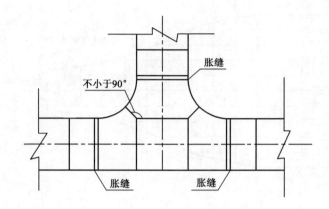

a) T形交叉口板块与接缝布置图

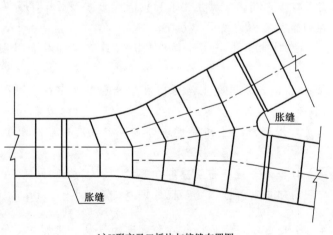

b) Y形交叉口板块与接缝布置图

附图 11.1.3-1 三岔路口水泥混凝土路面板块与接缝布置

11 面层接缝、抗滑构造施工及养生

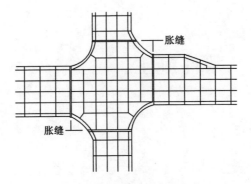

a) 十字交叉口板块与接缝布置图

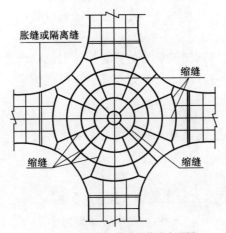

b) 环形交叉口板块与接缝布置图

附图 11.1.3-2 平面交叉口水泥混凝土路面板块与接缝布置图

附图 11.1.4 各级公路加宽段板块布置

12 特殊天气条件施工

12.1 一般规定

12.1.1 水泥混凝土面层铺筑期间,应收集当地月、旬、日天气预报资料。高速、一级公路宜在现场设置简易气象站。遭遇危害路面铺筑质量的灾害性天气和气象要素时,应进行及时观测与快速通报,并制订特殊天气的专项施工组织方案和应急处理预案。

在有可能遇到危害路面铺筑质量的灾害性天气时,应及时进行观测并快速通报,并制订特殊天气的专项施工组织方案和应急处理预案。这是在灾害性气象条件下,保证施工质量优良的必要措施。

12.1.2 水泥混凝土面层施工如遇下列天气条件之一者,必须停工,不得强行铺筑:

1 现场降雨或下雪。
2 风力达到6级及6级以上的强风天气。
3 现场气温高于40℃,或拌合物摊铺温度高于35℃。
4 摊铺现场连续5昼夜平均气温低于5℃或夜间最低气温低于-3℃。

对上述各款详细说明如下:

(1) 第1款:降雨时停工是为了防止软混凝土表面水泥浆被冲刷、垮边或平整度损失。下雪时停工是为了防止面层表面混凝土受冻而损失表面的耐磨性。

(2) 第2款:为了防止软混凝土表面的塑性收缩开裂,细则规定了强制停工的临界风级。

(3) 第3款:为了防止温缩开裂断板、塑性收缩开裂和接缝拉开量过大,给出了高温天气时的气温数值和混凝土拌合物临界最高温度限定数值。若超过此温度,混凝土面板内嵌温度值较高,在水泥水化热温峰值过后,面板降温到夜间较低气温时,面板所承受的温差极大、拉应力极高,开裂与断板风险较大。此时,应该在日间停工,夜间气温和拌合物温度均低于此数值时,再开工铺筑。

(4) 第 4 款：这款规定是为了防止低温对水泥混凝土路面强度产生影响。混凝土路面允许低温施工的夜间最低气温是-3℃而不是0℃，原因是混凝土中的水泥浆是高浓度溶液。大量的实测证实，高浓度水泥浆表面产生有损于耐磨性的冰晶体温度为-3℃～-4℃。因此，允许夜间瞬时温度在-3℃以上时铺筑面层，不允许低于此温度时进行面层施工。

12.1.3 施工过程中，铺筑现场发生影响铺筑面层质量的瞬间强风、下雷阵雨或冰雹时，应即刻停工。

施工过程中，铺筑现场瞬间刮6级大风、下雷阵雨或冰雹时，应即刻停工，暂缓铺筑，并应有破损面层的应急处理预案。

12.2 雨期施工

12.2.1 雨期施工时，应准备足量的防雨篷、帆布和塑料布或塑料薄膜等防雨器材和材料。防雨篷支架宜采用可推行的焊接钢结构，其高度应满足人工饰面、拉槽的要求。

防雨篷支架宜采用足够重的焊接钢结构，并安装轮子便于推动，防雨篷内应有足够的操作高度，表面覆盖材料宜使用帆布或编织布，从而防止冲刷掉路面水泥浆，避免导致平整度、耐磨性等损失和滑模摊铺无模板支撑的路面低侧边缘冲垮破坏。防雨篷的结构见图12-1。实践证明，只有这种防雨篷方可抵抗较强的风雨，并便于路面后续施工工艺操作。

图 12-1 海南省海文高速公路滑模摊铺水泥混凝土路面使用的防雨篷

12.2.2 摊铺中遭遇阵雨时，应立即停止混凝土拌和及铺筑工作，并使用防雨篷、塑料布或塑料薄膜覆盖尚未硬化的水泥混凝土面层。

摊铺中遭遇阵雨时，应立即停止搅拌与铺筑贫混凝土基层、各种水泥混凝土面层，并紧急使用防雨篷、塑料布或塑料薄膜等覆盖尚未硬化的贫混凝土基层与水泥混凝土面层。

12.2.3 水泥混凝土面层因阵雨冲刷导致平整度与抗滑构造不满足要求时，应采用先磨平恢复平整度，再刻槽恢复抗滑构造措施处置。被暴雨冲刷后，路面与桥面局部成坑部位或边部冲毁的，应铲除重铺。

水泥混凝土面层因阵雨冲刷导致平整度与抗滑构造未达标时，应采用先磨平恢复平整度，再刻槽恢复宏观抗滑构造的措施处置。被阵雨冲刷过的面层表面是砂颗粒裸露状态，摩擦系数只高不低，只要平整度合格则允许保留。对被暴雨冲刷后，路面与桥面局部成坑部位或冲毁的边部，则应尽早铲除重铺。

12.2.4 开工前应排除现场、车厢内、设备内、拌和站、集料堆场内的积水或淤泥。运输便道应排除积水；陷车的运输道路与便道应进行修整。摊铺前应清扫干净基层、夹层、封层上的积水，并保持表面处于湿润状态。

降雨后摊铺前，应做两件事：一是及时排除各施工部位的积水或淤泥，包括扫开基层、夹层、封层上的积水，并保持表面湿润状态。其目的是不将雨水混进混凝土而增大拌合物的水灰比，以免影响混凝土材料与面层的强度等质量指标。二是拌和站内及运输道路与便道不得陷车而耽搁混凝土拌合物的运输时间，以免运送到现场的拌合物无法顺利摊铺。

12.3 刮风天施工

12.3.1 刮风天施工时，宜采用风速计在摊铺现场测风速，也可根据经验采用观测自然现象等方法，确定风级，并根据经验采取防止塑性收缩开裂的措施。经验不足时，可参考表12.3.1的规定进行。

表12.3.1 刮风天防止水泥混凝土面层塑性收缩开裂措施参考表

风 力	风速（m/s）	相应自然现象	防止路面塑性收缩开裂措施
1级软风	≤1.5	烟能表示风向，水面有鱼鳞波	正常施工，喷洒一遍养护剂，原液剂量0.40kg/m²
2级轻风	1.6～3.3	人面有风感，树叶沙沙响，风标转动，水面波峰破碎，产生飞沫	加厚喷洒一遍养护剂，剂量0.50kg/m²

12 特殊天气条件施工

续上表

风 力	风速（m/s）	相应自然现象	防止路面塑性收缩开裂措施
3级微风	3.4~5.6	树叶和细枝摇晃，旗帜飘动，水面波峰破碎，产生飞沫	路面摊铺完成后，立即喷洒第一遍养护剂，刻槽后，再喷洒第二遍养护剂。两遍剂量共 0.60kg/m²
4级和风	5.7~7.9	吹起尘土和纸片，小树枝摇动，水波出白浪	刻槽前后用喷洒机喷两遍养护剂，两遍剂量共 0.75kg/m²
5级清劲风	8.0~10.7	有叶小树开始摇动，大浪明显，波峰起白沫	使用抹面机抹面或人工收浆后，用喷洒机加厚喷一遍剂量 1.0kg/m² 养护剂并覆盖节水保湿养护膜、土工毡、湿麻袋、湿草袋等
6级强风	10.8~13.8	大树枝摇动，电线呼呼响，水面出现长浪，波峰吹成条纹	停止施工

细则表 12.3.1 中，根据现场实测风速，可采取的防风裂措施有如下三种：

(1) 尽早喷足量养护剂阻止蒸发。

(2) 尽快覆盖养护，在不压坏抗滑构造前提下，既喷大量养护剂又尽快覆盖节水保湿养护膜、土工毡、湿麻袋、湿草袋等，阻断蒸发。

(3) 采取保证平整度的机械抹面或人工收浆，压缩掉快速蒸发形成的水泥混凝土路面体积收缩量。计算表明：压低 1mm 左右表面厚度，即可消除平面开裂。

干热风对路面开裂的影响研究表明：经过水泥混凝土路面开裂蒸发率的实地测量，要采取防裂措施的开裂临界蒸发率应为 0.5kg/（h·m²）[实测开裂最小值为 0.53kg/（h·m²）]，风速 5m/s 左右。而不是国外标准的 1.0kg/（h·m²），风速>6m/s。前者是薄壁混凝土结构的开裂临界蒸发率，公路工程薄壁结构施工期防裂应按 0.5kg/（h·m²）进行控制；后者为一般结构开裂临界蒸发率。大风天，不允许使用人工重新抹面，丢失机械施工路面的优良平整度。经过计算，路面发生塑性收缩开裂的混凝土路表面体积收缩量在 0.5%~1.0% 之间，只要能够将表面压低 1~2mm，就可保证不再发生塑性收缩开裂。如果不管风速多大，强制施工，则必须装备整个横断面的压辊或叶片式重型抹面机。这样抹面的结果致使水泥路表面刮风天迅速硬化，无法软作粗、细两级抗滑构造，必须采取钢丝刷刷出细观抗滑构造和硬刻出宏观抗滑构造措施以保证高等级公路所要求的粗、细两级抗滑粗糙纹理和沟槽。

最新的路面混凝土断裂力学研究表明：发生大量的或严重的塑性收缩裂缝的水泥混凝土路面，无论采用哪种施工方式摊铺，均必须返工重铺。经过疲劳断裂力学的研究，即使路面上的裂缝很浅，只有 10～30mm 的微小裂缝，但由于裂纹尖端的拉应力无穷大，开裂敏感性极强，再加上车辆荷载的反复疲劳作用，微细裂纹很快能发展为大裂缝。大而深的裂缝会在 1 年左右穿透面板，造成面板断板或碎板破坏，其疲劳循环周次仅有设计基准期的 1/30，不断透的面板行车使用期限仅有 1 年。由此，无论采用哪种施工方式，刮风天施工最主要和最艰巨的任务就是防止表面塑性收缩开裂和温度开裂，即使是眼睛可见的微细裂缝亦不允许。

12.3.2 刮风天应加强混凝土拌和站粗、细集料的覆盖及其含水率检测，并根据粗、细集料含水率的变化及时微调加水量。自卸车上的混凝土拌合物应加遮盖。

刮风天施工应密切关注碎石，应监测粗、细集料含水率的变化，并根据其变化微调减水剂用量或加水量。自卸车上的混凝土拌合物应遮盖，拌合物运送到现场时，粗集料表面不应被吹干发白。

12.3.3 持续刮 4～5 级风天施工水泥混凝土路面和桥面时，应采取下列防裂措施：

1 尽快喷洒足量养护剂，喷洒机宜具有相对密闭的低矮喷洒空间，保证养护剂喷洒效果。

2 当覆盖材料不压出折印时，应尽早覆盖节水保湿养生材料等保湿养生。养护膜表面宜罩绳网或土工格栅，并压牢，防止养护膜被大风吹破或掀起。

3 养生过程中，应有专人负责巡视和检查覆盖养生情况，被大风掀起或吹破的养生膜材应重新洒水，及时恢复覆盖。

（1）第 1 款：低矮喷洒机尽快喷洒细则表 12.3.1 规定的足量养护剂，喷洒机应具有相对密闭的喷洒空间，确保 90% 以上的养护剂喷洒在养护的表面上。喷洒机喷洒养护剂如图 12-2 所示。

（2）第 2 款：在覆盖材料不压出折印时，应尽早覆盖节水保湿养护膜、土工毡、湿麻袋、湿草袋等保湿养生，再加土工格栅、渔网压牢膜层材料，防止薄膜被大风掀起或撕破。

（3）第 3 款：养生过程中，应有专人负责巡视和检查覆盖养生情况，被大风掀起、吹破或人为损坏的养护膜、养护片材均应重新洒水，及时恢复覆盖，并应持续养生到不少于细则表 11.4.6 规定的龄期。

图 12-2　喷洒机喷洒养护剂

12.4　高温期施工

12.4.1　铺筑现场连续 4h 平均气温高于 30℃或日间最高气温高于 35℃时，应按本节高温期施工的技术要求进行水泥混凝土面层施工。

此条为高温期施工的评定条件。达到这些条件时，应按高温季节要求采取相应措施，保证高温期施工的面层质量。

12.4.2　高温期宜选择在早晨、傍晚或夜间施工，避开中午高温时段施工。夜间施工应有良好的操作照明，并确保施工安全。

避开热天中午高温时段施工可以降低面板内嵌温度，防止面板因降温而收缩开裂。宜选择在早晨、傍晚或夜间施工，夜间施工应有良好的操作照明，确保施工质量和安全施工。

12.4.3　集料堆应设遮阳篷。搅拌用水宜采用新抽地下冷水或在水中加冰屑降温。应选用中、低热普通型水泥，不宜使用 R 型高热水泥。高温期施工配合比可掺适量的粉煤灰，不得掺硅灰。可采用适当的缓凝剂延长混凝土凝结时间。

原材料的降温作用可以通过混凝土配合比的热工计算得出。其中，现场集料堆遮阳覆盖以防止暴晒升温的作用最大。由于配合比中单位用水量较小，混凝土密度为 $2500kg/m^3$，搅拌水仅为 $150kg/m^3$ 左右，仅占混凝土拌合物总质量的 1/17，份额相当小。所以，用冷水或冰屑水搅拌降低拌合物温度的作用十分有限，一般仅为 2℃～3℃。选用中热或低热水泥，掺粉煤灰，并降低水泥搅拌温度，从而从根本上降低混凝土拌合物水化热，但现场经常不具备挑选或更换水泥品种的条件。复合引气高效减水剂中应复配足够剂量的缓凝剂、高温缓凝剂、保塑剂等，延缓坍落度损失。

12.4.4 采用自卸车运输时，混凝土拌合物应加遮盖，避免阳光直射；采用罐车运输时，混凝土罐仓外应贴隔热层。

自卸车上的拌合物应加遮盖，罐车的罐仓外贴隔热层是在运输过程中降温的需要。

12.4.5 应加快施工各环节的衔接，采取压缩运输、布料、摊铺、饰面等各工艺环节所耗费的时间等措施，缩短从拌和至抹面完成时间。

热天施工时的拌合物凝结硬化较快，坍落度损失快而大。因此，应尽量压缩运输、布料、摊铺、饰面等各工艺环节所耗费的时间，保证拌合物始终适宜摊铺，方可确保面板在热天施工质量。

12.4.6 在每日气温最高和日照最强烈时段施工时，应采取防止阳光直射措施。可以利用防雨篷遮挡阳光。

可利用防雨篷兼作防晒遮荫篷，防雨篷的结构见图12-1。在每日气温最高和日照最强烈时段可遮荫降温施工。

12.4.7 高温期施工时，应控制混凝土拌合物的出料温度低于35℃。

混凝土拌合物的出料与摊铺温度不高于35℃，是国内外公认的混凝土路面高温期施工的最高临界温度。众所周知，水泥与混凝土各项性能的试验温度均在20℃左右。研究表明：当混凝土温度高于此温度，达到30℃时，水泥水化速度将增加到2倍；35℃时，水泥的水化硬化速度将接近3倍，这将造成混凝土坍落度损失快而大，经常硬得摊铺不成路面。若强制摊铺，必定造成大量麻面而丢失应有的平整度，只能铲掉重铺，这是其一。其二，拌合物温度超过35℃时，混凝土早期弯拉强度增长极快，试验工程师们经常遇到其7d弯拉强度高于28d的情况，这是高温造成的正常情形。高温不仅可导致混凝土7d弯拉强度高于28d，还有可能致使其28d及更长龄期的弯拉强度倒缩。其三，高温造成面板缩缝开裂变形早而快，不仅断板更多，而且切开缩缝张开位移较大，极易将填缝料拉断裂，不利于接缝填缝料长期密封防水。

12.4.8 施工中应随时检测气温，以及水泥、搅拌水和拌合物温度，监控水泥混凝土面层温度，温度过高时应及时采取措施。必要时，可增加对混凝土水化热的检测。

要求施工中随时检测气温、水泥、搅拌水和拌合物温度,并监控水泥混凝土面层温度和加测混凝土水化热的规定,是为了保证拌合物的正常摊铺,控制混凝土弯拉强度增长异常现象,减少面板断板,控制接缝位移量和保证填缝质量。

12.4.9 采用洒水覆盖保湿养生时,应控制养生水温与混凝土面层表面的温差不大于12℃、与混凝土桥面的温差不大于10℃。不得采用冰水或冷水养生造成骤冷而导致表面开裂。

强调了养生应洒温水,水温与水泥混凝土路面、桥面的温度不得有过大差别,原则是不得造成冷冲击引发面层施工期间开裂。

12.4.10 切缝应按不啃边或不超过250℃·h控制,高温期宜采用比常温施工提早切缝的措施,以减少断板。在夜间降温幅度较大时或风雨后,应提早切缝。

根据大量的施工经验,防断板的切缝应按不啃边或不超过250℃·h控制。高温期施工时,当夜间降温幅度较大时或风雨后,应提早切缝。

12.5 低温期施工

12.5.1 当铺筑现场连续5昼夜平均气温高于5℃,夜间最低气温在−3℃~5℃之间时,应按本节低温期施工的技术要求进行水泥混凝土面层施工。

此条为低温期施工的评定条件。达到这些条件时,应按低温季节要求采取相应措施,保证低温期施工的面层质量。

12.5.2 拌合物中宜加入早强剂、防冻剂或促凝剂,并根据试验确定其适宜掺量。应选用R型水泥。配合比中可掺矿渣粉、硅灰,不宜掺粉煤灰。

低温期施工时,应选用总水化发热量大的R型水泥或单位水泥用量较多的32.5级水泥。此时,水泥凝结硬化速度过慢,时间过长,宜加入早强剂、防冻剂或促凝剂,不宜掺粉煤灰。因为粉煤灰的持续水化需要两个条件:一是保持长期足够的湿度;二是要有足够的温度,两者缺一不可。否则,粉煤灰不能水化和提供长期强度,水化不了的粉煤灰在混凝土中是有害无利的。

12.5.3 拌合物出搅拌机的温度不得低于10℃,摊铺混凝土温度不得低于5℃。可采用热水或加热集料搅拌混凝土,热水温度不得高于80℃,集料温度不宜高于50℃。

上述低温期施工各项规定的温度数据对所有混凝土结构施工通用。在养生期间，应始终保持混凝土板最低温度不低于5℃。因为混凝土只有在这个最低水化温度下，才可能缓慢增长强度，并保持较高的后期强度增长率。

12.5.4 应采取保温保湿覆盖养生的方法进行养生。保温垫上、下表面均宜采取隔水措施。

低温期施工时，应采用保温保湿覆盖双重养生措施，可先喷洒养护剂，再用塑料薄膜、保湿养护膜隔离保湿覆盖，再采用草帘、泡沫塑料垫等保温覆盖初凝后的水泥混凝土面层。遇雨雪时，保温垫上、下表面均应再加盖油布、塑料薄膜等防湿。

12.5.5 施工过程中应随时监测气温，以及水泥、搅拌水和集料温度，每工班应至少实测3次拌合物及面层温度。养生期间，应始终保持混凝土板内最低温度不低于10℃。

本条规定了低温施工期间检测原材料及拌合物温度的要求，施工基本控制方法是蓄热养生措施。在建筑工程中，低温施工方式有很多种，但考虑到水泥混凝土路面施工时的原材料用量巨大，除了水可加热外，砂石料几乎不可能加热使用；另外，水泥混凝土路面施工是野外流动作业，位置和地点都极不固定，所以建筑行业中许多行之有效的方法并不适用于水泥混凝土路面的野外流动施工。细则对低温施工要求加早强剂、促凝剂的保温保湿蓄热施工法，实践证明是切实可行的水泥混凝土路面低温施工方法。

12.5.6 水泥混凝土面层弯拉强度未达到1.0MPa前，混凝土桥面抗压强度未达到5.0MPa前，应严防路面和桥面受冻。

水泥混凝土面层抗冻临界弯拉强度未达到1.0MPa，贫混凝土基层的抗冻临界抗压强度未达到3.0MPa，混凝土桥面抗冻临界抗压强度未达到5.0MPa时，应严防基层、路面和桥面受冻。

12.5.7 低温期施工，各级公路水泥混凝土路面、桥面覆盖保温保湿最短养生龄期不得短于表11.4.6第一行的规定。

低温期施工时，混凝土拌合物的各种强度增长均相当缓慢，只要没有紧急通车要求，大可长期维持养生。研究表明，混凝土长龄期各种强度增长的最高温度不是20℃，而是10℃～15℃，但必须保持不少于28d的养生，方能在同样水泥或胶材总量下追求到其贡献的最高强度值。

12.5.8 低温期施工拆模时间应符合表 8.2.14 的规定。

低温期混凝土强度增长缓慢，拆模过早势必造成较多的缺边掉角。不拆模相当于路面侧面始终处在养生期间，为了达到最高强度，低温期施工时，应配备更多的模板，尽可能推迟拆模时间。

13 施工质量标准与控制

13.1 一般规定

13.1.1 混凝土路面施工应建立健全的施工质量保证体系，对施工全过程进行全面的质量控制。

提高水泥混凝土路面的施工质量是细则的核心内容，施工质量检测、控制与管理应贯穿于各等级公路各种水泥混凝土面层铺筑施工的全过程，并应建立健全施工质量保障体系，实现水泥混凝土路面工程质量管理的标准化与现代化是本手册始终遵循的原则。

13.1.2 应按铺筑工艺与进度要求，配备足量质检仪器设备和人员。对面层施工各工艺环节的各项质量标准应做到及时检测，根据检测结果对施工进行动态控制，保证施工各项质量指标合格、稳定。

施工中应根据所选定的铺筑工艺与工程进度的要求，在施工组织设计中，配备并落实质检仪器设备和人员数量动态计划。对面层施工各工艺环节的各项质量标准应做到及时检测与调控，并进行质量评定。确保施工各项质量指标合格、稳定。

13.1.3 水泥混凝土面层施工过程中应采取有效措施，严防出现质量缺陷。铺筑过程中发现质量缺陷时，应加大检测频率，必要时应停工整顿，查找原因，提出处置对策，恢复到正常铺筑工况和良好质量状态再继续施工。

水泥混凝土路面施工是野外作业，现场施工条件与试验室或工厂不同，影响质量的因素往往不是施工人员全部能够掌控的。因此，出现质量缺陷难于完全避免，但是需要尽最大努力，将质量缺陷减少到最低程度。当发现影响面层主体工程质量重大缺陷时，必须停工整顿或寻找原因，问题不解决，不得开工。

13.1.4 施工关键工序宜拍摄照片或进行录像，作为现场记录保存。

不仅如此，施工中的重要变更、改进后的关键工艺细节等均应拍照或录像，一方面作为质量管控的依据,另一方面也可作为支付的旁证。

13.1.5 施工结束后,应清理现场,处理废弃物,恢复耕地或绿化,做到工完场清。

在我国对环境保护与耕地保护要求越来越严的条件下,清理现场,处理废弃物,恢复耕地或绿化,做到工完场清,应该成为我国公路工程施工必需的标准化规定。

13.2 水泥混凝土路面质量标准

13.2.1 水泥混凝土路面铺筑质量标准及检查项目、频率和方法应符合表13.2.1的规定。

表 13.2.1 水泥混凝土路面铺筑质量标准及检查项目、频率和方法

项次	检查项目	质量标准		检查频率		检查方法
		高速公路、一级公路	其他公路	高速公路、一级公路	其他公路	
1	弯拉强度[a] 标准小梁弯拉强度(MPa)	按附录H评定		每班留2~4组试件,日进度<500m留2组;≥500m留3组;≥1000m留4组,测算 f_{cs}、f_{min}、C_v[b]	每班留1~3组试件,日进度<500m留1组;≥500m留2组;≥1000m留3组,测算 f_{cs}、f_{min}、C_v[b]	JTG E30 T0552、T0558
	路面钻芯劈裂强度换算弯拉强度(MPa)			每车道每3km钻取1个芯样,单独施工硬路肩为1个车道,测算 f_{cs}、f_{min}、C_v[b]	每车道每2km钻取1个芯样,单独施工硬路肩为1个车道,测算 f_{cs}、f_{min}、C_v[b]	JTG E30 T0552、T0561
2	板厚度(mm)	平均值≥-5;极值≥-15,C_v值符合设计规定		路面摊铺宽度内每100m左右各2处,连接摊铺每100m单边1处	路面摊铺宽度内每100m左右各1处,连接摊铺100m单边1处	板边与岩芯尺测,岩芯最终判定

243

续上表

项次	检查项目		质量标准		检查频率		检查方法
			高速公路、一级公路	其他公路	高速公路、一级公路	其他公路	
3	纵向平整度	σ^c (mm)	≤1.32	≤2.00	所有车道连续检测		车载平整度检测仪
		IRI^c (m/km)	≤2.20	≤3.30			
		3m直尺最大间隙 Δh(mm)（合格率应≥90%）	≤3	≤5	每半幅车道100m 2处，每处10尺	每半幅车道200m 2处，每处10尺	3m直尺
4	抗滑构造深度 TD (mm)	一般路段	0.70~1.10	0.50~0.90	每车道及硬路肩每200m测2处	每车道每200m测1处	铺砂法
		特殊路段[d]	0.80~1.20	0.60~1.00			
5	摩擦系数 SFC	一般路段	≥50	—	行车道、超车道全长连续检测，每车道每20 m连续检测1个测点	一般路段免检，仅检查特殊路段，每车道每20m连续检测1个测点，不足20m测1个测点	JTG E60 T0965
		特殊路段[d]	≥55	≥50			
6	取芯法测定抗冻等级[e]	严寒地区[f]	≥250	≥200	每车道每3km钻取1个芯样	每车道每5km钻取1个芯样	JTG E30 T0552
		寒冷地区[f]	≥200	≥150			

注：[a] 标准小梁弯拉强度用于评定施工配合比；钻芯劈裂强度用于评价实际面层施工密实度及弯拉强度。

[b] f_{cs} 为平均弯拉强度；f_{min} 为最小弯拉强度；C_v 为统计变异系数。

[c] 动态平整度 σ 与 IRI 可选测一项。

[d] 高速公路、一级公路特殊路段指立交匝道、平交口、弯道、变速车道、组合坡度不小于3%、桥面、隧道路面及收费站广场等处；其他公路系指设超高路段、加宽弯道段、组合坡度大于或等于4%坡道段、交叉口路段、桥面及其上下坡段、隧道路面及集镇附近路段等处。

[e] 取芯法测定抗冻性仅在有抗冰冻要求的地区必检。

[f] 严寒地区指当地最冷月平均气温低于－8℃的地区；寒冷地区指当地最冷月平均气温在－8℃～－3℃的地区。

与原规范相比，细则表13.2.1中进行了下列修订：

(1) 为确保各等级水泥混凝土路面在高速行车条件下的安全性，增补第5项检测摩擦系数 SFC 的规定。

(2) 应黑龙江等水泥混凝土路面冻害严重的严寒省区的要求，在水泥混凝土路面质量检验指标中增加取芯法测定混凝土抗冻等级的规定。施工过程中，检测的拌合物平均含气量并不代表稳定在面层中满足抗冻要求的含气量，不宜作为面层最终的抗冻性指标，应以实际取芯检测抗冻试验结果为依据。试验检测采用现行《公路水泥及水泥混凝土试验规程》（JTG E30）T0552 规定的快冻法，抗冻等级按冻融循环次数低值确定。例如，当冻融循环次数在150～200次之间时，定为抗冻等级150。

（3）我国水泥混凝土路面结构与厚度发生了明显变化，高速公路、一级公路每条缩缝均插入了传力杆，面层厚度也越来越厚。在这种条件下，从近几年各省区铺筑的水泥混凝土路面来看，原规范的要求明显偏高、偏严，导致施工质量相当优良的水泥混凝土路面，平整度一项难以通过交工验收。

通过广东、广西、湖南、黑龙江、内蒙古等地水泥混凝土路面的充分调研，将高速公路、一级公路动态平整度进行了适当调整，由 $\sigma \leqslant 1.2$ 调整为 $\sigma \leqslant 1.32$；IRI$\leqslant$2.0 调整为 IRI$\leqslant$2.2。二级及二级以下公路水泥混凝土路面的平整度也相应进行了调整，3m直尺静态小波长的平整度未变化。

历史地看，我国高速公路水泥混凝土路面平整度从20世纪90年代初的 $\sigma \leqslant 1.8$ 调整到90年代中期的 $\sigma \leqslant 1.5$，再调整到2003年的 $\sigma \leqslant 1.2$，细则规定 $\sigma \leqslant 1.32$。调整后的平整度是适宜的、可行的，使平整度不影响交、竣工验收。

施工单位应按细则表13.2.1要求的频率和方法对面层铺筑主要质量检验项目进行自检，监理应按施工单位规定频率的1/3进行抽检，质量监督机构可按需要进行抽检。自检及抽检实测结果应满足细则表13.2.1的规定。

13.2.2 高速公路和一级公路应按附录H对各项主要质量指标的检测数据进行动态质量管理；其他等级公路宜按附录H对各项主要质量指标的检测数据进行动态质量管理。

施工单位与监理应使用计算机对各级公路水泥混凝土面层的各项主要质量指标的检测数据实行动态质量管理，其方法应符合细则附录H的规定。

13.2.3 水泥混凝土面层铺筑几何尺寸质量标准及检查项目、频率和方法应符合表13.2.3的规定。

表13.2.3 水泥混凝土面层铺筑几何尺寸质量标准及检查项目、频率和方法

项次	检查项目	质量标准		检查频率		检查方法
		高速公路、一级公路	其他公路	高速公路、一级公路	其他公路	
1	相邻板高差(mm)$\leqslant$	2	3	每200m纵横缝2条，每条3处	每200m纵横缝2条，每条2处	尺测
2	连接摊铺纵缝高差(mm)$\leqslant$	平均值 3	5	每200m纵向工作缝，每条3处，每处间隔2m测3尺，共9尺	每200m纵向工作缝，每条2处，每处间隔2m测3尺，共6尺	尺测
		极值 5	7			

续上表

项次	检查项目		质量标准		检查频率		检查方法
			高速公路、一级公路	其他公路	高速公路、一级公路	其他公路	
3	接缝顺直度(mm)≤		10		每200m测6条	每200m测4条	20m拉线测
4	中线平面偏位(mm)≤		20		每200m测6点	每200m测4点	经纬仪测
5	路面宽度(mm)≤		±20		每200m测6处	每200m测4处	尺测
6	纵断高程(mm)		平均值±5；极值±10	平均值±10；极值±15	每200m测6点	每200m测4点	水准仪测
7	横坡度（%）		±0.15	±0.25	每200m测6个断面	每200m测4个断面	
8	路缘石顺直度和高度(mm)≤		20	20	每200m测4处	每200m测2处	20m拉线测
9	灌缝饱满度(mm)≤		2	3	每200m接缝测6处	每200m接缝测4处	测针加尺测
10	最浅切缝深度(mm)≥	缝中有拉杆、传力杆	80	80	每200m测6处	每200m测4处	尺测
		缝中无拉杆、传力杆	60	60			

水泥混凝土路面工程施工中最易发生的结构性损坏或缺陷是断板与断角，与原规范相比，细则已经采取了如下三项措施进行防控：

（1）细则表13.2.3中将切缝深度修改为最浅切缝深度，并区分接缝中有无传力杆、拉杆分别要求。导致断板的首要原因不是平均切缝深度，而是局部最浅切缝深度。

（2）把握适宜切缝时机，控制最晚切缝时间不超过24h。

（3）与设计规范一同采取使用夹层、封层等构造措施，将最大限度地控制住断板率与断角率。

其他几何尺寸指标维持不变。

施工单位应按照细则表13.2.3规定的频率和方法对面层铺筑几何尺寸进行自检，监理与质量监督机构可按需要进行抽检。自检及抽检结果应符合细则表13.2.3的规定。

13.2.4 水泥混凝土面层铺筑的质量缺陷检查项目、标准、频率和方法应符合表13.2.4的规定。

13 施工质量标准与控制

表13.2.4 水泥混凝土面层铺筑的质量缺陷检验项目、标准、频率和方法

项次	检查项目	检查标准 高速公路、一级公路	检查标准 其他公路	检查频率 高速公路、一级公路	检查频率 其他公路	检查方法
1	断板率[a]（%）≤	0.2	0.4	数断板面板块数占总块数比例	数断板面板块数占总块数比例	数断板
2	断角率[a]（%）≤	0.1	0.2	数断角板块数占总块数比例	数断角板块数占总块数比例	数断角
3	破损率[b]（%）≤	0.2	0.3	计算破损面积与板块面积百分率	计算破损面积与板块面积百分率	尺测面积
4	路表面和接缝缺陷	不应有	不应有	每块面板坑穴、鼓包和每条接缝啃边、掉角及填缝料缺失、开裂	每块面板坑穴、鼓包和每条接缝啃边、掉角及填缝料缺失、开裂	眼睛观察
5	胀缝板倾斜（mm）≤	20	25	每块胀缝板两侧	每块胀缝板两侧	垂线加尺测
5	胀缝板弯曲和位移（mm）≤	10	15	每块胀缝板3处	每块胀缝板3处	拉线加尺测
5	胀缝板连浆（mm）	不允许	不允许	每块胀缝板	每块胀缝板	安装前检查
6	传力杆偏斜（mm）≤	10	13	每车道每公里测4条缩缝每条测1根	测设传力杆缩缝1条，每条测3根	钢筋保护层仪

注：[a] 断板率中包含断角率，应统计行车道与超车道面板，不计硬路肩板，不计入修复后的面板。
[b] 破损率指水泥混凝土面层施工期发生的脱皮、印痕、露石、缺边、掉角、微裂纹等缺陷实测面积与总面积之比的百分率。

随着极重交通荷载的出现和基层强度、刚度的提高，水泥混凝土路面断角率明显增多，特别是到了竣工验收时。仅检测与控制断板率已不足以全面衡量面板的断裂破损状况，因此，与原规范一样继续提出断角率的技术要求。尽管设计中已经在路面构造上采用了夹层或封层，断板率与断角率理应大幅降低，但细则中该两项指标的控制技术标准并未改变。

各种水泥混凝土面层的施工应采取有效措施，严防出现各种质量缺陷。铺筑过程中，当自检、监理、监督人员发现质量缺陷出现较多时，应加大检测频率乃至停工整顿，找到原因，提出处置对策，恢复到缺陷极少的正常铺筑工况和良好质量状态。在工程交、竣工前，施工单位应对全部质量缺陷进行彻底修复。

13.2.5 各级公路水泥混凝土面层在施工过程中宜用3m直尺检测与控制平整度指标。

动态平整度IRI或颠簸累积仪σ可作为二级及二级以上公路交、竣工验收时平整度的评定依据。无动态检测设备时，三、四级公路可用3m直尺平整度进行质量验收与评定。

局部平整度不符合细则表13.2.1指标要求时，应采用适宜设备或方法修复处置，修复方法参见本手册附件B。在保证平整度达标的同时，应满足处置后表面的抗滑构造规定。

13.2.6 各级公路面层弯拉强度应采用标准小梁试件评定，采用钻芯取样圆柱体劈裂强度换算的弯拉强度验证。检测标准小梁弯拉强度后，宜用试件完好部分实测劈裂强度与抗压强度。每种弯拉强度应按附录H.1进行评定，弯拉强度统计的变异系数应符合表4.2.2-3的规定。

细则表13.2.1中，要求检测室内标准小梁弯拉强度和路面钻芯劈裂强度换算弯拉强度两项，该条的每种弯拉强度即指这两种弯拉强度。评定每种弯拉强度时，应有平均弯拉强度合格值、最小值和统计变异系数三个参数，其合格标准的确定应符合细则附录H.1的方法，弯拉强度统计变异系数应符合表细则4.2.2-3的规定。应通过这三个参数综合评定弯拉强度合格与否。

标准小梁弯拉强度用于检验混凝土配合比，它是材料的基准弯拉强度，是其他一切强度指标的基础；路面钻芯劈裂强度是检验与换算面层结构的实际弯拉强度的，它更多地反映面层的施工效果及其密实性。室内28d先测弯拉强度，再测断块抗压强度与断块劈裂强度。断块劈裂强度用来积累同尺寸钻芯劈裂强度与标准小梁弯拉强度的换算统计数据。断块抗压强度是为了得到混凝土的参考强度等级，为避免返工提供参考数据。

13.2.7 路面板钻芯、圆柱体劈裂强度与标准小梁弯拉强度试验与强度换算可按下列规定进行：

1 高速公路、一级公路应通过试验得到各自工程的统计公式，用于确定统计公式的试验组数不宜少于 15 组。试验时，试件水泥用量的变动范围宜为 ±50kg/m³；如强度离散性满足统计要求，可将 φ150mm×150mm 钻芯圆柱体和浇筑圆柱体、150mm×150mm×150mm 立方体三者同龄期的劈裂强度视为等同。

2 二级及二级以下公路混凝土面板钻芯劈裂强度与标准小梁弯拉强度可根据粗集料岩石品种和类型，分别按下列公式换算得出。

石灰岩、花岗岩碎石混凝土

$$f_c = 1.868 f_{sp}^{0.871} \tag{13.2.7-1}$$

玄武岩碎石混凝土

$$f_c = 3.035 f_{sp}^{0.423} \tag{13.2.7-2}$$

砾石混凝土

$$f_c = 1.607 + 1.035 f_{sp} \tag{13.2.7-3}$$

式中：f_c——混凝土标准小梁弯拉强度（MPa）；

f_{sp}——混凝土直径 150mm 钻芯圆柱体的劈裂强度（MPa）。

在水泥混凝土路面质量控制中，弯拉强度是必须符合要求的三大指标之一，具有一票否决的重大作用。因此，须引起高度重视，并遵循本手册下述规定的方法和程序进行弯拉强度的试验、统计、分析与综合质量评定。

（1）有试验技术人员提出，原规范规定的高速、一级公路路面工程应由各自实测钻芯劈裂强度换算小梁弯拉强度的统计关系，但实际工程中难于获得。为获得劈裂强度与弯拉强度的统计换算关系，特编写三点试验要求：

①统计的试验组数不宜少于 15 组，这对施工试验室而言，不成问题。15 组的规定是提高统计关系曲线可靠度与可信度所必需的，是统计样本的最低规定。

②试验统计公式时，如果仅使用施工配合比，试验点将聚集成一条垂直线，所反映的是试验误差的最大波动范围，不可能得到试验曲线。因此要求水泥用量变化幅度为 ±50kg/m³，但必须包含施工配合比中的水泥用量。

③光弹试验所显示的劈拉应力迹线表明：φ150mm×150mm 钻芯圆柱体和浇筑圆柱体、150mm×150mm×150mm 立方体三者同龄期的应力水平与劈裂强度是相同的，是可以相互替代的。因此，允许其强度离散性满足统计要求的前提下，视为三者等同。

（2）二级及二级以下公路混凝土面板钻芯劈裂强度与标准小梁弯拉强度统计换算关系式，即细则式（13.2.7-1）～式（13.2.7-3），已经使用了几十年。大量数据表明,其弯拉强度的换算精度满足二级及二级以下公路面层钻芯换算弯拉强度的精度规定,可继续使用。

(3) 水泥混凝土面层弯拉强度合格评判应符合下列规定:

①标准小梁与钻芯平均弯拉强度合格值、最小值和统计变异系数均符合要求者,通过弯拉强度评定。

②当局部路面标准小梁弯拉强度不足时,应每公里每车道加密钻取3个以上芯样,实测劈裂强度,重新换算弯拉强度,钻芯统计弯拉强度满足要求者,通过弯拉强度评定。

③标准小梁与钻芯均不满足规定者,应返工重铺弯拉强度不符合规定的局部面板。

13.2.8 水泥混凝土面层弯拉强度合格评判应符合下列规定:

1 当标准小梁与钻芯平均弯拉强度合格值、最小值和统计变异系数均符合规定者,通过弯拉强度评定。

2 当局部路面标准小梁弯拉强度不足时,应每公里每车道加密钻取3个以上芯样,实测劈裂强度,重新换算弯拉强度,钻芯统计弯拉强度满足要求者,通过弯拉强度评定。

3 标准小梁与钻芯均不满足要求者,应返工重铺弯拉强度不符合要求的局部面板。

13.2.9 板厚应采用面层边缘的平均厚度、板中钻芯平均厚度及其变异系数三项指标综合判定,钻芯平均厚度应满足表13.2.1的规定,板厚统计变异系数应符合《公路水泥混凝土路面设计规范》(JTG D40—2011)表3.0.2的规定。

用面层中部钻芯厚度、边缘平均厚度、板厚变异系数三参数控制并评定板厚,将板厚及其变异系数控制在不同等级公路可靠度理论的允许偏差范围内。以这三项指标作为板厚合格与否、是否返工的判定依据。

13.2.10 当无损检测或单侧边缘检测发现局部板块厚度平均值不满足表13.2.1的规定时,应在该板中间钻芯,判明板厚不足区段。当局部面板平均板厚偏差超过表13.2.1极值时,应返工重铺。

水泥混凝土路面设计在公路等级给定弯拉强度标准值及标准轴载疲劳作用次数基础上计算出的板厚,是唯一且最重要的设计计算结果,若板厚偏差超过了设计极限,将完全不能满足设计使用要求。因此,板厚严重不足即平均板厚的偏差超过细则表13.2.1极值时，必须返工重铺。细则已经在铺筑前要求了通过模板与拉线实测板厚符合规定，只要认真遵循细则进行板厚控制，应该不会出现因板厚不足而返工的情况。

13.2.11 当弯拉强度或板厚不足、返工凿除面板时，应避免扰动临近面层。损坏的上基层、夹层或封层应重新铺设。

局部返工重铺弯拉强度与板厚不足的面板时，应采用深切割机切开，再清除面板，不宜使用凿岩机等对临近有扰动的破除方式。研究表明，只要临近面板受到扰动，面板底部将支撑不均，疲劳寿命将大大缩短。清除过程中经常会伤及或损坏面板底部的夹层、封层或上基层，局部少量损坏夹层可使用两层油毡修复；损坏的封层可重新铺设符合细则表3.10.3规定的薄膜材料。损坏的半刚性上基层可使用相同材料或贫混凝土修复。

13.2.12 高速公路、一级公路应对所有行车道与超车道连续检测摩擦系数，二级及二级以下公路应检测特殊路段的摩擦系数。各级公路硬路肩可免检摩擦系数。高速公路、一级公路硬路肩可仅检构造深度，其他公路硬路肩可免检构造深度。

为保证行车安全，对各等级公路水泥混凝土面层不同部位的摩擦系数与构造深度检测提出明确的要求。

13.2.13 局部抗滑性能不足的路段，可重新打磨细观纹理和硬刻抗滑沟槽，进行摩擦系数与抗滑构造的恢复。

13.2.14 隧道内各级公路水泥混凝土路面的质量检测、评定和验收要求与本节公路水泥混凝土面层相同。当检测隧道内水泥混凝土路面摩擦系数不满足要求时，就采取措施恢复。

经检测发现隧道内各种水泥混凝土路面的摩擦系数不满足规定时，应采取细则第13.2.13条规定的技术措施恢复摩擦系数，恢复摩擦系数即抗滑细观纹理的方法应符合细则第11.3.1条第3款的要求。

路面施工单位应按10km或每合同段实际施工里程统计整理，小桥涵桥面可归并在路面中统计，中桥以上的桥面铺装层应单独统计。对于滑模、碾压和三辊轴机组机械铺筑水泥混凝土面层的关键工序宜拍摄照片或进行录像，作为现场记录保存。

13.3 水泥混凝土桥面铺装质量标准

13.3.1 各级公路桥面混凝土抗压强度的检测与评定应符合下列规定：

1 立方体抗压强度应采用室内标准试件（150mm×150mm×150mm），并在标养室养生28d。单幅桥面每100m不应少于3组；单幅桥面每50m不应少于2组；单幅桥面小于50m不应少于1组。

2 桥面混凝土应实测28d标准立方体抗压强度，当组数不少于10组时，应按式（13.3.1-1）和式（13.3.1-2）计算平均抗压强度、最小抗压强度与标准差，评定抗压强度。

$$f_{cue} \geqslant f_{cuk} + \lambda_1 S_n \quad (13.3.1\text{-}1)$$

$$f_{min} \geqslant \lambda_2 f_{cue} \quad (13.3.1\text{-}2)$$

式中：f_{cue}——统计平均抗压强度（MPa）；

f_{cuk}——设计抗压强度标准值（MPa）；

f_{min}——统计最小抗压强度（MPa）；

S_n——抗压强度标准差（MPa）；当 $S_n<2.5$MPa 时，取 2.5MPa；

λ_1、λ_2——合格评定系数，按表13.3.1取用。

表 13.3.1 混凝土抗压强度的合格评定系数

试件组数 n	λ_1	λ_2
10～14	1.15	0.90
15～19	1.05	0.85
20 以上	0.95	

3 当组数少于10组时，可采用非统计方法，按式（13.3.1-3）和式（13.3.1-4）评定抗压强度：

$$f_{cue} \geqslant 1.15 f_{cuk} \quad (13.3.1\text{-}3)$$

$$f_{min} \geqslant 0.95 f_{cue} \quad (13.3.1\text{-}4)$$

各种混凝土桥面指钢筋混凝土、双钢混凝土、补强钢筋纤维混凝土、抗裂钢筋纤维混凝土桥面。桥面抗压强度评定方法引自现行《混凝土强度检验评定标准》（GB/T 50107）。

13.3.2 当桥面钻芯取样评定混凝土抗压强度时，每50m单幅桥面可钻取1组钻芯，不足50m应取1组钻芯，实测56d±5d芯样 ϕ150mm 钻芯圆柱体抗压强度。芯样实测抗压强度的统计与评定应符合本细则第13.3.1条的规定。钻芯抗压试验方法应符合现行《公路工程水泥及水泥混凝土试验规程》(JTG E30) T0554 的规定。

本条规定了从桥面铺筑层上钻芯取样检测抗压强度的频率及评定方法。

13.3.3 立方体与芯样抗压强度均不满足要求者，应返工重铺抗压强度不符合要求的局部桥面。

桥面混凝土抗压强度合格验收应符合下述规定：

（1）当立方体试件用细则式（13.3.1-1）计算的统计平均抗压强度、标准差，细则式（13.3.1-2）计算的统计最小抗压强度三者均符合要求时，通过桥面混凝土抗压强度评定。

（2）当立方体抗压强度不足时，应每 50m 单幅桥面钻取 1 组钻芯，不足 50m 应取 1 组钻芯。实测 56d±5d 芯样 ϕ150mm 钻芯圆柱体抗压强度。钻芯抗压强度试验方法应符合现行《公路工程水泥及水泥混凝土试验规程》(JTG E30) T0554 的规定。

（3）芯样实测统计平均抗压强度符合细则式（13.3.1-1）或式（13.3.1-3），统计最小抗压强度符合细则式（13.3.1-2）或式（13.3.1-4）规定时，可通过桥面铺装层混凝土抗压强度验收。

（4）立方体与芯样抗压强度均不满足要求者，应返工重铺抗压强度不符合要求的局部桥面。

13.3.4 除抗压强度外，水泥混凝土桥面铺装层质量标准及检查项目、频率和方法应符合表 13.3.4 的规定。

表 13.3.4 水泥混凝土桥面铺装层质量标准及检查项目、频率和方法

项次	检查项目		质量标准		检查频率	检查方法
			高速公路、一级公路	其他公路		
1	平均厚度值（mm）		+20，-5		每 10m 两边各测 1 处，计入钻芯	尺测
2	纵向平整度	σ^a（mm）	≤1.50	≤2.50	所有桥面车道连续检测，每 100m 测 1 次	车载平整度检测仪
		IRI^a（m/km）	≤2.50	≤4.20		
		3m 直尺最大间隙 Δh（mm）（合格率应≥90%）	≤3	≤5	每车道 100m 测 2 处，每处 10 尺	3m 直尺

续上表

项次	检查项目		质量标准		检查频率	检查方法
			高速公路、一级公路	其他公路		
3	抗滑构造深度（mm）		0.80～1.20	0.60～1.00	每车道桥面50m测1处，不足50m应测1处	铺砂法
4	摩擦系数 SFC		≥55	≥50	每车道桥面20m测1处，不足20m应测1处	JTG E60 T0965
5	抗冻等级[b]	严寒地区	≥250	≥200	每座桥面预留1组抗冻试样	JTG E30 T0565
		寒冷地区	≥200	≥150		
6	伸缩缝与桥面、路面高差		≤2mm	≤3mm	跨每条伸缩缝测5尺	直尺测量
7	桥面表面及各种接缝		不得有坑洞，缺边掉角等破损现象		每块桥面板与每条接缝	眼睛观测
8	横坡度		±0.15%		每100m单幅桥面	拉线尺测

注：小桥涵铺装桥面者，应符合本表规定；小桥涵顶面有基层者，应符合路面的规定。
[a]动态平整度 σ 与 IRI 可选测一项。
[b]抗冻等级仅在有抗冰冻要求的地区必检。

桥面的平整度标准总体略低于路面，原因是我国绝大多数高速、一级公路桥面混凝土铺装层没能实现滑模摊铺机连续铺装，最为多见的是桥梁中标单位采用三辊轴整平机施工，不便使用滑模摊铺面层统一要求。已经使用滑模摊铺的桥面可按面层的平整度检验验收；二级及二级以下公路的桥面应努力向路面较高平整度靠近。目的是减小由于桥面欠平整对桥梁结构造成的冲击荷载，延长桥梁使用寿命。

13.3.5 桥面的泄水孔槽附近不得积水、堵水，在半径150mm范围内应有顺畅的排水坡度。

排水不畅，积水后将严重影响行车安全和桥面的抗冻耐久性，特规定桥面泄水孔槽在半径150mm范围内应有顺畅的排水坡度。

13.4 碾压混凝土面层的质量标准

13.4.1 碾压混凝土面层除应符合本细则第13.2节其他公路的各项质量标准要求外，尚应符合表13.4.1的补充质量标准及检查项目、频率和方法的规定。

表13.4.1 碾压混凝土面层的补充质量标准及检查项目、频率和方法

项次	检查项目	质量标准 高速、一级公路下面层	质量标准 其他公路面层	检查频率	检查方法
1	压实度平均值（%） 最小值（%）	≥97.0 ≥95.0		每台班检测3次	钻芯检测
2	纵向平整度最大间隙平均值（mm）	≤4.0 合格率应≥85%	≤5.0 合格率应≥85%	每车道200m，2处10尺	3m直尺
3	横向平整度平均值（mm）	≤5.0 合格率应≥85%	≤6.0 合格率应≥85%	每车道200m，2处5尺	3m直尺
4	接缝缺边掉角（mm²/m）	≤20		每200m随机测4m接缝	尺测

细则表13.4.1中碾压混凝土面层压实度检测可采用核子密度仪、超声波、回弹法、钻芯等各种检测方法。压实度的最终评定及仪器校核均应以钻芯法为准。碾压混凝土面层铺筑应着重防止离析造成粗集料富集成堆，粗集料之间因缺少砂浆黏结而导致的弯拉强度变异过大。钻取钻芯后，先测板厚、匀质性、密实度和视密度，最后检测劈裂强度。

为防止面层接缝部位啃边破损的蔓延，提出其控制指标的要求。关键是把握好切缝时间，贴近接缝碾压时，不挤碎接缝边壁。应与沥青路面一样做好碾压混凝土施工接头的工作缝和隔离缝。

13.4.2 碾压混凝土面层弯拉强度评定应符合本细则第13.2节的相关规定。试件成型方法应符合现行《公路工程水泥及水泥混凝土试验规程》（JTG E30）T0552的要求。

碾压混凝土面层与基层应检测弯拉强度，并采用标准小梁试件和路面钻芯劈裂强度换算的弯拉强度综合评定。平均弯拉强度合格值、最小值和统计变异系数三个参数均应符合细则附录H.1的规定。

此外，碾压终了后的面层表面不应有可见微裂纹。碾压混凝土面层铺筑中，若拌合物稠度不合适、表面被风干或碾压作业不当等，碾压终了后的面层表面时有可见微裂纹，这对面层的抗磨、耐疲劳、抗冻等耐久性造成严重不利影响，在局部微裂纹部位有可能飞散成坑，应着力加以控制和消除。

13.5 混凝土砌块路面质量标准

13.5.1 混凝土砌块路面铺砌质量标准及检查项目、频率和方法应符合表13.5.1的规定。

表13.5.1 混凝土砌块路面铺砌质量标准及检查项目、频率和方法

项次	检查项目	质量标准	检查频率 范围[a]	检查频率 点数	检查方法
1	平整度（mm）	≤5.0	100m 路宽5m 路宽5～15m 路宽≥15m	5 10 15	3m直尺测
2	宽度（mm）	±20	100m	3	尺测
3	纵断高程（mm）	±10	100m	5	用水准仪测
4	纵、横坡度（％）	±0.25	100m	5	用水准仪测
5	接缝宽度（mm）	±1.0	100m	3	尺测
6	相邻块高差（mm）	≤2.0	100m	3	尺测
7	与井框高差（mm）	≤5.0	每个	每个	尺测

注：[a] 每公里每车道全面检测100m。

13.5.2 混凝土砌块路面路缘基座施工质量标准及检查项目、频率和方法应符合表13.5.2的规定。

表13.5.2 混凝土砌块路面路缘基座施工质量标准及检查项目、频率和方法

项次	检查项目	质量标准	检查频率 范围	检查频率 点数	检查方法
1	抗压强度（MPa）	符合第13.3.1条规定	300m	1组3块	JTG E30 T0553
2	预制尺寸高宽长（mm）	±10	500块	1组3块	尺测
3	浇筑安装尺寸（mm）	±10	500m	两侧各1点	尺测
4	顺直度和高程（mm）	≤20	200m	两侧各20m 2处	尺测
5	勾缝饱满度（mm）	≤3	200m	两侧各20m 1处	尺测
6	中线偏位（mm）	≤10	500m	两侧各1点	尺测
7	缺边掉角（mm）	≤20	500m	两侧各1点	尺测
8	裂缝、断块率（％）	1.0	1000m	两侧各100m 1处	数块尺测

13.5.3 公路混凝土砌块路面铺砌质量应进行下列检验、修整与评定：

1 砌块路面铺成，用 10t 压路机碾压时，不得有明显轮迹，且砌块不应有裂缝、压断或压碎现象。凡压裂、压断或压碎的砌块均应替换为完整的合格砌块。

2 铺成的砌块路面与构造物边缘和两侧路缘基座相接等部位应在降雨后不积水，保持排水通畅。凡低洼积水部位，均应重新铺砌，并处理好排水。

3 修整后符合要求者，可通过评定。

公路混凝土砌块路面本质上是一种众多未填灌接缝透水路面，因此，铺砌质量检验一般应在降雨后砂垫层中有雨水时进行，只有通过饱和浸水时的碾压质量检验，方可确保其长期使用性能要求。

13.6 附属混凝土构造物的施工质量标准

13.6.1 路缘石、路肩石、护栏、浅碟形排水沟的混凝土抗压强度检测与评定应分别符合本细则第 13.3.1、13.3.2 条的规定。

13.6.2 混凝土路缘石、路肩石、护栏、浅碟形排水沟施工外观质量标准及检查项目、频率和方法应符合表 13.6.2 的规定。

表 13.6.2　混凝土路缘石、路肩石、护栏、浅碟形排水沟施工质量标准（mm）

项次	检查项目	滑模摊铺或现浇允许偏差	预制拼装允许偏差	检查频率	检查方法
1	平整度 ≤	4	5	每200m测4尺	3m直尺测
2	顺直度 ≤	5	10	每200m测4处	20m拉线
3	宽度 ≤	±4	±5	每200m测4处	尺量
4	相接顶面高差 ≤	2	—	每200m测4处	水准仪
5	相接缝宽 ≤	±2	—	每200m测4处	尺量
6	相邻两块高差 ≤	—	3	每200m测4处	水平尺或尺测
7	相邻两块缝宽 ≤	—	±3	每200m测4处	尺量

本章附件

附13.1 贫混凝土基层质量标准*

附13.1.1 基层贫混凝土可用28d试件与56d芯样抗压强度检测与评定，并应与细则第13.3.1条的规定相同。当施工进度需要检测与评定其7d抗压强度时，应按28d抗压强度检测频率要求的数量，留足7d抗压强度试件。

附13.1.2 贫混凝土基层的施工质量标准、检验频率及检测方法应符合附表13.1.2的规定。

附表13.1.2 贫混凝土基层施工质量标准、检验频率及检测方法

项次	检查项目	施工质量标准	检验频率及检测方法
1	碾压贫混凝土基层压实度	平均值≥97%，最小值不得小于95%	钻芯检测，每台班检测2次
2	每块板平均板厚（mm）	平均值-5；极值-10	尺测：每100m左右各1处，参考芯样
3	纵向平整度最大间隙（mm）	高速、一级公路≤4mm，合格率应≥85%；二级公路≤6mm，合格率应≥85%	3m直尺：每车道200m，2处10尺
4	碾压贫混凝土基层横向平整度（mm）	高速、一级公路≤5mm，合格率应≥85%；二级公路≤7mm，合格率应≥85%	3m直尺：每车道200m，2处5尺。主要检测碾压轮迹带来的不平整
5	纵断高程（mm）	平均值±5；极值±10	水准仪：每200m 4点
6	相邻板高差（mm）	≤3	3m尺测：每条横向胀缝、工作缝3点，每200m纵横缝2条，每条3点
7	连接摊铺纵缝高差	平均值≤5mm；极值≤7mm	3m尺测：200m 2处，每处3尺
8	接缝顺直度（mm）	≤10	每500m，20m拉线测2处
9	中线平面偏位（mm）	≤20	经纬仪：每200m 4点
10	路面宽度（mm）	±20mm	尺测：每200m 4点

---

* 贫混凝土基层相关内容已被细则删去，为了施工技术人员使用方便，本手册保留了按混凝土面层要求的贫混凝土基层施工与质量检验的要求。

续上表

项次	检查项目	施工质量标准	检验频率及检测方法
11	横坡度（%）	平均值≤+0.20；极值≤+0.25	水准仪：每200m 4个断面
12	断板率（%）	≤0.2	数断板量，计算占总板块百分比
13	坑穴拱包、接缝缺边掉角	≤20mm/m²	尺测：每200m随机测4m²
14	切缝深度（mm）	≥60 或 ≥1/4h	尺测：每200m接缝4处
15	胀缝板连浆（mm）	≤30	尺测：每条胀缝板安装时测
16	胀缝传力杆偏斜（mm）	≤13	钢筋保护层仪：每5条胀缝抽测1条

附表13.1.2中的贫混凝土基层包括滑模摊铺、三辊轴机组、小型机具和碾压四种工艺铺筑的基层。贫混凝土基层纵向平整度比面层放松了1mm；合格率85%。碾压贫混凝土基层横向平整度要求是为了控制碾压遗留横向轮迹印。碾压密实型混凝土面层与基层密实度要求是相同的，密实度是保证各种强度指标达标的前提，最小压实度95%是配合比设计所明确规定要达到的，平均压实度略提高至97%，是提高弯拉强度可靠度的措施。

附13.1.3 碾压贫混凝土排水基层的抗压强度检测与评定应符合细则第13.3.1条和本手册附13.1.1条的规定。

附13.1.4 碾压贫混凝土排水基层的质量标准、检验频率及检测方法除应满足附表13.1.2的相关规定外，尚应符合附表13.1.4质量标准、检验频率及检测方法的规定。

附表13.1.4 碾压贫混凝土排水基层质量标准、检验频率及检测方法

项次	检查项目	质量标准	检验频率	检测方法
1	级配	在规定级配范围内，允许误差≤5.0%	每2000m² 1次	T0302
2	压碎值（%）	满足Ⅱ级粗集料≤25	异常时检测	T0316
3	孔隙率（%）	21.0±3.0	每200延米1个芯样	附件C.2
4	现场渗透系数ᵃ（ml/s）	≥60	每1000m测1次	附件C.1
5	排水基层施工延续时间（h）	加水搅拌到初碾结束<2 加水搅拌到终碾结束<2.5	每个作业段1次	现场实测

注：a 在现场钻取直径150mm的芯样，在试验室按附件C.1方法检测。

附 13.2　工程施工总结

附 13.2.1　施工单位应根据现行《公路工程竣（交）工验收办法》的要求，做出施工总结报告、质量测试报告，连同竣工图表、修复形式与数量、形成完整的施工档案资料。

附 13.2.2　施工总结报告应包括工程概况、设计图纸及变更、基层、原材料、施工组织、机械及人员配备、施工工艺、进度、工程质量评价、工程预决算等。

附 13.2.3　施工质量管理与自检报告应包括施工组织设计、质量保证体系、试验段铺筑报告、施工质量达到或超过现行规范或细则要求情况、原材料和混凝土检测结果、施工中路面质量自检结果、交工复测结果、工程质量评价、修复数量、原始记录相册和录像资料等。

附 13.2.4　首次采用滑模、碾压工艺施工或首次铺筑连续配筋混凝土面层、纤维混凝土面层、钢筋纤维桥面等新结构时，应同时提交新结构、新工艺、新材料应用等施工研究总结报告。

附录 A 混凝土拌合物振动黏度系数试验方法

A.1 目的和适用范围

本方法用于测定最大粒径不大于 31.5mm 的水泥混凝土拌合物振动黏度系数，也适用于测定坍落度小于 25cm、维勃时间不大于 15s 的新拌砂浆、纤维混凝土和贫混凝土拌合物的振动黏度系数。

A.2 仪器设备

A.2.1 振动器

1 标准振动台，负载下的振幅 0.35mm，空载时的振幅 0.5mm；振动频率每分钟 3 000 次±200 次。

2 维勃工作度仪振动台，工作频率 50Hz，空载振幅 0.5mm。

A.2.2 容器

1 金属圆筒，内径 300mm±3mm，高 250mm，壁厚 3mm，底厚 7.5mm。容器不应漏水并有足够刚度，上有把手。

2 金属圆筒，内径 240mm±3mm，高 200mm，壁厚 3mm，底厚 7.5mm。容器不应漏水并有足够刚度，上有把手。底部外伸部分可用螺母将其固定在维勃振动台上。

A.2.3 捣实器

底部直径 80mm，厚度 6mm，其上开 10mm 孔洞 8 个；手柄直径 16mm，高度 280mm，固定为整体。

A.2.4 秒表

应至少能够精确记录两个时间值。

A.2.5 测尺

游标卡尺，精度0.01mm。钢尺，精确到1mm，长度300mm。

A.2.6 小球：10只，小球的质量m_b=2.45g；小球直径：D=3.7936cm。

A.2.7 电子秤或磅秤：量程100kg，精度1g。

A.2.8 其他：馒刀、小铲、木尺、铁锹等。

A.3 试验步骤

A.3.1 用电子秤称出容器的质量m_0（kg）。

A.3.2 在容器底部放入小球两只，间距100mm；然后分3层装混凝土拌合物，每层用捣实器捣25次，第一层装入时不应使小球位置变化；最后一层应抹平。捣实时，应防止拌合物及容器产生振动。

A.3.3 开启振动台。用标准振动台时，将装好混凝土拌合物的容器放在振动台中部，同时开启秒表，记录两只小球完全振出混凝土拌合物的时间T_1、T_2（s），精确到0.01s。用维勃振动台时，必须将容器与振动台的固定螺丝上紧，使振动台与容器联结成整体。当两只小球的振动浮出时间相差15%时，应重做试验。

A.3.4 将装混凝土拌合物的容器取下振动台，称量m_2（kg），测量混凝土拌合物距离上沿不同位置的高度H_1、H_2、H_3、H_4、H_5（cm），计算平均值$h=(H_1+H_2+H_3+H_4+H_5)/5$。

A.4 试验结果计算

A.4.1 求出容器内混凝土拌合物的高度H（cm）：
$$H = H_0 - h \quad (A.4.1)$$
式中：H_0——圆筒内高度（cm）；

H——容器内混凝土拌合物高度（cm）；

h——混凝土拌合物距离容器上沿高度平均值（cm）。

A.4.2 计算混凝土拌合物的质量m（kg）和密度ρ_c（kg/cm^3）：

附录A 混凝土拌合物振动黏度系数试验方法

$$m = m_2 - m_0 \quad (A.4.2\text{-}1)$$

$$\rho_c = \frac{m}{V} \quad (A.4.2\text{-}2)$$

$$V = \pi R^2 H \quad (A.4.2\text{-}3)$$

式中：m——混凝土拌合物的质量（kg）；

m_2——混凝土拌合物与容器的总质量（kg）；

m_0——容器的总质量（kg）；

ρ_c——混凝土拌合物的密度（kg/cm³）；

V——容器的体积（cm³）；

R——容器的半径（cm）；

H——容器的高度（cm）。

A.4.3 计算小球的密度 ρ_b（kg/cm³）：

$$\rho_b = \frac{m_b}{V_b} \quad (A.4.3\text{-}1)$$

小球的体积

$$V_b = \frac{\pi D^3}{6} \quad (A.4.3\text{-}2)$$

式中：ρ_b——小球的密度（kg/cm³）；

m_b——小球的质量（kg）；

V_b——小球的体积（cm³）；

D——小球的直径（cm）。

A.4.4 求出两只小球振动浮出的平均时间：

$$t = \frac{t_1 + t_2}{2} \quad (A.4.4)$$

式中：t——两只小球完全振出混凝土拌合物的平均时间（s）；

t_1、t_2——两只小球完全振出混凝土拌合物的时间（s）。

A.4.5 按下式计算混凝土拌合物振动黏度系数：

$$\eta = \frac{2r^2 gt(\rho_c - \rho_b)}{9H} \quad (A.4.5)$$

式中：η——混凝土拌合物振动黏度系数（N·s/cm²）；

r——小球半径（cm）；

g——重力加速度，9.8m/s²；

t——两只小球振动浮出混凝土拌合物的平均时间（s）；

H——小球浮出混凝土拌合物中的高度（cm）；

ρ_c、ρ_b——分别为混凝土拌合物和小球的密度（kg/cm³）。

A.5 试验结果处理

A.5.1 取相同配合比和试验条件的混凝土拌合物 3 次试验的平均值作为振动黏度系数的测量值，当其中单个试验结果的误差超过平均值的 15% 时，应剔除；当两个数据的误差均超过 15% 时，应重做试验。

A.5.2 如果用同一批混凝土拌合物连续做 3 次试验时，应控制混凝土拌合物出搅拌机 45min 内完成，超过 45min，应重新拌和相同的混凝土拌合物，重做未完成的试验。

A.5.3 混凝土拌合物的拌和应采用搅拌机，不宜采用人工拌和；拌和好的混凝土拌合物应堆好并覆盖塑料布防止水分蒸发。

A.5.4 混凝土原材料的取样、称量、拌和、试验室温度和湿度等控制与现行《公路工程水泥及水泥混凝土试验规程》（JTG E30）T0551 相同。

附录 B 取芯测定混凝土抗冻性及气泡间距系数方法

B.1 取芯法测定混凝土抗冻性

B.1.1 目的及适用范围

用于测定实际水泥混凝土路面或混凝土结构物的抗冻性。

B.1.2 仪器设备

1 取芯机：宜采用轻便型混凝土取芯机。

2 取芯钻头：宜选用人造金刚石薄壁钻头。

3 切割机：可选用岩石切割机，切割方式有手动和自动两种。

B.1.3 试件制备

1 制备混凝土抗冻性芯样试件，其直径不宜小于100mm。标准芯样试件长度与直径比，不宜小于4；非标准芯样试件长度与直径比，不宜小于1。

2 在制取抗冻性芯样试件时，还应制备3个直径70mm、高度70mm抗压强度试件。

3 测量芯样试件的几何尺寸：

（1）直径：用游标卡尺测量试件中部，在相互垂直的两个位置上测量两次，计算其平均值，精确至0.5mm。沿试件高度任一直径相差不宜大于2.0mm。

（2）高度：用钢板尺测量，精确至1.0mm，高度为路面层厚度。

（3）垂直度：用游标量角器测量两个端面与轴线的夹角，精确至0.10°，试件端面与轴线的夹角不应超过2°。

4 几何尺寸不符合要求的芯样试件应经过处理，否则，不能用于试验。

B.1.4 试验步骤

1 测量标准芯样试件长度、质量、动弹性模量及进行外观描述，必要时测定声速。

2 测量非标准芯样试件质量及进行外观描述，必要时测定声速。

3 按现行《公路工程水泥及水泥混凝土试验规程》(JTG E30) T0525 "混凝土抗冻性试验（快冻法）"进行抗冻性试验。

4 标准芯样试件的抗冻性评定按相对动弹性模量和质量损失率进行；非标准芯样试件的抗冻性以质量损失率进行评定。

5 在试验完毕的试件上，钻取3个直径70mm、高径比为1的抗压强度试件，与第B.1.3条第2款制备的抗压强度试件同时进行抗压强度试验，计算抗压强度损失率。

B.2 取芯法测定混凝土气泡间距系数

B.2.1 目的及适用范围

测定混凝土芯样的空气含量、气泡比表面积和间距系数等气泡参数。评价水泥混凝土路面、桥面及混凝土结构的引气性能、抗冰冻性、抗盐冻性或鉴定等，也适用于实际结构物的抗冻性调查。

B.2.2 仪器设备

1 钻芯取样设备：与第B.1.2条规定相同。

2 测孔显微镜：放大倍率为80～128倍，具有目镜测微尺和物镜测微尺。目镜测微尺最小读数为$10\mu m$；载物台应能横向、纵向移动；配有显微镜照明灯、聚光型灯。

3 其他：切片机、磨片机、抛光机。

B.2.3 试件制备

现场试样取样点，路面为表面和表面下50mm，桥面为表面和表面下30mm。芯样试件宜在制取抗冻性试验的同一芯样切片上制取。

B.2.4 试验步骤

1 每组试样至少3个，最小观测总面积和最小总导线长度应符合表B.2.4的规定。

2 将硬化混凝土片锯下后，刷洗干净，分别采用400号或800号金刚砂仔细研磨。每次磨完后刷洗干净，再进行下次研磨。最后在固定呢毡的抛光机转盘上，涂刷三氧化二铬进行抛光，再刷洗干净，在105℃±5℃的烘箱中烘干，然后置于测孔显微镜下试测。当强光低入射角照射在观测面上，观测到在表面除了气孔截面和集料孔隙外，基本是平的，且气泡边缘清晰并能测出尺寸为$10\mu m$的气泡截面时,即认为该观测面已处理完毕。

表 B.2.4 最小观测总面积和最小总导线长度

粗集料最大粒径（mm）	最小观测总面积（mm²）	最小总导线长度（mm）
40	17 000	2 600
31.5	11 000	2 500
19.0	7 000	2 300
9.5	6 000	1 000

注：如混凝土内集料或大孔隙分布很不均匀,应适当增大观测面积。1个芯样中取2个试样时,截取2个试样间距应大于1/2集料最大粒径。

3 视角应与浇筑面垂直。观测前用物镜测微尺校准目镜测微尺刻度,在观测面两端,附贴导线间距标志,使选定的导线在观测面范围内。调整目镜位置,使十字丝的横丝与导线重合,然后用目镜测微尺截取每个气泡的弦长刻度值,亦可增测气泡截面直径,逐条观测导线,直至测完规定的总导线长度。

B.2.5 试验结果计算：

根据直线导线法观测的数据,按下列式计算各参数：

气泡平均弦长

$$m_l = \sum l / N \tag{B.2.5-1}$$

气泡比表面积

$$\alpha = 4/m_l \tag{B.2.5-2}$$

气泡平均半径

$$m_r = 3m_l/4 \tag{B.2.5-3}$$

硬化混凝土中的空气含量

$$a = \sum l / T \tag{B.2.5-4}$$

1 000mm³ 混凝土中的气泡个数

$$n_v = (3/4\pi) a / m_r^3 \tag{B.2.5-5}$$

10mm 导线切割的气泡个数

$$n_l = 10N/T \tag{B.2.5-6}$$

当混凝土中浆气比 P/a 大于或等于 4.33 时,气泡间距系数按下式计算：

$$L = 3a[1.49(P/a + 1)^{1/3} - 1]/n_l \tag{B.2.5-7}$$

当混凝土中浆气比 P/a 小于 4.33 时,气泡间距系数按下式计算：

$$L = P/(4n_l) \tag{B.2.5-8}$$

式中：m_l——气泡平均弦长（mm）；

Σl——全导线切割的气泡弦长总和（mm）；

N——全导线切割的气泡总个数；

α——气泡比表面积（mm^2/mm^3）；

m_r——气泡平均半径（mm）；

n_v——1 000mm^3混凝土中的气泡个数；

a——硬化混凝土中的空气含量（体积比,%）；

T——导线总长（mm）；

P——混凝土中水泥净浆含量（体积比，不包括空气含量）；

n_l——平均每10mm导线切割的气泡个数；

$\bar{L}$——气泡间距系数（mm）。

计算结果取3位有效数字。

附录 C　混凝土面层抗盐冻试验方法

C.1　适用范围

本方法用于测定混凝土表面单位面积的盐冻剥落量，适用于评价混凝土表面撒除冰盐条件下抵抗盐冻剥蚀的能力。

C.2　试验设备与用品

C.2.1　低温试验箱

在装满试件后，试件表面温度监控点（图 C.2.1）的温度应能在 2h 内从室温降至－20℃，并保证试件中心温度低于－10℃。当升温时，监控点的温度应能在 1.5h 内，从－20℃升至 15℃以上。

C.2.2　测温仪器

采用热电偶测量冻融过程中试件表面温度监控点的温度变化时，精度应能达到 0.2℃以上。采用其他测温仪表时，应以热电偶测温法为准进行标定。

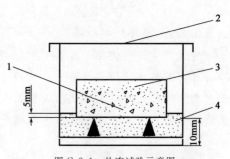

图 C.2.1　盐冻试验示意图
1-温度监控点；2-容器盖；3-混凝土试件；4-4% NaCl 溶液

C.2.3　烘箱

烘箱应能自动控制温度，并在 105℃±5℃下连续、稳定地 24h 工作。

C.2.4　电子天平

电子天平的精度应达到 0.01g。

C.2.5　试验容器

试验容器应能在－20℃下耐冻。

C.2.6　盐溶液

盐溶液为 NaCl，浓度为 4%。

C.3 试件要求

C.3.1 要求测定的表面积和样品数

对每种配合比的混凝土，应至少测 5 个数据，测定总表面积应大于或等于 $0.05m^2$。

C.3.2 试件制备

1 盐冻试验时，混凝土的测定面应为成型面，不得用切割面。对试验室成型的混凝土，测定面应为成型垂直侧面。成型时，应尽可能不在模具表面刷脱模剂。成型养生 1d 后，试件脱模并放入 20℃±2℃ 的水中养生 28d。

2 对来自工程或混凝土预制构件的试件，测定面应为混凝土的实际使用表面。取样时，测定面应没有脱模剂。否则，在对构件进行评估时，应考虑脱模剂对测定结果的影响。试件厚度可为 5～15cm。

C.4 试验步骤

C.4.1 试件处理条件

对试验室成型试件，按第 C.3.2 条规定养生 28d 后，先把试件表面清洗干净，并用湿布把试件表面擦干，然后进行盐冻试验。对来至工程钻芯取样或混凝土预制构件的试件，盐冻试验前应至少在 20℃±2℃ 水中浸泡 7d，然后把试件表面清洗干净，并用湿布把试件表面擦干。

C.4.2 冻融试验准备

试件经上述处理后，按图 C.2.1 要求做好盐冻试验前准备工作。

C.4.3 冻融试验要求

冻融试验制度和试件温度控制点的温度应符合下列条件：

1 混凝土试件每次冻融循环应在 6h 内完成，其中融化时间为 2.5h，冻结时间为 3.5h。

2 混凝土试件从 15℃ 降至 −20℃ 所用时间不得大于 2h，并保证试件中心冻结温度低于 −10℃；−20℃ 升至 15℃ 所用时间不得大于 1.5h。

C.5 剥落量测定与计算

C.5.1 剥落碎屑的收集

在收集剥落碎片时，应尽可能避免未接触盐溶液的试件表面剥蚀碎片被收集进来，每次剥蚀碎片收集工作完成后，试件其他表面上的剥蚀碎片用自来水冲洗干净。将收集起来的碎片在105℃下烘干至恒量，该值即为剥落物的质量。

C.5.2 剥落量计算

1 剥落量应以每块试件n次盐冻试验前、后单位表面积的质量损失（kg/m²）表示，并用式（C.5.2）计算：

$$M_n = \frac{\sum S_n}{A} \tag{C.5.2}$$

式中：M_n——n次循环后的单位面积的剥落量（kg/m²）；

　　　S_n——n次循环后的累计剥落物质量（kg）；

　　　A——试件接触盐溶液的表面积（m²）。

2 计算5块试件的算数平均值，为所测试混凝土的平均剥落量。

C.5.3 提前停止试验者可判定为不合格

在每4~8次盐冻循环后，宜测定一次剥落量。试件尚未达到30次盐冻循环，当5块试件测试与计算的平均剥落量大于或等于1.0kg/m² 时，可停止盐冻循环试验，提前评定为不合格。

附录 D 混凝土拌合物中纤维体积率试验方法

D.1 适用范围

本方法适用于测定纤维混凝土拌合物中纤维所占的体积百分率,即纤维体积率。

D.2 试验设备

D.2.1 容量筒:钢制容积 5L;直径和筒高均为 186mm±2mm,壁厚 3mm。

D.2.2 托盘天平:称量 2kg,感量 2g。

D.2.3 台秤:称量 100kg,感量 50g。

D.2.4 振动台:频率 50Hz±3Hz,空载振幅 0.5mm±0.1mm。

D.2.5 震槌:质量 1kg 的木槌。

D.3 检测步骤

D.3.1 拌合物按下列规定装料并振实:

1 拌合物坍落度小于 50mm 时,分两层装料,每层用振动台振实,振实时间视拌合物液化、摊平表面为止。

2 拌合物坍落度大于或等于 50mm 时,分两层装料,每层沿侧壁四周均匀敲振 30 次;敲毕,底部垫直径 16mm 钢棒,左右交错颠击地面 15 次。

D.3.2 倒出拌合物,钢纤维边水洗、边用磁铁搜集纤维;其他纤维边水洗、边用镊子仔细挑拣出每根纤维。

D.3.3 将搜集纤维在105℃±5℃温度下烘干至恒量,冷却至室温后称其质量,精确至2g。

D.4 试验结果计算与处理

D.4.1 纤维体积率计算

1 纤维体积率按式(D.4.1)计算:

$$V_{sf} = \frac{m_{sf}}{\rho_{sf}V} \times 100 \qquad (D.4.1)$$

式中:V_{sf}——纤维体积率(%);
m_{sf}——容量筒中纤维质量(g);
V——容量筒容积(L);
ρ_{sf}——纤维密度(kg/m³)。

D.4.2 试验结果处理

1 两次测定值的平均值即为纤维体积率。两次测定的偏差应小于平均值的5%,否则结果无效,应重新检测。

2 水洗法检验纤维体积率的误差不应超过配合比要求的纤维体积率的±15%。

附录 E 早期抗裂性试验方法

E.1 适用范围

本方法适用于测试水泥混凝土、纤维混凝土试件在诱导开裂条件下的早期抗裂性能，也可用于纤维混凝土与水泥混凝土在相同条件下的抗裂性对比检测与评价。

E.2 试验器具

E.2.1 诱导开裂试验模具

1 尺寸：800mm×600mm×100mm。

2 材料：由角钢与钢板焊接而成，底板与侧板厚度不小于5mm，模具四边与底板通过螺栓固定。

3 模具采用50mm×50mm角钢平行于短边焊接7根裂缝诱导棱，细部尺寸如图E.2.1所示。

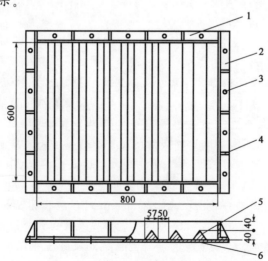

图 E.2.1 诱导开裂试验模具图（尺寸单位：mm）
1-长侧板；2-短侧板；3-螺栓；4-加强肋；5-裂缝诱导棱；6-底板

4 底板表面铺设聚乙烯薄膜或者聚四氟乙烯片做隔离层。
5 模具数量不少于3个。

E.2.2 电风扇1台。风扇的风速应可调，可保证试件表面中心处的风速不小于5m/s。

E.2.3 温、湿度计各1～2个，温度计精度应为±0.5℃，相对湿度计精度应为±1%。

E.2.4 风速计1个，精度应不大于±0.5m/s。

E.2.5 40倍读数放大镜1个，分度值不应大于0.01mm。

E.2.6 钢直尺1把，最小刻度应为1mm。

E.2.7 手电筒1个或其他简易照明装置，用于检测初始微细裂纹。

E.3 混凝土搅拌与浇筑

E.3.1 按计算的（纤维）混凝土的配合比，用现行《公路工程水泥及水泥混凝土试验规程》(JTG E30)规定的方法搅拌混凝土。混凝土集料最大公称粒径不应超过31.5mm。

E.3.2 将搅拌好的混凝土浇筑进符合第E.2.1条规定的模具内，用平板振捣器振捣密实，并抹平表面。每组试件至少2个。

E.4 早期开裂试验

E.4.1 试验步骤
1 试验应在温度为20℃±2℃、相对湿度为60%±5%的恒温恒湿室中进行。
2 抹面完成后即开始试验，调节风扇位置和风速吹混凝土表面，使试件表面中心正上方100mm处风速为5m/s±0.5m/s，并应使风向平行于试件表面和裂缝诱导棱。开始观察平板表面的裂缝发生过程。
3 试验时间应从混凝土搅拌加水开始计时，直至24h±0.5h试验结束。

4 裂缝长度应用钢直尺测量,取裂缝两端直线距离为裂缝长度。当一个棱口上有两条裂缝时,可将两条裂缝的长度相加,折算成一条裂缝。

5 在开始的3h内,每5min观察一次;当发现有裂纹出现后,每10min观察一次;当混凝土表面出现贯穿裂缝后,每30min观察一次。

6 裂缝宽度应采用40倍的读数放大镜进行测量,并应测量每条裂缝的最大宽度。

E.4.2 记录试件表面初裂时间,裂缝的最大宽度、长度、裂缝数量、总长及其随时间的变化。

E.4.3 平均开裂面积、单位面积的裂缝数目和单位面积上的总开裂面积应根据混凝土浇筑24h测量得到裂缝数据来计算。

E.5 试验结果计算

E.5.1 单位面积上的总开裂面积计算

1 每条裂缝的平均开裂面积:

$$a = \frac{1}{2N}\sum_{i}^{N} W_i \cdot L_i \qquad (E.5.1\text{-}1)$$

2 单位面积的裂缝数目:

$$b = \frac{N}{A} \qquad (E.5.1\text{-}2)$$

3 单位面积上的总开裂面积:

$$C = a \times b \quad (mm^2/m^2) \qquad (E.5.1\text{-}3)$$

式中:a——每条裂缝的平均开裂面积(mm^2/根);

W_i——第i根裂缝的最大宽度(mm);

L_i——第i根裂缝的长度(mm);

b——单位面积的裂缝数目(根/m^2);

N——总裂缝数目(根);

A——平板的面积,0.36m^2。

E.5.2 抗裂纤维混凝土裂缝降低率计算

在相同的试验条件下,与无纤维其他配合比参数相同的水泥混凝土对比抗裂纤维混凝土的裂缝降低率,可使用下列式计算:

附录E 早期抗裂性试验方法

$$\beta = \frac{A_Z - A_{ZF}}{A_Z} \times 100 \quad \text{(E.5.2-1)}$$

$$A_Z = \sum_{i=1}^{N} W_{Zi} \times L_{Zi} \quad \text{(E.5.2-2)}$$

$$A_{ZF} = \sum_{i=1}^{N} W_{ZFi} \times L_{ZFi} \quad \text{(E.5.2-3)}$$

式中：β——对比组抗裂纤维混凝土的裂缝降低率（%）；

A_Z——水泥混凝土每块试件的裂缝总面积（mm^2）；

A_{ZF}——抗裂纤维混凝土每块试件的裂缝总面积（mm^2）；

W_{Zi}——水泥混凝土第 i 根裂缝的最大宽度（mm）；

L_{Zi}——水泥混凝土第 i 根裂缝的长度（mm）；

N——总裂缝数目（根）；

W_{ZFi}——抗裂纤维混凝土第 i 根裂缝的最大宽度（mm）；

L_{ZFi}——抗裂纤维混凝土第 i 根裂缝的长度（mm）。

E.5.3 每组应以不少于两个试件的总开裂面积与裂缝降低率算术平均值作为该组对比试件的平均裂缝降低率的测定值。

附录F 混凝土砌块试验方法

F.1 混凝土砌块抗压强度试验方法

F.1.1 试验设备

1 试验机

试验机可采用压力试验机或万能试验机。试验机的示值相对误差不应大于±1%。试件的预期破坏荷载值不小于试验机全量程的20%，不大于全量程的80%。

2 垫压板

钢质垫压板厚度不应小于30mm，硬度应大于HB200，表面应平整光滑，垫压板的长度和宽度根据砌块公称厚度按表F.1.1选取。

表F.1.1 垫压板尺寸（mm）

试件公称厚度	垫 压 板	
	长 度	宽 度
≤60	120	60
80	160	80
100	200	100
≥120	240	120

F.1.2 试件

1 试件采用工程实际使用的混凝土砌块，试件数量为5块。

2 试件两个受压面应平行、平整，否则应对受压面磨平或用水泥砂浆抹面找平处理，找平厚度应不小于5mm。

F.1.3 试验步骤

1 清除试件表面的粘渣、毛刺，放入室温水中浸泡24h。

2 将试件从水中取出，用拧干的湿毛巾擦去表面附着水，放置在试验机下压板的中心位置,然后将垫压板放在试件的上表面中心对称位置,如图 F.1.3 所示。

3 启动试验机,匀速连续地加荷,加荷速度为 0.4~0.6MPa/s,直至试件破坏,记录破坏荷载。

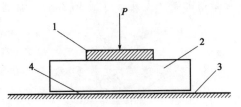

图 F.1.3 试件位置
1-垫压板;2-试件;3-试验机下压板;4-抹面找平层

F.1.4 试验结果计算

抗压强度按式(F.1.4)计算:

$$R_c = \frac{P}{A} \quad \text{(F.1.4)}$$

式中:R_c——抗压强度(MPa);
P——破坏荷载(N);
A——试件上垫压板面积,或试件受压面积(mm^2)。

结果以 5 个试件抗压强度的平均值和单个试件最小值表示,计算精确至 0.1MPa。

F.2 混凝土砌块的弯拉强度试验方法

F.2.1 试验设备

1 试验机

试验机可采用弯拉试验机、万能试验机或带有抗折试验架的压力试验机。试验机的示值相对误差和量程要求同第 F.1.1 条。

2 支座及加压棒

支座的两个支撑棒和加压棒的直径为 40mm,材料为钢质,其中一个支撑棒应能够滚动并可自由调整水平位置。

F.2.2 试件

试件采用工程实际使用的混凝土砌块,数量为 5 块。

F.2.3 试验步骤

1 清除试件表面的粘渣、毛刺,放入室温水中浸泡 24h。

2 将试件从水中取出用拧干的湿毛巾擦去表面附着水,顺着长度方向外露表面朝上置于支座上（图F.2.3）。抗折支距为试件厚度的4倍。在支座及加压棒与试件接触面之间应垫有3～5mm厚的胶合板垫层。

3 启动试验机，匀速连续地加荷，加荷速度为0.04～0.06MPa/s，直至试件破坏，记录破坏荷载。

F.2.4 试验结果计算

弯拉强度按式（F.2.4）计算：

$$R_\mathrm{f} = \frac{3PL}{2bh^2} \quad (\text{F.2.4})$$

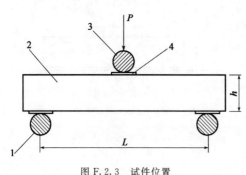

图F.2.3 试件位置

1-支座；2-试件；3-加压棒；4-胶合板垫层

式中：R_f——弯拉强度（MPa）；

P——破坏荷载（N）；

L——两支座间的中心距离（mm）；

b——试件宽度（mm）；

h——试件厚度（mm）。

结果以5个试件弯拉强度的平均值和单个试件最小值表示，计算精确至0.01MPa。

F.3 混凝土砌块的抗冻性试验方法

F.3.1 试验设备

1 冷冻箱（室）：装有试件后能使冷冻箱（室）内温度保持在$-15^{\circ}\mathrm{C}_{-5}^{0}\,^{\circ}\mathrm{C}$范围以内。

2 水槽：装有试件后能使水温保持在20℃±10℃范围以内。

F.3.2 试件

试件为工程实际使用的混凝土砌块，试件数量为10个，其中5个进行冻融试验；5个用作对比试件。

F.3.3 试验步骤

1 试件应进行外观检查，将缺损、裂纹处作标记，并记录其缺陷情况。随后放入温度为20℃±10℃的水中浸泡24h。浸泡时水面应高出试件约20mm。

2 从水中取出试件,用拧干的湿毛巾擦去表面附着水,即可放入预先降温至$-15℃_{-5}^{0}℃$的冷冻箱内,试件间隔不小于20mm。待温度重新达到$-15℃$时计算冻结时间,每次从装完试件到温度达到$-15℃$所需要的时间不大于2h。在$-15℃$下的冻结时间按试件厚度而定:厚度小于60mm的试件为不少于3h;厚度大于或等于60mm的试件为不小于4h。然后,取出试件立即放入$20℃±10℃$水中解冻2h。该过程为一次冻融循环。依此法进行25次冻融循环。

3 完成25次冻融循环后,从水中取出试件,用拧干的湿毛巾擦去表面附着水,检查并记录试件表面剥落、分层、裂纹及裂纹延长的情况。然后按F.1和F.2进行强度试验。

F.3.4 试验结果计算

冻融试验后强度损失率按式(F.3.4)计算,试验结果计算精确到0.1%。

$$\Delta R = \frac{R - R_D}{R} \times 100 \qquad (F.3.4)$$

式中:ΔR——冻融循环后的强度损失率(%);

R——冻前试件强度的平均值(MPa);

R_D——冻后强度的平均值(MPa)。

附录G 混凝土与钢筋握裹力试验方法

G.1 试验目的及适用范围

检验拉杆钢筋与混凝土的握裹力。

G.2 试验设备

G.2.1 试模尺寸：150mm×150mm×150mm，如图 G.2.1 所示。水平钢筋轴线距离模底75mm。埋入的一端嵌入模壁，并予以固定，防止钢筋下沉，另一端由模壁伸出。

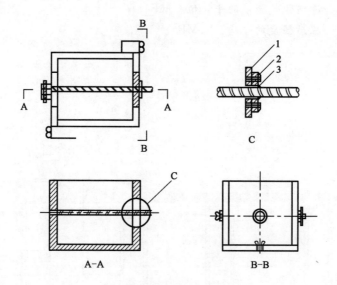

图 G.2.1 握裹力试验用试模
1-模壁；2-固定圈；3-橡皮圈

G.2.2 试件夹头：两块厚度为30mm长方形钢板（250mm×150mm、45号钢），用4根直径为18mm的钢杆相连。下端钢板中央开有直径为40mm的圆孔，供试件中钢筋穿入。上端钢板附有直径为25mm的拉杆，拉杆下端套入钢板并成球面相连接，上端供万能机夹持。另附150mm×150mm×10mm的钢垫板1块，中心开有直径为40mm的圆孔，垫于试件下端与夹头的下端钢板之间，如图G.2.2所示。

G.2.3 千分表或自动应变记录仪：精度0.001mm。

G.2.4 量表固定架：金属制成，横跨试件表面，并可用止动螺钉固定在试件上。上部中央有孔，可夹持千分表，使之直立，量杆朝下。

G.2.5 万能试验机：示值的相对误差不应大于±1%；其量程应使试件的预期破坏荷载值不小于全量程的20%，也不大于全量程的80%。

G.2.6 钢筋：检测拉杆拔除握裹力时，直接使用路面拉杆钢筋，直径与路面拉杆相同，长度500mm。

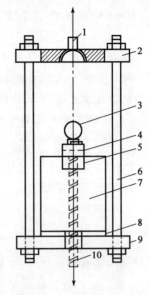

图G.2.2 握裹力试验装置示意
1-带球座拉杆；2-上端钢板；3-千分表；4-量表固定架；5-止动螺钉；6-钢杆；7-试件；8-垫板；9-下端钢板；10-埋入试件中的钢筋

G.3 试验步骤

G.3.1 成型前将尺寸、形状和螺纹均相同的试验所用钢筋用钢钉刷刷净，并用丙酮擦拭，不得有锈屑和油污存在。钢筋的自由端顶面应光滑平整，并与试模预留的凹洞吻合。

G.3.2 混凝土的拌和应按规定的标准方法进行。每一试验龄期制作6个试件。

G.3.3 安装钢筋时，钢筋自由端应嵌入模壁，穿钢筋的模壁孔应用橡皮圈和固定圈填塞固定钢筋，并不得漏浆、漏水。当需模拟扰动和松动拉杆的拔出力时，可在混凝土硬化过程中适当时间前后晃动钢筋。

G.3.4 混凝土成型和养生除应按规定标准方法执行外,尚应符合下列规定:

1 混凝土集料最大粒径不应超过31.5mm。
2 混凝土拌合物应分两层装入,分别用振动台振实。
3 试验成型后直至试验龄期,不得碰动钢筋,拆模时间宜延长至两昼夜。拆模时,应先取下橡皮圈和固定圈,再将套在钢筋上的试模壁小心取下。

G.3.5 试件从养生地点取出后,应及时进行试验,避免试件湿度和温度发生显著变化。

G.3.6 试验时,先将试件擦拭干净,检查外观,试件不得有明显缺损或钢筋松动、歪斜。

G.3.7 将试件套上中心有孔洞的垫板,然后装入已安装在万能试验机上的试验夹头中,使万能试验机的下夹头将试件钢筋夹牢。

G.3.8 在试件上安装量表固定架,并装上千分表,使千分表杆尖端垂直朝下,与略伸出混凝土试件表面的钢筋顶面相接触。

G.3.9 加荷前应检查千分表量杆与钢筋顶面接触是否良好,千分表是否灵活,并进行适当调整。

G.3.10 记下千分表的初始读数后,即开动万能试验机,以不超过400N/s的加荷速度拉拔钢筋。每加一定荷载(1 000~5 000N)记录相应千分表读数。

G.3.11 超过下列任一情况时,应停止加荷:
1 钢筋达到屈服点。
2 混凝土发生破裂。
3 钢筋已从混凝土中拔出。

G.4 试验结果计算

G.4.1 将各级荷载下千分表读数减去初始读数,即得该级荷载下滑动变形。

G.4.2 当采用带肋钢筋时,以6个试件滑动变形的算术平均值绘出荷载—

滑动变形关系曲线，以荷载为纵坐标，滑动变形为横坐标。取滑动变形 0.01mm、0.05mm 及 0.10mm，在曲线上查出相应的荷载，此三级荷载的平均值，除以钢筋埋入混凝土中的表面积，而得握裹强度：

$$\tau = \frac{P_1 + P_2 + P_3}{3A} \quad \text{(G.4.2-1)}$$

$$A = \pi DL \quad \text{(G.4.2-2)}$$

式中：τ ——钢筋握裹强度（MPa）；
P_1 ——滑动变形为 0.01mm 时的荷载（kN）；
P_2 ——滑动变形为 0.05mm 时的荷载（kN）；
P_3 ——滑动变形为 0.10mm 时的荷载（kN）；
A ——埋入混凝土中的钢筋表面积（mm^2）；
D ——钢筋的公称直径（mm）；
L ——钢筋埋入的长度（mm）。

G.4.3 当采用光圆钢筋时，可取 6 个试件拔出试验时的最大荷载的平均值进行计算。

附录 H 施工质量管理方法

H.1 混凝土弯拉强度评定方法

H.1.1 混凝土弯拉强度试验方法应使用标准小梁法或钻芯劈裂法，试件使用标准方法制作，标准养生时间28d，路面钻芯劈裂时间宜控制在28～56d以内，不掺粉煤灰宜用28d，掺粉煤灰宜用28～56d。各等级公路面层混凝土弯拉强度应按表13.2.1所列检查频率取样，每组3个试件平均值为一个统计数据。

H.1.2 混凝土弯拉强度的合格标准应符合下列规定：

1 试件组数大于10组时，平均弯拉强度合格判断式为：

$$f_{cs} \geqslant f_r + K\sigma \qquad (H.1.2-1)$$

$$\sigma = C_v \overline{f_c} \qquad (H.1.2-2)$$

式中：f_{cs}——合格判定平均弯拉强度（MPa）；

f_r——设计弯拉强度标准值（MPa）；

K——合格评定系数，按试件组数查表H.1.2；

σ——弯拉强度统计均方差，可按式（H.1.2-2）计算；

C_v——实测弯拉强度统计变异系数；

$\overline{f_c}$——实测弯拉强度统计平均值（MPa）。

表 H.1.2 合格评定系数

试件组数 n	11～14	15～19	≥20
K	0.75	0.70	0.65

当试件组数为11～19组时，允许有1组最小弯拉强度小于$0.85f_r$，但不得小于$0.80f_r$。

当试件组数大于或等于20组时，高速公路和一级公路最小弯拉强度f_{min}不得小于$0.85f_r$，其他公路允许有一组最小弯拉强度f_{min}小于$0.85f_r$，但不得小于$0.80f_r$。实测弯拉强度统计变异系数C_v值不应超出表4.2.2-3规定的范围。

当试件组数小于或等于10组时，可用非统计方法评定。此时，弯拉强度应符合下列规定：

弯拉强度平均值

$$f_{cs} \geqslant 1.15 f_r \qquad (H.1.2\text{-}3)$$

弯拉强度最小值

$$f_{min} \geqslant 0.85 f_r \qquad (H.1.2\text{-}4)$$

2 实测弯拉强度统计变异系数 C_v 值应符合设计要求。

H.1.3 当标准小梁合格判定平均弯拉强度 f_{cs}、最小弯拉强度 f_{min} 和统计变异系数 C_v 中有一个数据不符合上述要求时，应在不合格路段每车道每公里钻取3个以上 $\phi150mm$ 的钻芯，实测劈裂强度，通过各自工程的经验统计公式换算弯拉强度，其合格判定平均弯拉强度 f_{cs} 和最小值 f_{min} 必须合格。

H.2 施工质量动态管理方法

H.2.1 施工方应以试验检测质量标准变异系数（或标准差）作为施工水平的主要评价指标，应总结施工经验，按本细则的要求建立各项施工质量标准变异系数的允许界限值，作为企业管理的目标。

H.2.2 高速公路、一级公路施工宜利用计算机建立工程质量数据库，随时将检测结果输入数据库，同时分阶段（一定日期或桩号）计算出平均值 $\bar{f}$、极差 R、标准差 S 及变异系数 C_v，汇总整理。记录的内容应包括取样地点、试验员、试验项目、试验方法、试验结果及合格与否的评定等。

H.2.3 施工质量宜采取平均值和极差管理图（$\bar{f}$-R 图，图 H.2.3-1）的方法，将试验结果逐次绘制管理图，同时随着施工的进展，绘制施工质量直方图或正态分布曲线（图 H.2.3-2）。管理图可供有关人员随时检查。当发现标准差和变异系数有增大时，应分析原因，研究对策。

H.2.4 在 $\bar{f}$-R 管理图中应以平均值 $\bar{f}$ 作为中心线 CL，并标出质控上限 UCL 和质控下限 LCL，表示允许的施工正常波动范围。当超出质控上、下限范围时，应视为施工异常或试验数据异常。中心线、质控上限、质控下限按下列式计算。

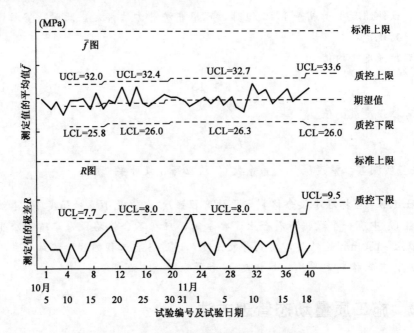

图 H.2.3-1 工程质量标准管理图示例（抗压强度）

注：图中每一个点为每次测定的 3 个试件的平均值 $\bar{f}$ 或极差 R。

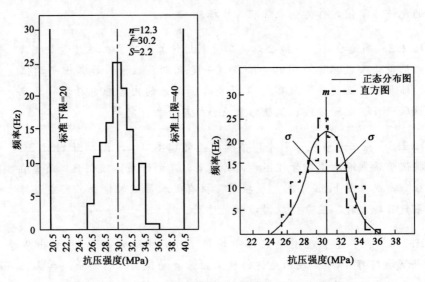

图 H.2.3-2 工程质量检测结果的直方图及正态分布曲线示例

$\bar{f}$ 图中

$$CL = \bar{f} \qquad (H.2.4-1)$$

$$UCL = \bar{f} + A_2 \overline{R} \qquad (H.2.4-2)$$

$$LCL = \bar{f} - A_2 \overline{R} \qquad (H.2.4-3)$$

R 图中

$$CL = \overline{R} \qquad (H.2.4-4)$$

$$UCL = D_4 \overline{R} \qquad (H.2.4-5)$$

$$LCL = D_3 \overline{R} \qquad (H.2.4-6)$$

式中： CL —— $\bar{f}$-R 管理图中的中心线；

UCL —— $\bar{f}$-R 管理图中的质控上限；

LCL —— $\bar{f}$-R 管理图中的质控下限；

$\bar{f}$ ——一个阶段各组检测结果平均值 f 的平均值；

$\overline{R}$ ——一个阶段各组检测结果的极差 R 的平均值；

A_2、D_3、D_4 ——由检测结果的试验组数决定的管理图用的系数，见表 H.2.4。

表 H.2.4 管理用图系数表

一次检测结果的试验次数 n	d_2	d_3	A_2	D_4	D_3
2	1.128	0.853	1.880	3.267	—
3	1.693	0.888	1.023	2.575	—
4	2.059	0.880	0.729	2.282	—
5	2.326	0.864	0.577	2.115	—
6	2.534	0.848	0.483	2.004	—
7	2.704	0.833	0.419	1.924	0.076
8	2.847	0.820	0.373	1.864	0.136
9	2.970	0.808	0.337	1.816	0.184
10	3.078	0.797	0.308	1.777	0.223
∞	—	—	$3/(d_2 n^{1/2})$	$1+3d_3/d_2$	$1-3d_3/d_2$

H.2.5 在 $\bar{f}$-R 管理图和直方图中可标出规定的质量标准或允许差范围。当有超出此范围,即施工不合格时,应予处理。

H.2.6 在 $\bar{f}$-R 管理图和直方图中可标出企业管理目标的允许范围。当有超出此范围,即施工水平下降时,应研究对策。

H.2.7 施工结束后,施工方宜汇总全部数据,计算出平均值、标准差及变异系数,绘制整个工程的施工质量直方图或正态分布曲线,作为下一个工程的企业管理目标。

本细则用词用语说明

1 本细则执行严格程度的用词,采用下列写法:
 1)表示很严格,非这样做不可的用词,正面词采用"必须",反面词采用"严禁";
 2)表示严格,在正常情况下均应这样做的用词,正面词采用"应",反面词采用"不应"或"不得";
 3)表示允许稍有选择,在条件许可时首先应这样做的用词,正面词采用"宜",反面词采用"不宜";
 4)表示有选择,在一定条件下可以这样做的用词,采用"可"。

2 引用标准的用语采用下列写法:
 1)在标准总则中表述与相关标准的关系时,采用"除应符合本细则的规定外,尚应符合国家和行业现行有关标准的规定"。
 2)在标准条文及其他规定中,当引用的标准为国家标准和行业标准时,表述为"应符合《×××××××》(×××)的有关规定"。
 3)当引用本标准中的其他规定时,表述为"应符合本细则第×章的有关规定"、"应符合本细则第×.×节的有关规定"、"应符合本细则第×.×.×条的有关规定"或"应按本细则第×.×.×条的有关规定执行"。

附件 A 旧水泥混凝土路面加铺改建与拓宽*

截至 2012 年底,我国各等级公路水泥混凝土路面里程已居世界第一,达到 165 万余公里,需要加铺、改建与拓宽水泥混凝土路面的工程越来越多,本章是回应这种需求而新增的。实际上,我国公路水泥混凝土路面的加铺、改建与拓宽工程已经做过很多,已经积累了大量的施工经验。问题之关键:一是加铺、改建与拓宽方案的准确动态决策;二是旧路面破损到何种程度时,适宜使用冲击破裂稳固或碎石化工艺技术,改建工艺选择的条件是什么?本章试图回答这些困扰公路工程技术人员多年的棘手问题;同时,推广这些旧水泥混凝土路面改建新技术和新工艺,以满足我国每年数十万公里旧水泥混凝土路面加铺、改建与拓宽工程的需求。

附 A.1 一般规定

依据交通运输部公路科学研究院主编、2006 年发布的《公路冲击碾压应用技术指南》和山东省 2009 年 1 月发布的地方标准《旧水泥混凝土路面碎石化技术规程》(DB37/T 1160—2009),本节给出了选用冲击破裂稳固或碎石化工艺技术进行改建的补充条件。

附 A.1.1 加铺改建方案的优选应符合现行《公路水泥混凝土路面设计规范》(JTG D40)及设计图纸的规定。设计时,工程量预算应预留施工滞后的适当余量,以保证滞后的加铺改建工程顺利实施。

附 A.1.2 施工前,应逐段实测旧混凝土路面的累计断板率、平均错台量、接缝传荷能力、面板残余强度、板底脱空、基层状况、路基湿软程度及其承载能力等。应对拟加铺改建施工的路段逐段进行设计方案的完善、细化和动态优化,务求施工方案适应当时本路段的实际情况。完善的加铺改建工程实施方案中还应

---

* 本部分内容已归入正在制定的《公路水泥混凝土路面再生技术规范》,在此列出供大家进行加铺改建与拓宽工程时参考。

包括不中断交通时的临时交通导改或管制方案。

附 A.1.3 采用结合式与分离式加铺层时,原有路面应符合下列规定:

1 铺筑结合式加铺层前,旧水泥混凝土路面板应完整,残余弯拉强度平均值应大于或等于 4.5MPa,并应与新加铺的面层一同组成加厚的完整路面板。

2 铺筑隔离式加铺层前,旧水泥混凝土路面板应基本完整,残余弯拉强度平均值应大于或等于 4.0MPa,并应修复断板与断角。由隔离层分隔后的新、旧面层组成双层路面体系。

3 铺筑结合式与分离式两种加铺层前,当板底脱空面积较小时,应使用灌浆技术稳固局部旧完整面板。

4 铺筑结合式与分离式两种加铺层时,基层与路基应分别符合下列规定:

1)旧面板下部基层层数及厚度设计应合理有效,基本无破损。基层承载能力应满足加铺后的路面长期使用要求。

2)原有路基应湿度适宜,路基稳定,路基承载能力应满足加铺后路面的设计要求。

附 A.1.4 采用冲击破裂稳固与碎石化改建时,冲击破裂稳固处理后的旧路面应满足柔性基层的技术要求;碎石化处置后的旧路面应满足垫层的要求。且两者均应符合下列规定:

1 旧混凝土面板残余弯拉强度代表值小于 4.0MPa。

2 板块活动,板底唧泥冲刷现象严重,且脱空面积较大,脱空层位不止一层。

3 旧面板下部仅有一层基层、垫层或无基层,且基层破损较多。基层承载能力不满足加铺后路面长期使用要求。

4 老路基基本稳定,处置后的承载能力满足改建后路面的设计要求。

附 A.1.5 选用冲压破裂稳固或碎石化改建技术时,应符合下列规定:

1 使用冲压破裂方式的条件:

当旧面板基本完整,旧混凝土面板的弯拉强度代表值在 3.0~4.0MPa 之间,板下有垫层或基层,且改建路面按设计承载力要求可将旧面板做中基层或下基层时,应选用冲压破裂稳固技术处置旧水泥混凝土路面。冲压破裂后的旧水泥混凝土路面上部,应设置半刚性上基层或沥青夹层。

2 使用碎石化稳固方式的条件:

当旧面板破碎严重,板下无垫层基层或厚度不足,且改建路面按设计承载力要求须将旧面板做碎石垫层时，应采用振动或冲击碎石化稳固技术处置旧水泥混凝土路面。碎石化后的旧水泥混凝土路面上部，应设置1～3层基层。

附A.2 水泥混凝土加铺层施工

水泥混凝土加铺层是随着交通荷载逐渐增大、交通量增多、公路等级提升，路面结构亦随之发展产生的一种重要的路面大修形式，在我国使用得越来越多，其需求也越来越迫切。《公路水泥混凝土路面设计规范》（JTG D40—2011）中对此有专门设计规定，而《公路水泥混凝土路面施工技术细则》（JTG F30—2014）中缺少此部分内容，特增补此节，以供加铺层工程参照使用。

我国水泥混凝土加铺层使用最广泛的是隔离式，结合式使用较少。原因是路面经常破损到了错失最经济的结合式加铺层的适宜时机，只能使用隔离式加铺层。自然式加铺层已在相关规范中删除，其原因是难于确定其适宜的层间结合系数。

附A.2.1 铺筑结合式与分离式加铺层之前，应按现行《公路养护技术规范》（JTG H10）的规定，对旧混凝土路面和旧沥青路面上的各种损坏进行全面彻底的修复。对旧混凝土路面所有接缝、裂缝、修补缝应重新灌缝密封，对板底有脱空的面板应进行灌浆稳板。对旧沥青路面上少量裂缝、修补缝应灌缝密封。

附A.2.2 结合式混凝土加铺层对旧混凝土路面接缝处置、层间结合层的施工应符合下列规定：

1 旧混凝土路面上单一断角、单一断板和局部修复结合缝，应选用斜孔交叉或长短耙钉锚固固定，固定后的旧面板在荷载与温差作用下的力学行为应为完整板。

1）斜孔交叉锚固

沿加固裂缝两侧间距600mm，倾斜角35°钻斜孔，孔径宜为15mm，孔深到达基层表面，但不插入基层，灌入锚固剂，植入直径不小于12mm螺纹直钢筋。钢筋头可与旧混凝土路表面齐平或略低，见附图A.2.2。

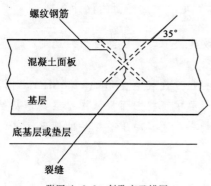

附图A.2.2 斜孔交叉锚固

2) 长短耙钉锚固

  耙钉尺寸：钢筋直径不小于12mm，长度分别宜为300mm、500mm，两端垂直钉长度不小于50mm，长短交错植入，水平间距不宜大于400mm。耙钉两钉部应钻孔，耙钉长度范围内的混凝土应切割凿除，全部耙钉应采用细石混凝土植入旧路面中，并将表面抹平。

  2 对油污染面积大于或等于$2m^2$但无破损的表面，应钻芯探查油污深度和弯拉强度。当油污深度小于3mm，弯拉强度大于或等于4.0MPa时，可不作专门处理；反之，应铣刨清除油污染部位的旧混凝土。

  3 铺筑结合式加铺层之前，应检测旧混凝土表面结合面的粗糙度或宏观抗滑构造，当表面裸露粗集料大于或等于50%或宏观抗滑构造深度大于或等于0.60时，可不作粗糙化处理，但应对表面进行彻底清扫，并洒水清洗。反之，应采用硬刻槽、铣刨、酸蚀、钢丸打毛、喷砂打毛等方式，进行表面粗糙化处理。并应清除碎屑和杂物，并洒水清洗，润湿表面。

  4 结合式加铺层应做层间黏结层。在铺筑卸料前，应先洒水润湿旧混凝土路表面，再采用小水灰比的水泥净浆，或用专用的新旧混凝土界面黏结剂，喷洒或涂刷全表面。喷洒后做层间黏结层的水泥净浆和界面黏结剂在结合式加铺层的新拌混凝土卸料前，应为湿润状态，不得失水干透。

  5 结合式混凝土加铺层的所有接缝：纵向缩缝、横向缩缝、胀缝、隔离缝均应与旧混凝土路面接缝上下对齐、位置一致，并施工顺直。胀缝与隔离缝中应设置贯通不连浆且与面板等厚度的接缝板。旧混凝土路面完好胀缝可按隔离缝加铺，不设传力杆；旧混凝土路面已经损坏的隔离缝，可按胀缝加铺，缝中应补设传力杆。

  6 在原有面板弯拉强度不足（结合式小于或等于4.5MPa，分离式小于或等于4.0MPa）或厚度不足的局部路段，可用钢筋混凝土或钢纤维混凝土按设计加铺层的形式和厚度进行局部补强。弯拉强度或板厚严重不足，超过上述指标要求者，应清除重铺。

附A.2.3 分离式混凝土加铺层对旧混凝土路面接缝与分离层的施工应符合下列规定：

  1 对缝的要求：分离式加铺层中的胀缝与隔离缝应与旧混凝土路面上下对齐，其他纵、横向缩缝和修补接缝可不对缝。可重新布置旧混凝土路面中原有的和修补过的不尽合理的纵、横缩缝位置。分离式加铺层中的纵缝拉杆与横缩缝传力杆设置应与新建路面设计要求相同。

2 分离式加铺层板底应做夹层。分离加铺层应做沥青混凝土或局部采用两油两层油毛毡做隔离夹层。在旧混凝土路面彻底修复后，应先洒黏层油，再铺设厚度2～50mm的中粒式或细粒式沥青混凝土缓冲封层进行隔离。旧混凝土路面喷洒黏层油与铺筑分离沥青混凝土缓冲封层的施工技术要求应符合现行《公路沥青路面施工技术规范》(JTG F40)的规定。局部两油两毡缓冲封层施工应符合沥青屋面防水层的施工技术要求。

3 高程控制要求：旧混凝土路面与原有桥面较低高程连接时，宜挖除局部面板，并将纵坡调整到加铺层面板底高程。调整纵坡时，降坡比不宜大于1/250。当横坡不足、弯道超高不足、桥下净空不够、局部分离加铺层板厚不足时，应采用补强（钢）纤维混凝土加铺层。

附A.2.4 加铺层摊铺应符合下列规定：

1 各种加铺层的厚度应按设计确定。在局部需微调路拱、横坡或纵坡路段上，最薄加铺层厚度应按如下规定控制：分离式最薄厚度不应小于180mm；结合式最薄厚度不应小于80mm。

2 加铺层适宜的施工方式，应符合细则第5.1.4条的规定。加铺层原材料、配合比、搅拌、运输、摊铺、振实、整平、抗滑构造等应符合细则相应施工工艺的规定。

3 滑模摊铺时的基准线架设，不得在旧路面板上打孔，可在横向缩缝内用夹角钢焊接圆钢筋作线桩，其他要求应符合细则第7.3.6条的规定。

4 加铺时的表面处理应符合下列规定：

1) 高温施工时，结合式黏结层水泥浆或界面黏结剂应在摊铺位置前方3～5m范围内喷洒或涂刷。暂停摊铺时，应在已洒涂的黏结层上覆盖湿麻袋。这些措施是为了确保结合式加铺层的牢固黏结。结合式加铺层完成后，上下面板是一块整体板，不允许层间脱离或分层。

2) 高温摊铺分离式加铺层，当气温不低于30℃，日光暴晒下，沥青缓冲封层或旧沥青路面表面温度很高时，应采用喷洒白色石灰浆、喷雾降温或夜间施工措施。

5 结合式加铺层新旧结合面应采用钻芯检测结合状态及层间劈裂强度，层间劈裂强度代表值应大于或等于1.0MPa。其试验方法应按《公路工程水泥及水泥混凝土试验规程》(JTG E30—2005)中圆柱体(T0561)劈裂抗拉强度进行劈裂试验，上下压条应在试件的层间结合位置。

6 结合式加铺层混凝土路面和桥面应加强养生，保湿覆盖应不少于21d龄期。气温变化较大或低温季节应保温覆盖,防止加铺层干缩、温缩脱层。

附 A.2.5 补强钢纤维混凝土加铺层适用于高程受限制的路段,可取相应加铺方式水泥混凝土板厚的 0.65~0.85 倍作为其设计加铺层厚度,补强钢纤维混凝土加铺层分离式最薄不宜小于 140mm,结合式最薄不宜小于 60mm。补强钢纤维加铺层的铺筑应符合细则相关章节的各项要求。

附 A.2.6 连续配筋混凝土加铺层适用于极重、特重交通等级公路,接缝设传力杆的间断配筋混凝土加铺层适用于特重、重交通等级公路。两种配筋混凝土加铺层的厚度,应按不同加铺形式的水泥混凝土加铺层设计。配筋混凝土加铺层中配筋率、钢筋直径和间距、网片尺寸、设置位置等应符合设计图纸的要求。配筋混凝土加铺层的钢筋网加工安装、铺筑作业等应符合细则第 7.5 节的各项规定。

附 A.2.7 桥涵加铺层应符合下列规定:
1 小桥涵上的加铺层
跨度不大于 10m 的通道、小桥、涵洞可按路面采用的加铺方式及高程、纵横坡度等一体加铺成配筋混凝土加铺层。
2 桥头调坡要求
当桥梁跨度大于或等于 10m,桥面状态良好,无须加铺时,宜按 1/250 坡比调整桥头两端的路面纵坡。
3 桥面加铺层的验算
当桥面需要采用加铺层改善时,应在通过桥梁恒载和承载力验算的前提下,采用结合式钢筋混凝土或纤维钢筋混凝土加铺层。验算通不过时,应加固桥梁达到其恒载和承载力要求,再加铺。
4 桥面加铺
加铺桥面的铺装层时应增设一层连续钢筋网,按钢筋混凝土桥面的要求进行。打掉重新铺装的桥面,在桥面铺装厚度和恒载受限制的中桥、大桥或特大桥上,可采用双钢或纤维钢筋混凝土桥面。其铺装技术要求应符合细则第 7.6 和 7.7 节各项规定。

附 A.2.8 旧沥青路面上的水泥混凝土直接加铺层的施工应符合下列规定:
1 旧沥青路面处置
原有旧沥青路面采用水泥混凝土面板加铺层,其顶面的当量回弹模量和补强层(最小)厚度应符合《公路水泥混凝土路面设计规范》(JTG D40)规定。应

调查原有柔性路面质量,按旧路质量等级,分别采取下列加铺措施:

1) 状态较好、顶面当量回弹模量符合要求的旧沥青路面是优良的混凝土路面基层,可直接摊铺混凝土加铺层。

2) 状态较差的,但强度能达到设计要求的,必须铣刨或铲除壅包、唧泥、车辙(可不处理的最大车辙深度25mm)及龟裂严重、将要飞散或成坑的部分,填补坑槽或补强调坡后,再摊铺加铺层。

3) 龟裂严重或坑槽连片的旧沥青路面不得直接作基层使用,应按有关规范重新设计并施工基层与沥青面层。

2 加铺层厚度要求

旧沥青路面上加铺层的厚度代表值应符合设计要求。补强钢纤维混凝土加铺层最薄厚度不小于140mm;水泥混凝土与配筋混凝土加铺层最薄厚度不小于180mm。旧沥青路面有车辙时,当车辙深度小于或等于25mm时,可不铣刨;车辙深度大于25mm时,应铣刨车辙。并铲除壅包和开裂车辙,进行局部修复。加铺层设计和摊铺厚度均应按车辙最高位置起算。

3 加铺层接缝设置

旧沥青路面上的各种混凝土加铺层均应设拉杆,在极重、特重、重交通等级条件下,应在每条横向缩缝中设置传力杆。

4 硬路肩要求

二级以上公路原有沥青路面未设硬路肩的,宜结合拓宽设计加铺混凝土硬路肩。硬路肩应使用拉杆与行车道面板相连接。硬路肩下没有沥青路面的部位,宜设置贫混凝土、级配碎石或级配砂砾透水基层,并与排水盲沟相连通。

附 A.3 水泥混凝土路面改建施工

目前,我国混凝土面层的改建施工越来越多,已经完成了大量的改建工程。一般是手头有啥设备就采用什么旧水泥混凝土路面处治方式,其质量是良莠不齐的,幸而经过十多年的努力,国内有一部冲压指南和一部碎石化省级规程可以参考。通过凝练和系统化整理,给出了不同改建工艺的适用条件,将其编写在本手册中,以供全国参照。究其渊源,冲压破碎源于南非,碎石化源于美国。只要适应我国的工程实际,就能多、快、好、省系统地加以利用。

附 A.3.1 旧沥青路面和旧水泥混凝土路面原地冲击碾压破裂稳固的施工应符合《公路冲击碾压应用技术指南》第7章7.1节和7.2节的要求。冲击碾压破裂稳固的施工应采用自行或拖行的四或五边形冲击压路机。其施工关键技术参数如下：

1 冲压速度宜控制在10km/h±1km/h；冲压遍数应按最后2遍的平均沉降量不大于总沉降量的5％±1％为控制标准。四边形冲击压路机7~15遍，五边形冲击压路机10~20遍，冲压最大遍数不宜超过25遍。

2 在冲压过程中，当路基总沉降量较大（≥50mm）时，旧混凝土路面板块应破碎成$0.30m^2±0.10m^2$嵌锁块；当路基总沉降量较小（＜50mm）时，旧混凝土路面板块应破碎成$1.20m^2±0.20m^2$嵌锁块。

附A.3.2 旧水泥混凝土路面原地碎石化的施工可参照《旧水泥混凝土路面碎石化技术规程》(DB37/T 1160)进行。碎石化施工应采用多锤头破碎机MHB和Z型压路机配套进行。其施工关键技术参数如下：

1 两排8对重锤，锤质量900kg±200kg；破碎时的锤击下落高度1.1m±0.30m；破碎冲击工作能量1万N·m左右。

2 破碎速度宜控制在100m/h±20m/h；最大破碎宽度3.75m。多锤头破碎机MHB破碎一遍，再用Z型压路机和单钢轮压路机振动压实1~2遍。

附A.3.3 当旧混凝土路面局部破碎严重，沉降量过大、承载力严重不足时，需要加固湿软路基段，可参考《公路技术状况评定标准》(JTG H20)路基技术状况指数（SCI）表6.2.2中第7项路基沉降进行评定，当高速、一级公路路基技术状况指数（SCI）评分低于70，二级及二级以下公路评分低于60时，应采用下述步骤进行局部挖除改建：

1 挖除旧混凝土路面所有结构层，有疏干路基水分要求时，可采用碎石桩、砾石桩、砂桩等渗透排水桩加固路基，并应在其顶面设置透水贫混凝土、粒料渗透排水垫层。提高路基承载力时，可采用水泥碎石桩、水泥砾石桩、打入桩等加固路基。桩径及桩间距应符合设计要求。施工不同类型的桩基应采用相应的施工工法。

2 修补路基边坡滑塌部位及冲沟，重建泄水槽与排水边沟，完善路边缘路表明流排水体系。边坡常年淹水部位，应重建截水挡墙。

3 疏通或重建纵、横向渗透排水盲沟体系，并与路床表面的粒料垫层接通。

4 加固后的湿软路基段应预留路基排水固结过程的时间，在施工路面各结构层之前，路基的承载能力应满足新建混凝土路面的设计要求。

5 挖除的废旧混凝土应集中堆放，累积到值得利用的数量。废旧混凝土可经过破碎，加工为适宜强度、粒径与级配的再生混凝土粗集料，其性能符合细则

第3.3.3条规定者，可用于面层。不满足者，可作为基层或垫层的粗集料加以利用。

附A.3.4 在冲击碾压破裂稳固、多锤头碎石化及挖除改建旧混凝土路面时，均应对施工路段中的桥涵构造物等实行有效的保护，并应符合下列规定：

1 旧沥青路面和旧水泥混凝土路面原地冲击碾压破裂稳固施工时，对于桥涵构造物的保护应符合《公路冲击碾压应用技术指南》第3章第3.0.6条的规定，根据构造物结构形式的不同，水平安全距离在2~10m，垂直安全距离1.5~3.0m，路侧建筑物水平安全保护距离应大于或等于30m。

2 旧水泥混凝土路面原地多锤头碎石化施工时，对桥涵构造物的保护可参照《旧水泥混凝土路面碎石化技术规程》（DB37/T 1160）第5.4.4条的规定进行。根据构造物结构形式的不同，水平安全距离在2~5m，垂直安全距离0.5~1.0m，路侧建筑物水平安全保护距离应大于或等于10m。

3 挖除旧混凝土路面采用切缝机切割时，可贴近构造物进行；采用手持与机械风镐破碎挖除时，应确保1.0m以上水平安全距离，确保保留构造物及桥头搭板等不受损伤或推挤位移。

附A.3.5 改建路面与保留桥涵构造物应做好衔接和过渡，改建路面高程控制点设在路段两端桥涵顶面的铺装层或隧道路面上。挖除时，新设计路面全部结构层应以路表面控制点高程向路基下推算。采用冲击碾压破裂稳固、多锤头碎石化改建时，向下布置结构层受到跨线桥净高严格限制，可使用顶升跨线桥梁、接顺纵坡等措施接顺路面与构造物。

附A.4 水泥混凝土路面拓宽施工

本节总结了国内水泥混凝土路面拓宽时的施工经验和严重纵裂的教训。尽管水泥混凝土路面拓宽改建升级公路很多，但国内系统的拓宽路面研究资料却很少。本节主要参考了我国拓宽工程经验总结和美国ACPA拓宽水泥混凝土路面指南的相关要求。

附A.4.1 水泥混凝土路面单边与双边拓宽改建时，应采用下述有效的防纵裂措施：

1 拓宽的新路堤除严格按现行《公路路基施工技术规范》（JTG F10）的规定在旧路基加宽侧开挖不小于1m的台阶外，尚应将新筑路堤的压实度标准提高一级：将下路堤压实度从90%提高到95%；上路堤压实度提高到96%；下路床压实度提高到97%；上路床压实度提高到98%。拓宽部位应采用工后沉降量较小的砂砾土、砾料土或砂土填筑，土质不良应换土，或采用小剂量的石灰改善土或水泥改善粒料土，保证新填筑拓宽路基部位的压实度，并尽量减小差异沉降量。

2 在新拓宽连接高路基的上路堤、上下路床等位置可铺设2～4层土工格栅，土工格栅上包长度不宜小于3m。

3 拓宽路面基层宜整体一次摊铺，并宜在新老路基结合部位采用土工格栅或土工织物加强。

4 拓宽混凝土路面宜尽量将纵缝设置在新老路基结合部。新老混凝土路面结合纵缝应设置拉杆，拉杆间距加密到不大于500mm，直径16mm，长度50～800mm长短间隔布置。若拓宽路面面板与旧路基斜交，无法划分新老面板纵缝或出现梯形、三角形面板时，则应在跨新老路基的面板内设置单层或双层补强钢筋网，横向钢筋直径不小于12mm，单层横向间距不大于200mm，双层横向间距不大于300mm。

5 保留基本完好老混凝土路面时，应在新老路面连接纵缝植入 $\phi16mm@500mm$ 长度60～800mm交错布置的拉杆。必要时，可在结合部新接面板边缘设置边缘钢筋、角隅钢筋与钢筋网局部补强。新老面板的横向缩缝、胀缝、隔离缝应对齐。返修老路面时的缩缝，纵缝中应植入拉杆，横缝中应植入传力杆。

附A.4.2 水泥混凝土路面的小半径水平弯道拓宽改建时，应一并挖除老路面上水平弯道加宽部分及硬路肩，以纵缝最少的原则重新划分拓宽后的面板，并宜将弯道加宽部分与硬路肩合并成整体板。拓宽水平弯道外侧的大梯形板，当最大板长超过5.5m时，应采用钢筋网补强。水平弯道与垂直弯道拓宽时，新老板之间的纵缝及路肩板纵缝中应设拉杆。拓宽新面板与老面板的横向缩缝、胀缝、隔离缝应对齐。

附A.4.3 交叉口与匝道口拓宽时，应按辅线让主线的原则，挖除辅路上占据拓宽位置的老面板，与主线拓宽路面一并摊铺，再衔接辅路和匝道面板。各方向的交通流均衡的平面交叉口路面应按双向交通量计算并设计加厚20～30mm正方形面板，正方形面板四个垂直面均应设置传力杆。原平面交叉口未按双向交通量设计加厚的，在拓宽时，应进行重建。

附A.4.4 在老混凝土路面单、双向拓宽局部过渡段或在Y形交叉口、匝道口、裁弯取直结合部等，会遇到拓宽路面斜交老路面，斜交部位会出现三角形锐角板或梯形面板。三角形锐角板应配钢筋网补强；梯形面板在车轮进出的拓宽面板纵缝边缘应设置边缘补强钢筋。三角形锐角板或梯形面板锐角还应设置角隅补强钢筋。

附A.4.5 由于条件限制，无法采用有效防裂措施的拓宽路面，当高填方路基的沉降差每月大于2mm时，可在拓宽路段采用砂石路面、沥青表处路面、薄层沥青路面或混凝土砌块路面作为过渡路面，至少经过两个以上的雨季沉降，新旧路基上路床沉降差连续两个月不大于2mm，方可铺筑拓宽混凝土路面。

附A.4.6 拓宽混凝土路面横坡一般应与老路面一致。在降雨量较大地区拓宽硬路肩横坡可采用比路面大0.5%的横坡。拓宽路面或加铺层路面应重新铺筑粒料软路肩；新建或加高路基边坡；重建或修整原有排水边沟、泄水槽、渗水盲沟等排水设施。拓宽部位应根据需要对上下新边坡铺砌防护砖或植草防冲刷。

附件 B 水泥混凝土路面竣工前的缺陷修整*

细则在广泛征求施工单位意见时，不少施工单位提出增补竣工验收前的质量检查与缺陷修整这一章，而建设单位希望细则同时规定交工和竣工验收前的修复条款。本手册仅规定竣工验收前的修复，交工验收前的修复可按建设方的要求参照本章的要求进行。

竣工验收是施工单位与养护部门在水泥混凝土路面工程中的接口，竣工验收前，路面工程尚在施工单位的质量保证期内，水泥混凝土路面出现了破损，需要施工单位进行修复。调研发现，许多施工单位尽管会铺筑新建水泥混凝土路面，但不会修复和修补，不少地方依据养护规范的较低要求凑合修复。须知，水泥混凝土路面工程在竣工验收前尚为一条新建路面，新建水泥混凝土路面与旧混凝土路面的养护修复的技术要求是不同的，新建水泥混凝土路面必须进行竣工前的修复，验收合格后，方可交付管养部门。

实际工程中已经发现，经施工单位修复的破损水泥混凝土路面，由于没有明确的修复技术标准，严格要求，结果修复的面板破损得更快，经常先于未破损的面板加速损坏。因此，本手册增补此章的技术内容，以便施工单位在竣工验收前的面板修复中有所参照，目的是保证在竣工验收修复后的水泥混凝土路面是一条质量合格的路面，使修复后的面板与未修复的路面一样经久耐用，不要让养护部门接收后，再多次在同一部位反复修复。

附 B.1 一般规定

附 B.1.1 混凝土路面工程施工的质量保证期限应延续到竣工验收。竣工验收前，路面出现的局部质量缺陷与少量损坏应由承包商负责修复；竣工验收通过，交付管养后，由该路段的管养部门负责。

---

* 本部分内容已被细则删除，为了使施工单位在质保期内对于施工缺陷的修复有所依据，本手册将其保留在此，供大家在交工、竣工验收前修复时参考。

附 B.1.2　承包商在水泥混凝土路面交工和竣工验收前,应对路面进行两次全面质量自检和缺陷修整。修整的内容有:混凝土路面断板、断角、接缝损坏、桥面裂缝的翻修;对平整度不满足规定、有明显跳车感的路面施工接头、拱起错台、局部沉降、桥头沉降等部位进行改善;对裂缝、板块脱空和坑洞等缺陷进行灌浆修补。达到交、竣工验收的质量要求后,方可进行交、竣工验收。

附 B.1.3　新建混凝土路面修复工程的质量要求应比养护工程高而严格。达到本节要求的修复工程质量验收规定后,方可在竣工验收后一个月内将施工质量保证金发还承包商。

附 B.1.4　水泥混凝土路面工程在交工验收后即可投入通车试运行,经过2~3年通车试运行考验,自检质量合格或对局部出现的少量损坏按要求修整合格后,可向相应公路等级的主管部门申请进行竣工验收,竣工验收的程序、技术标准和检查要求等应符合交通运输部竣工验收的相关规定。

附 B.2　水泥混凝土路面竣工验收前的缺陷修整

对于局部路面断板、断角等结构缺陷,在国内外水泥混凝土路面养护规范中均允许进行非全厚度的修复方式,但在本节中,新建路面竣工验收前不允许表面修复或仅凿除上表面70mm的修复,规定只能进行全厚度彻底修复方式。

附 B.2.1　整块断板修复

新建水泥混凝土路面上发生的纵、横断板应使用全板厚修复方式,不得采用非全厚度的修复方式。

1　有下列条件之一时,应采用整块面板清除,全厚度修复:
1) 建设方对断板有明确整块面板修复要求时;
2) 断缝有分岔,且有一条分岔长度超过1.0m;
3) 一块板上有两条或两条以上裂缝时;
4) 一条断板,张开位移量大于或等于4mm。
2　修复方式应符合下列规定:
1) 修复面板前,应首先处理并稳固基层,在半刚性上基层上应铺设薄膜隔离封层;在贫混凝土刚性基层上应铺设两油两毡缓冲封层。
2) 上基层有垂直沉降、裂缝、错台或松散的部位应清除原有上基层,并使用C15贫混凝土修补找平,修复后的贫混凝土基层表面亦应做两油两毡缓冲封层。

3）在保留基层单一裂缝不清除时，除应按基层刚度设置隔离封层和缓冲封层外，尚应在翻修的全厚度面板内视变形断裂方向增设一层或双层补强钢筋网。钢筋直径不应小于10mm，纵、横间距不应大于200mm，钢筋网距边缘的距离不宜大于100mm。

4）修复断板前的传力杆、拉杆、所有接缝设置、平整度、抗滑构造等均规定应与原路面相同。缺失的传力杆和拉杆应钻孔重新植入，拉杆孔中宜用环氧砂浆或钢筋锚固膏锚固。

5）3块及3块以上面板连续全厚度整块翻修时，应采用三棍轴机组施工工艺和技术要求重新进行铺筑；2块以内时，可采用小型机具施工工艺和技术要求重新进行铺筑。翻修面板混凝土配合比中的单位水泥用量应比原路面大30～50kg/m³，并应保证其密实度与平整度。

附B.2.2 断板的局部翻修应符合下列规定：

1 当一块路面板上仅有一条断板缝，且该断缝离接缝的最大距离不大于2m时，可采用断板短边局部清除、全厚度修复方式。

2 应全厚度挖除断裂短面板，保留较长的一侧面板。

3 翻修部位为横向窄板，应按弹性地基板在其板厚下 $h/3$ 处设置补强钢筋网，钢筋网横筋直径不应小于14mm，且应大于纵筋。纵、横间距不应大于200mm。

4 修复部位应按基层强度（刚度）设置夹层或封层，当基层抗压强度大于或等于8.0MPa时，应设两层油毡夹层；反之，应设置膜式封层。

5 应补插缺失的横缝传力杆与纵缝拉杆。

6 铺筑横向窄板时，可采用小型机具施工，其单位水泥用量应比原路面大30～50kg/m³，并应保证其密实度与平整度。

附B.2.3 断角、碎角修复应符合下列规定：

1 板角断裂或破碎应按断裂破碎面的大小确定切割范围，进行全厚度设传力杆翻修。

2 当断角、碎角有一边长大于或等于2m时，应视为断板，按断板局部翻修要求修复。

3 当一侧接缝的断裂破碎长度小于2m时，可按附图B.2.3所示切45°斜角方式修复，并宜使用微膨胀混凝土（水泥中加膨胀剂12％～15％）或补偿收缩混凝土（加膨胀剂10％左右），其弯拉强度不得低于面板混凝土。

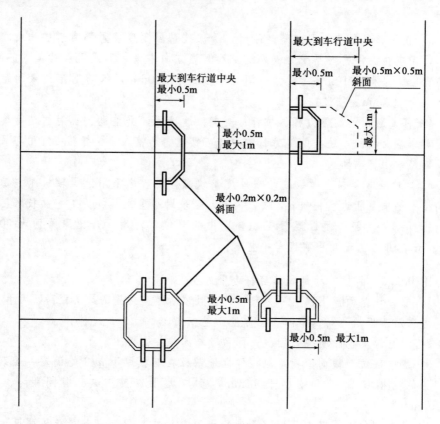

附图 B.2.3 板角修补法

附 B.2.4 板边修复应符合下列规定：

1 对纵、横接缝处的轻度（最宽≤20mm）板边角剥落，应将剥落的表面清理干净，再用接缝材料灌缝。

2 在路面纵、横向接缝边缘严重剥落或破碎时，应全深度挖除破碎板边，再按上述断板局部修复方式进行修复，切割范围视破碎大小而定，修补宽度应大于或等于0.5m，且不大于1.0m。

3 应在纵、横边缘修补区中加设边缘补强钢筋。

附 B.2.5 胀缝隔离缝修复应符合下列规定：

1 胀缝、隔离缝严重剥落或破碎时，应沿破损位置最外沿垂直纵缝切开，清除已损坏的胀缝板、传力杆、钢筋支架和破碎混凝土，将胀缝修复为隔离缝。

2 可适当平移胀缝位置，安装胀缝板和修复钢筋网，再浇筑混凝土。

3 可将一条破碎胀缝与隔离缝修补成一条隔离缝和一条新老混凝土黏结缝,不可修补成3条缝。

附B.2.6 单一断板缝修复应符合下列规定:

1 纵、横向保留的单一断板缝应按损伤最小的原则,进行斜孔植筋交叉锚固修复。

2 具体修复方法如附图A.2.2所示,钢筋锚牢后,断板缝上部应按图11-5的规定凿出宽度7~10mm、深度17~25mm填缝槽,并按缩缝相同材料和要求填缝。

附B.2.7 热天拱起面板的修复应符合下列规定:

1 缩缝或胀缝嵌进硬物时,热天拱起或爆裂的面板,应按隔离缝进行修复。

2 应将拱起或破碎的接缝两侧全厚度切开300~500mm,凿除并清理干净其中的混凝土和硬物,将隆起面板放回原位。

附B.3 水泥混凝土面层竣工验收前路面平整度提升

按照交通运输部公路科学研究院的最新实测,滑模摊铺机刚铺筑完成的新鲜水泥混凝土面层具有很高的平整度,几乎是镜面。但是在面层水泥混凝土凝结硬化过程中,高平整度的表面将产生沉缩变形(自生体积变形的一种垂直变形)与干缩失水变形,尽管这些变形很小(微米量级),但这些变形导致平整度在混凝土凝结硬化过程中有损失。虽然交工试通车后水泥混凝土面层的平整度经过磨损有所提高,但局部较差平整度部位的提升经常是必要的,特编写了磨平、精铣磨与错台处置3条,以满足工程之急需。

附B.3.1 磨平处理应符合下列规定:

1 高速公路、一级公路用3m直尺测得的平整度大于或等于5mm的部位;二级及二级以下公路用3m直尺测得的平整度大于或等于8mm,局部平整度不达标的部位应使用最粗磨头的水磨石机磨平,直到平整度符合验收标准的要求。

2 已磨平局部的细观抗滑构造应采用钢刷打毛;宏观抗滑构造应使用硬刻槽机刻槽,并符合表11-1的抗滑规定。

附B.3.2 当实测水泥混凝土路面和桥面的表面平整度远大于附B.3.1条第1款的规定时,可采用铣刨机或金刚石打磨机对表面进行精确铣刨或打磨,精铣磨后的表面应满足各级公路面层的平整度规定，表面可为机械已经铣磨出半圆形等纵向宏观抗滑沟槽，并符合表11-1的粗细两级抗滑构造规定。

附 B.3.3 错台处理应符合下列规定：

1 在竣工验收前，错台高差不大于5mm，可使用水磨石机磨平到平整度不大于3m直尺3mm。

2 错台高差大于5mm时，应先进行板底灌浆，再进行磨平处理。

3 高速公路和一级公路混凝土路面因缺失横缝传力杆造成错台时，应在将缩缝局部磨平，进行板底灌浆，再切割混凝土后，补插传力杆，并用细石混凝土修复到规定平整度。

附 B.4 水泥混凝土路面其他缺陷处置

水泥混凝土路面非结构性其他缺陷指面板局部整体沉降处置、表面微裂缝、坑洞及轻微啃边的修复等。本节的内容参照了国外《水泥混凝土路面养护手册》及我国现行《公路养护技术规范》（JTG H10）和《公路水泥混凝土路面养护技术规范》（JTJ 073.1）的要求。

附 B.4.1 局部路面数块板整体沉降时，应先钻孔查清造成局部沉降的路基、地基或路面结构层脱空位置，软弱地基和路基部位应进行土基高压灌浆加固处理。路面结构层的脱空位置应按照《公路养护技术规范》（JTG H10）第4.3.11条的规定进行灌浆处治。

附 B.4.2 表面缺陷处治应符合下列规定：

1 微细裂缝处治

施工期间表面产生微细裂缝时，应先查清裂缝宽度和深度，若裂缝深度大于或等于20mm，长度大于或等于2m，应按断板进行挖补修复。此外，可按轻微裂缝程度分别采取下述方式处治：

（1）对与裂缝宽度不大于0.2mm，长度不大于500mm，深度小于或等于10mm的极轻微裂缝，能自动愈合，可不做处治。

（2）对轻微裂缝可黏结处治，裂缝宽度不大于0.3mm，长度不大于2m，深度小于20mm的裂缝，可在裂缝内灌满干水泥粉或灌入低黏度环氧树脂黏合表面轻微裂缝。

2 表面坑洞填补

(1) 取芯坑洞应填补密实，表面抹平。

(2) 因干泥块、粉煤灰块、干水泥块或高风化的岩石粗集料等造成的路表面坑洞，孤立的或一块板内不超过3个坑洞时，可先将坑洞内清理干净，然后使用高强度砂浆或环氧树脂砂浆填补，并达到表面平整度要求。

(3) 一块板内表面多于4个坑洞或坑洞连接成片时，表明此处面板原材料质量严重不合格，应铲掉重新铺筑。

附 B.4.3 接缝表面啃边的范围在20～50mm之间时，可局部切除，使用掺配环氧树脂或聚合物的细石水泥混凝土进行精细修复，细石粒径不得大于10mm，其岩石品种应与原路面相同。

附件 C 排水基层贫混凝土渗透系数与孔隙率试验方法

附 C.1 排水基层贫混凝土渗透系数试验方法

附 C.1.1　试验目的

规定排水贫混凝土基层渗透系数的标准试验方法。

附 C.1.2　试验仪器

渗透仪的基本要求：试验检测系统中的水流应密闭、无泄漏，能保持常压水头，并能在小水力梯度下稳定检测；试件和套桶侧壁之间的水流状态应为层流；试验结果准确，且重现性好。

渗透仪主要由下列几部分组成：水箱、试件套筒、套筒盖、橡胶密封圈、微差压计、秒表、多孔板、气囊、真空泵、阀门、温度计、天平、连接管，组成完整的试验检测系统，装配后渗透仪见附图 C.1.2。各零部件要求如下：

1　水箱：为了在试验过程中始终保持常水头，要有一个能使水面始终保持在同一个平面的水箱。水箱采用有机玻璃制成，有利于时刻观察水面高度，便于控制。

2　试件套筒：采用砂模铸铁整体铸造而成。密闭性、强度都很好。由于本次试验所成型的试件直径为 150mm，考虑到充气气囊的因素，套筒内径加工成 200mm。

3　套筒盖：主要起到密封和连接作用。

4　微差压计：出厂技术参数要严格要求和控制，直流稳压电源要求严格，以减少电压不稳带来的测试误差。

5　多孔板：用来支撑试件和减少进水水流影响。

6　气囊：利用充气产生的压力来密封试件壁和试件套筒之间的孔隙，防止水通过。气囊使用专用模具制造而成，不存在侧壁漏水。

7　真空泵：在向试件套筒内进放水之前要对其抽真空，减少孔隙中的封闭气泡影响。

附件C 排水基层贫混凝土渗透系数与孔隙率试验方法

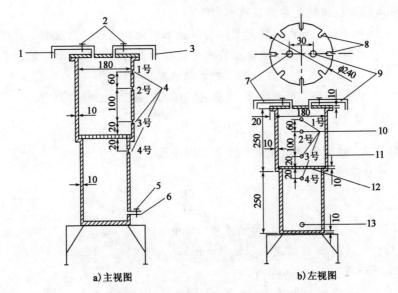

a) 主视图　　　　　　　　　　b) 左视图

附图 C.1.2　渗透仪（尺寸单位：mm）

1-出水口；2-控制阀门；3-真空泵接口；4-测压孔；5-控制阀门；6-进水口；7-出水口；8-固定螺丝孔（元宝螺丝或蝶形）；9-真空泵接口；10-测压孔；11-不锈钢圆筒；12-进水孔；13-进水口

8　温度计：用来测量试验时所用的水的温度，对渗透系数测量结果进行修正。

9　天平：用来称量出水管流出水的质量。要求精度达到0.01g。

10　连接管：需要三种连接管。一种用来连接水箱和试件套筒，考虑到这一部分的连接管要能传递水头的压力，因此采用有机玻璃管，有利于压力的传递，减少压力损失；基于同一原因，管径使用20mm。一种用来连接试件套筒和微差压计，采用内径为10mm透明塑料管。一种用来连接试件套筒和真空泵，这部分要承受约一个负大气压的压力，采用抽真空专用的能承受一定负压的管道。

附 C.1.3　渗透系数测定的步骤

渗透系数测定试验采用下列步骤：

1　准备工作：检查各种元件和仪器是否连接好，保证整个系统的密闭性。

2　水箱注水到恒定位置并保持常水头。

3　把气囊固定放在试件套筒内，放入试件，给气囊充气到一定气压，然后把套筒盖固定密封。

4　打开真空泵抽气阀门，关闭其他所有阀门，开动真空泵对套筒内抽真空。

5　抽真空完毕后，关闭抽气阀门，打开进水阀门，待试件充分进水以后，打开出水阀门，让试件处在渗透状态。

6　等待几分钟，待水流稳定后，调节进水阀门，读取并记录差压计读数。

7　在出水口用容器接取渗流出的水并计时，然后用天平称量，记录数据。

8　重复6、7步骤共4次，读取并记录试验数据。

9　一组试验完毕，按照相反的程序取出试件，换上新的试件进行下一轮试验。

附C.1.4　试验数据处理及渗透系数的计算

按下式计算渗透系数：

$$K_T = \frac{QL}{Aht} \qquad (附C.1.4\text{-}1)$$

式中：K_T——水温为T℃时的渗透系数（mm/s）；
　　　Q——时间ts内的渗出水量（mm³）；
　　　L——测压孔距（mm）；
　　　h——平均水头差（mm）；
　　　t——渗透时间（s）；
　　　A——试件的横截面积（mm²）。

数据计算与分析时，用下列公式将K_T换算成K_{20}。

$$K_{20} = K_T \cdot \frac{\eta_T}{\eta_{20}} \qquad (附C.1.4\text{-}2)$$

式中：K_{20}——水温20℃时的渗透系数（mm/s）；
　　　K_T——水温T℃时的渗透系数（mm/s）；
　　　η_T——水温T℃时水的动力黏滞系数（kPa·s）；
　　　η_{20}——水温20℃时水的动力黏滞系数（kPa·s）。

K_T及$\frac{\eta_T}{\eta_{20}}$的常数值，可参见现行《土工试验方法标准》（GB/T 50123）相关规定。

附C.2　排水基层贫混凝土孔隙率测试方法

附C.2.1　排水基层贫混凝土全孔隙率测试方法

1　试验目的

本方法用于测定多孔排水贫混凝土基层材料的全孔隙率，采用的方法是体积法。

附件C 排水基层贫混凝土渗透系数与孔隙率试验方法

2 试验器材

1）游标卡尺；

2）集料切割机；

3）天平或电子秤，最大量程20kg，感量0.1g。

3 试验步骤

1）把钻取的圆柱形试件用切割机切割成高度为高150mm的标准圆柱体。

2）把切割好的试件放在干燥的空气环境里进行风干，直到质量保持不变为止。

3）用天平或电子秤称量试件的质量。

4）用游标卡尺量取试件的高度和直径10次。

4 试验结果计算

根据式（附C.2.1-1）数据进行全孔隙率的计算。

$$P_0 = \left(1 - \frac{m_0}{v \cdot \rho_w \cdot \rho_t}\right) \times 100 \quad \text{（附C.2.1-1）}$$

$$\rho_t = \frac{m_1 + m_2 + m_3}{\frac{m_1}{\rho_1} + \frac{m_2}{\rho_2} + \frac{m_3}{\rho_3}} \quad \text{（附C.2.1-2）}$$

式中： P_0——试件的全孔隙率（%）；

m_0——试件在空气中的质量（g）；

v——测量所得试件的体积平均值（mm³）；

ρ_w——水的密度（g/mm³）；

ρ_t——混合料的理论密度（g/mm³），按式（附C.2.1-2）计算；

m_1、m_2、m_3——集料、水泥和水占混合料总质量（g）；

ρ_1、ρ_2、ρ_3——集料、水泥和水的有效密度（g/mm³）。

附C.2.2 排水基层贫混凝土有效孔隙率的测定

测定有效孔隙率采用改进后的水中称重法。

1 试验仪器

1）电子秤，最大量程20kg，感量0.1g。

2）网篮。

3）真空泵。

4）真空表。

5）烘箱。

6）试件悬吊装置：用来天平下方悬吊网篮和试件的装置，吊线应采用不吸水的尼龙线，有足够长度。

7）溢流水箱：使用自来水，有水位溢流装置，保持试件和网篮浸入水中后的水位一定。并且配盖，可使水箱密闭。

8）游标卡尺。

9）切割机。

2 试验步骤

1）成型试件，养护 28d 后取出，用钻芯机钻取直径 100mm、高 150mm 的圆柱形试件。

2）把钻取的圆柱形试件放入烘箱中，在 50℃ 的温度下烘 24h 以上至恒量，然后称量其在空气中的质量 m_1。

3）用游标卡尺量取试件的精确高度，共量 10 次，计算时取其平均值。

4）把试件放入本项目组自行研制的多功能渗透仪里，密封后，对其抽取真空（图 G.2-1），然后放水进去，使水能充分的进入有效孔隙。

5）称取试件在水中的质量 m_2。

3 试验结果计算

根据以上测得的数据，按式（附 C.2.2）计算：

$$P_e = \left(1 - \frac{m_1 - m_2}{v\rho_w}\right) \times 100 \qquad （附 C.2.2）$$

式中：P_e——试件的有效孔隙率（%）；

m_1——试件在空气中的质量（g）；

m_2——试件在水中的质量（g）；

v——试件的体积（mm³）；

ρ_w——水的密度（g/mm³）。

试验装置示意图如附图 C.2.2 所示。

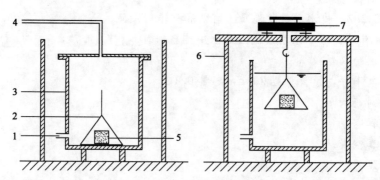

附图 C.2.2 孔隙率测定装置示意图

1-进水口；2-网篮；3-水箱；4-真空泵接口；5-试块；6-支架；7-电子秤

公路工程现行标准、规范、规程、指南一览表

(2018 年 1 月)

序号	类别	编号	书名(书号)	定价(元)
1	基础	JTG 1001—2017	公路工程标准体系(14300)	20.00
2		JTG A02—2013	公路工程行业标准制修订管理导则(10544)	15.00
3		JTG A04—2013	公路工程标准编写导则(10538)	20.00
4		JTJ 002—87	公路工程名词术语(0346)	22.00
5		JTJ 003—86	公路自然区划标准(0348)	16.00
6		JTG B01—2014	★公路工程技术标准(活页夹版,11814)	98.00
7		JTG B01—2014	★公路工程技术标准(平装版,11829)	68.00
8		JTG B02—2013	公路工程抗震规范(11120)	45.00
9		JTG/T B02-01—2008	公路桥梁抗震设计细则(13318)	45.00
10		JTG B03—2006	公路建设项目环境影响评价规范(13373)	40.00
11		JTG B04—2010	公路环境保护设计规范(08473)	28.00
12		JTG B05—2015	★公路项目安全性评价规范(12806)	45.00
13		JTG B05-01—2013	公路护栏安全性能评价标准(10992)	30.00
14		JTG B06—2007	公路工程基本建设项目概算预算编制办法(06903)	26.00
15		JTG/T B06-01—2007	★公路工程概算定额(06901)	110.00
16		JTG/T B06-02—2007	★公路工程预算定额(06902)	138.00
17		JTG/T B06-03—2007	★公路工程机械台班费用定额(06900)	24.00
18		交通部定额站 2009 版	公路工程施工定额(07864)	78.00
19		JTG/T B07-01—2006	公路工程混凝土结构防腐蚀技术规范(13592)	30.00
20		JTG/T 6303.1—2017	收费公路移动支付技术规范 第一册 停车移动支付(14380)	20.00
21		交通运输部 2015 年第 40 号	收费公路联网收费多义性路径识别技术要求(12484)	40.00
22		JTG B10-01—2014	公路电子不停车收费联网运营和服务规范(11566)	30.00
23		交通运输部 2011 年	公路工程项目建设用地指标(09402)	36.00
24	勘测	JTG C10—2007	★公路勘测规范(06570)	40.00
25		JTG/T C10—2007	★公路勘测细则(06572)	42.00
26		JTG C20—2011	公路工程地质勘察规范(09507)	65.00
27		JTG/T C21-01—2005	公路工程地质遥感勘察规范(0839)	17.00
28		JTG/T C21-02—2014	公路工程卫星图像测绘技术规程(11540)	25.00
29		JTG/T C22—2009	公路工程物探规程(1311)	28.00
30		JTG C30—2015	★公路工程水文勘测设计规范(12063)	70.00
31	设计	公路	JTG D20—2017	公路路线设计规范(14301)	80.00
32			JTG/T D21—2014	公路立体交叉设计细则(11761)	60.00
33			JTG D30—2015	★公路路基设计规范(12147)	98.00
34			JTG/T D31—2008	沙漠地区公路设计与施工指南(1206)	32.00
35			JTG/T D31-02—2013	公路软土地基路堤设计与施工技术细则(10449)	40.00
36			JTG/T D31-03—2011	★采空区公路设计与施工技术细则(09181)	40.00
37			JTG/T D31-04—2012	多年冻土地区公路设计与施工技术细则(10260)	40.00
38			JTG/T D31-05—2017	黄土地区公路路基设计与施工技术规范(13994)	50.00
39			JTG/T D31-06—2017	季节性冻土地区公路设计与施工技术规范(13981)	45.00
40			JTG/T D32—2012	★公路土工合成材料应用技术规范(09908)	50.00
41			JTG D40—2011	★公路水泥混凝土路面设计规范(09463)	40.00
42			JTG D50—2017	★公路沥青路面设计规范(13760)	50.00
43			JTG/T D33—2012	公路排水设计规范(10337)	40.00
44		桥隧	JTG D60—2015	★公路桥涵设计通用规范(12506)	40.00
45			JTG/T D60-01—2004	公路桥梁抗风设计规范(13804)	40.00
46			JTG D61—2005	公路圬工桥涵设计规范(13355)	30.00
47			JTG D62—2004	公路钢筋混凝土及预应力混凝土桥涵设计规范(05052)	48.00
48			JTG D63—2007	公路桥涵地基与基础设计规范(06892)	48.00
49			JTG D64—2015	★公路钢结构桥梁设计规范(12507)	80.00
50			JTG D64-01—2015	公路钢混组合桥梁设计与施工规范(12682)	45.00
51			JTG/T D65-01—2007	公路斜拉桥设计细则(1125)	28.00
52			JTG/T D65-04—2007	公路涵洞设计细则(06628)	26.00
53			JTG/T D65-05—2015	公路悬索桥设计规范(12674)	55.00
54			JTG/T D65-06—2015	公路钢管混凝土拱桥设计规范(12514)	40.00
55			JTG D70—2004	公路隧道设计规范(05180)	50.00
56			JTG/T D70—2010	★公路隧道设计细则(08478)	66.00
57			JTG D70/2—2014	公路隧道设计规范 第二册 交通工程与附属设施(11543)	50.00

续上表

序号	类别	编 号	书名（书号）	定价（元）
58	桥隧	JTG/T D70/2-01—2014	公路隧道照明设计细则（11541）	35.00
59		JTG/T D70/2-02—2014	公路隧道通风设计细则（11546）	70.00
60	设计 交通工程	JTG D80—2006	高速公路交通工程及沿线设施设计通用规范（0998）	25.00
61		JTG D81—2017	公路交通安全设施设计规范（14395）	60.00
62		JTG/T D81—2017	公路交通安全设施设计细则（14396）	90.00
63		JTG D82—2009	公路交通标志和标线设置规范（07947）	116.00
64	综合	交办公路〔2017〕167号	国家公路网交通标志调整工作技术指南（14379）	80.00
65		交公路发〔2007〕358号	公路工程基本建设项目设计文件编制办法（06746）	26.00
66		交公路发〔2015〕69号	公路工程特殊结构桥梁项目设计文件编制办法（12455）	30.00
67	检测	JTG E20—2011	公路工程沥青及沥青混合料试验规程（09468）	106.00
68		JTG E30—2005	公路工程水泥及水泥混凝土试验规程（13319）	55.00
69		JTG E40—2007	★公路土工试验规程（06794）	90.00
70		JTG E41—2005	公路工程岩石试验规程（13351）	30.00
71		JTG E42—2005	公路工程集料试验规程（13353）	50.00
72		JTG E50—2006	★公路工程土工合成材料试验规程（13398）	40.00
73		JTG E51—2009	公路工程无机结合料稳定材料试验规程（08046）	60.00
74		JTG E60—2008	公路路基路面现场测试规程（07296）	50.00
75		JTG/T E61—2014	公路路面技术状况自动化检测规程（11830）	25.00
76	施工 公路	JTG F10—2006	公路路基施工技术规范（06221）	50.00
77		JTG/T F20—2015	★公路路面基层施工技术细则（12367）	45.00
78		JTG/T F30—2014	公路水泥混凝土路面施工技术细则（11244）	60.00
79		JTG/T F31—2014	公路水泥混凝土路面再生利用技术细则（11360）	30.00
80		JTG F40—2004	★公路沥青路面施工技术规范（05328）	50.00
81		JTG F41—2008	公路沥青路面再生技术规范（07105）	40.00
82	桥隧	JTG/T F50—2011	★公路桥涵施工技术规范（09224）	110.00
83		JTG/T F81-01—2004	公路工程基桩动测技术规程（14068）	30.00
84		JTG F60—2009	公路隧道施工技术规范（07992）	55.00
85		JTG F60—2009	公路隧道施工技术细则（07991）	70.00
86	交通	JTG F71—2006	★公路交通安全设施施工技术规范（13397）	30.00
87		JTG/T F72—2011	公路隧道交通工程与附属设施施工技术规范（09509）	35.00
88	质检安全	JTG F80/1—2017	公路工程质量检验评定标准 第一册 土建工程（14472）	90.00
89		JTG F80/2—2004	公路工程质量检验评定标准 第二册 机电工程（05325）	40.00
90		JTG G10—2016	公路工程监理规范（13275）	40.00
91		JTG F90—2015	★公路工程施工安全技术规范（12138）	68.00
92	养护管理	JTG H10—2009	公路养护技术规范（08071）	60.00
93		JTJ 073.1—2001	公路水泥混凝土路面养护技术规范（13658）	20.00
94		JTJ 073.2—2001	公路沥青路面养护技术规范（13677）	20.00
95		JTG H11—2004	公路桥涵养护规范（05025）	40.00
96		JTG H12—2015	公路隧道养护技术规范（12062）	60.00
97		JTG H20—2007	公路技术状况评定标准（13399）	25.00
98		JTG/T H21—2011	★公路桥梁技术状况评定标准（09324）	46.00
99		JTG H30—2015	公路养护安全作业规程（12234）	90.00
100		JTG H40—2002	公路养护工程预算编制导则（0641）	9.00
101	加固设计与施工	JTG/T J21—2011	公路桥梁承载能力检测评定规程（09480）	20.00
102		JTG/T J21-01—2015	公路桥梁荷载试验规程（12751）	40.00
103		JTG/T J22—2008	公路桥梁加固设计规范（07380）	52.00
104		JTG/T J23—2008	公路桥梁加固施工技术规范（07378）	40.00
105	改扩建	JTG/T L11—2014	高速公路改扩建设计细则（11998）	45.00
106		JTG/T L80—2014	高速公路改扩建交通工程及沿线设施设计细则（11999）	30.00
107	造价	JTG 3810—2017	公路工程建设项目造价文件管理导则（14473）	50.00
108		JTG M20—2011	公路工程基本建设项目投资估算编制办法（09557）	30.00
109		JTG/T M21—2011	公路工程估算指标（09531）	110.00
110		JTG/T M72-01—2017	公路隧道养护工程预算定额（14189）	60.00
1	技术指南	交公便字〔2006〕02号	公路工程水泥混凝土外加剂与掺合料应用技术指南（0925）	50.00
2		交公便字〔2009〕145号	公路交通标志和标线设置手册（07990）	165.00

注：JTG——公路工程行业标准体系；JTG/T——公路工程行业推荐性标准体系；JTJ——仍在执行的公路工程原行业标准体系。
批发业务电话：010-59757973；零售业务电话：010-85285659（北京）；网上书店电话：010-59757908；业务咨询电话：010-85285922。